Leonid Ionin

# Russische Metamorphosen

## Aufsätze zu Politik, Alltag und Kultur

Herausgegeben von Jan Wielgohs

Berliner Debatte / GSFP Berlin

Leonid Ionin: **Russische Metamorphosen.** Aufsätze zu Politik, Alltag und Kultur.
Herausgegeben von Jan Wielgohs.
Berliner Debatte • GSFP Berlin. 1. Auflage - Berlin 1995



Satz: GSFP
Druck: GAM MEDIA
Auslieferung: Bugrim Berlin
Printed in Germany

ISBN 3-929666-10-3

# Editorial

Im September 1993 kam Leonid Ionin für drei Monate nach Berlin, um im Auftrag des *Wissenschaftszentrum Berlin für Sozialforschung (WZB)* eine Studie über „Kulturelle Modelle der russischen Transformation" zu verfassen. Er wurde vorübergehend aus der Arbeit gerissen, als ihn in der Nacht vom 3. zum 4. Oktober die ersten Nachrichten vom gewaltsamen Ausbruch des Konflikts zwischen Präsident Jelzin und dem Obersten Sowjet der Russischen Föderation erreichten. Doch die anfängliche Lähmung, die die Fernsehbilder von der Schlacht um das Moskauer „Weiße Haus" ausgelöst hatten, wich schon bald dem Bedürfnis, die politische Logik der Ereignisse und die tieferliegenden Motive und Verhaltensmuster der an ihrer Inszenierung beteiligten Akteure aufzudecken. Gleichzeitig sah sich Ionin herausgefordert, in der westlichen Öffentlichkeit verbreiteten Interpretationen entgegenzutreten, die diese Ereignisse in simplifizierender Weise zur gleichsam schicksalhaften Entscheidung eines antagonistischen Konflikts zwischen der angeblichen „rotbraunen" Koalition rückwärtsgewandter Reformgegner auf der einen und dem Lager der vermeintlichen „Demokraten" auf der anderen Seite verklärten. Ionin, der sich der hiesigen an Rußland interessierten Leserschaft bereits in den Jahren der *Perestrojka* in einer Kolumne des deutschsprachigen Journals „Neue Zeit" als Publizist vorgestellt hatte, äußerte sich in den folgenden Wochen in Rundfunksendungen und verschiedenen deutschen Tageszeitungen; er hielt Vorträge an deutschen Universitäten, in denen er die Vorgeschichte und die Hintergründe der Ereignisse aus verschiedenen Blickwinkeln beleuchtete. Das „Fallbeispiel Alexander Ruzkoj" aus der oben erwähnten WZB-Studie entstammt ebenso diesem Kontext, wie die ersten Entwürfe zu den hier veröffentlichen Aufsätzen „Selbstherrschaftliche Demokratie" und „Scheinstaaten und Schattenreich".

Die Vielfalt der Perspektiven, aus denen er die Entwicklung der russischen Politik in den Jahren 1991 bis 1993 behandelte, und die originellen, für die deutsche Öffentlichkeit eher ungewohnten Interpretationen haben uns damals veranlaßt, Leonid Ionin die Veröffentlichung einer umfänglicheren Aufsatzsammlung in deutscher Sprache vorzuschlagen.

Die hier versammelten Texte sind in verschiedenen Genres geschrieben und im wesentlichen drei Themenfeldern gewidmet: der Reorganisation der politischen Machtstrukturen in Rußland und im Raum der früheren UdSSR, der Alltagsrelevanz des sowjetischen Herrschaftssystems, sowie den kulturellen Formen des postsozialistischen Systemwandels. Mit wenigen Ausnahmen, die in den Anmerkungen jeweils ausgewiesen sind, handelt es sich um Originalveröffentlichungen.

Insbesondere in den sozialphänomenologischen und kultursoziologischen Aufsätzen lenkt der Autor den Blick auf soziale Mechanismen, die vom „Mainstream" der gegenwärtigen sozialwissenschaftlichen Transformationsforschung bislang kaum erfaßt sind.

Mit Problemen der verstehenden Soziologie und der Sozialphänomenologie hat sich Ionin, der 1945 im sibirischen Omsk geboren wurde und 1970 sein Studium an der Moskauer Lomonossow-Universität abschloß, bereits seit den frühen siebziger Jahren ausführlich beschäftigt; seine ersten Monographien „Verstehende Soziologie" (Moskau 1979) und „Georg Simmel als Soziologe" (Moskau 1981) waren diesem Themenspektrum gewidmet. In drei Aufsätzen dieses Bandes wendet er sich - mit Blick auf die Wirklichkeit des sowjetischen Alltags und die sich derzeit vollziehenden „Metamorphosen" - erneut sozialphänomenologischen Themen zu. Er thematisiert die Relevanz von politischen Verhältnissen für den Alltag und *die Grenzen*, in denen Politik in die Alltagswelt einzudringen vermag. Mit Rekurs auf die von Alfred Schütz entwickelte Konzeption der „mannigfaltigen Wirklichkeiten", insbesondere dessen Analyse von Erfahrungswelten als geschlossener Sinnbereiche, offeriert er einen alltagssoziologischen Zugang zu der Frage, wie lebenswertes, subjektiv vollwertiges Leben unter einem autoritären, despotischen politischen Regime individuell lebbar ist. Damit unterbreitet er zugleich ein spezifisches Erklärungsangebot für die jahrzehntelange Stabilität des sowjetischen Herrschaftssystems, das tiefer greifen soll als die Argumente traditioneller normativer Totalitarismuskonzeptionen. Es könnte zudem hilfreich sein, ein Phänomen gründlicher zu verstehen, das heute vorzugsweise in den Begriffen „Untertanenmentalität", „Demokratieunfähigkeit" oder „zivilisatorische Inkompetenz" abgehandelt wird - die Indifferenz der russischen Alltagsakteure gegenüber den Theatervorstellungen auf der Moskauer politischen Bühne.

In der zweiten Hälfte der achtziger Jahre begann Ionin, sich vornehmlich kultursoziologischen Fragestellungen zuzuwenden. 1988 übernahm er die Leitung des Instituts für Kulturwissenschaft beim sowjetischen Kulturministerium. 1990 kehrte er ans Institut für Soziologie der Akademie der Wissenschaften zurück, an dem er zuvor seit 1970 beschäftigt gewesen war, um dort den Forschungsbereich Kultursoziologie aufzubauen. In diesen Band sind drei Aufsätze den kulturellen Formen gewidmet, in denen sich der durch die Politik von *Perestrojka* und *Glasnost* eingeleitete soziale Wandel präsentiert. Ionin hat die Veränderungen auf der kulturellen Ebene im „Schauspiel kultureller Formen" beschrieben und in dem anschließenden Aufsatz als Übergang von einer monostilistischen zu einer polystilistischen Kultur konzeptualisiert. Doch er versteht Kultur nicht nur als Ausdruck, als sekundäre Erscheinungsform „grundlegenderer" sozialer Verhältnisse. Vielmehr erscheint die *Inszenierung kultureller Formen* auch als ein möglicher Modus der Genese kollektiver politischer Akteure unter den spezifischen Bedingungen des gesellschaftlichen Umbruchs, wie sie einerseits durch den abrupten Ausbruch bislang ungekannter Artikulations- und Assoziationsfreiheit, andererseits durch massenhaften Identitätsverlust, hohe Orientierungsunsicherheit und eine nur schwach ausdifferenzierte sozio-ökonomische Interessenstruktur gekennzeichnet sind - ein Konzept, das auch für die mit postsozialistischen Transformationsgesellschaften befaßte Parteienforschung einige Anregungen bieten dürfte.

Die Herausgabe dieses Bandes steht im Kontext der Bemühungen der GSFP, die Kommunikation zwischen russischen und deutschen Sozialwissenschaftlern, die sich mit Themen der postsozialistischen Systemtransformation befassen, zu fördern und verschiedene Betrachtungsweisen, Befunde und Erklärungsangebote auch einer breiteren interessierten Öffentlichkeit zur Diskussion zu stellen. Die Provokation begründeter Widerrede gehört zu dem im Namen dieser Editionsreihe signalisierten Anliegen. Unsere Zeitschrift *Berliner Debatte* INITIAL bietet dafür ein offenes Forum.

Berlin, November 1995

J. W.

# Vorwort

Die Mehrheit der Beiträge zu diesem Band - er wird mit freundlicher Unterstützung der *Alexander von Humboldt-Stiftung* veröffentlicht, deren Stipendiat zu sein ich 1981/82 und 1990/91 die Ehre hatte - habe ich in den vergangenen drei Jahren während meiner Tätigkeit in Deutschland, Kanada und Rußland verfaßt. In diesem Zusammenhang danke ich insbesondere dem *Wissenschaftszentrum Berlin für Sozialforschung (WZB)*, das mir mit seiner Einladung zu einem dreimonatigen Arbeitsaufenthalt im Herbst 1993 die Gelegenheit bot, meine kultursoziologischen Studien zu den Veränderungen, die sich seit Mitte der achtziger Jahre in Rußland vollziehen, zu vertiefen und einer breiteren deutschen Fachöffentlichkeit zur Diskussion zu stellen.

Mit Ausnahme des Essays „Die unvollendete Biographie des Josef Stalin" und des Aufsatzes „Die Historizität der Alltagswelt", der in diesen Band aufgenommen wurde, weil er in theoretischer Hinsicht für das Verständnis der beiden anderen alltagssoziologischen Texte von Belang ist, befassen sich alle Beiträge direkt oder indirekt mit den *Metamorphosen*, die Rußland derzeit durchläuft. Ich habe bewußt dieses Wort gewählt, um den Begriff der *Transformation* zu umgehen, der mit bestimmten modernisierungs- und transformationstheoretischen Ansätzen assoziiert ist, die ich aufgrund ihrer teleologischen Tendenz nicht gänzlich teile. Mit dem Terminus *Metamorphose* sind *in diesem Buch* keine dezidierten theoretischen Ambitionen verknüpft.

Ich danke der *Gesellschaft für sozialwissenschaftliche Forschung und Publizistik* für die freundliche Einladung, meine Arbeiten in ihrer Edition *Berliner Debatte* in deutscher Sprache zu veröffentlichen, sowie ihren Mitarbeiterinnen und Mitarbeitern, die mit Übersetzungs-, Lektorats- und technischen Arbeiten an der Herstellung dieses Buches beteiligt waren. Mein besonderer Dank gilt Jan Wielgohs für die mühevolle Arbeit an der Übersetzung und Bearbeitung der in Stil und Genre so unterschiedlichen Texte.

Moskau, im Oktober 1995

Leonid Ionin

# Selbstherrschaftliche Demokratie
## Boris Jelzin und die russische Politik

Boris Nikolajewitsch Jelzin ist ohne Zweifel eine der größten Figuren in der Geschichte Rußlands. Seine Taten sind vergleichbar mit jenen, die einst Wladimir Iljitsch Lenin vollbracht hat. In den vier Jahren, in denen er nunmehr an der Spitze der Russischen Föderation steht, ist es ihm gelungen, eine Supermacht zu zerstören, einen Präsidenten zu stürzen, zwei Parlamente auseinanderzujagen, zwei bewaffnete Aufstände niederzuwerfen und einen, wenngleich nicht sehr großen, Krieg zu gewinnen. Insoweit er versprochen hatte, den Kommunismus zu zerschlagen und das Land in die Familie der demokratischen Nationen zu führen, erfuhren seine Großtaten - von der letztgenannten abgesehen - die Zustimmung und Unterstützung der Mehrheit der Bevölkerung Rußlands und, was nicht geringer zu schätzen ist, die der Staatsmänner und Regierungen der meisten westlichen Länder. Nahezu einstimmig wurden diese Taten sowohl von der Mehrheit der Russen als auch im Westen als Siege der Demokratie bewertet.

Wie aber sehen die Ergebnisse dieser heroischen Taten aus, bei Lichte besehen? Weder konnte die Demokratie ihren Siegeszug feiern, noch ist der Bürgerfrieden ausgebrochen. Und auch Jelzin selbst ist nicht zum „Vater der Nation" aufgestiegen, der sich allgemeiner Unterstützung und Liebe erfreuen könnte. Im Gegenteil: Die Opposition gegen Jelzin wird immer stärker, sowohl die von links als auch die von rechts. Und dies nicht, weil Jelzin ein Zentrist wäre, sondern weil er politisch in nahezu vollständige Isolation geraten ist. Es sind nicht mehr die Wähler - auch nicht Massenbewegungen oder Parteien -, die ihn tragen. Es ist allein der Machtapparat, der die Erlasse, die der Präsident unterschreibt, erst produziert und dann ausführt, ohne ihnen allerdings die gebührende Geltung verschaffen zu können. Jelzins wirkliche Stützen - das sind heute die Ministerien des sogenannten Sicherheitsbereichs: das Verteidigungsministerium, das Innenministerium und die Bundesagentur für Spionageabwehr (eine Nachfolgeabteilung des früheren KGB), die faktisch den Status eines Ministeriums hat. So desolat der Zustand der Armee auch sein mag, so sehr die Straßenkriminalität und das organisierte Verbrechen auch ansteigen, so frei und ungebunden sich ausländische Nachrichtendienste (westliche, östliche oder die der neuen GUS-Staaten) auf dem Territorium Rußlands auch tummeln - die Minister des „Sicherheitsbereichs" können ruhig schlafen, solange sie dem Präsidenten persönliche Loyalität bekunden. Zudem wurde in den letzten Monaten jäh offenkundig, welch außerordentliches Gewicht die Präsidentengarde und der Sicherheitsdienst des Präsidenten erlangt haben. Wie von der Presse aufgedeckt wurde, verfügen diese beiden Behörden nicht nur über professionelle Personenschützer, sondern auch über schwere Waffen. Die Generäle, die ihnen vorstehen, gehören zu den mächtigsten Männern der Administration; sie ernennen und entlassen stellvertrende Minister oder schreiben dem Premierminister Memoranden über die Organisation des Erdölexports. Sie sind derzeit die wirklichen Stützen des russischen Präsidenten und womöglich die eigentlichen Herren des Landes.

Die Staatsduma, die im Dezember 1993 gemäß der von Jelzin selbst ausgearbeiteten und bestätigten Verfassung gewählt und organisiert wurde, um das zuvor auseinandergejagte Parlament zu ersetzen, steht dem Präsidenten erneut feindlich gegenüber - allerdings machtlos. Die Duma ist so konstruiert, daß jeder ernsthafte Konflikt mit der Präsidialmacht für sie Selbstmord, d.h. die Selbstauflösung, bedeuten könnte. Doch die Deputierten sind keine Selbstmörder; sie haben schnell begriffen, daß man „mit der Peitsche nicht gegen das Beil ankommt". Sie blasen nicht zum Angriff, sondern ziehen es vor, unter den komfortablen Moskauer Umständen ihren eigenen Angelegenheiten nachzugehen. Jelzin hat Grund, mit dem Parlament zufrieden zu sein, das ihn im großen und ganzen nicht dabei stört, Rußland nach seinen eigenen Vorstellungen zu gestalten. Und dies nicht, weil die Parlamentarier unfähig oder gekauft wären, sondern weil das Verhältnis der Gewalten zueinander verfassungsrechtlich eben so konstruiert ist. Für die meisten Staatsangelegenheiten hat die Position des Parlaments juristisch nicht mehr Gewicht als etwa die öffentliche Meinung, von der sich die Machthaber in Rußland noch nie übermäßig haben beeindrucken lassen. Natürlich ist die Meinung des Parlaments für den Präsidenten nicht ohne Interesse und Gewicht, doch verpflichtet sie ihn zu nichts.

Was die politischen Parteien betrifft, so gibt es hier seit eineinhalb Jahren keinerlei Fortschritte. Nach wie vor sind es keine Mitgliederparteien, sondern Apparatparteien, die sich nicht um Ideen, sondern um Personen rekrutieren. Die *Partei der Russischen Einheit und Eintracht* ist die Partei Sergej Schachrajs, *Rußlands Wahl* die Jegor Gajdars und die *Liberal-Demokratische Partei* ist die von Wladimir Shirinowski. Der *Jawlinski-Block* organisiert, wie ihr Anführer es ausdrückt, eine breite politische Bewegung. Doch wenn sich in dieser Bewegung etwas bewegt, dann ist das entweder Grigorij Jawlinski selbst oder ein Teil der ihn umgebenden Personage. Kurzum, diese Parteien sind nicht mehr als Gefolgschaften politischer Fürsten. Verschwindet der Fürst aus der Arena, dann verschwindet auch die Partei. Die einzige Ausnahme ist die von Gennadij Zjuganow geführte *Kommunistische Partei der Russischen Föderation* - eine gut organisierte Massenpartei.

Die bisherige Parteienvielfalt ist nicht etwa der Tatsache zu verdanken, daß der demokratische Präsident den Entwicklungsbedingungen eines Mehrparteiensystems große Aufmerksamkeit schenken würde; im Gegenteil - sie ist trotz seines passiven Widerstandes entstanden. Jelzin ist offensichtlich eher daran gelegen, daß die Parteien klein und von seinem Apparat abhängig sind, ihr Status möglichst unbestimmt bleibt, sie sich ständig zersplittern, vereinigen, verändern. Wenn das sein Ziel ist, dann war seine Politik nicht ohne Erfolg. Stabilität und Bestimmtheit in den parteipolitischen Positionen gab und gibt es nicht. Die Hoffnung der Demokraten für die letzten Wahlen, Jegor Gajdars *Rußlands Wahl*, steht unmittelbar vor dem Zerfall. Der frühere Finanzminister und jetzige Volksdeputierte Boris Fjodorow hat im Februar 1995 schon seine zweite Partei innerhalb der letzten zwei Jahre gegründet, und der sogenannte Architekt der Perestrojka, Alexander Jakowlew, bereits seine dritte. Jakowlews erste Partei hieß *Russische Bewegung für Demokratische Reformen*, seine zweite - *Sozialdemokratische Partei Rußlands*, die dritte - *Partei der Sozialen Demokratie*. Der dritten dürfte das gleiche Schicksal beschieden sein wie den ersten beiden: Sie sind spurlos verschwunden.

Die wichtigste Leistung Jelzins in den vier Jahren seiner Präsidentschaft besteht darin, daß er Rußland die Demokratie geschenkt und sie gleichzeitig unwirksam gemacht hat, indem er ein autoritäres Regime zur Erhaltung der demokratischen Errungenschaften schuf: Es gibt ein Parlament, aber das ist ohne Einfluß; es gibt ein Mehrparteiensystem, aber nur dem Namen nach; es existiert die Freiheit der Rede, doch alles Gesagte löst bestenfalls Stürme im Wasserglas aus und hat nicht den geringsten Einfluß auf das Handeln der Mächtigen.

All das hat allgemeine Empörung hervorgerufen, zugleich aber auch Ratlosigkeit. Wie der Krieg in Tschetschenien gezeigt hat, befinden sich praktisch alle Parteien, das Parlament und die öffentliche Meinung in Opposition zum Präsidenten und seiner Politik, wenn auch aus unterschiedlichen Motiven. Einfache Leute auf der Straße, Meinungsforscher, Parlamentarier und Parteipolitiker behaupten fast einstimmig, daß, wenn nichts Außergewöhnliches passiert, Jelzin zu den Präsidentschaftswahlen 1996 ein unvermeidlicher Einbruch bevorsteht. Es ist paradox: Je mehr Siege Jelzin - im Namen der Demokratie - erringt, desto hoffnungsloser und unsicherer wird seine Position, und ebenso die Position der Demokratie in Rußland. Jeder Sieg bringt immer neue Gegner und Widersacher hervor. Um die Demokratie zu schützen und zu festigen, braucht es immer wieder noch einen Sieg, und jedesmal einen noch entschiedeneren. Mit jedem neuen „Sieg der Demokratie“ aber sinkt Jelzins Autorität und festigen sich die autoritären Strukturen seiner persönlichen Macht.

Nun rückt der Wahltermin immer näher. Jelzins Popularitätsrate befindet sich auf einem katastrophalen Stand; den Ergebnissen einiger Umfragen nach liegt sie derzeit noch unterhalb der von Breshnew. Ein neuer Sieg wird daher immer dringlicher. Der kleine ruhmreiche Krieg aber, als der der Tschetschenien-Feldzug gedacht war, ist mißlungen. Ein Durchbruch an der ökonomischen Front - eine Verbesserung der Konjunktur und vor allem des Lebensniveaus - ist nicht in Sicht. Mit außenpolitischen Erfolgen ist angesichts der sich überall in der Welt verbreitenden Vorsicht gegenüber den aufkommenden „imperialen Ambitionen“ auch nicht zu rechnen. Eine erneute Attacke gegen das Parlament wäre sinnlos, denn das Parlament verhält sich vorsichtig und loyal. Den Kommunisten wiederum, obgleich sie stark sind, ist Radikalismus fremd; sie beachten die Spielregeln und konzentrieren sich auf die Parlamentsarbeit und die Konsolidierung ihrer Partei. Die nicht sehr zahlreichen radikalen Gruppen auf der Linken und der Rechten schließlich sind einfach keine würdigen Gegner für eine große Schlacht. So befindet sich Jelzin ein Jahr vor den Wahlen wenn nicht in einer Sackgasse, so doch in einer äußerst komplizierten Lage: Dort, wo er einen Sieg braucht, ist er nicht möglich; dort, wo er möglich wäre, braucht er ihn nicht.

Boris Jelzin - das haben russische Beobachter der politischen Szene schon seit längerem bemerkt - ist ein Mensch, der unfähig ist zur mühseligen Kleinarbeit des politischen Alltags, zu systematischem, zielgerichtetem Aufbau. Sein politischer Rhythmus ist der unvermutete Ausbruch von Aktivität im Angesicht der Gefahr, die dramatische Schlacht gegen den Feind, der Sieg - und dann ein erneuter lethargischer Winterschlaf bis zum nächsten Erwachen. Eben wie der legendäre russische Bär. Jelzin ist stark in kritischen, krisenhaften Situationen. Es wäre daher naiv zu glauben, sein derzeitiger Popularitätsverlust und die Stärke der Opposition würden ihn dazu bringen, sich mit der Niederlage abzufinden, sich bis zum Ende der Legislaturperiode irgendwie zu halten und sich dann zurückzuziehen. Im Gegenteil - mit einem neuen Aktivitätsausbruch ist eher zu rechnen, auch wenn kaum vorherzusehen ist, worin dieser bestehen könnte. Jelzin ist bekannt für seine Unberechenbarkeit. Ordnet man die gegenwärtige Situation ein in den Algorithmus seiner bisherigen Heldentaten, so darf man vermuten, daß er sich derzeit vornehmlich damit beschäftigt, Möglichkeiten für einen neuen Sieg zu erkunden. Das hieße, dieses Jahr würde vertan für die Suche nach einem neuen Feind. Das Regime, da es seine Notwendigkeit für den Erhalt der Demokratie in Rußland erneut bekräftigt hätte, bliebe bestehen, und zwar unabhängig davon, ob Jelzin seinen Sieg durch Wahlen vollenden oder diese unter dem Vorwand einer gefährlichen Situation absetzen würde. In beiden Fällen würde sich Boris Jelzin als Sieger erweisen und endgültig dem Glauben anheimfallen, Gottvater selbst habe ihn an die Spitze des russischen Fortschritts gestellt.

* * * * *

Vor etwa fünf Jahren, im Vorfeld der Präsidentschaftswahlen in der RSFSR, erschien in Moskau Jelzins politische Autobiographie.[1] Er beschreibt darin seine Kindheit, die Jugend, den Weg zur Macht, erzählt von der Arbeit als Komsomolsekretär, als Landwirtschaftsfunktionär, und läßt sich im weiteren aus über seine Tätigkeit in der Funktion des Ersten Sekretärs der Swerdlowsker Gebietsleitung der KPdSU - des Statthalters bzw. Parteifürsten einer der industriell und militärisch bedeutendsten Regionen des Landes im Ural. Im großen und ganzen ist das ein propagandistisches, ja naiv propagandistisches Buch, das idealisierte Porträt eines außergewöhnlich geradlinigen und aufrichtigen Mannes, für den Politik eine Sache des Gewissens und der Gerechtigkeit ist, der unduldsam ist gegenüber Lüge und Heuchelei, des-

1 Jelzin, Boris: Aufzeichnungen eines Unbequemen. München: Droemer Knaur 1990.

sen Taten spontane Impulse des guten Willens auszeichnen. Neben den propagandistischen Bildern schildert die Schrift jedoch auch einige reale Ereignisse aus dem Leben des künftigen Präsidenten. Schon damals bemerkten Moskauer Kommentatoren ein in dem Buch wiederholt auftauchendes Motiv, das den Helden der Erzählung sein ganzes Leben lang zu begleiten scheint. Es ist das Motiv der Gefahr und des ungestümen, unüberlegten Handelns. Gleichsam ständig demonstriert der Held sein Los, immer wieder in tödliche Gefahrensituationen zu geraten, deren Folgen absolut unvorhersehbar sind und denen zu entrinnen es eigentlich keine Möglichkeit gibt. Hier ein Beispiel aus zahlreichen anderen: Der junge Student Boris Jelzin kehrte einst nach den Ferien aus dem heimatlichen Swerdlowsk nach Moskau zurück. Im Zug geriet er an eine Gruppe von Kartenspielern, die ihrem Äußeren nach offenkundig Kriminelle waren. Sie luden ihn ein mitzuspielen, und der Student, im vollen Bewußtsein der Gefahr, die ihm da drohte, erklärte sich einverstanden. Nachdem er verloren und sich herausgestellt hatte, daß er kein Geld besaß, die Spielschulden zu bezahlen, versuchten die Gauner, ihn aus dem rasenden Zug zu werfen. Er rettete sich, so schreibt Jelzin, mit einem riskanten akrobatischen Sprung. Er war ein sportlicher junger Mann.

Ein anderes Motiv, das in dem Buch ständig wiederkehrt, ist Jelzins Führungsrolle in allen Kollektiven, in die er geraten ist. Er erweckt den Eindruck eines geborenen Führers. Wenn diese Rolle und sein eben beschriebener Charakterzug zusammentreffen, dann gerät nicht nur er selbst, sondern auch das von ihm geführte Kollektiv in höchste, schier aussichtslose Gefahr. Hier ein entsprechendes Beispiel, diesmal aus der Knabenzeit unseres Präsidenten: Einmal überredete Boris seine Altersgenossen, eine große Höhle zu erkunden, die unweit von ihrem sibirischen Heimatdorf am Ufer eines Taiga-Flusses gelegen war. Ohne ihren Eltern Bescheid zu geben, machten sich die Kinder auf den Weg unter der Führung des künftigen russischen Präsidenten, der ihnen erklärte, die Höhle sei in der Nähe und den Weg dorthin kenne er gut. Nach einigen Stunden wurde ihnen klar, daß sie sich verlaufen hatten. Verlaufen in der Taiga - das ist eine tödliche Gefahr. Boris war der einzige in der Gruppe, der nicht den Kopf verlor und in Panik verfiel. Nach drei Tagen verzweifelten Umherirrens führte er die Kameraden, die inzwischen am Ende ihrer Kräfte waren und schon jegliche Hoffnung aufgegeben hatten, doch noch in eine bewohnte Siedlung.

Wie es scheint, haben derart marginale Situationen für die politische Biographie des Boris Jelzin eine entscheidende Rolle gespielt. Sie haben sie geprägt, ihr die stilistische Einheit verliehen. Über den Parteifunktionär Jelzin erfährt man allerdings nur wenig Konkretes. Die Details dieser Karriere bleiben von Nebel umhüllt; aus wohl verständlichen Gründen hat der Autor darauf verzichtet, das Publikum mit Einzelheiten aus diesem Abschnitt seines Lebens zu behelligen. Dagegen bieten sich die Jahre, die durch Gorbatschows Perestrojka und Glasnost gekennzeichnet waren und schließlich zu den Jahren des Aufstiegs des Boris Jelzin wurden, der analytischen Betrachtung weitaus offener dar.

Schon bald nach seiner Inthronisierung als KPdSU-Generalsekretär begann Michail Gorbatschow mit einer Säuberung der obersten Parteiorgane - des Zentralkomitees und des Politbüros - und der Auswechselung der alten Mitstreiter Breshnews durch seine eigenen Verbündeten. Einer seiner Protegés wurde Boris Jelzin, zu jener Zeit noch Provinzfunktionär in Swerdlowsk, dem früheren und heutigen Jekaterinenburg. Gorbatschow holte den dynamischen, machtbewußten und vergleichsweise jungen Parteikader nach Moskau und ernannte ihn zum Ersten Sekretär der Moskauer KPdSU-Stadtleitung. Dort hatte bisher Wladimir Grischin geherrscht, einer der Gerontokraten der Breshnew-Ära, der nun zwangsweise in den Ruhestand versetzt wurde. Der Posten des Moskauer Parteichefs gehörte traditionell zu den wichtigsten in der Parteistruktur, er öffnete einen geraden Weg zu den wahrhaft himmlischen Gipfeln der Macht. Schon wenig später machte Gorbatschow Jelzin zum Kandidaten des Politbüros, was praktisch den Einzug in den engsten Kreis der höchsten Parteioligarchie bedeutete.

Rein formal war Jelzin als Erster Sekretär der Moskauer KPdSU-Leitung nur Chef der Moskauer Kommunisten; in der Realität aber war er damit der mächtigste Mann der Stadt. Zwar gab es in der Verwaltungshierarchie die Funktion des Vorsitzenden des Exekutivkomitees des Moskauer Sowjets der Volksdeputierten, was etwa dem Status eines Oberbürgermeisters entspricht, doch dieser Vorsitzende spielte nur eine subalterne Rolle. Er war vor allem mit den laufenden Problemen des städtischen Alltags befaßt und in allen wichtigen Fragen gänzlich abhängig vom Chef der Stadtparteileitung. Erst nach dem Zusammenbruch des sowjetischen Systems wurde der Oberbürgermeister - zur Zeit ist das Juri Lushkow - zum wirklichen Stadtoberhaupt. In jener Zeit aber sollte gerade Jelzin, dem die Verwaltung der sowjetischen Hauptstadt oblag, den Moskauern zeigen, daß sich die neuen Machthaber um die Sorgen der Leute kümmern, daß sich für die Moskauer wie für alle Sowjetmenschen Perspektiven eines neuen Lebens eröffneten; er sollte sie für die Perestrojka begeistern.

Die ersten Schritte, die Jelzin in seiner neuen Stellung unternahm, waren rein populistischer Art. Er fuhr demonstrativ mit dem Bus und der Metro durch die Stadt, er ging zum Einkaufen in normale Läden und stellte sich mit in die Schlangen vor den Geschäften, er unterhielt sich mit den Leuten auf der Straße, um, wie die Moskauer Zeitungen schrieben, die Gedanken und Gefühle der einfachen Werktätigen besser kennenzulernen. Er sorgte dafür, daß Moskau regelmäßig mit Obst und Gemüse beliefert wurde (ein chronisches Problem dieser Stadt) und organisierte eine Reihe kostspieliger und pompöser Straßenfeste. Dem bewährten Rezept der alten Römer - *panem et circensis* - folgend, gewann er tatsächlich die Zuneigung breiter Massen der Moskauer Bevölkerung. Doch dann entschloß sich Jelzin zu einem tollkühnen Schritt, der nicht nur den gängigen Normen und Regeln des Parteilebens widersprach, sondern, wie es schien, auch dem gesunden Menschenverstand und elementaren Selbsterhaltungsinstinkt. Während einer regulären Sitzung des Politbüros nahm er das Wort und verkündete, das Politbüro des ZK der KPdSU ebenso wie sein Generalsekretär würden die Perestrojka bremsen, hätten sie zum Stehen gebracht und damit das Vertrauen und die Hoffnungen der sowjetischen Menschen betrogen. Mehr noch, die Gemahlin des Generalsekretärs, Raissa Gorbatschowa, begleite diesen ständig ins Ausland, kaufe sich dort Brillanten und führe sich als die Grande Dame auf, womit sie das einfache Volk in Wut versetze.

Angesichts der geschriebenenen und ungeschriebenen Regeln sowjetischer Politik war dieser Vorstoß nicht nur unbedacht, sondern geradezu selbstmörderisch. Es war ein direkter, jeglicher Maskierung bare Angriff auf Gorbatschow als Politiker und Vater der Perestrojka, in der Kritik an Ehefrau Raissa zugleich ein Angriff auf Gorbatschow persönlich. Unter Stalin, das ist gewiß, hätte man Jelzin dafür noch am Ausgang des Sitzungsraumes verhaftet, brutal gefoltert und anschließend erschossen. Chrustschow hätte ihn zumindest aller Ämter enthoben und als Bauleiter in ein gottverlassenes Nest nach Sibirien geschickt. Unter Breshnew hätte man ihn vermutlich für geisteskrank erklärt und unter Andropow davon überzeugt, sich selbst zu erschießen. Unter Gorbatschow wurde er aus dem Politbüro ausgeschlossen, seines Posten als Moskauer Stadtparteisekretär enthoben und „landete" in dem zwar bedeutungslosen, aber durchaus nicht unbequemen Sessel eines Ministers für Bauwesen der RSFSR.

Möglicherweise war das Risiko einkalkuliert. Zwar entsprach dieses Vorgehen Jelzins Charakter. Doch darf man bezweifeln, daß seine Parteikarriere in der Breshnew-Ära ebensolche Beispiele furchtlosen und kühnen Verhaltens gegenüber höheren Parteifunktionären aufwies. Gleichwohl, die Sowjetzeit war noch nicht ganz vorbei. Noch gab es keine institutionellen Mechanismen politischer Konfliktregulierung, und daher mußte man als wahrscheinlichsten Ausgang einer solchen Auseinandersetzung noch immer den politischen Tod eines der Konfliktpartner annehmen. Jelzins politischer Weg nach diesem Eklat bedeutete einen Durchbruch in dieser Hinsicht. Aus dem Politbüro und dem ZK hinausgeworfen und auf der Versammlung der Moskauer Stadtparteileitung im Stile der „offenen kameradschaftlichen Kritik" öffentlich „degradiert", setzte Jelzin seinen Kampf mit politischen Mitteln fort - und blieb schließlich der Sieger. Von diesem Moment an war es nicht mehr möglich, politische Opponenten einfach ins Gefängnis zu stecken bzw. sich ihrer auf Dauer in dieser Weise zu entledigen. Augenfällig wurde das anhand Jelzins eigener mißglückter Versuche, die Organisatoren der beiden sogenannten Putschversuche - vom August 1991 und vom Oktober 1993 - hinter Gitter zu bringen. Gegen den Willen des Präsidenten wurden sie per Verordnung der Staatsduma amnestiert; sie sind frei und aktiv in der Opposition engagiert. Dies ist eine der Paradoxien der Übergangsperiode: Ein Führer, der den schlechten Brauch gewaltsamer politischer Konfliktregulierung zerstört hat, neigt nun selbst zur Anwendung von Methoden aus dem alten, diskreditierten Repertoire, doch es gelingt ihm nicht, dies bis zum logischen Ende durchzuziehen. Demokratische Strukturen werden selbstreproduktiv und in bestimmtem Maße unabhängig von der administrativen Verwaltung.[2]

Der Ausschluß Jelzins aus dem Politbüro war noch nicht das Ende der Geschichte. Ausgelegt als freiwilliger und endgültiger Bruch mit der Parteielite, wurde dieser Bruch gleichsam zum letzten Strich am Porträt eines Volkshelden nach Art des Robin Hood, des Kämpfers gegen die Reichen und Mächtigen und für das Glück der einfachen Leute. Dieses Bild hat Jelzin selbst sorgfältig kultiviert. Als Minister, selbst als zweitrangiger, hatte er ein Anrecht auf zahlreiche Privilegien - große schwarze Staatskarossen, Zugang zu Spezialgeschäften, staatseigene Datschen usw. Wo er in dieser Zeit seine Lebensmittel einkaufte, ist nicht bekannt, aber ins Ministerium kam er im eigenen *Moskwitsch*, einem populären und billigen Auto sowjetischer Bauart, zudem noch ohne Chauffeur. Genauer gesagt, in diesem *Moskwitsch* ließ er sich von der oppositionellen Presse fotografieren. So hat er eine Aura des Leidens um sich geschaffen, die Bescheidenheit seiner Gewohnheiten und seine Zugehörigkeit zum einfachen Volk demonstriert.

---

2 Übrigens gibt es auch eine andere Erklärung dafür, warum die Schuldigen des „Putsches" von 1993 amnestiert wurden. Sie wird vom früheren russischen Generalstaatsanwalt A. Kasannik vertreten, der die Ermittlungen zu den Moskauer Ereignissen vom 3. und 4. Oktober 1993 geleitet hat. In einem Interview mit der Zeitung *Moskowskij Komsomolez* (vom 8.10.1994) antwortete er auf die Frage: „Haben Sie die ‚Opfer' (des Putsches - *L.I.*) - den Präsidenten und seine Mitstreiter verhört?" folgendes: „Nein, das haben wir nicht geschafft, obgleich es geplant war. Es ergaben sich große Schwierigkeiten mit der Bewertung der Ereignisse vom 4. und 4. Oktober. Ich habe keinen Zweifel, daß die Ereignisse des 3. Oktober im Sinne von Art. 3 des Strafgesetzbuches der RSFSR als ‚organisierte Massenunruhen' zu qualifizieren sind. Die Untersuchung verfügte über unwiderlegbare Beweise dafür, daß sich Chasbulatow, Ruzkoj, Barannikow, Makaschow und die anderen im Lefortowo-Gefängnis Inhaftierten der Organisation von Massenunruhen schuldig gemacht haben. Durch ihre Schuld sind zahlreiche Menschen umgekommen oder verwundet worden, ist ungeheurer materieller Schaden entstanden. Dennoch vergingen zwischen den Ereignissen des 3. und denen des 4. Oktober mehr als acht Stunden. Nach dem mißlungenen Sturm auf das Fernsehzentrum sind die Aufrührer zum ‚Weißen Haus' zurückgekehrt und haben keinerlei weitere Massenunruhen mehr angestiftet. Die Untersuchung hat keine Beweise gefunden, die bestätigen würden, daß die Präsidentenseite in dieser Zwischenzeit friedliche Verhandlungen mit den Verteidigern des ‚Weißen Hauses' geführt, sie zur freiwilligen Räumung des Gebäudes und Abgabe der Waffen aufgefordert hätte. Im Gegenteil: Viele Zeugen haben ausgesagt, daß der Sturm auf das ‚Weiße Haus' ohne Vorwarnung begann, Befehle ausgegeben wurden, das Gebäude kompromißlos zu beschießen. Damit stellen sich die Ereignisse des 4. Oktober als ein eigenständiger Straftatbestand dar, genauer gesagt, als ein ganzes Bündel von Straftatbeständen, allerdings von seiten der Exekutive. Das sind Machtmißbrauch seitens höchster Amtsträger, Mord seitens der Ausführenden, schwere Körperverletzung, Zerstörung von Staatsvermögen durch Brandstiftung usw. All diese Verbrechen wurden begangen aus niederen Motiven, aus Rachegelüsten. Doch eine vollständige Aufklärung der Oktoberereignisse wurde durch die Administration behindert. Jetzt weiß ich, daß die Amnestie dem Präsidenten mehr gebracht hat als den Gefangenen von Lefortowo."

Anfang 1989 wurde Jelzin zum Volksdeputierten gewählt; er nahm teil an dem berühmten und spektakulären Ersten Kongreß der Volksdeputierten der UdSSR. Während des Kongresses scharte sich um ihn die sogenannte interregionale Deputiertengruppe, die radikal-demokratische Kongreßfraktion, die sich der weitgehend von Nomenklaturkadern bestimmten Mehrheit entgegenstellte. Beide waren aufeinander angewiesen - der frühere Politbürokrat und degradierte Parteibonze Jelzin und die interregionale Gruppe der liberalen Intellektuellen und früheren Dissidenten. Jelzin benötigte eine Ideologie und eine Organisation, die Demokraten brauchten einen im Volk populären Führer. So fanden sie sich gegenseitig. Die interregionale Gruppe wurde damals von einer politischen Organisation mit breiter Basis unterstützt - der populistisch-demokratischen Bewegung „Demokratisches Rußland". Die oppositionellen Abgeordneten sorgten für die Ideologie, das „Demokratische Rußland" für die Propaganda und die Mobilisierung der Wähler. Damit war Jelzin gerüstet für die künftigen Schlachten.[3] Bald nachdem der Volksdeputiertenkongreß Michail Gorbatschow zum Präsidenten der UdSSR gewählt hatte, wurde Boris Jelzin als Präsidentschaftskandidat für die Russische Föderation nominiert, und er gewann die Wahlen. Jetzt saßen in Moskau zwei Präsidenten: Gorbatschow im Kreml, Jelzin im „Weißen Haus". Rußland war die größte, reichste und einflußstärkste Republik der UdSSR, doch der Präsident der Union genoß den höheren Rang und Status und verfügte über die ausschließliche Macht als Staatsoberhaupt. Und dieser Präsident, der die letzte Barriere auf Jelzins Weg zur höchsten Macht personifizierte, war sein früherer „Boß" und jetziger Erzfeind Michail Gorbatschow.

Jelzins Mannschaft fand eine radikale und überraschend elegante Lösung des Problems. Im Januar 1992 traf sich Jelzin in einem Wald bei Minsk mit den Oberhäuptern der beiden anderen slawischen Republiken, der Ukraine und Weißrußlands. Gemeinsam unterzeichneten sie eine Deklaration, in der sie die Auflösung der UdSSR verkündeten und die Gründung der neuen *Gemeinschaft Unabhängiger Staaten (GUS)* bekanntgaben. Es blieb ohne Bedeutung, daß sich das Dokument, wie später wiederholt moniert, vom Standpunkt des Völkerrechts als zumindest fragwürdig erwiesen hat. Der Zeitpunkt der Aktion war optimal gewählt. Die Sowjetunion befand sich in einer tiefen Krise. In den Republiken hatten separatistische und nationalistische Bewegungen zunehmend an Einfluß gewonnen und den örtlichen Eliten, welche je zur Hälfte aus früheren Dissidenten und aus der kommunistischen Nomenklatura bestanden, zu realer Macht verholfen. Reale Macht - das

3 Die Verbindung zwischen Jelzin und der interregionalen Gruppe erwies sich als nicht sehr langfristig, da beide Seiten darin vornehmlich ihre pragmatischen Interessen verfolgten. Die ideologische Übereinstimmung erwies sich als illusionär. Schon bald nach Jelzins Machtantritt begannen sich beide voneinander zu entfernen, genauer gesagt, Jelzin begann sich seiner früheren Verbündeten zu entledigen, indem er einen nach dem anderen aus den Machtstrukturen verdrängte. Bis heute haben sich fast alle ehemaligen Mitglieder dieser Gruppe entweder aus der Politik zurückgezogen oder sie sind in die Opposition gegen Jelzin übergewechselt.

bedeutete Unabhängigkeit von Moskau. Und nun gab ihnen Moskau selbst durch die Hände Jelzins diese Unabhängigkeit. Das Schicksal der UdSSR war damit besiegelt. Ihren Zerfall abwenden können hätte allein Gorbatschow, hätte er die drei „präsidialen Verschwörer", wie sie von den Anhängern der Sowjetunion genannt wurden, verhaften und der Armee übergeben lassen. Doch damit hätte er die offene Gewalt, einen blutigen Bürgerkrieg, einen - womöglich bewaffneten - Konflikt mit dem Westen und den Zusammenbruch der Russischen Föderation heraufbeschworen. Nicht zuletzt hätte er damit seine eigene Biographie in Frage gestellt. Zu einem solchen Kampf war Gorbatschow nicht bereit. So wurde, quasi über Nacht, einer der mächtigsten Männer der Welt - der Präsident der Sowjetunion - arbeitslos. Und niemand hat ihn seines Postens enthoben; man hat ihm nur einfach das Land weggenommen. Das andere Land aber, das plötzlich an der Stelle des verschwundenen aufgetaucht war, regierte ein anderer Mann. Im Januar 1992 begann die Ära Jelzin in der russischen Politik.

* * * * *

Es ist hier nicht beabsichtigt, Jelzins Politik seit 1992 umfassend zu analysieren. Es geht eher darum, ihre allgemeine Richtung zu charakterisieren und anhand einiger markanter Ereignisse zu illustrieren. Jelzin selbst hat drei Ziele seiner Politik formuliert: (1) die Einführung grundlegender Strukturen der politischen Demokratie - Parlamentarismus, Parteienpluralismus, unabhängige Gerichtsbarkeit und Gewaltenteilung - sowie die Förderung sogenannter intermediärer Organisationen als Fundament der sich herausbildenden Zivilgesellschaft; (2) die Einführung der grundlegenden Institutionen einer Marktwirtschaft und ihre juristische Kodifizierung; (3) eine Neubestimmung und Stabiliserung der Position Rußlands in der internationalen Gemeinschaft. Dies waren und sind auch weiterhin die wichtigsten Ziele seit seinem Machtantritt als Staatsoberhaupt. Infolge der Dynamik der Ereignisse stellte sich allerdingds noch ein viertes Problem heraus - das Problem der föderativen Ordnung Rußlands. Denn mit der Auflösung der UdSSR hat Jelzin zugleich auch die Büchse der Pandora geöffnet. Die Hierarchie der nationalen Gebilde in der UdSSR war weitgehend formal gewesen. Einige der sogenannten Autonomen Republiken innerhalb der Russischen Föderation unterschieden sich hinsichtlich vieler Parameter - etwa des Anteils der „Titular-Nationalität" an der Gesamtbevölkerung, des Industrialisierungsgrades, der Ausprägung eines Nationalbewußtseins - in nichts von den früheren Unionsrepubliken, die durch den Zerfall der UdSSR zu staatlicher Unabhängigkeit gelangt waren. Ihre Bevölkerung und die örtlichen Eliten fühlten sich durch den Ausgang der Ereignisse gekränkt: Wenn die Unionsrepubliken unabhängig werden konnten, warum dann nicht auch sie? Eine plausible Antwort darauf gibt es nicht.[4] Das Schicksal Rußlands bewegt sie nicht übermä-

4 Es sei nur daran erinnert, daß unmittelbar nach dem Zerfall der UdSSR vierzehn Autono-

ßig, so wie auch die früheren Unionsrepubliken das Schicksal der Union nicht allzusehr bekümmert hat. Indem Jelzin die UdSSR zerstörte, hat er zugleich einen Prozeß in Gang gesetzt, der jetzt auch Rußland zu zerstören droht. Das Problem der föderativen Struktur - genauer das Problem, Rußland vor dem Zerfall zu bewahren - ist daher zum Hauptproblem seiner gesamten Amtszeit geworden.

Nicht eines der vier Probleme ist bislang gelöst, nicht eines der Ziele erreicht. In mancher Hinsicht sieht sich Rußland heute eher noch weiter davon entfernt als zu Beginn der Perestrojka Gorbatschows. Damals waren Optimismus und Hoffnung aufgekommen, heute herrscht Hoffnungslosigkeit; optimistische Zielstrebigkeit ist verbreiteter Apathie und Enttäuschung gewichen. Ja mehr noch, die Ziele selbst sind inzwischen diskreditiert; Demokratie wird als Käuflichkeit und Machtmißbrauch wahrgenommen, Marktwirtschaft als Massenelend und organisiertes Verbrechen, der neue Platz Rußlands in der Welt als nationale Demütigung und als Verlust seines in Jahrhunderten erreichten Status, der multinationale Charakter Rußlands als Unvermeidlichkeit von Krieg und Gewalt.

Zum Kulminationspunkt des Umbaus der politischen Institutionen wurde der Präsidentenerlaß vom 21. September 1993 über die Auflösung des Obersten Sowjets der RSFSR. Mit diesem Erlaß verstieß Jelzin direkt gegen die Verfassung der Russischen Föderation, auf die er selbst im Frühjahr 1991 den Amtseid geleistet hatte.

Der Konflikt zwischen dem Präsidenten und dem Obersten Sowjet hatte eine lange Vorgeschichte. Ursprünglich waren Jelzin und das russische Parlament Verbündete. Nicht Jelzin allein, sondern Jelzin mit Unterstützung des Obersten Sowjets der RSFSR haben im August 1991 den Militärputsch in Moskau niedergeworfen. Zudem hatte der Oberste Sowjet fast einstimmig die Vereinbarung Jelzins mit den Präsidenten der Ukraine und Weißrußlands über die Auflösung der UdSSR gebilligt. Und kurze Zeit später bestätigte er einmütig den Beschluß über die Einleitung von Reformen nach dem Konzept der „Schocktherapie" unter der Leitung des Wirtschaftswissenschaftlers Jegor Gajdar und dessen amerikanische Berater. Zu dieser Zeit hatte Jelzin mit dem Parlament keinerlei Probleme. Probleme tauchten erst auf, als sich die Folgen dieser politischen Schritte bemerkbar zu machen begannen.

Diese Folgen waren vor allem ökonomischer Art. Da ist zunächst der Zusammenbruch der über Jahrzehnte entstandenen wirtschaftlichen Verflechtungen zwischen den früheren Unionsrepubliken hervorzuheben. In der Euphorie der Unabhängigkeit erklärten sich die jungen souveränen Staaten auch als ökonomisch unabhängig und brachen abrupt die Kooperationsbeziehungen mit Rußland ab. Dabei

---

me Republiken der RSFSR ihre staatliche Souveränität verkündeten, wobei zwei von ihnen - Tatarstan und die Republik Tschetschenien-Inguschien - in ihren Deklarationen nicht erwähnten, daß sie damit eine Souveränität innerhalb der Russischen Föderation meinten. (Vgl. Abdulatipov, R.G./Boltenkova, L.F./Jarov, L.F.: Federalizm v istorii Rossii. Moskva: Respublika 1993, S. 82f.) Der Versuch, diese Souveränität zu erlangen, verlief in Tatarstan anders als in Tschetschenien-Inguschien, worauf später zurückzukommen sein wird.

stützten sich ihre Führer auf das unter ihrer Bevölkerung weitverbreitete Vorurteil, Rußland als Metropole hätte im Interesse seines eigenen Wohlstands ihre natürlichen Ressourcen und ihr produktives wie intellektuelles Potential ausgebeutet, sie wie ein Parasit ausgeweidet. Schon die kurzfristigen Resultate nationalstaatlicher Unabhängigkeit haben diese Irrtümer beseitigt. Denn schon bald stellte sich heraus, daß der relative Wohlstand dieser Republiken in der Sowjetzeit gänzlich auf Kosten Rußlands erreicht und aufrechterhalten worden war. Zudem hatten Führer und Völker dieser Republiken die Hoffnung gehegt, wenn sie sich von der UdSSR lösten, würden die leistungsstarken Länder des Westen sie unter ihre Fittiche nehmen, sozusagen als Dank für ihre Anstrengungen zur Zerstörung des „Reiches des Bösen". Auch diese Annahme sollte sich schnell als irrig erweisen. Zum einen würde der Unterhalt aller dieser Republiken auch die Kräfte der westlichen Welt übersteigen. Zum anderen ist Rußland ein strategisch viel bedeutsamerer Partner als jede dieser Republiken für sich oder auch alle zusammen. Schon bald zeigte sich also, daß die neue Welt - die Welt der unabhängigen Existenz - weit unfreundlicher ist und die neuen Länder weit weniger lebensfähig sind, als sie es sich vom sicheren Platz unter den Fittichen Moskaus aus hätten vorstellen können. Die ökonomischen Folgen der Unabhängigkeit ließen nicht auf sich warten: Ein katastrophaler Rückgang der Produktion, stillstehende Betriebe, leere Erdöltanklager, der Verlust des sowjetischen Marktes und die Abwanderung von Spezialisten in den Westen oder nach Rußland kennzeichen die Situation in den meisten der neuen Republiken. Heute, vier Jahre nach den bedeutenden Ereignissen, ist der Zerfall noch immer nicht gestoppt; einigen Republiken, vor allem den mittelasiatischen, droht die Deindustrialisierung. Gelitten hat darunter, wenngleich weniger als die anderen Republiken, auch Rußland selbst.[5]

Die „Schock-Therapie" - in Rußland war das nichts anderes als eine Freigabe der Preise unter den Bedingungen der monopolistisch organisierten staatseigenen Produktion - hat augenblicklich einen kosmischen Preisauftrieb hervorgerufen, einen rasanten Rückgang der Produktion und den Rückfall des Lebensstandards auf ein Niveau, das weit unter dem sowjetischer Zeiten liegt, eine Inflationsrate, die infolge zügelloser Geldemission bis zu 50 Prozent pro Monat beträgt. Vier Jahre nach dem „Schock" halten auch diese Tendenzen weiter an. Die Preise sind in dieser Zeit um etwa das Zehntausendfache gestiegen, die Arbeitseinkommen im staatlichen Sektor dagegen um weniger als eintausendfach.[6]

5 Zur näheren Beschreibung der Lage in den Ländern der GUS und ihrer gegenwärtigen Beziehungen zu Rußland vgl. den Beitrag „Scheinstaaten und Schattenreich" in diesem Band.

6 Vgl. Programm der Opposition zum Ausweg aus der Krise. Moskau 1994 (ohne Verfasser und Verlag). Das Programm, das vorwiegend ökonomischen Charakter hat, wurde von Mitarbeitern verschiedener Institute der Russischen Akademie der Wissenschaften erarbeitet. Es richtet sich gegen die „Schocktherapie", wie sie von J. Gajdar begonnen und von der Regierung Tschernomyrdin fortgesetzt wurde. Ungeachtet dessen, daß sich das Pro-

Angesichts des Niedergangs der Industrie, der Verarmung der Bevölkerung, der zunehmenden sozialen Differenzierung nach Einkommen und Vermögen sowie anderer Folgen der Reformen bestand das Parlament zunehmend auf einer Änderung des ökonomischen und politischen Kurses. Die Differenzen zwischen dem Präsidenten und dem Parlament hinsichtlich wirtschaftspolitischer Fragen spitzten sich allmählich zu einem scharfen politischen Konflikt zu. Im Zuge dieser Auseinandersetzung ist es Jelzin und seiner Mannschaft gelungen, den Streit um die Wirtschaftspolitik zu einem Konflikt Demokratie versus Totalitarismus umzudeuten. Der Oberste Sowjet wurde als Überbleibsel des sowjetischen politischen Systems qualifiziert; die verbissenen Antikommunisten, die darin saßen und die mit Jelzin gemeinsam die Sowjetunion aufgelöst und die KPdSU verboten hatten, wurden zu kommunistischen Revanchisten erklärt. Der Präsident war hier teils im Recht, teils im Unrecht. Recht hatte er insofern, als der Oberste Sowjet in der Tat Konstruktionsmerkmale aufwies, die noch auf die Zeit der sowjetischen Staatsgründung zurückgingen. So waren ihm Funktionen sowohl der höchsten legislativen als auch der höchsten exekutiven Gewalt formal zugewiesen; unter Berufung darauf zeigte er auch nach dem Zerfall des kommunistischen Systems wenig Neigung zu einer demokratischen Gewaltenteilung. Unrecht hatte Jelzin jedoch insofern, als der Oberste Sowjet in der sowjetischen Praxis weder höchste Legislativ- noch Exekutivgewalt gewesen war. Denn in dieser Zeit hatte er überhaupt keine Macht, er war eine reine Fassadendekoration des kommunistischen Systems. Nach dem Zerfall der Sowjetunion aber, als er zu einem aktiven politischen Gremium geworden war, verzichtete der Oberste Sowjet nicht nur darauf, die kommunistische Vergangenheit zu verteidigen; im Gegenteil, er wurde zu einem der wichtigsten Totengräber des Kommunismus in Rußland und zugleich zu einer Schule parlamentarischer Erfahrung. Das eigentliche Problem des Präsidenten bestand darin, daß aus seiner Sicht der Oberste Sowjet verfassungsgemäß über zuviel Macht verfügte. Auch wenn er seine Politik nicht gegen den Willen des Präsidenten durchsetzen konnte, so konnte er doch die Politik des Präsidenten mehr oder weniger erfolgreich blockieren, was er von Zeit zu Zeit auch tat. Zudem hatten sich die Oppositionsführer - der Parlamentspräsident Ruslan Chasbulatow und der Vizepräsident Alexander Ruzkoj - inzwischen zu wirklich einflußreichen Politikern profiliert, die in der Lage waren, Jelzin nicht nur bei Wahlen reale Konkurrenz zu bieten, sondern ihn auch unabhängig von allen Wahlen mit verfassungsrechtlichen Verfahren zu entmachten.

Indem Jelzin den Obersten Sowjet als eine Vereinigung von kommunistischen Revanchisten, Faschisten und Kriminellen betitelte, hatte er ihm gleichsam den Schutz des Gesetzes entzogen: Jetzt war alles erlaubt; denn alles, was dann geschah, geschah im Namen der Ideale der Demokratie. Es folgte der Präsidentenerlaß zur Auflösung

gramm als eine Alternative zur derzeitigen Regierungspolitik versteht, unterscheiden sich die Einschätzungen der Autoren zum gegenwärtigen Zustand der russischen Wirtschaft und Gesellschaft nicht von den offiziellen Verlautbarungen.

des Obersten Sowjets. Als dieser die Selbstauflösung verweigerte, folgte die Blockade des Parlamentsgebäudes, danach die Bombardierung, schließlich die Erstürmung. Die projelzinsche Presse - das waren damals neunzig Prozent der Zeitungen und hundert Prozent der elektronischen Medien - unternahm alles mögliche, um zu beweisen, daß das „Weiße Haus" voll von Kommunisten, Faschisten und Verbrechern gewesen sei. Dieses Pack hat der Präsident vor den Kameras der ganzen Welt mit Panzern aus dem legendären Gebäude verjagt. Wieder hatte er einen glänzenden Sieg über den vielköpfigen Drachen des Kommunismus davongetragen.

Schon bald nachdem der Oberste Sowjet auseinandergejagt war, wurde die neue Verfassung angenommen, die dem Präsidenten wahrhaft diktatorische Vollmachten einräumt. Und es wurde das jetzige „Taschen"-Parlament gewählt. Das Verfassungsgericht, das sich erkühnt hatte, die Bombardierung des Parlaments als ungesetzlich zu bezeichnen, wurde aufgelöst und nahm seine Tätigkeit - in veränderter Besetzung - erst im Februar 1995 wieder auf. Die Parteienlandschaft veränderte sich: Einige angesehene Parteien aus der Zeit vor den Oktoberereignissen wurden aufgelöst oder sind einfach aus der politischen Arena verschwunden. Neue Parteien traten an die Öffentlichkeit, so etwa Sergej Schachrajs *Partei der Russischen Einheit und Eintracht* oder Jegor Gajdars *Rußlands Wahl*. Ihnen sollten eigentlich die Früchte des Jelzinschen Triumphes zufallen, und sie bereiteten sich darauf vor, indem sie ihren Wahlsieg schon im voraus feierten. Die Wähler allerdings haben sie im Stich gelassen: Sieger der Parlamentswahlen vom Dezember 1993 wurde die Partei Wladimir Shirinowskis; die schweigende Mehrheit, die in der „demokratischen" Presse nicht vorkommt, hatte Jelzins Vertreibung des Obersten Sowjets nicht mitfeiern wollen.

Jelzin hatte also seinen Feind gefunden; genauer gesagt, er hatte sich einen Feind geschaffen und ihn dann in einer dramatischen Schlacht geschlagen, was ihm den Beifall der „Demokraten" aus aller Welt einbrachte. Auch hat er seine Versprechen eingelöst: er hat demokratische Wahlen abhalten, ein neues Parlament konstituieren und in einem Referendum eine neue Verfassung bestätigen lassen. Bei der Bewertung des epochalen Charakters dieser Leistungen kann man Details - wie die Herabsetzung der für die Annahme der Verfassung erforderlichen Stimmenzahl unmittelbar vor dem Referendum oder Expertenhinweise auf Manipulationen der Ergebnisse des Volksentscheids - getrost vernachlässigen. Von den Behörden wurden Hinweise dieser Art jedenfalls ignoriert. Als Ergebnis erhielt Rußland ein politisches System, das über alle äußerlichen Attribute einer Demokratie verfügt, es der Exekutive jedoch gestattet, ihre Politik praktisch ohne Rücksicht auf die Parteien, das Parlament, die öffentliche Meinung oder die Presse zu betreiben. Genau dies ist der Jelzinsche Autoritarismus, von dem im ersten Abschnitt die Rede war.

Mit dem Sieg über Jelzins Rivalen und der Liquidation der Möglichkeit, daß sich überhaupt Rivalen profilieren können, sind natürlich die Probleme nicht beseitigt, die die Krise hervorgerufen haben. An dem bedrückenden Zustand der Wirtschaft hat sich nichts geändert: Um den endgültigen Zusammenbruch der Industrie abzuwenden, kommt man um selektive staatliche Subventionen für einzelne Industriezweige nicht herum; um zu verhindern, daß Rußland zum reinen Rohstofflieferanten für die westlichen Industriestaaten wird, greift man in der Außenhandelspolitik zu protektionistischen Maßnahmen; um sozialen Unruhen vorzubeugen, müssen Finanzmittel für sozialpolitische Maßnahmen und für die Erhöhung der (dennoch am unteren Ende der Skala verbleibenden) Löhne in den Staatsunternehmen und im Staatsdienst bereitgestellt werden; um die zentrifugalen Kräfte in den russischen Provinzen zu neutralisieren, bedient man sich - sowohl in der nach innen wie in der nach außen gerichteten Verlautbarungspolitik - einer neuen patriotischen Rhetorik sowie harter Maßnahmen zur Einschränkung der regionalen Autonomiebestrebungen. All das läuft dem Kurs zuwider, den Jelzin und seine Regierung vor dem Oktober 1993 verfolgt haben; es entspricht dem Kurs, den das oppositionelle Parlament unter der Führung von R. Chasbulatow und A. Ruzkoj vor seiner Zerschlagung gefordert hatte. Weder Chasbulatow noch Ruzkoj hatten jemals den Abbruch der Reformen oder die Rückkehr zum sowjetischen System verlangt, sondern sie forderten eine „Mäßigung" der Reformpolitik, die Berücksichtigung der sozialen Folgen sowie der nationalen Interessen Rußlands in der Innen- und Außenpolitik. In genau diese Richtung bewegt sich Jelzin seit der Auflösung des Obersten Sowjets. Nachdem er seine Rivalen neutralisiert hatte, übernahm er gänzlich die von ihnen propagierte Politik. So ist es kein Zufall, daß weder Ruzkoj noch Chasbulatow, nach dem sie aus dem Gefängnis kamen, wo sie einige Monate wegen ihres „faschistisch-kommunistischen Aufruhrs" (O-Ton der Präsidentenpresse) verbracht hatten, wieder einen Platz in der russischen Politik finden konnte. Ihren Platz hatte inzwischen der Präsident besetzt.

Versucht man, die wichtigsten Ergebnisse der Amtsführung Jelzins bis zum Jahr 1995 zu resümieren, so ergibt sich folgendes:

(1) Hinsichtlich der Schaffung demokratischer politischer Institutionen ist ein großer Schritt nach vorn zu konstatieren. Die Überreste des sowjetischen politischen Systems wurden vollständig liquidiert. Es sind normale parlamentarische Strukturen entstanden: die Grundlagen eines Mehrparteiensystems, ein Verfassungsgericht. Allerdings existieren diese Institutionen nur formal; ihr Potential wird begrenzt durch eine Verfassung, die die praktische Alleinherrschaft des Präsidenten legalisiert. Die regionale Selbstverwaltung ist stark eingeschränkt. Eine Justizreform ist weitgehend ausgeblieben. Das ganze läßt sich charakterisieren als eine Stabilisierung an der Schwelle zur Demokratie. Die Institutionen arbeiten im Leerlauf, ohne die gewünschten Resultate zu erzielen. Nominell demokratisch, lebt Rußland unter einem autoritären Regime.

(2) Im wirtschaftlichen Bereich sind die Errungenschaften nicht weniger schwerwiegend. Entstaatlichung und Privatisierung von Wirtschaftseinheiten, Aufbau eines Banken- und eines Steuersystems, Veränderungen im Leitungssystem des staatlichen Sektors der Industrie - mit all dem wurde das Fundament für eine marktwirtschaftliche Entwicklung geschaffen. Der Reichtum an natürlichen Ressourcen hat die Rolle eines Puffers gespielt, der die Schläge der Wirtschaftskrise etwas ab-

gefangen hat und es Rußland ermöglichte, sich am Rande des Abgrunds zu halten, in den die meisten früheren Sowjetrepubliken nach dem Zerfall der Union gestürzt sind. Da es keine durchdachte Industriepolitik gibt, sind bislang allerdings noch nicht einmal Ansätze einer modernen Industriestruktur erkennbar; die wissenschaftsintensiven und Hochtechnologie-Branchen stehen vor dem Untergang; für ein Vordringen Rußlands auf die Außenmärkte (vom Rohstoffexport abgesehen) sowie seine Teilnahme an der internationalen Arbeitsteilung gibt es keine Anzeichen.[7] Es ist offenkundig: Der Weg aus der Krise ist noch weit.

(3) In außen- und geopolitischer Hinsicht war die bisherige Regierungszeit Jelzins durch schwere Niederlagen gezeichnet, wobei gerechterweise nicht unerwähnt bleiben darf, daß die Grundlagen dafür schon von Gorbatschow gelegt worden waren und Jelzin, auch wenn er gewollt hätte, diesen Trend nicht mehr hätte stoppen oder ändern können. Rußland ist aus der Klasse der Supermächte, zu denen es in sowjetischen Zeiten gehörte, in den Rang einer Regionalmacht abgestiegen. So umstritten eine solche Terminologie auch sein mag, sie beschreibt das spezifische Gewicht eines Landes in der Weltpolitik, kennzeichnet das Verhältnis anderer Staaten und deren Bürger zu ihm und auch das eigene außenpolitische Selbstwertgefühl, die außenpolitischen Ziele und Ambitionen.

(4) Im Bereich der „inneren Außenpolitik", d.h. im Verhältnis zu den nach Souveränität innerhalb oder außerhalb der Russischen Föderation strebenden Autonomen Republiken, sind gewisse Erfolge zu verzeichnen. So demonstriert der im Februar 1994 abgeschlossene Vertrag mit Tatarstan, einer großen, industriell entwickelten Autonomen Republik im Zentrum der Russischen Föderation, daß Kompromisse in der Kompetenzaufteilung zwischen dem föderativen Zentrum und autonomen Subjekten der Föderation durchaus möglich sind. Tatarstan hat damit erstmals seit der Unterwerfung des Kasaner Khanats im Jahre 1552 den Status realer Autonomie erlangt. Das Abkommen kann als ein Mustervertrag auch für die anderen autonomen Republiken innerhalb Rußlands angesehen werden.

Doch gerade zu dieser Zeit brach die Tschetschenien-Krise aus. Sie wurde dazu auserkoren, Boris Jelzin den nächsten dramatischen Sieg zu verschaffen. Jelzin hat diesen neuen Sieg auch errungen; ein Triumph wurde es diesmal allerdings nicht. Zwar hat die Tschetschenien-Krise - wie es immer nach Jelzinschen Siegen der Fall war - die innere und äußere Situation des Landes radikal verändert. Gleichwohl hat sich die „Lösung" des Konflikts diesmal nicht zugunsten des Präsidenten ausgewirkt. Die öffentliche Meinung hat sich nahezu einmütig gegen Jelzin gekehrt; fast die gesamte Presse, die linke wie die rechte, hat sich gegen ihn verbündet, seine Popularitätsrate ist katastrophal gefallen. Die Wiederherstellung des „Weißen Hauses" nach dem Beschuß vom Oktober 1993 hat einige hundert Millionen Dollar gekostet und mehrere Monate gedauert. Der Wiederaufbau Grosnys, der zerbomb-

7 Vgl. Rossijskaja promyšlennost': portret v inter'ere krizisa. Moskva: Ėkspertnyj institut Rossijskogo sojuza promyšlennikov i predprinimatelej 1994.

ten Hauptstadt Tschetscheniens, wird nach optimistischen Schätzungen mindestens drei Jahre dauern und den ohnehin defizitären Staatshaushalt mit einer untragbaren Bürde belasten. Die Politiker des Westens, die Jelzins Lied bislang mitgesungen hatten, hat der Tschetschenien-Krieg aus dem Konzept gebracht; in der westlichen Öffentlichkeit ist das Bild eines barbarischen und grausamen Rußland, das sich von der Sowjetunion kaum unterscheidet, wieder aufgelebt. Die Beziehungen zwischen Rußland und der islamischen Welt sind, wenn nicht gänzlich zerbrochen, so zumindest stark abgekühlt. Und im Verhältnis Rußlands zu den anderen Staaten der GUS, dem sogenannten nahen Ausland, hat der Krieg ebenso neue Spannungen erzeugt wie in den zur Russischen Föderation gehörenden Autonomen Republiken, da sie in Jelzins Vorgehen gegen Tschetschenien ihre womöglich eigene Perspektive erkennen.

Warum wurde der Tschetschenien-Krieg für Jelzin nicht zu einem Triumph? In der Tschetschenienkrise hat sich Jelzin von denselben bewährten Ideen und Methoden leiten lassen, die ihn seit seinen frühen Jahren durch das Leben und durch die Politik geführt haben. Das ist, wie bereits beschrieben, die Herstellung einer Situation, aus der es eigentlich keinen normalen Ausweg geben kann. Der tschetschenische Knoten wurde 1991 geknüpft, als nach dem Moskauer August-Putsch der Oberste Sowjet der Autonomen Republik Tschetschenien-Inguschien, der die Putschisten unterstützt hatte, gestürzt wurde. Die Macht übernahm der demokratisch orientierte Vereinigte Kongreß des Tschetschenischen Volkes, der ein neues republikanisches Parlament wählte. Bald darauf spaltete sich der Kongreß. Die Radikalen unter der Führung des früheren sowjetischen Luftwaffengenerals Dshochar Dudajew stürmten das Parlament, wobei etwa achtzig Menschen umgebracht wurden. Sie proklamierten als zeitweiliges höchstes Machtorgan einen Obersten Rat, der die Unabhängigkeit der Republik Tschetschenien verkündete und allgemeine Wahlen veranstaltete, in denen Dudajew zum Präsidenten gewählt wurde.[8] Die Reaktionen Moskaus waren äußerst inkonsequent. Einerseits begrüßte die Moskauer Führung den Sturz des Obersten Sowjets von Tschetschenien-Inguschien, insofern es sich dabei um eine antisowjetische und antikommunistische Aktion handelte. Andererseits verweigerte sie dem Obersten Rat die Anerkennung und begann unmittelbar nach der Unabhängigkeitserklärung, politischen Druck auf die neue Republik auszuüben. Einerseits versuchte Moskau im November 1991 über Tschetschenien den Ausnahmezustand zu verhängen. Andererseits zog die Zentralmacht 1992 sämtliche russische Truppen aus der Republik ab, wobei sie mehr als die Hälfte der Waffen und der Munition zurückließ und in aller Ruhe zuschaute, wie Dudajew in Tschetschenien, d.h. auf dem Territorium der Russischen Föderation, eine eigene,

8 Zu Ursachen und Verlauf der Tschetschenien-Krise vgl.: Alla Tschernych: Die Tschetschenien-Krise und das Schicksal Rußlands. In: Berliner Debatte INITIAL 3/1995, S. 74-78; Dmitri Trawin: „Tschetschenische Lektionen". Das imperiale Syndrom der russischen Demokratie. In: Ebenda, S. 79-83.

gut ausgerüstete und hoch professionelle Armee aufbaute. Erst 1994 begann Moskau mit dem Versuch, in Tschetschenien alternative Machtorgane gegen Dudajew zu installieren, doch konnten diese weder in politischer noch in militärischer Hinsicht Dudajew Paroli bieten. Dann erst wurde die kriegerische Expedition gestartet, um das meuternde Tschetschenien zu unterwerfen. Doch schon bald stellte sich heraus, daß es für einen leichten Sieg viel zu spät war. Die russische Führung hatte sich getäuscht in der Annahme, sie hätte es mit einer Art Landsturm, mit schlecht ausgerüsteten Partisanen zu tun. Große Truppenkontingente mußten aufgestellt und aufwendige militärische Operationen durchgeführt werden, die zwei Monate lang vollwertige Kriegshandlungen erforderten.

Die Situation hatte sich als politisch ausweglos erwiesen. Der tschetschenische Knoten konnte nur noch mit Gewalt zerschlagen werden. Eigentlich war eine solche Lage für den russischen Präsidenten nichts Ungewohntes. Doch hier war Jelzin augenscheinlich überfordert. Er hat nicht einmal den Versuch unternommen, ein ähnliches Feindbild zu konstruieren wie im Falle der Zerschlagung des Obersten Sowjets in Moskau. In bezug auf Dudajew und das Dudajewsche Tschetschenien wäre das in der Tat nicht sehr schwierig gewesen, denn die Republik befand sich bereits im Zustand völliger Anomie: Die tschetschenische Elite hatte Hunderte Millionen Dollar eingenommen aus dem Verkauf von Erdöl, das ihr nicht gehörte. Der überwiegenden Mehrheit der Bevölkerung wurden die Löhne und die Renten nicht ausgezahlt. Ganze Dörfer lebten davon, Eisenbahnzüge auf den Transitstrecken durch Tschetschenien zu plündern. Die tschetschenische Mafia operierte in ganz Rußland, und ihre Spuren führten in die unmittelbare Umgebung des Generals Dudajew. So hätte man eigentlich mit Leichtigkeit das Bild einer „Republik der Mafia" aufbauen können. Doch Jelzin und seiner Mannschaft waren diesmal Phantasie und Eloquenz gänzlich abhanden gekommen. Mehr als hohle Phrasen über die Notwendigkeit der Wiederherstellung der verfassungsmäßigen Ordnung ist ihnen nicht eingefallen, um die Expedition in Tschetschenien zu begründen. Den Propagandakrieg gegen General Dudajew hat Jelzin daher haushoch verloren; und das in dem einzigen Fall, in dem ihm zumindest kein offenkundiger Verfassungsverstoß vorzuwerfen war. Sein Sieg auf dem Feld ist ihm somit teurer zu stehen gekommen als alle anderen zuvor.

Die Annahme ist naheliegend, daß sich Jelzin jetzt, da der Wahltermin näherrückt und er sich in einer sehr komplizierten Lage befindet, einen neuen Sieg verschaffen will und sich folglich einen neuen Feind suchen wird. Die tschetschenische Erfahrung wird dabei berücksichtigt und für die Konstruktion des Feindbildes großer Aufwand betrieben werden. Wer dieser Feind sein wird, ist allerdings kaum vorherzusagen; denn die potentiellen Kandidaten, die als Feinde der Demokratie und des Präsidenten in Frage kämen, verhalten sich erstaunlich reserviert. Dem Sprecher der Staatsduma, Iwan Rybkin, ist es gelungen, Ruhe zu bewahren und die Klippen in den Beziehungen zwischen dem Parlament und dem Präsidenten geschickt zu umschiffen. Die Kommunisten zeigen sich zivilisiert; in der kommunistischen Parlamentsfraktion sitzen jetzt Bankiers, Industrielle, Besitzer von Kasinos und Nachtklubs. Shirinowski und seine Partei sind fast immer auf der Seite des Präsidenten. Wo also will Jelzin seinen Feind finden, wen will er im nächsten dramatischen Kampf um die Demokratie niederwerfen?

* * * * *

Schon diese kurze Übersicht zeigt: Die Politik Jelzins im Amt des russischen Staatsoberhauptes zeigt die gleichen archetypischen Charakterzüge, wie sie zuvor schon in seinem Kampf um die höchste Macht zu erkennen waren - Impulsivität, Unberechenbarkeit, die Neigung zu unbedachten Handlungen, den Hang zu dramatischen Lösungen, die Fähigkeit, in Situationen zu geraten, aus denen man ohne übermenschliche Kräfteanspannung nicht mehr herauskommt. Ein weiteres Merkmal seines Charakters und seines politischen Stils ist die Neigung zu administrativen, ja sogar gewaltsamen Konfliktlösungen, die er womöglich in den langen Jahren seiner Tätigkeit als Parteifunktionär erworben hat. Zudem besitzt er eine erstaunliche Fähigkeit, ohne alle Meinungsumfragen oder ähnliche Analysen die Stimmung der Massen buchstäblich aus der Luft einzufangen, dementsprechend seine politischen Ziele und Orientierungen zu korrigieren, ohne Bedauern seine Verbündeten zu verraten und zu verstoßen und sich gleichsam - im politischen Sinne - wie neugeboren zu präsentieren, ohne dabei seinen politischen Stil auch nur im geringsten zu ändern. In dieser Kombination von Qualitäten, wie sie bei heutigen Politikern nur selten anzutreffen ist, lassen sich zwei besonders markante Eigenschaften ausmachen: (1) machiavellistischer Rationalismus und Skrupellosigkeit in der Wahl der Mittel beim Kampf um die Macht; (2) der Glaube an seine übermenschlichen Fähigkeiten, an seine Auserwähltheit, die ihn in die Lage versetzt, selbst von vornherein hoffnungslose Situationen siegreich zu bestehen, in denen jeder normale Mensch, jeder normale Politiker unausweichlich eine Niederlage erleiden müßte. Die Kombination dieser beiden Merkmale ergibt den Typ des charismatischen Führers.

Es gibt noch einen weiteren Zug des Politikers Jelzin, der es wert ist, erwähnt zu werden. Im Unterschied zur Mehrheit seiner (früheren) liberalen Mitstreiter, in deren politischem Handeln die rationale Kalkulation möglicher Gewinne und Verluste dominiert, identifiziert Jelzin sein persönliches Schicksal mit dem Schicksal Rußlands. Er empfindet eine persönliche Verantwortung für das Land. Das ist nicht die gewöhnliche Verantwortung eines Staatsdieners für das ihm überantwortete Tätigkeitsfeld, sondern eine totale Verantwortung; er fühlt sich verantwortlich für das Volk. Hier zeigt sich das Modell, das erstmals in seinem eingangs erzählten Jugenderlebnis zutage trat. Damals führte er seine Kameraden in die Taiga, und nur er selbst fand die Kraft und den Mut, sie zu retten, sie aus der menschenleeren Wildnis wieder herauszuführen. Später hat er als einer der höchsten Parteifunktionäre die Völker Rußlands mit in die sozialistisch-kommunistische Sackgasse geführt - und nur er fand die Kraft und den Mut, sie wieder aus der tödlichen Falle zu befreien.

Die Rettung Rußlands ist seine heilige Pflicht. Diese quasireligiöse Überzeugung ist die Quelle der eigentümlichen moralischen Ganzheitlichkeit, die den widersprüchlichen Situationen seines Lebensweges ihre Einheit und ihren Zusammenhang verleiht. Einst selbst einer der höchsten Parteioligarchen, verbot er später die KPdSU; maßgeblich verantwortlich für die Zerstörung der UdSSR, tut er heute alles Erdenkliche, um den Einfluß Rußlands in den „verlorenen" Territorien wiederherzustellen. Eine so problemlose Kombination widersprüchlicher Ideen und Verhaltensweisen in ein und derselben Person - ohne Spaltung des Moralbewußtseins, sondern in vollem Bewußtsein moralischer Rechtmäßigkeit - ist nur möglich durch eine religiöse oder quasireligöse Bekehrung. Und genau das ist m.E. bei Jelzin der Fall: Im Unterschied zu Abertausenden Überläufern vom Kommunismus zur Demokratie, wie etwa dem nicht unbekannten Alexander Jakowlew, ist Jelzin kein Überläufer - er ist bekehrt.

Aber genau darin besteht das Problem. Der Wechsel der politischen Religion verwandelt den Bekehrten nicht in einen Rationalisten. Demokratie als System rational bedingter Normen, als Herrschaft rationaler Prozeduren, ist unvereinbar mit religiösem Eifer, der das Ziel verabsolutiert und die Mittel für zweitrangig, unwesentlich hält.

Die Konsequenz ist nicht schlechthin, daß das Ziel die Mittel heiligt - allmählich wird das Ziel von den Mitteln bestimmt. Sukzessive geht die Substanz des verfolgten Ziels verloren, unter dem alten Namen erscheint ein neuer Inhalt. Das geschah mit dem russischen Sozialismus in den ersten Jahrzehnten seines Bestehens: Die Ideale der Gleichheit und der Gerechtigkeit, die man mit Gewalt, Repression und totaler Kontrolle des Denkens zu verwirklichen suchte, wurden verdrängt durch die Funktionsprinzipien des Institutionensystems, das sich im Zuge der Anwendung dieser Methoden herausgebildet hatte. Der Name blieb, und die Ideale wurden für ganz oder teilweise verwirklicht erklärt. In der Tat aber lebte das Land unter einer üblen Tyrannei. Ähnliches vollzieht sich heute im Rußland des Boris Jelzin. Die Demokratie, die er einzuführen versprochen hat, sieht erstaunlich autoritär aus. Er führt sie ein mit der Inbrunst des frisch Bekehrten und mit genau den Methoden, die er als Parteifunktionär erlernt hat. Es sind, genauer betrachtet, nicht schlechthin sowjetische Parteimethoden, sondern traditionelle Methoden russischer Reformpolitik. Seinerzeit haben die Bolschewiki sie benutzt, und jetzt wird Rußland mit ihnen dank Jelzin auf das 21. Jahrhundert vorbereitet. Das sind: der blinde Glaube an fertige Rezepte - vor allem an solche, die aus dem zivilisierten Westen kommen; der autoritäre Druck zu ihrer Verwirklichung, die Bereitschaft zu unerträglichen Opfern im Namen künftigen Glücks, die grausame Unterdrückung jeglichen Widerstands. Rußland hat in seiner Geschichte schon mehrere Perioden derartiger gewaltsamer Modernisierung erlebt: den Versuch seiner Europäisierung durch Peter den Großen, die grausame kommunistische Modernisierung durch Lenin und Stalin. Jelzins liberal-demokratische Moderniserung, die sich angeblich an Hayek orientiert, gehört in diese Reihe. So kann man erwarten, daß auch diese Modernisierung ein ähnliches Ergebnis hervorbringen wird - ein autoritäres oder gar autokratisches Regime, das diesmal unter dem Namen der liberalen Demokratie firmiert.

Wie wird das neue Rußland aussehen, das unter der Führerschaft Jelzins erbaut wird? Radikale Reformer wie Jegor Gajdar meinen, einen Weg zurück gäbe es nicht. Natürlich wird Jelzin nicht zum klassischen Stalinschen oder zum „post-klassischen" Breshnewschen Sozialismus zurückkehren. Doch ist die Gefahr nicht auszuschließen, daß sich angesichts der anhaltenden Wirtschaftskrise eine Kräftekoalition formiert, die zur Abwendung der drohenden ökonomischen Katastrophe die Einführung außergewöhnlicher Maßnahmen, d.h. eine partielle oder „zeitweilige" Abkehr vom marktwirtschaftlich orientierten Reformkurs durchsetzen würde. Eine solche Entwicklung könnte zugleich die Bestrebungen zur Restauration der Sowjetunion in Form einer Konföderation oder Föderation unter der Maske der GUS einschließlich der alten Supermachtansprüche forcieren.

Wo eine solche „Wende" in Rußland hinführen kann - in einem Land, in dem sich wie nach wie vor über 50 Prozent der Industrie, die gesamte Energieproduktion und das Verkehrssystem in Staatseigentum befinden, in dem die, wenngleich parlamentarisch orientierte, Kommunistische Partei die am besten organisierte und mächtigste aller Parteien ist, in dem die Schlüsselpositionen der Wirtschaft noch überwiegend von „roten Direktoren" besetzt sind und wo die unter der „Schocktherapie" leidende Bevölkerung sich inzwischen schwermütig der vergleichweise satten Jahre der Breshnew-Ära erinnert -, das ist unschwer zu erraten.

Einen solchen Rückfall abzuwenden, gibt es womöglich nur einen Weg: die Errichtung eines konservativen autoritär-korporatistischen Regimes.[9] Jelzin bewegt sich bereits in diese Richtung. Genauer gesagt, er wird in diese Richtung bewegt - durch die Logik der politischen Ereignisse und durch sein eigenes Naturell, seine Mentalität, seinen politischen Stil.

Die politische Methodologie Jelzins führt unvermeidlich zu einer Transformation des Gehaltes seiner Demokratisierungspolitik. Je eindrucksvoller die Jelzinschen Siege für die Demokratie (so werden sie von Bill Clinton, Helmut Kohl und anderen westlichen Politikern gepriesen), desto weiter entfernt sich Jelzin von den ursprünglich verkündeten Zielen: Je weiter sich Rußland unter Führung Jelzins auf dem Weg der Demokratie voranbewegt, desto autoritärer, ja autokratischer wird dessen Herrschaft. Bisher hat sich diese Strategie als weitgehend fehlerfrei erwiesen. Auch wenn sie inzwischen enträtselt wurde; sich ihr anzupassen ist bislang niemandem gelungen - mit Ausnahme Wladimir Shirinowskis, der sich aus seiner vermeintlichen Opposition heraus noch in keinen Konflikt mit dem „Boß" begeben hat, sondern gelassen darauf wartet, daß Jelzin, der einen Schlag nach dem anderen führt, in ihm, Shirinowski, irgendwann von selbst seinen natürlichen Verbündeten

9 Zu Entstehung und Perspektiven des Korporatismus in Rußland vgl. den Beitrag „Rußland zwischen Pluralismus und Korporatismus" in diesem Band.

entdeckt. Es gibt keinen Grund anzunehmen, die Lage würde sich demnächst wesentlich ändern. Mit etwas Risikofreudigkeit darf man die Prognose wagen: 1996 wird Boris Jelzin für eine weitere Legislaturperiode zum Präsidenten Rußlands gewählt werden. Und sollten die Wahlen nicht stattfinden, dann wird er ohne Wahlen Präsident bleiben - und zwar ausschließlich, um die Errungenschaften der Demokratie zu verteidigen. Man darf gespannt sein, ob im Westen auch das als ein neuer Sieg der Demokratie begrüßt werden wird.

*Aus dem Russischen von Jan Wielgohs*

# Scheinstaaten und Schattenreich

Als führende sowjetische Politiker im August 1991 den Versuch unternahmen, Michail Gorbatschow durch einen Staatsstreich zu entmachten, wollten sie damit vor allem die Unterzeichnung eines neuen Unionsvertrages durch den Präsidenten der UdSSR und die Staatsoberhäupter der Sowjetrepubliken vereiteln, die für den 20. August angesetzt war. Dieser Vertrag hätte die politische Entscheidung für eine Reorganisation der Beziehungen zwischen der Zentralmacht und den Mitgliedern der Föderation besiegeln und die Entstehung einer neuen Völkergemeinschaft ermöglichen sollen. Die Initiatoren des Umsturzversuches dagegen fürchteten - und das nicht ohne Grund -, Gorbatschow würde seine Unterschrift faktisch unter eine Vereinbarung über die Auflösung der Union setzen.

Ihr Ziel haben sie bekanntlich erreicht; der Unionsvertrag wurde nicht unterschrieben. Doch statt die Union zu erhalten, haben sie mit dieser Aktion ihren Zerfall nur noch beschleunigt. Kaum war der Putschversuch niedergeschlagen, erklärte eine Sowjetrepublik nach der anderen ihre Unabhängigkeit.

Noch einmal unternahm der Präsident der formal noch immer bestehenden UdSSR den Versuch, seine auf den Geschmack der Unabhängigkeit gekommenen Vasallen zu zügeln. Noch schien ihm, als sei noch nicht alles verloren. Mit dem Segen des Obersten Sowjets der UdSSR nahm eine Sonderkommission, an der Vertreter praktisch aller Sowjetrepubliken beteiligt waren, die Arbeit am Unionsvertrag wieder auf. Im Dezember 1991 erörterte und billigte der Unionssowjet, die untere Kammer des Obersten Sowjets, den neuen Entwurf des Vertrages. Sie ordnete an, das Dokument fertigzustellen und allen Unionsrepubliken zur Unterzeichnung vorzulegen. Das war am 4. Dezember. Es schien, die Hoffnung auf den Erhalt der Einheit des Landes könne sich doch noch erfüllen.

Wie eine Bombe schlug daher die legendäre Nachricht aus dem belorussischen Winterwald - die Erklärung der Präsidenten Weißrußlands, der RSFSR und der Ukraine[1] über die Bildung einer *Gemeinschaft Unabhängiger Staaten* - ein. Der Deklaration folgte eine Vereinbarung über die Gründung der GUS, in der es wörtlich hieß, von diesem Moment an „stellt die Union der Sozialistischen Sowjetrepubliken als Subjekt des Völkerrechts und als geopolitische Realität ihre Existenz ein".[2]

1 Stanislaw Schuschkewitsch, Boris Jelzin, Leonid Krawtschuk.
2 Abdulatipov, R.G. i dr.: Federalizm v istorii Rossii. Kniga vtoraja. Moskva: Respublika 1993, S. 162.

An die Stelle der früheren UdSSR traten mit einem Schlag fünfzehn unabhängige Staaten[3], die gegenüber der neuen Gemeinschaft allerdings sehr verschiedene Positionen bezogen. Die baltischen Länder Litauen, Lettland und Estland, die ihre „Annexion" durch die Sowjetunion am Vorabend des 2. Weltkrieges nie akzeptiert hatten, strebten schon seit längerem nach staatlicher Unabhängigkeit und hatten darin auch die Unterstützung verschiedener westlicher Staaten gefunden. Sie beschritten nun entschlossen den Weg einer unabhängigen und souveränen Entwicklung und orientierten sich dabei ganz auf den Westen, auf Europa. Die GUS betrachteten sie als eine ihnen fremde Idee, ein Projekt, das sie nichts anging. Anders war die Reaktion der mittelasiatischen Republiken. Einige von ihnen hatten zuvor das Projekt eines neuen Unionsvertrages unterstützt. Die Unabhängigkeit traf sie buchstäblich wie ein Schuß vor den Bug; ihre Führer - völlig unvorbereitet auf diese Entwicklung - reagierten zunächst beleidigt: Wieso war bei der Auflösung der UdSSR und bei der Gründung der GUS die Meinung der anderen Republiken, die in der Sowjetunion der RSFSR, Weißrußland und der Ukraine schließlich gleichgestellt gewesen waren, nicht berücksichtigt worden? Waren die Minsker Vereinbarungen in diesem Sinne legitim? Hätte sich die Unionsführung unter Gorbatschow dazu entschlossen, den Kampf gegen die Minsker Verschwörer, wie sie mitunter in der Presse genannt wurden, aufzunehmen - in den mittelasiatischen Republiken hätte sie gewiß starke Unterstützung gefunden. Doch Gorbatschow hatte sich kampflos ergeben, im direkten wie im übertragenen Sinne des Wortes. So folgte bald eine zweite Reaktion: der Versuch, nach dem Muster der russisch-weißrussisch-ukrainischen, d.h. slawischen, GUS eine *Mittelasiatische Konferenz* mit den Mitgliedern Kasachstan, Usbekistan, Tadshikistan, Kirgisien und Turkmenistan ins Leben zu rufen. Diese Konferenz war eine Totgeburt; über sie redet schon längst niemand mehr. Aber nach entsprechenden Referenzen seitens der „Verschwörer" traten die mittelasiatischen Republiken bald eine nach der anderen der GUS bei. Die übrigen Länder, d.h. die

3 Die Nachfolgestaaten der früheren Sowjetunion sind: Armenien, Aserbaidschan, Belorußland, Estland, Georgien, Kasachstan, Kirgysstan, Lettland, Litauen, Moldowa, Rußland, Tadshikistan, Turkmenistan, die Ukraine und Usbekistan. Entsprechend der Klassifikation des *United Nations Development Programme* (UNDP) gelten sie alle als entwikkelte, als Industrieländer. Hinsichtlich des Bruttosozialprodukts pro Kopf der Bevölkerung werden sie zur mittleren Gruppe gezählt (GNP pro Kopf: 651 bis 6000 US-Dollar). Nach dem Index der menschlichen Entwicklung (HDI), der auf den Indikatoren Lebenserwartung, Bildungsniveau (Alphabetisierungsgrad und Dauer der Schulbildung) und Einkommen basiert, befinden sich die UdSSR-Nachfolgestaaten auf unterschiedlichen Positionen. Armenien, Weißrußland, die baltischen Republiken, die Ukraine und Rußland werden zur Gruppe der Länder mit einem hohem Entwicklungsstand (HDI 0,8 und höher) gezählt, zu der auch die entwickelten Länder Europas und Amerikas gehören. Die mittelasiatischen Länder, Aserbaidschan, Georgien und Moldowa werden den Ländern mit mittlerem Entwicklungsstand (HDI 0,5-0,79) zugerechnet. Vgl.: Bericht über die menschliche Entwicklung 1994. Deutsche Gesellschaft für die Vereinten Nationen e.V. Bonn 1994, S. 255-258.

Kaukasus-Republiken Armenien, Georgien und Aserbaidschan sowie Moldawien zogen es dagegen vor, der GUS fernzubleiben und ihre Außen- und Innenpolitik frei und unabhängig von den früheren sowjetischen Partnern zu gestalten.

Heute, vier Jahre nach ihrer Gründung, umfaßt die GUS mit Ausnahme der baltischen Staaten alle ehemaligen Sowjetrepubliken. Ihre Außengrenzen sind - vom Baltikum, das ohnehin nur einen verschwindend geringen Teil des sowjetischen Territoriums ausgemacht hatte, abgesehen - mit denen der früheren UdSSR identisch. Und auch dort, wo es sich nicht um Grenzen der Russischen Föderation handelt, werden diese zum überwiegenden Teil von russischen Truppen bewacht.

Wie aus den Kommuniqués der regelmäßigen GUS-Gipfeltreffen zu erfahren ist, hat sich die militärische Zusammenarbeit der Gemeinschaftsmitglieder in letzter Zeit zunehmend vertieft. Praktisch heißt das nichts anderes, als daß die russische Armee inzwischen in fast allen GUS-Republiken wieder über Stützpunkte und Garnisonen verfügt. Die Zuständigkeit für die Kontrolle und die Verteidigung des gesamten Luftraumes der GUS liegt bei der russischen Luftwaffe und den russischen Raketentruppen. Die zentralen Gremien der GUS (das zwischenstaatliche Wirtschaftskomitee u.a.) siedeln allmählich nach Moskau über, obwohl der Minsker Vertrag die weißrussische Hauptstadt Minsk als ihren Sitz festgelegt hatte. Die Führungsämter in diesen Gremien sind überwiegend mit Vertretern Rußlands besetzt. Auf einem der letzten GUS-Gipfel schließlich wurde - entgegen allen früher vereinbarten Regeln, die eine jährliche Rotation vorschreiben - Boris Jelzin für ein weiteres Jahr als Vorsitzender des Rates der GUS-Staatsoberhäupter gewählt. Nachdem dieser Präzedenzfall erst einmal geschaffen wurde, läßt sich ein solches Verfahren endlos wiederholen.

Zunehmende Integrationstendenzen innerhalb der GUS sind in der Tat nicht zu übersehen. Dabei handelt es sich jedoch nicht um einen diffusen Integrationstyp wie in der Europäischen Gemeinschaft, sondern um eine zentripetale Integration - und das integrierende Zentrum ist Moskau, Rußland. So stellt sich die Frage: Was eigentlich ist diese GUS - eine Art Notgemeinschaft, der sich die unabhängig gewordenen Staaten bedienen, um die von wirtschaftlicher und politischer Instabilität gezeichnete Übergangsphase zu überstehen und sich danach unter Ausnutzung aller Möglichkeiten ihrer Souveränität entwickeln zu können? Eine „Neuauflage" der UdSSR oder gar des Russischen Imperiums, wenn auch im Gewand einer freiwilligen Union unabhängiger Staaten? Oder ist es ein Drittes - eine organische Gemeinschaft von Völkern unterschiedlicher Herkunft, Glaubensrichtungen, kultureller Traditionen, die selbst durch so schreckliche politische Kataklysmen wie den Zerfall der UdSSR nicht auseinandergesprengt werden kann?

Um dieser Frage nachzugehen, wollen wir zunächst betrachten, auf welche Weise diejenigen Länder, die ursprünglich, d.h. nach dem Zerfall der UdSSR, scheinbar unnachgiebig den Weg der Unabhängigkeit beschritten hatten, in die GUS gelangt sind.

*****

In der Frühphase der *Perestrojka*, als das Recht auf nationale Selbstbestimmung gerade erst zu einem virulenten Thema der innenpolitischen Auseinandersetzungen in der UdSSR geworden war, verwiesen Befürworter des Erhalts der UdSSR auf die „Matrjoschka-ähnliche" Struktur der Koexistenz der Nationalitäten im sowjetischen Raum. Diese Struktur, so die Anhänger Gorbatschows, würde eine friedliche „Scheidung" der Sowjetrepubliken erschweren, wenn nicht ganz unmöglich machen. Die traditionelle russische Holzpuppe - die Matrjoschka - enthält bekanntlich ihre verkleinerte Kopie, in welcher sich wiederum eine noch kleinere Kopie befindet - usw., usf. Ebenso bestand die Sowjetunion aus mehreren nationalen Republiken, von denen viele ihrerseits eine oder mehrere „Autonome Republik(en)", ein oder mehrere „Autonome(s) Gebiet(e)" enthielten, innerhalb deren jeweils eine bestimmte ethnische Minderheit konzentriert war. Besonders anschauliche Beispiele dafür sind diejenigen früheren Sowjetrepubliken, in denen sich nach der Erlangung der Unabhängigkeit genau diese Matrjoschka-Struktur als Ursache scharfer Nationalitätenkonflikte und -kriege erwiesen hat: Aserbaidschan mit dem Autonomen Gebiet Berg-Karabach, einer traditionell von armenischer Bevölkerung bewohnten Enklave; Georgien mit den zwei autonomen Republiken Abchasien und Adscharien sowie dem Autonomen Gebiet Süd-Ossetien. Das Autonome Gebiet Süd-Ossetien im Norden Georgiens bildet dabei nur einen Teil der historischen Region Ossetien - der andere, das Autonome Gebiet Nord-Ossetien, befindet sich in Rußland.[4] Und auch in Republiken, in denen ethnische Minderheiten nicht über autonome Verwaltungseinheiten verfügen, gibt es zumindest Regionen, in denen die betreffenden Bevölkerungsgruppen konzentriert sind. Beispiele dafür sind die Städte Narva und Kochtla-Jarve in Nordestland, der breite nördliche Teil Kasachstans, die Ost- und die Südukraine oder Transnistrien in Moldawien. All das sind Regionen, in denen russischsprachige Gruppen die (z.T. überwiegende) Mehrheit der Bevölkerung bilden. In der Regel sind diese Regionen industriell höher entwickelt als die, in denen die Angehörigen der jeweiligen „Titular-Nation" überwiegen.

Der Zerfall des „Sowjetimperiums" hat daher weniger einfache Nationalstaaten mit einer jeweils ethnisch homogenen Bevölkerung hervorgebracht, sondern eher eine Reihe „kleiner Imperien", die von der Sowjetunion gleichsam die Krankheit geerbt haben, an der diese zugrunde gegangen ist - den nationalen Separatismus. Auf der Tastatur dieser Krankheit - dem drohenden Zerfall der „kleinen Imperien" - hat Rußland gespielt, als es nach Wegen suchte, diejenigen Republiken, die der GUS nicht beitreten wollten, zu veranlassen, ihre Entscheidung zu überdenken.

Die Geschichte des Konflikts zwischen Transnistrien und Moldawien ist gleichsam archetypisch. Bereits kurze Zeit nach Erlangung ihrer Unabhängigkeit hatten

4 Die föderative Ordnung und die autonomen Republiken bzw. Regionen Rußlands bilden ein besonderes Problem, das hier nicht weiter behandelt wird. Das Spannungspotential dieser Problematik wurde in dem Ende 1994 ausgebrochenen Konflikt um Tschetschenien augenfällig.

in der Republik Moldowa, wie Moldawien seitdem heißt, die Anhänger einer demonstrativen Annäherung an Rumänien die politische Oberhand gewonnen. Die an die Macht gekommene Volksfront verfolgte eine prorumänische Politik, die moldawische Kultur wurde als rumänische deklariert, Moldawien selbst begann sich als einen abgetrennten Teil Rumäniens zu betrachten. Die Wiedervereinigung mit der „großen Heimat" schien nur noch eine Frage der Zeit zu sein. In Reaktion auf diese Entwicklung verkündete Transnistrien (wo vorwiegend Russen, Ukrainer und Weißrussen leben und überwiegend russisch gesprochen wird) seine Souveränität und die Gründung einer Moldawischen „Dnestr-Republik". Das Skelett der Machtstrukturen in dieser Republik bildeten die erhalten gebliebenen sowjetischen Strukturen: Ein Oberster Sowjet wurde installiert, die politische Führung übernahmen ehemals leitende Sowjetfunktionäre, auf den öffentlichen Gebäuden wurde die sowjetische Flagge gehißt, die Republik erklärte sich zu einem Teil der UdSSR - und das ein Jahr, nachdem diese von der Weltkarte verschwunden war. Diese „Dnestr-Republik" wurde weder von Rußland noch von der Ukraine und schon gar nicht von Moldowa diplomatisch anerkannt. Die russischen Behörden distanzierten sich öffentlich von der selbsternannten Republik, und die russische Presse entfachte eine harte Propagandapolitik gegen die prokommunistischen Dnestr-Separatisten. Die moldawische Führung versuchte zunächst, das Problem auf dem Verhandlungswege zu lösen. Nachdem sie damit gescheitert war, ordnete sie den Einmarsch moldawischer Polizeieinheiten und der Nationalgarde in das Territorium der „Dnestr-Republik" an. Schon in den ersten blutigen Auseinandersetzungen zeichneten sich die Perspektiven einer Eskalation dieser militärischen Konfrontation deutlich ab: Auf der einen Seite der Front tauchten rumänische Soldaten und Freiwillige auf - auf der anderen russische Kosaken. Der Konflikt wurde erstickt durch die 14. Russische Armee unter dem Kommando des Generals Alexander Lebed, die noch von der Sowjetzeit her in dieser Region stationiert war. Die Truppen der 14. Armee drängten sich zwischen die kämpfenden Seiten; damit trennten sie nicht nur die Kampfverbände voneinander, sondern zugleich auch Moldowa von der Dnestr-Republik. Angeblich hatte General Lebed dazu keinerlei Befehle aus Moskau erhalten. Aber er wurde auch nicht zur Verantwortung gezogen für die militärische Intervention in einen innenpolitischen Konflikt eines anderen Staates. Der offenbar gewollte Eindruck, wir hätten es bei dieser Aktion mit einer spontanen friedensstiftenden Maßnahme der 14. Armee bzw. ihres Kommandeurs zu tun, ist nicht sehr überzeugend angesichts der merkwürdigen Teilnahmslosigkeit auf seiten des Moskauer Verteidigungsministeriums und der russischen Regierung. Kurzum: Seit mehr als zwei Jahren sichert die 14. Russische Armee nun schon in Moldawien den Frieden, mit anderen Worten: sie erhält die von Rußland nicht anerkannte Dnestr-Republik seitdem am Leben. Die Außen- und Innenpolitik der Republik Moldowa hat sich in dieser Zeit auffallend gewandelt. Die Rumänisierungspolitik wurde beendet, es wurde Kurs genommen auf die Konsolidierung der moldawischen Staatlichkeit, die Stärkung der eigenen kulturellen und sprachlichen Identität. Die Anhänger einer moldawisch-rumänischen Wiedervereinigung sind inzwischen in der Opposition. Und nicht zuletzt: Moldowa ist der GUS beigetreten - in der Hoffnung, auf diese Weise seine territoriale Einheit bewahren zu können.

In der Tat kann sich Moldowa einen Verlust Transnistriens nicht leisten. Zwar umfaßt dieses Gebiet nur 15 Prozent des moldawischen Territoriums, doch hier sind 80 Prozent der moldawischen Industrie konzentriert. Mit der selbsternannten Republik tickt jetzt am Ufer des Dnestr eine Zeitbombe, die jederzeit aktiviert werden und Moldowa in Stücke sprengen kann, falls seine Regierung sich zu einer Moskau nicht genehmen Politik hinreißen lassen sollte.

Anfang 1995 haben Chisinau[5] und Moskau nach zähen Verhandlungen den Abzug der 14. Armee aus Moldowa innerhalb von drei Jahren vereinbart. Doch dadurch wird sich an der eigentlichen Situation kaum etwas ändern: Der Abzug, so ein entsprechender Befehl, soll dadurch erfolgen, daß die 14. Armee als Struktureinheit aufgelöst wird (für General Lebed ist ein Einsatz in Moskau vorgesehen). Etwa 90 Prozent des Personalbestandes der Armee und der überwiegende Teil der Offiziere sind im Dnestr-Gebiet gebürtig; sie haben in der Regel weder einen Anlaß noch die Möglichkeit, woandershin umzuziehen. Der Abzug der Bewaffnung und Ausrüstung der 14. Armee - in ihrem Arsenal befinden sich Waffen und Kriegsgerät für einen ganzen Militärbezirk aus sowjetischer Zeit - erscheint ebenfalls fraglich. Ein solches Vorhaben, so hat General Lebed mehrfach erklärt, ist mit unüberwindbaren politischen, finanziellen und technischen Barrieren konfrontiert - politischen, weil der Abzug über das Territorium der Ukraine, d.h. eines anderen souveränen Staates erfolgen müßte; finanziellen, weil weder Rußland noch Moldowa in der Lage seien, den Abtransport einer solchen Menge von Waffen und Kampftechnik zu bezahlen; technischen, weil es in Rußland für so umfangreicher Waffenbestände keine Lagerkapazitäten gäbe.

Die nominelle Auflösung der 14. Armee wäre faktisch gleichbedeutend mit ihrer Übergabe unter die Jurisdiktion der „Dnestr-Republik“; die Waffenbestände würden die dortigen Behörden dann vermutlich einfach konfiszieren. Zwar hat sich der Vorsitzende des Föderationsrates der Russischen Föderation (des Oberhauses des russischen Parlaments), Wladimir Schumejko, während seiner kürzlichen diplomatischen Visite in Chisinau ausdrücklich bemüht, seine moldawischen Kollegen von Rußlands Entschlossenheit in dieser Frage zu überzeugen. Dennoch gilt die Wahrscheinlichkeit dafür, daß diese Waffenbestände tatsächlich in absehbarer Zeit abgezogen werden, im allgemeinen als sehr gering. Nach allem zu urteilen, wird Moldowa, ob es will oder nicht, wohl noch lange Zeit in der GUS verbleiben. Die Dnestr-Republik ist ein unüberwindbares Hindernis auf seinem Weg zu tatsächlicher Unabhängigkeit.[6]

5 Russ.: Kischinjow.

6 Nachtrag: Im Juni 1995 wurde die Auflösung der 14. Armee beschlossen, genauer: ihre Umbenennung in „Operative Gruppe der Russischen Armee, stationiert auf dem Territo-

Nach dem gleichen Muster wurde auch die widerspenstige Republik Georgien gezähmt. Unter der Führung seines ersten demokratisch gewählten Präsidenten, des früheren Dissidenten Swiad Gamsachurdia, hatte Georgien nach dem Zerfall der UdSSR einen Beitritt in die GUS zunächst kategorisch abgelehnt. Gamsachurdia hatte sich innenpolitisch auf den Kurs eines aggressiven georgischen Nationalismus verlegt, suchte in der Bevölkerung Großmachtgefühle zu wecken und bediente sich dabei auch einer faschistoiden Rhetorik - so etwa, wenn er von der Notwendigkeit sprach, auf die genetische Reinheit der georgischen Rasse zu achten. Der Widerstand der in Georgien lebenden nationalen Minderheiten ließ nicht lange auf sich warten. Bald brachen bewaffnete Konflikte in den autonomen Territorien Abchasien und Südossetien aus. Zu besonders scharfen Zusammenstößen kam es in Südossetien, als die Losung von einer Wiedervereinigung mit Nordossetien unter der Ägide Rußlands zunehmend an Popularität gewann. Gamsachurdia reagierte, indem er Südossetien den Status eines Autonomen Gebietes entzog, womit er nur eine weitere Verschärfung des Konfliktes heraufbeschwor. Damit stand Georgien vor der realen Gefahr des Zerfalls. Die Reden des Führers nahmen in wachsendem Maße paranoide Züge an. Die Wirtschaft ging lawinengleich bergab. Angesichts dieser Lage entschlossen sich Gamsachurdias Gegner in der georgischen Führung und seine bisherigen Anhänger (vor allem die Oberbefehlshaber der Armee und Führer der paramilitärischen Verbände, auf die sich Gamsachurdia bisher vor allem gestützt hatte) zur Kooperation im Namen der Rettung Georgiens. Im Zuge eines Staatsstreiches wurde der Präsidentenpalast gestürmt. Gamsachurdia floh in das zur Russischen Föderation gehörende Tschetschenien, wo er Asyl bei General Dudajew fand.[7] Die Putschisten wandten sich an den einstigen Kandidaten des Politbüros des ZK der KPdSU, Gorbatschows Außenminister Eduard Schewardnadse, der früher einmal Komsomol-, dann KGB-Chef in Georgien gewesen war, und baten ihn, die politische Führung des Landes zu übernehmen. Schewardnadse ist es gelungen, den Konfliktherd Ossetien zu löschen; Südossetien wurde erneut der Autonomie-Status zuerkannt. Zugleich bekräftigte Schewardnadse den

rium der Republik Moldowa". Präsident Jelzin hat während eines Besuches seines moldawischen Amtskollegen, Mircea Snegur, in Moskau den russischen Wunsch nach einer Umwandlung der „Operativen Gruppe" in eine dauerhafte russische Militärbasis vorgetragen, stieß damit bei seinem Gesprächspartner aber auf Ablehnung, da, wie es in der betreffenden Presseerklärung hieß, der Aufenthalt ausländischer Militäreinheiten auf dem moldawischen Territorium der Verfassung der Republik widerspricht. Früher oder später wird Moldowa dem Vorschlag wohl doch zustimmen müssen, will es nicht den Zerfall des Landes und einen bewaffneten Konflikt mit unvorhersagbaren Folgen riskieren. Das legt die - im folgenden abgehandelte - Entwicklung inGeorgiennahe.

7 Später kehrte Gamsachurdia illegal nach Georgien zurück. Er organisierte bewaffnete Widerstandsgruppen gegen das Regime Eduard Schewardnadses; bei dem Versuch, nach Tbilissi vorzudringen, erlitt er eine Niederlage. Bald danach wurde er in einer westgeorgischen Kleinstadt tot aufgefunden.

Kurs der politischen Unabhängigkeit und Georgiens Absage an eine Mitgliedschaft in der GUS. Doch den Abchasien-Konflikt beizulegen, gelang ihm nicht. Als die bisherige Autonome Republik Abchasien ihre Unabhängigkeit verkündete, marschierte die georgische Armee in Abchasien ein, wobei sie Waffen und Technik einsetzen konnte, die die russischen Truppen bei ihrem Abzug nach dem Zerfall der UdSSR in Georgien zurückgelassen hatten. Schewardnadse, während seiner Amtszeit als Gorbatschows Außenminister als „Taube" bekannt, erwies sich nun hundertprozentig als „Falke": Von einem Selbstbestimmungsrecht des abchasischen Volkes könne keine Rede sein, Georgien sei einheitlich und unteilbar, usw., usf. Die Abchasier ihrerseits bestanden auf diesem Recht, verwiesen auf eine Tradition abchasischer Staatlichkeit - das halbmythische Abchasische Reich des Mittelalters und die Abchasische Sowjetrepublik, die es in den 30er Jahren zwischenzeitlich gegeben hatte. Die Kriegshandlungen verliefen mit wechselndem Erfolg. Die abchasische Landwehr, unterstützt durch die tschetschenischen Kämpfer General Dudajews, Freiwillige aus nordkaukasischen Gebieten der Russischen Föderation und sogar durch russische Kosaken, leistete der schwach organisierten und undisziplinierten georgischen Armee unerwartet starken Widerstand. Zugleich unternahm sie Versuche, die abchasische Hauptstadt Suchumi einzunehmen, in der ein von Schewardnadse eingesetzter Gouverneur residierte und georgische Truppen standen.

Rußland hat sich aus in diesem Konflikt offiziell herausgehalten; seine politische Führung beschränkte sich auf eine verbale Verlautbarung über die territoriale Einheit Georgiens. Zur gleichen Zeit aber kamen gerade aus Rußland Freiwillige nach Abchasien; und aus Rußland kam auch die Militärtechnik, die von der abchasischen Seite eingesetzt wurde. Im weiteren Verlauf der Auseinandersetzungen wurden dann russische Truppen, ausgestattet mit einem Mandat der KSZE, zwischen die Fronten geführt, um die kämpfenden Seiten zu trennen. Aber bis heute gibt es, ungeachtet der regelmäßigen TV-Kriegsberichterstattung, keine zuverlässigen Informationen über den wirklichen Verlauf des Konfliktes. Während des Krieges haben beide Seiten die Schuld an ihren Mißerfolgen Rußland zugeschrieben. Georgien warf der russischen Führung vor, sie würde es daran hindern, Abchasien zu unterwerfen. Abchasien beschuldigte Rußland, es hindere es daran, das eigene Territorium von der georgischen Armee zu befreien. Den Kulminationspunkt in diesem kurzen, aber blutigen und zerstörerischen Krieg bildete der Abzug der georgischen Armee und Verwaltung aus Suchumi. Nach der georgischen Version war die Aufgabe Suchumis ein Ergebnis des „Verrats der Russen". Rußland hätte in seiner Eigenschaft als Vermittler der Führung in Tbilissi angeblich garantiert, daß Abchasien den Status einer autonomen Einheit innerhalb der Republik Georgien akzeptieren würde - im Austausch gegen den Abzug der georgischen Armee aus Suchumi. Abchasien dagegen verkündete die Befreiung Suchumis und die Eroberung seiner vollständigen Unabhängigkeit. Zur Zeit sieht die Situation folgendermaßen aus: Abchasien existiert faktisch als eigenständiger Staat, ist aber formell weder von Rußland noch von Georgien als solcher anerkannt. Die russische Armee erfüllt nach wie vor die Pufferfunktion, jetzt bereits an der georgisch-abchasischen Grenze. In Georgien aber ist plötzlich und unerwartet die Liebe zum früheren „größeren Bruder" wieder aufgeflammt. Der erste Versöhnungsakt nach der unrühmlichen Beendigung des Abchasienkrieges war der Beitritt zur GUS; der zweite - das Einverständnis für die Einrichtung von vier ständigen russischen Militärstützpunkten in Georgien. Die Verbrüderung ging so weit, daß sich der russische Verteidigungsminister Pawel Gratschow am Rande der Verhandlungen über die Militärbasen in einer rechtgläubigen georgischen Dorfkirche taufen ließ. Das Abchasienproblem ist bis heute nicht endgültig gelöst. Der Schlüssel zu seiner Lösung liegt in Moskau. Würde Moskau seine Truppen von der georgisch-abchasischen Grenze abziehen und die russisch-abchasische Grenze schließen, wäre das Ende der abchasischen Unabhängigkeit. Würde es dagegen die abchasische Unabhängigkeit anerkennen, könnte das der Anfang vom Ende des georgischen Staates sein, zumal der Konfliktherd in Südossetien noch nicht endgültig beseitigt ist und separatistische Bestrebungen sich nun auch in der dritten autonomen Region Georgiens, in der Republik Adscharien, zu artikulieren beginnen. Der einzige Weg für Schewardnadse, den georgischen Staat zu erhalten, führt über die Befriedigung der politischen Wünsche Moskaus.

Etwas anders waren die Umstände in Armenien. Die Republik Armenien, die zunächst ebenfalls eine Mitgliedschaft in der GUS abgelehnt hatte, trat letzten Endes der Gemeinschaft bei, da es ihr anders unmöglich war, ihre Positionen im armenisch-aserbaidschanischen Konflikt um Berg-Karabach zu halten.

Resümee: Mit Ausnahme des Baltikums sahen sich alle Staaten im postsowjetischen Raum, die zunächst eine Mitgliedschaft in der GUS abgelehnt und den Kurs einer unabhängigen Innen- und Außenpolitik eingeschlagen hatten, unter dem Druck politischer Erpressung durch Moskau gezwungen, der neuen Staatengemeinschaft letzten Endes doch beizutreten. Selbstverständlich ist die „Hand Moskaus" auch in diesem Raum nicht allmächtig. Von Anfang an spielten spontane separatistische Bestrebungen ethnischer Minderheiten und verschiedener autonomer Verwaltungsgebiete eine wichtige Rolle. Die Führer der neuen Staaten mußten mit Erstaunen feststellen, daß man gegen sie die gleichen Methoden und die gleiche Rhetorik anwandte, die sie selbst kurz zuvor gegenüber der Sowjetunion eingesetzt hatten. Und genau wie Gorbatschow am Vorabend der Auflösung der UdSSR, fanden auch sie keine rationalen Argumente gegen den Nationalismus der eigenen Minderheiten und keine rationellen Methoden, um diesen wirksam zu bekämpfen. Das einzige Argument war grobe Gewalt zur Unterdrückung dessen, was sie in bezug auf sich selbst „nationale Befreiungsbewegung", mit Bezug auf ihre Opponenten in den eigenen Staaten „destruktiven Separatismus" nannten. Profitiert hat letztlich vor allem die politische Führung in Moskau. Die Anwendung von Gewalt lieferte Rußland ein moralisches Argument für die Rechtfertigung friedensstiftender Interventionen. Indem es die Kämpfe stoppte und die Konflikte im Zustand der Latenz konservierte, gewann Moskau ein wirksames Druckmittel gegenüber den Regierungen dieser

Staaten und faktisch die vollständige Kontrolle über deren Außen- und Innenpolitik. Das Signal der Wandlung ihres realen staatspolitischen Status war der Zwangscharakter ihres Beitritts zur GUS.

*****

Rußland hat innerhalb der GUS einen besonderen Status. Als am Vorabend der Auflösung der UdSSR die separatistischen Bewegungen in den Sowjetrepubliken ihre Ansprüche auf unabhängige staatliche Existenz erhoben, begründeten sie diese vor allem mit dem Argument der Ausbeutung ihrer kulturellen und natürlichen Ressourcen durch Rußland - die Reichsmetropole. Die Schlußfolgerung: Gelingt es, die Bürde Moskau abzuwerfen, dann kann einem massiven wirtschaftlichen und kulturellen Aufschwung eigentlich nichts mehr im Wege stehen.[8]

Russische Politiker, die sich ihrerseits auf die Liquidation der UdSSR vorbereiteten, behaupteten wiederum, die übrigen Republiken würden in hohem Maße an Rußland schmarotzen; die Trennung von ihnen werde Rußland von einer ökonomischen Last befreien und radikale marktwirtschaftliche Reformen spürbar erleichtern. Die Erfahrung der getrennten Existenz hat gezeigt, daß die Realität erheblich komplizierter, vielfältiger und vielschichtiger ist als jede derartige politische Argumentation. Sie hat bestätigt, was die offizielle sowjetische Propaganda zwar nicht sehr glaubhaft, aber beständig behauptet hatte: einen äußerst hohen Grad wirtschaftlicher und kultureller Integration der Sowjetrepubliken, ein hohes Maß wechselseitiger Abhängigkeit, die eine eigenständige Existenz dieser Republiken nach der Auflösung der Union erheblich erschwert, wenn nicht gänzlich unmöglich gemacht hat. Schließlich ist offensichtlich geworden, daß Rußland der Grundpfeiler dieser Integration war und daß im Falle seines Verzichts auf diese Funktion die Zukunftsaussichten für einige der neuen Republiken noch düsterer aussehen würden.

---

8 Dabei handelte es sich nicht nur und nicht so sehr um eine Auffassung der Politiker, als vielmehr um eine im Massenbewußtsein weit verbreitete Überzeugung, die von Politikern für die Begründung ihrer Unabhängigkeitsansprüche instrumentalisiert wurde. Ein bezeichnendes Beispiel dafür war etwa die in der Ukraine verbreitete Meinung, Speck - eine ukrainischen Nationalspeise - sei nur deswegen eine Mangelware, weil der ganze ukrainische Speck nach Rußland geliefert werde. Die Redewendung „Die Moskowiter haben den ganzen Speck weggegessen" avancierte zu einer folkloristischen Erklärung für Warenmangel aller Art. Als nach Erlangung der Unabhängigkeit der Speck und auch andere Lebensmittel gänzlich verschwunden waren, war eigentlich klar, daß die Schuld nun wohl nicht mehr bei Rußland liegen konnte. Im Volksbewußtsein aber wechseln die an der Armut Schuldigen nicht so schnell. Nun diente die im Vergleich zur ukrainischen Situation günstige wirtschaftliche Lage in Rußland als Erklärung des Speckdefizits. Die neue Redeweise: „Der ganze Speck wird an die Moskowiter verkauft" - an die reichen Russen, die ihn den armen Ukrainern jetzt auf diese Weise wegnehmen. Solche volkstümlichen Erklärungen geben die politische Situation treffender wieder als so manche formale soziale oder politische Analyse.

Betrachten wir im weiteren die Beziehungen der Nachfolgestaaten der UdSSR zu Rußland in wirtschaftlicher, politischer, geopolitischer, kultureller und lebensweltlicher Hinsicht.

Ökonomisch kommt Rußland ohne die anderen Republiken zweifellos besser zurecht, als diese ohne Rußland. Das liegt bekanntlich weder an einer spezifischen ökonomischen Begabung des russischen Volkes oder an einem besonders fortgeschrittenen technologischen Niveau, sondern schlicht daran, daß die bis dato sowjetischen Vorkommen an Erdöl und Erdgas überwiegend auf russischem Territorium konzentriert sind. In der Sowjetzeit wurden die Unionsrepubliken praktisch kostenlos mit Öl und Gas versorgt; die Einnahmen aus dem Export wurden vom Unionszentrum gemäß den herrschenden Vorstellungen von wirtschaftlicher und politischer Zweckmäßigkeit unter alle Republiken verteilt. Jetzt sieht die Situation anders aus: Die anderen Staaten der GUS sind gezwungen, Erdöl und Erdgas zu weltmarktnahen Preisen in Rußland zu kaufen, was ihre ohnehin schwachen Budgets untragbar belastet. Dagegen kommen die Erlöse aus dem Erdölexport nach Europa jetzt ausschließlich Rußland zu. Die russischen Politiker wissen die politischen Vorteile wohl zu schätzen, die ihnen mit dieser Monopolstellung zugefallen sind. Und sie nutzen jede sich bietende Gelegenheit, den Erdölexporteuren aus den anderen GUS-Staaten einen unabhängigen Zugang zum Weltmarkt so weit wie möglich zu erschweren. Das wurde mehrfach deutlich, etwa in dem Konflikt um ein Projekt zur Erschließung der kasachischen Erdölvorkommen in Karatschaganak unter der Beteiligung westlicher Konzerne. Ob dieses Projekt je realisiert werden kann, wird in erster Linie davon abhängen, inwieweit Rußland die ihm von den anderen Partnern zugebilligten Anteile zu akzeptieren bereit ist.[9] Noch offenkundiger wurden die Bestrebungen Moskaus, den anderen GUS-Republiken seinen Willen aufzuzwingen, im Kontext eines Vertragsabschlusses zwischen Aserbaidschan und mehreren westlichen Erdölkonzernen über die Erschließung neuer Erdölvorkommen im Kaspischen Meer. Kaum war dieser „Jahrhundertvertrag“ am 20. September 1994 in Baku unterzeichnet worden, da brach auch schon ein gewaltiger Skandal um das unterzeichnete Dokument aus: Das russische Außenministerium ließ in einer schroffen Erklärung verlautbaren, Moskau werde den Vertrag von Baku nicht anerkennen - und das, obwohl das Geschäft nicht ohne Beteiligung Rußlands abgeschlossen worden war: Mit 10 Prozent sollte der russische Konzern „Lukoil“ an der Ausbeute beteiligt werden.

Als äußerer Anlaß für die Moskauer Reaktion diente ein Beschluß der kaspischen Anliegerstaaten der GUS - Aserbaidschan, Kasachstan und Turkmenistan -, das Kaspische Meer in Sektoren aufzuteilen, womit dem in Baku unterzeichneten Vertrag ein völkerrechtlicher Status garantiert worden wäre. Genau dies aber hätte die politischen Interessen der russischen Führung empfindlich getroffen. Offiziell hat sie vor allem ökologische Bedenken gegen den Vertrag vorgebracht. Doch der wirk-

9 Vgl. Neft' i kapital. Ežemesjačnyj analističeskij žurnal, 1/1995, S. 4.

liche Grund für den Unmut Moskaus war die zwischen den Partnern vereinbarte Absicht, eine Erdölleitung unter Umgehung russischen Territoriums zu bauen. Es gibt mehrere Projektideen für den Transport aserbaidschanischen Öls. Einige davon, wie der Bau von Pipelines über Iran, Pakistan oder China, muten recht phantastisch an. Daneben gibt es zwei realistischere Varianten für die Trassenführung: entweder über die Türkei mit Anschluß an die Mittelmeerhäfen, oder über Rußland mit Ausgang am Schwarzmeerhafen von Noworossijsk. Das Hauptargument der Türkei ist die Kontrolle des Bosporus, durch den der Transport aus Noworossijsk in den Westen verlaufen müßte. Kürzlich hat die Türkei per einseitigem Beschluß die Tonnage und die Anzahl von Öltankern eingeschränkt, denen die Durchfahrt durch den Bosporus erlaubt wird. Offizieller Anlaß dieses Beschlusses waren - ebenso wie für die Moskauer Demarche an die Adresse Bakus - Bedenken hinsichtlich der ökologischen Sicherheit. Ein anderes wichtiges Argument der Türkei ist die Instabilität im russischen Nordkaukasus. Die Noworossijsker Rohrleitung kann diese Region nicht umgehen, vor allem nicht Tschetschenien, wo Ende 1994 der unberechenbare General Dudajew herrschte.

Schon bald nach der russischen Intervention setzten diplomatische Konsultationen ein. Im November fuhr der aserbaidschanische Präsident Gejdar Alijew nach Moskau, wo er mit dem russischen Präsidenten Boris Jelzin zusammentraf. Politische Beobachter gehen davon aus, daß dabei vor allem auch die russischen Interessen an der Trassenführung thematisiert wurden. Druckmittel gegenüber Aserbaidschan hatte und hat Moskau in ausreichendem Maße. Das gewichtigste ist Berg-Karabach, die zentrale Quelle wirtschaftlicher und politischer Instabilität in Aserbaidschan. Es ist bekannt, daß die Unterzeichnung des Vertrages von Baku mehrmals auf Grund von Aktivitäten der armenischen Armee in dieser Region verschoben worden war. Am Vorabend des Treffens zwischen Alijew und Jelzin scherzten die Experten zumindest, daß Alijew vor einer schweren Wahl stünde: Entweder er würde die Absicht fallenlassen, die Trasse unter Umgehung Rußlands zu bauen, oder er müßte sich auf einen neuen Einfall der Armenier in Berg-Karabach vorbereiten, der das Ende seines Regimes bedeuten und zudem das ganze Projekt zu Fall bringen könnte. Offenbar hat Alijew die erste Variante gewählt, denn nach dem Treffen machten beide Präsidenten einen versöhnlichen Eindruck, und der diplomatische Krieg schien beigelegt. Nicht nur Aserbaidschan, sondern auch Rußland mußte bei diesem Treffen bestimmte Verpflichtungen auf sich nehmen. Konnte man Aserbaidschan mit dem Hinweis auf Karabach von den Vorteilen der *russian connection* überzeugen, so war für die westlichen Investoren, denen die Finanzierung der Kosten für den Bau der Pipeline und die Versicherung des späteren Betriebes zugedacht ist, das Problem Tschetschenien von erstrangiger Bedeutung. Es spricht nicht wenig dafür, daß Jelzin in den Verhandlungen mit Alijew eine bestimmte Verpflichtung auf sich genommen hat: die Gewährleistung politischer Stabilität und militärischer Sicherheit in den Bezirken, die für den Verlauf der Trasse vorgesehen sind. Sollte das stimmen, dann hat sich Jelzin als vertragstreu erwiesen: Weniger als einen Monat nach dem Treffen mit Alijew marschierten die russischen Truppen in die Republik Tschetschenien ein. Drei Jahre lang hatte Rußland die Entwicklung in Tschetschenien geduldet, und einflußreiche russische Kreise haben aus der Existenz der angeblich unabhängigen, halbmafiosen Republik Gewinne von mehreren Milliarden Rubeln bezogen. Doch die Interessen, die nun ins Spiel kamen, haben sich als erheblich gewichtiger erwiesen. Die tschetschenische Republik wurde zerschlagen. Zwar kann man noch nicht behaupten, daß das Ziel - die „Wiederherstellung der verfassungsmäßigen Ordnung" - schon gänzlich erreicht wäre. Doch mit der Tschetschenien-Operation hat die russische Führung nachdrücklich bewiesen, daß die nordkaukasische Erdölleitung für sie von höchster ökonomischer und geopolitischer Priorität und sie bereit ist, dieser Priorität mit aller Konsequenz Geltung zu verschaffen. Aber war die Befriedung Tschetscheniens schon hinreichend für eine Entscheidung zugunsten der *russian connection*? Offenbar nicht. Selbst wenn Aserbaidschan zur russischen Position neigt, so bleibt die Türkei mit ihrem Argument „ad Bosporum". Die türkische Regierung hat bis heute die Hoffnung nicht aufgegeben, daß die Frage der Trassenführung doch noch zu ihren Gunsten entschieden wird: Auf ihrer Seite der Grenze sorgt sie für „Stabilität", indem sie die kurdischen Partisanen ausrottet. Im großen und ganzen - wenn man den Konflikt nicht nur vom Standpunkt der russisch-türkischen Beziehungen betrachtet, sondern auch mit Blick auf die Interessen westlicher Ölgiganten in Rußland - erweist sich die russische Position in diesem grandiosen Streit vermutlich als günstiger. „Ungeachtet der Attraktivität und der Perspektiven der aserbaidschanischen Vorkommen - für Konzerne in der Größenordnung von ‚Amco' und ‚BP' ist damit noch längst nicht aller Tage Abend. Und wenn die Interessen Rußlands in puncto ‚Transport' nicht berücksichtigt werden, wer kann den westlichen Investoren dann garantieren, daß sie mit ihren Projekten in Westsibirien, den Lagerstätten am Ob etwa, keine Probleme bekommen werden? Wer kann ihnen garantieren, daß für ihre schon bestehenden oder künftigen *joint ventures* in Rußland hinsichtlich der Exportquote alles in Ordnung geht, oder im Falle, daß diese aufgehoben wird, mit dem Zugang zu den Exportpipelines? ... Und dann gibt es noch einen anderen Faktor: Der ständig wachsende Wunsch Rußlands, ‚seinen Anteil' an den großen Öl- und Gasverträgen mit den mittelasiatischen Republiken der früheren UdSSR zu bekommen. Schon heute werden diese Verträge - und zwar nicht nur von russischer Seite, sondern auch seitens der westlichen Investoren - so ausgearbeitet, daß die Exportströme aus Kasachstan und später auch die aus Turkmenistan mit denen des aserbaidschanischen Öls verkoppelt werden, indem sie letzten Endes an die Noworossijsker Terminals ‚herangeführt' werden. Das aber bedeutet, daß man es im Streit um die türkischen Transportkorridore nicht nur mit Rußland, sondern mit einer ganzen Gruppe der größten und einflußreichsten internationalen Konzerne zu tun hat. In einem solchen Streit wird es kaum jemand riskieren - selbst wenn die Türkei nicht nur einen, sondern drei Bosporusse hätte -, auf den Sieg Ankaras zu setzen".[10] Natürlich ist das nur eine Prognose hinsichtlich der Entwicklung der Ereignisse, aber eine Prognose von ziemlich hohem Wahrscheinlichkeitsgrad. So bemerkte ein Vertreter eines in der GUS tätigen westlichen Erdölkonzerns hinsichtlich der russischen Ölpolitik treffend: „Rußland scheint nicht so sehr an der Einnahme von Geld interessiert, wie an der Aufrechterhaltung seines Einflusses auf alle diese Staaten."[11] Sollte es Rußland gelingen, den Öltransport aus dem gesamten Raum der früheren UdSSR an sich zu binden, dann wird es damit auf lange Zeit die mittelasiatischen und kaspischen GUS-Staaten in enger politischer Abhängigkeit halten können.

Bisher war die Rede von den neuen ökonomischen und geopolitischen Konstellationen, die auf dem Territorium der früheren UdSSR entstanden sind. Doch eine nicht geringe Rolle in den Beziehungen zwischen Rußland und den anderen GUS-Staaten spielen die ökonomischen Infrastrukturen, die noch in der sowjetischen Ära entstanden waren. Schon in dieser Zeit war die Mehrheit der technologisch fortgeschritteneren Produktion in Rußland konzentriert. Und auch für die vergleichsweise wenigen technologisch entwickelten Produktionsstätten, die sich in den anderen Republiken befinden, liegen die entscheidenden Glieder des technologischen Zyklus zumeist auf russischem Territorium. Das bedeutet: Ohne enge Kooperation mit Rußland sind die industriellen Strukturen der früheren Sowjetrepubliken nicht überlebensfähig. Es wäre falsch, anzunehmen, dies wäre das Resultat einer durchdachten Kolonialpolitik. Die sowjetische Führung hatte eine relativ starke ideologische Präferenz für eine mehr oder weniger gleichwertige Entwicklung in allen Republiken. Sie sah sich jedoch durch die Sachzwänge der Rohstofflieferung, der Bereitstellung von Arbeitskräften sowie wissenschaftlicher Ressourcen dazu veranlaßt, die Priorität auf Rußland zu legen. Infolgedessen verfügt heute von allen früheren Sowjetrepubliken allein Rußland über ein hinreichendes Potential für die wirtschaftliche Selbstversorgung; nur Rußland hat eine sich selbst genügende ökonomische Organisation. Die übrigen Republiken, die im Rahmen der innersowjetischen Arbeitsteilung auf jeweils bestimmte Funktionen spezialisiert waren, sind bis heute nicht in der Lage, den strukturellen Umbau ihrer Volkswirtschaft in Angriff zu nehmen, was am Beispiel der großen und industriell relativ entwickelten Ukraine besonders augenfällig wird. Es fehlt ihnen an den für die Umstrukturierung erforderlichen Investitionen, an Märkten für ihre nicht konkurrenzfähigen Produkte. Infolgedessen bleiben sie an die Überreste der alten sowjetischen ökonomischen Infrastruktur gebunden, die letzten Endes an Rußland gekoppelt ist. Wie früher ist Rußland auch heute für alle GUS-Staaten der wichtigste Abnehmer von Industriewaren und deren wichtigster Handelspartner. Trotz zahlreicher Versuche der neuen Staaten, sich außenwirtschaftlich auf den Westen oder

10 Druzenko E.: Azeri, Čerak i glubokovodnaja čast' Gjunešli kak novyj ob-ekt mirovoj geopolitiki. In: Neft' i kapital 1/1995, S. 10.

11 Ebenda, S. 5.

- im Falle der mittelasiatischen Länder - den Süden umzuorientieren, sind sie gezwungen, weiterhin mit Rußland zu kooperieren. Nach Angaben für 1993 wurden 80 Prozent des Außenhandelsumsatzes der GUS-Staaten innerhalb der GUS abgewickelt. Das ist bei weitem mehr, als beispielsweise in der EG. Von den übrigen 20 Prozent, die den Handel mit anderen Ländern ausmachen, entfällt der größte Teil auf Rußland.

Diese Spezifik der Binnenstruktur der sowjetischen Wirtschaft hatten die Führer der neugegründeten Staaten nicht mitbedacht. Vielmehr begannen sie nach der Auflösung der Sowjetunion, die bestehenden Beziehungen systematisch zu demontieren: überall wurden Zollschranken errichtet, ökonomisch unsinnig hohe Zölle erhoben, die Verträge mit den traditionellen russischen Partnern einseitig aufgehoben, ohne hinreichende Vorbereitung nationale Währungen eingeführt. Nachdem die Euphorie der jungen Unabhängigkeit verflogen war, die erwarteten westlichen Käufer und Investoren mit den weit geöffneten Brieftaschen ausgeblieben waren, wurde den Führungseliten der neuen Staaten klar, daß sie beinahe ökonomischen Selbstmord begangen hatten. Selbst für Rußland waren die Verluste grandios: der Rückgang der Industrieproduktion in den letzten drei Jahren betrug 20 bis 30 Prozent jährlich. Für die Mehrheit der GUS-Staaten hatte diese unbedachte Industriepolitik den völligen Zusammenbruch ihrer Volkswirtschaften zur Folge. Bis heute bildet die kranke russische Wirtschaft mit ihrer Inflationsrate, die mitunter zwischen 20 und 50 Prozent im Monat beträgt, mit ihrer halbzerstörten Industrie und dem katastrophal gesunkenen Lebensniveau eine Insel der Stabilität und der wirtschaftlichen Gesundheit im Meer des Unglücks, das die GUS überflutet. Auf detaillierte Zahlen sei hier verzichtet, denn wirklich zuverlässige statistische Daten zur wirtschaftlichen Lage der GUS stehen noch immer nicht zur Verfügung. Für das hier verfolgte Anliegen aber reicht es, sich auf Alltagsbeobachtungen und Indizien zu stützen.

Die Mehrheit der mittelasiatischen Republiken befindet sich auf dem Weg einer fortschreitenden Deindustrialisierung. Moderne Betriebe stehen seit längerem still und verfallen, zum einen auf Grund des Abbruchs der Wirtschaftsbeziehungen zu Rußland, zum anderen infolge der massenhaften Abwanderung qualifizierten Personals, das sich angesichts des um sich greifenden Nationalismus zunehmend bedroht fühlte (qualifizierte Arbeiter und Spezialisten waren vorwiegend Russen oder russischsprachige Angehörige anderer Sowjetrepubliken). Die kaukasischen Republiken, die in sowjetischen Zeiten dank des Tourismus und der vom subtropischen Klima begünstigten Landwirtschaft prosperierten, sind jetzt durch Kriege und Nationalitätenkonflikte verwüstet. Die lebenswichtigen Infrastrukturen stehen selbst in den Hauptstädten Tbilissi und Jerewan kurz vor dem Zusammenbruch: Elektrizität, Trinkwasser und Heizenergie sind inzwischen Mangelware geworden. Auf dem Land geht man wieder zur Naturalwirtschaft über. Die Ukraine, einst eine der entwickeltsten Sowjetrepubliken, hat ein hochstehender westlicher Besucher vor kurzem treffend als „Bananenrepublik ohne Bananen" bezeichnet. Ukrainische Bürger fahren nach Rußland, um dort in der Ukraine gewachsene bzw. erzeugte Lebensmittel zu verkaufen, ukrainische Gastarbeiter verrichten schlechtbezahlte Arbeit in russischen Unternehmen, russische Touristen fühlen sich in der Ukraine wie „Gringos“. In den ukrainischen Schwarzmeerwerften verrosten halbfertige Superkreuzer, mit deren Bau noch in sowjetischer Zeit begonnen worden war. Und das russische Erdöl, das ununterbrochen in die Ukraine fließt, vergrößert unablässig den Berg der ukrainischen Staatsschulden, der inzwischen die Höhe von mehreren Milliarden Dollar erreicht hat. Eine Rückzahlung der Schulden ist auf absehbare Zeit undenkbar. Die Ukraine bleibt daher gegenüber Rußland ein chronischer Schuldner, ähnlich wie viele südamerikanische Staaten gegenüber den USA - zugleich dazu verdammt, auf lange Zeit als „schwach entwickelter“ Staat zu existieren.

Dort, wo gewisse Stabilisierungstendenzen zu beobachten sind, hängen sie in der Regel mit integrativen Tendenzen zusammen; und Integration bedeutet hier die Wiederbelebung von Beziehungen aus der „vorkapitalistischen“ sowjetischen Zeit. Initiatoren der Revitalisierung solcher Beziehungen sind in der Regel Staatsbetriebe aus Rußland oder aus den Republiken, meist aus den Branchen Flugzeugbau, Raketentechnik, Atomenergie. Die Ausgabenlast für neue Kooperationen trägt in der Regel die russische Seite. Diese indirekte Unterstützung durch Rußland hilft den zerrütteten Wirtschaften der früheren Sowjetrepubliken, nicht völlig zugrundezugehen. Nach Einschätzungen deutscher Experten hat Rußland in den Jahren 1992 und 1993 andere GUS-Staaten mit 5 bis 10 Prozent seines Bruttosozialprodukts in Form von Preisnachlässen für Erdöl und Erdgas unterstützt.

In der Gestalt der Wirtschaftsbeziehungen zwischen Rußland und den anderen GUS-Staaten zeigt sich ein *circulus vitiosus*: Um ökonomisch unabhängig zu werden, müssen die anderen Staaten vor allem ihren Produktionsrückgang stoppen und ihre Wirtschaft stabilisieren; wollen sie ihre Wirtschaft stabilisieren, dann kommen sie nicht umhin, sich an alten und neuen Integrationsstrukturen zu beteiligen - Strukturen, die unweigerlich von Rußland dominiert werden, womit der ersehnten Unabhängigkeit unübersehbare Grenzen gesetzt sind. Ökonomische Integration - für die ganze Welt ein Gebot der Zeit - führt aus der Sicht der neuen GUS-Staaten zu erneuter Unterwerfung: Sie werden zu Opfern der imperialen Politik Rußlands. Ihre Beunruhigung darüber ist nicht unbegründet: Der „große Bruder“ existiert weiter. Doch während er sich früher zumeist mit Gewalt Geltung verschaffte, geht er heute wirtschaftlich vor. Diese neue Form des Umgangs kommt Rußland billiger; es bringt ihm ökonomische Gewinne. Dabei erweisen sich die Bande, die die anderen GUS-Staaten heute an Rußland binden, als nicht weniger fest denn die der sowjetischen Ära - eher als noch fester, denn sie verletzen keine der international üblichen Normen zwischenstaatlicher Beziehungen und können auch durch politische Enthusiasten nicht auf Dauer unterbrochen werden.

Die politische Souveränität der neuen unabhängigen Staaten ist also in vieler Hinsicht begrenzt; ihre Regierungen verfügen über wenig Spielraum für die Realisierung ihrer eigenen Absichten. In zunehmendem Maße hängt ihr Schicksal davon ab, inwieweit ihre Politik den Erwartungen und Bestrebungen Moskaus entspricht. Das ist nicht schlechthin einer von „bösen Absichten" geleiteten russischen Machtpolitik geschuldet, sondern auch ein Ergebnis der objektiven Situation, in die die Regierungen der neuen Staaten geraten sind:

1. In all diesen Ländern bilden Russen oder sog. russischsprachige Bürger, die nicht der „Titularnation" angehören, einen bedeutenden - mitunter, wie in Kasachstan, den größeren - Teil der Gesamtbevölkerung.
2. Die bestehenden Grenzen zwischen den anderen Republiken sowie zwischen ihnen und Rußland sind in der Regel keine traditionellen Grenzen, sondern wurden zu einem großen Teil erst in der sowjetischen Ära festgelegt. In der UdSSR hatten sie vor allem die Funktion der Abgrenzung verschiedener Verwaltungsgebiete innerhalb eines zentralistisch regierten Landes; ihr konkreter Verlauf schien daher in politischer Hinsicht von nur geringer Bedeutung. Jetzt aber sind aus diesen Verwaltungsgrenzen Staatsgrenzen geworden - mit dem Ergebnis, daß traditionelle Siedlungsgebiete ein und desselben Volkes nun oftmals zu verschiedenen Staaten gehören. Ein Beispiel dafür sind die Gebiete im Norden Kasachstans, die traditionell zu Rußland gehörten und in den fünfziger Jahren im Kontext der Neulanderschließung und der Reorganisation der Verwaltungsstrukturen an Kasachstan übergeben wurden. Ein anderes Beispiel ist Usbekistan, dem durch eine Ironie des Schicksals mit Samarkand und Buchara weltbekannte Zentren der alten tadshikischen Kultur zugefallen sind. Der wohl bekannteste Fall ist die russische Krim, die Nikita Chruschtschow 1956 anläßlich des 300. Jahrestages der russisch-ukrainischen Wiedervereinung an die Ukraine „verschenkt", d.h. unter deren Verwaltungshoheit gestellt hat. All diese territorialen Ungereimtheiten haben latente ethnische Konflikte erzeugt, und es bedarf für die russischen Machthaber nur geringer Anstrengungen, diese Konflikte aufbrechen zu lassen. Zugleich liefern gerade diese Konflikte - wie bereits dargelegt - Rußland die moralische Legitimation für militärische Interventionen, die in der Tat oftmals als das einzige Mittel erscheinen, Blutvergießen zu stoppen und die Situation in den betroffenen Gebieten einigermaßen zu stabilisieren.
3. Ein gewichtiger Faktor für die begrenzte Souveränität der anderen GUS-Staaten ist die Präsenz russischer Truppen auf ihrem Territorium. Die südlichen Außengrenzen der GUS werden von russischen Grenztruppen bewacht. Und in denjenigen Staaten, in denen keine russischen Truppen stationiert sind, können sich die Regierungen nur in sehr beschränktem Maße auf die eigenen Armeen verlassen. Deren Offizierskorps bestehen in der Regel aus russischen Offizieren, die im Zuge der Aufteilung der Sowjetarmee mit der entsprechenden Bewaffnung und Ausrüstung den verschiedenen Ländern zugeordnet worden sind. Die persönliche Entscheidung dieser Offiziere, sich der Hoheit der neugegründeten Staaten zu unterstellen, war in der Regel weniger durch patriotische Bindungen,

sondern schlicht durch den Umstand motiviert, daß sie hier ihre gewohnten Lebensbedingungen (Wohnung, Schule, Kindergarten) weiter in Anspruch nehmen konnten. Hätten sie sich dagegen für einen Umzug nach Rußland entschieden, dann hätten sie ihr Leben noch einmal neu aufbauen müssen - und dies unter den bekannten Bedingungen einer defizitären sozialen Infrastruktur, des anhaltenden Mangels an und der extremen Verteuerung von Wohnraum. Es wäre aber naiv, würden die politischen Führungsgruppen der neuen GUS-Republiken glauben, sie könnten sich im Falle eines ernsthaften Konfliktes mit Rußland auf eine solche Armee wirklich verlassen. Viele Angehörige dieser Armeen identifizieren sich mehr mit Rußland als mit „ihrem eigenen" Staat; ebenso wie die russischen Militärs betrachten sie in der Regel das gesamte Territorium der GUS als einheitlichen operativen Raum. Auf den regulären Sitzungen des Komitees der Verteidigungsminister der GUS-Staaten hat diese Sichtweise inzwischen schon fast den Status einer offiziellen Doktrin erlangt. Der erste Schritt in diese Richtung war die Integration der GUS-Luftverteidigung, wofür der etwas durchsichtige Begriff des „einheitlichen Luftverteidungsraumes" steht. Der zweite Schritt war der Beschluß über die integrierte Sicherung der Außengrenzen der GUS, der faktisch darauf hinausgelaufen ist, daß an den Grenzen der mittelasiatischen und der kaukasischen Republiken jetzt russische Grenztruppen stationiert sind.

Praktisch bedeutet diese Sicherheitspolitik, daß den Grenzen zwischen den GUS-Staaten nicht viel mehr als ein konventioneller Charakter zugesprochen wird. Sie gestattet es zudem, offene territoriale und nationale Konflikte in den GUS-Staaten zu neutralisieren. Die zunehmende Integration der GUS-Staaten auf dem Gebiet der Sicherheitspolitik scheint auf ein Ziel hinzusteuern, das Michail Gorbatschow die „neue Union" genannt hat - auf einen dezentralisierten, nicht-unitären Staat unter russischer Dominanz.

Dabei fällt auf, daß Moskau weitergehende Integrationstendenzen nicht nur nicht forciert, sondern sich offiziell eher reserviert verhält und mitunter sogar veranlaßt sieht, allzu aktive Integrationsanhänger zu bremsen - so im Falle des kasachischen Präsidenten Nursultan Nasarbajew, als dieser mit der Idee einer „Eurasischen Union" an die Öffentlichkeit trat, oder des neuen belorussischen Präsidenten Alexander Lukaschenko, der - unterstützt durch die Mehrheit der weißrussischen Bevölkerung - die staatliche Einheit mit Rußland wiederholt als Ziel seiner Präsidentschaft deklariert hat.

Einen nicht zu unterschätzenden Aspekt, dem in den gängigen politischen und wirtschaftlichen Analysen der Beziehungen zwischen den GUS-Republiken in der Regel kaum hinreichende Beachtung geschenkt wird, bilden die Beziehungen im Bereich der Kultur und des Alltagslebens. Ohne mich dabei auf Schütz oder Habermas berufen zu wollen, bezeichne ich diesen Bereich hier im weiteren als „Lebenswelt". Lebenswelt in dem hier gemeinten Sinne ist ein jeweils bestimmtes *Set* an Ideen und Orientierungen, die das Alltagsverhalten des Menschen leiten und regulieren. In Zeiten wirtschaftlichen Verfalls und hoher Inflation vollzieht sich eine innere Umstrukturierung der Lebenswelt. In den Vordergrund rücken Ideen und Orientierungen, die sich auf die elementaren Überlebensbedürfnisse beziehen. Moralische Werte und Orientierungen geraten dabei in der Regel in den Hintergrund.

Darüber hinaus erlangt in solchen Zeiten die Politik eine außergewöhnliche lebensweltliche Bedeutung, denn im allgemeinen wird angenommen, daß eine grundlegende Verbesserung der Situation vor allem entsprechende politische Maßnahmen erfordert. In diesem Zusammenhang bilden hohes politisches Engagement und politischer Absentismus im wesentlichen zwei Seiten ein und derselben Medaille. Sowohl der Enthusiast als auch der Absentist glauben gleichermaßen an die Möglichkeiten der Politik, doch sie unterscheiden sich in der Bewertung der Politiker. Glaubt der eine an deren gute Absichten, so meint der andere, Politiker seien alle korrupt, sie kümmerten sich nur um ihre persönlichen Belange und verrieten dabei die Interessen der Mitbürger.

Unter Bedingungen, da die alten staatlichen, politischen und ideologischen Strukturen zerfallen und neue sich herauszubilden beginnen, schwindet der „Druck der Strukturen" auf das Individuum, ebenso wie sich seine „Verankerung in den Strukturen" löst. Das Individuum verliert das Gefühl der Umweltadaption, es fühlt sich entwurzelt, in eine ihm fremde Welt geworfen. Seine Verhaltensweisen werden in hohem Maße irrational, gesteuert durch relativ primitive Instinkte. Es verliert die frühere Identität und versucht, eine neue zu erwerben. Kurz gesagt, solche Zeiten sind Perioden des Zerfalls der Lebenswelt als eines mehr oder weniger geordneten Gedanken- und Orientierungssystems.

Die Auflösung der UdSSR und die plötzliche Unabhängigkeit ihrer früheren Republiken haben ihre Bürger zunächst als radikale Umstrukturierung ihrer Lebenswelt erfahren. Auf den ersten Platz rückten die Werte nationaler Eigenständigkeit und nationaler Gemeinschaftlichkeit, Freiheit der Selbstartikulation und des wirtschaftlichen Handelns. Die damit verknüpften Erwartungen haben sich bekanntlich nicht erfüllt. Statt Restrukturierung ist ein fortschreitender Verfall der Lebenswelt zu beobachten, der parallel zum Niedergang von Wirtschaft und Staatlichkeit verläuft. Nationale Unabhängigkeit und Eigenständigkeit haben sich in vielen Republiken als Fata Morgana erwiesen, die selbst zur Quelle interner Konflikte geworden ist. Das Ideal der Nationalkultur, von den nationalen Eliten deklariert in dem Bestreben, die kulturelle Gemeinschaft als Fundament politischer Unabhängigkeit zu nutzen, entpuppt sich auf Schritt und Tritt als Fiktion. Denn eine nationale Kultur als solche gibt es in diesen Republiken nicht. Jede von ihnen ist ein kompliziertes polyethnisches Gebilde; wenn im Zuge der Formierung einer sogenannten Nationalkultur eine bestimmte ethnisch-kulturelle Tradition auf Kosten der anderen favorisiert wird, gehen die übrigen in Opposition - zunächst kulturell, dann politisch.

Ein anschauliches Beispiel dafür ist die Ukraine. Hier bilden der Westen auf der einen, der Osten und der Süden auf der anderen Seite kulturell ganz unterschiedlich geprägte Regionen. Der Westen neigt zur polnischen Kultur, der Süden und Osten zur russischen. Der Westen war die Wiege des Separatismus, der die Ukraine letztlich zur Loslösung von der UdSSR bzw. zur Beteiligung an ihrer Auflösung führte. Hier war der Geist der ukrainischen Unabhängigkeit schon seit Jahrzehnten latent verbreitet. Die westukrainische Ideologie und Kultur wurden zum Leitbild der aggressiven antirussischen Politik, wie sie die Ukraine seit Erlangung ihrer Unabhängigkeit betreibt. Und sie bilden die Grundlage für die Doktrin von der Ukraine als zentralstaatlich verfaßter Großmacht, der Ablehnung von Föderalismus, Regionalismus oder Autonomie für die einzelnen Landesteile. Und das, obwohl die Westukraine weder in territorialer noch in wirtschaftlicher Hinsicht den bedeutendsten Landesteil bildet. Aus lebensweltlicher Sicht läßt sich die politisch forcierte Expansion der westukrainischen Kultur als eine kulturelle Kolonialisierung des größeren Teils der Republik interpretieren, als dessen gewaltsame Ukrainisierung, die von der Bevölkerung im Osten und Süden allerdings nicht ohne weiteres hingenommen wird und daher für die Zukunft scharfe Konflikte vorzuprogrammieren droht.

Des weiteren scheitert die Realisierung nationaler, ethnischer oder religiöser Gemeinschaftlichkeit zu einem großen Teil an der Politik Moskaus. So wurde z.B. der ursprüngliche politische Vorsatz der mittelasiatischen Republiken, sich in Anbetracht gemeinsamer religiöser Traditionen und ethnischer Verwandtschaft künftig stark auf ihre südlichen Nachbarn zu orientieren, durch die russische Politik wirtschaftlicher Repression weitgehend blockiert. An der Westgrenze der GUS geschah das gleiche mit Moldowa, wie oben ausführlich dargelegt. Ähnliche Entwicklungen sind auch in den meisten anderen GUS-Republiken zu beobachten. Die Politik der russischen Führung orientiert auf die Anerkennung je zweier Amtssprachen (der nationalen und der russischen) sowie der doppelten Staatsbürgerschaft in allen GUS-Staaten. Zwar haben sich die meisten Republiken diesen Forderungen Moskaus bislang widersetzt, doch es spricht wenig dafür, daß sie dem wachsenden Druck noch lange standhalten können.

Zum einen sind schon heute lebenswichtige Produktionsbereiche - die Energiewirtschaft, die Wissenschaft, die Landesverteidigung - in weiten Teilen entvölkert, weil die Aberkennung des offiziellen Status der russischen Sprache einen großen Teil der russischen bzw. russischsprachigen Bevölkerungsgruppen zur Auswanderung nach Rußland veranlaßt hat. Die Ausbildung eigener nationaler Kader aber erfordert Zeit. Für einen Einsatz westlicher Berater, Konsultanten und Spezialisten in einer Größenordnung, die den Migrationsverlust auch nur annähernd kompensieren könnte, fehlen die finanziellen Ressourcen. So sah sich z.B. die Regierung Kirgysstans inzwischen gezwungen, ihre ursprüngliche Politik des nationalsprachlichen Rigorismus deutlich zu korrigieren, um die Abwanderung qualifizierten russischen Personals zu bremsen.

Zum anderen bilden die russische Sprache, ihr Begriffssystem und die in ihr latent enthaltene Weltsicht schon seit langem ein untrennbares Element der Kulturen auch der nicht-russischen Völker im früheren sowjetischen Raum - und zwar gerade das

Element, das ihren Kontakt mit der modernen Welt gewährleistet. Praktisch haben wir es in diesen Ländern jeweils mit zwei Ebenen des sprachlichen Verkehrs zu tun: der nationalsprachlichen, auf der sich die Reproduktion traditioneller Kulturbestände von Weltanschauung und Lebensweise vollzieht; der russischsprachigen, über die die Integration von Elementen der modernen industriellen Kultur verläuft. Von daher rührt die Zweisprachigkeit fast der gesamten städtischen Bevölkerung in den nicht-russischen Ländern; eine Beschränkung des Verkehrs auf die jeweilige Nationalsprache gab es in sowjetischer Zeit nur noch auf dem Lande. Die Verdrängung der russischen Sprache hätte daher die Verdrängung nicht schlechthin der russischen, sondern der modernen industriellen Kultur zu Folge. Damit liefen die betreffenden Gesellschaften letztlich Gefahr, aus dem kulturellen Kontext der Moderne heraus- und in den Traditionalismus zurückzufallen. Die Führungsgruppen der GUS-Länder sind sich dieser Problematik durchaus bewußt. Doch bereitet es ihnen offenkundig erhebliche Schwierigkeiten, zu einer Politik zu finden, die die Priorität der nationalen Werte, Sprache und Kultur ermöglicht, ohne gleichzeitig die Gefahr des Rückfalls in Traditionalismus oder der Forcierung des kulturellen Fundamentalismus heraufzubeschwören.[12]

Ein lebensweltlicher Verlust anderer Art ergibt sich für viele Bewohner der neuen Republiken - zumindest für diejenigen, die keine fundamentalistisch-isolationistischen Neigungen hegen - aus dem Umstand, daß sie sukzessive aus dem ehemals sowjetischen (jetzt russischen) Informationsraum herausgefallen sind. Das ist in den verschiedenen Republiken auf unterschiedliche Weise verlaufen: In der Ukraine beispielsweise erreichen Zeitungen aus Rußland einfach ihre Abonnenten nicht mehr. Die Post hat natürlich keine Erklärung dafür, auf welchem Streckenabschnitt und wohin diese Zeitungen verschwinden, und sie fühlt sich auch nicht verpflichtet, das Geld für die verschwundenen „ausländischen Presseerzeugnisse“ zu ersetzen. In Usbekistan und in einigen anderen zentralasiatischen Republiken werden Moskauer Fernsehsendungen wegen ihres „amoralischen Charakters“, des Verstoßes gegen die Normen des Islam - durch das Zeigen enthüllter Körper z.B. - verboten. Im Baltikum kann man das Moskauer Fernsehprogramm nicht empfangen, weil es niemanden gibt, der für die Kassierung der Übertragungsgebühren zuständig ist.

All diese Probleme haben natürlich politische Hintergründe - das Bestreben der Führungsgruppen in den neuen Republiken, die Lebenswelt neu zu „zentrieren“:

---

12 Natürlich sieht die Situation in den einzelnen GUS-Staaten differenzierter aus. Das Gesagte bezieht sich vor allem auf die mittelasiatischen Republiken Kasachstan und Kirgysstan, die vor der sowjetischen Ära über keine eigene Schriftsprache verfügten, ganz zu schweigen von einer Wissenschafts-, Technik- oder Politiksprache. Auf die anderen Republiken Mittelasiens trifft das in geringerem Maße zu, obgleich auch dort die Nationalsprachen als Träger vornehmlich der traditionellen Lebensweisen und Weltanschauungen fungieren. In noch geringerem Grade betrifft es die kaukasischen und die europäischen GUS-Staaten, doch auch hier existiert eine solche Beziehung zumindest partiell.

auf sich selbst, auf die eigene Hauptstadt, die eigene Kultur, die eigene nationale Alltagskultur. Aus der Sicht breiter Bevölkerungsschichten wird das allerdings als grobe kulturelle Nötigung wahrgenommen, denn das zentrale Moskauer Fernsehprogramm war schon in sowjetischen Zeiten nicht schlechthin eines unter vielen Programmen - es hatte die Funktion eines „offenen Fensters" der relativ geschlossenen regionalen Lebenswelten. Die stereotype Wahrnehmung Moskaus als Zentrum hat sich bis heute erhalten. Folglich ist auch die Funktion des Moskauer Fernsehens erhalten geblieben. Heute, da mittelasiatische Regionalpolitiker bestrebt sind, die politische Tradition der Schahs wiederzubeleben, erweist es sich mehr denn je als das wohl einzige „offene Fenster" - nicht nur nach Rußland, sondern auch in die Welt. Sowjetbürger waren es gewohnt, „multinational" und „überregional" zu leben. Das entscheidende Medium dieser Lebensweise war das zentrale Fernsehprogramm. Der Ausstieg aus diesem und anderen Kanälen verändert die gesamte Struktur der kulturellen Orientierungen; die Welt der Bürger der neuen Republiken wird verengt und regionalisiert.

Die in den ersten Tagen der Unabhängigkeit deklarierte Orientierung auf universalistische Werte wie das Recht zur Selbstartikulation oder die Freiheit wirtschaftlichen Handelns ist weitgehend ohne lebensweltliche Relevanz geblieben. Die parlamentarische Demokratie hat bislang in keinem der GUS-Staaten, Rußland eingeschlossen, Wurzeln geschlagen. Überall ist ein Trend zu autoritärer Präsidialherrschaft erkennbar. In Mittelasien und im Kaukasus ist schon wieder die Verfolgung Andersdenkender und die Entstehung neuer Dissidentenbewegungen zu beobachten. Das ist nicht weiter verwunderlich, wenn man die Herkunft der gegenwärtig herrschenden Eliten in Betracht zieht. In den meisten Republiken befinden sich ehemalige Würdenträger der KPdSU an der Macht. Der Hort des Autoritarismus - und zugleich der Stabilität - innerhalb der GUS ist Turkmenistan, das in den Stürmen der Zeit gleichsam eine Oase des Kommunismus geblieben ist. Die ausschließlich auf dem Erdgasexport basierende Volkswirtschaft hat es dem dortigen Regime ermöglicht, die kostenlose Nutzung der öffentlichen Verkehrsmittel einzuführen, das aus der sowjetischen Zeit übernommene System kostenloser Ausbildung und medizinischer Versorgung beizubehalten, äußerst niedrige Preise für Grundnahrungsmittel zu garantieren und obendrein die herrschende Elite mit Luxuslimousinen der Marke Mercedes-Benz und Flugzeugen vom Typ Boing 747 zu versorgen. Präsident Nijasow, früher 1. Sekretär des ZK der KP Turkmenistans, trägt jetzt den amtlichen Titel „Turkmenbaschi" - „Vater der Turkmenen". Jede offizielle Veranstaltung beginnt mit einer Ehrung des Präsidenten, in jedem Dorf wurden ihm zu Ehren Denkmäler aufgestellt. So wird die Situation in Turkmenistan von der russischen Presse beschrieben; Dementis von turkmenischer Seite gibt es nicht. Die „Verwirklichung der Utopie in einem Land" hat eine doppelte Basis: Erstens, während die Einnahmen aus der turkmenischen Ergasproduktion früher den Regeln des sowjetischen Wirtschaftssystems gemäß über Moskau umverteilt wurden, kann Turkmenistan heute über die gesamten Einnahmen aus seinem Erdgasexport verfügen.

Zweitens, Turkmenistan gehörte zu den unterentwickeltsten Regionen der Sowjetunion. Stammes- und Klanstrukturen haben hier immer eine bedeutende Rolle gespielt, eine öffentliche Meinung oder ein politisches Leben gab es und gibt es hier nicht. Die Kombination der prämodernen Sozialordnung mit unbegrenzten Naturressourcen, die von der ganzen Welt nachgefragt werden, hat dieses „postsowjetische Kuweit" des Vaters Nijasow hervorgebracht. Turkmenistan ist das Musterbeispiel für die Kontinuität des Autoritarismus. Gleichzeitig zeigt es die geringsten Fortschritte hinsichtlich einer marktwirtschaftlichen Reform der ökonomischen Strukturen. Bezeichnenderweise unterhält gerade Turkmenistan unter allen übrigen GUS-Staaten die ausgeglichensten und konfliktärmsten Beziehungen zu Rußland.

In den meisten anderen Republiken vollziehen sich die Reformversuche vor allem in Worten. Zur Gesundung ihrer Wirtschaft versuchen sie, sich vor allem auf Kredite von internationalen Finanzinstituten sowie auf ausländische Investitionen zu stützen. Im Ergebnis dessen erweisen sich die Regierungen und ausländische Finanz- und Industriekonzerne als die einzigen Wirtschaftsakteure. Das Betätigungsfeld der einheimischen Unternehmer ist eng begrenzt, ebenso wie ihr Investitionspotential. Diese Wirtschaftspolitik erinnert sehr an die Politik der sowjetischen Kommunistischen Partei zum Ende der *Neuen Ökonomischen Politik* (NÖP) und zu Beginn der Industrialisierung Ende der 20er, Anfang der 30er Jahre. Allerdings fehlen den neuen Staaten die erforderlichen Naturressourcen, die technische Infrastruktur und vor allem der den sowjetischen Kommunisten eigene politische Willen, ihre Ziele - ungeachtet aller Opfer - um jeden Preis durchzusetzen. Umso stärker ist der Kontrast zwischen diesen Staaten und Rußland, das sich trotz aller Probleme und Kosten auf dem Weg zu marktwirtschaftlichen Strukturen befindet und allen anderen Republiken darin praktisch um Jahre voraus ist.

Die Kombination all dieser Faktoren - der fehlgeschlagenen Versuche der Selbstbestimmung nationaler Gemeinschaften, des kulturellen Isolationismus und der Horizontverengung, der Mißerfolge hinsichtlich der ökonomischen Selbstbestimmung - hinterläßt den Eindruck, daß die in Angriff genommene Umstrukturierung der Lebenswelten in den anderen GUS-Staaten fehlgeschlagen ist. Für die normalen Bürger, die keine Beziehungen zur politischen Elite haben und die am Ausverkauf der nationalen Naturreichtümer nicht teilhaben, sieht die Situation so aus, daß die alten Werte und Ideen verfallen sind, neue sich nicht so weit herausgebildet haben, daß sie die Funktion der Lebensorientierung übernehmen könnten. Die Folge ist eine erkennbare Revitalisierung von Orientierungen, die man jetzt als traditionelle bezeichnen kann - Orientierungen auf die sowjetische Lebensweise mit ihrer Stabilität, Sicherheit und einer gewissen Versorgtheit, Orientierungen auch auf Rußland, das zunehmend wieder als kulturelle, politische und ökonomische Metropole für die GUS-Länder wahrgenommen wird.

Die Position Rußlands gegenüber den im Massenbewußtsein der anderen GUS-Länder verbreiteten Orientierungen ist ambivalent: Rußland, das die Möglichkeit der Wiederherstellung der sowjetischen Lebensstrukturen auf seinem Territorium strikt von sich weist, nimmt derartige Prozesse in den GUS-Ländern äußerst gelassen wahr, wenn es sie nicht gar begrüßt. Das erklärt sich vermutlich daraus, daß eine derartige isolationistisch-regressive Entwicklung diese Länder in stärkerem Maße von Rußland abhängig machen würde als eine eigenständige nationale Kultur- und Wirtschaftspolitik. Was die Orientierungen auf Rußland als Metropole betrifft, so verfolgt Rußland, wie schon gesagt, einen Modus der Integration, der ihm die Kontrolle über diese Länder erleichtert, ihm zugleich aber die Möglichkeit bietet, sich unerwünschten Verbindlichkeiten gegenüber diesen Ländern zu entziehen. Im großen und ganzen ist das eine völlig rationale Strategie, die der traditionellen „imperialen" Ideologie Rußlands fremd war, die aber den Unterschied in den „Gewichtskategorien" zwischen Rußland und den anderen Ländern in Rechnung stellt und darauf zielt, in der Neugestaltung der Beziehungen zu den GUS-Staaten die ökonomischen und politischen Vorteile zu maximieren und die Kosten zu minimieren.

* * * * *

Resümee: Moskau ist interessiert an einer möglichst effektiven Kontrolle über die anderen Länder der GUS, aber in keiner Weise an der Wiederherstellung eines einheitlichen unitären Staates im postsowjetischen Raum. Moskau will, daß diese Länder ihre staatliche Souveränität behalten, mit allen dazugehörigen Attributen - den Flaggen, den Hymnen, den Parlamenten und den Präsidenten. Doch zugleich ist es bestrebt, ihnen den Spielraum für eine eigenständige Innen- und Außenpolitik zu beschränken. Hervorgegangen aus dem Zerfall der UdSSR, liegen diese Staaten schon aufgrund ihrer Entstehung im russischen Interessenbereich - im Schatten des „großen Bruders". Nicht imstande, ohne schwerwiegende Folgen für die eigene Staatlichkeit die zahlreichen, vielfältigen und jahrhundertealten politischen, ökonomischen und kulturellen Beziehungen mit Rußland abzubrechen, sind sie auf lange Zeit nicht nur dazu verdammt, den von Moskau diktierten Kurs zu befolgen, sondern auch dazu, daß ihre Interessen objektiv mit denen Moskaus zusammenfallen. Das Wort „objektiv" meint hier nicht die Berufung auf irgendeine göttliche Fügung oder eine historische Objektivität, sondern den Bezug auf die Natur der ökonomischen, politischen, geopolitischen und kulturellen Situation, in der sich Rußland und die anderen GUS-Staaten infolge des Zerfalls der Sowjetunion befinden. Sie sind dazu verdammt, *scheinbare* Staaten im *Schatten* Rußlands zu bleiben. Sie befinden sich gleichsam in einem Teufelskreis: Je besser sie sich der Situation anpassen, desto stärker verwurzeln sie sich im Schattenreich, desto gewohnter wird für sie die Existenz als Scheinstaaten. Sollten sie dagegen versuchen, den objektiven Erfordernissen der Situation bzw. den Forderungen der russischen Metropole zuwiderzuhandeln, dann bringen sie ihre eigene, noch zerbrechliche Staatlichkeit in Gefahr.

Heute, drei Jahre nach der Gründung der GUS, scheint eine derart fatalistische Sicht noch weitaus begründeter als unmittelbar nach dem Zusammenbruch der

UdSSR. Es deutet sich an, daß im Ergebnis dieser grandiosen geopolitischen Katastrophe Rußland erneut gewonnen hat, und die, die es umgeben, erneut verloren haben.

**Weißrussisches Postskriptum:**
Am 26. Mai 1995 fand in Minsk ein reguläres Treffen der GUS-Staatsoberhäupter statt. Wie schon auf den vorangegangenen Gipfeltreffen war von zunehmenden Integrationstendenzen die Rede. Nach außen gab man sich feierlich-optimistisch, doch innerlich war die Atmosphäre gespannt. Von den Ergebnissen des Gipfels sind insbesondere zwei Abkommen zu erwähnen: Rußland, Weißrußland und Kasachstan haben sich auf die Bildung einer Zollunion geeinigt. Des weiteren wurde bekanntgegeben, daß sich Rußland, Weißrußland und die mittelasiatischen Republiken auf die Vereinigung ihrer Grenzsicherungsorgane verständigt haben. Aserbaidschan, Moldowa, Georgien und die Ukraine haben sich allerdings geweigert, diesem Abkommen beizutreten. Der in der GUS offiziell üblichen Praxis entsprechend, bleiben die Abkommen für alle Mitglieder offen. Die inoffiziell übliche Praxis ist jedoch, daß buchstäblich alle Mitgliedsländer bilaterale Zusammenarbeit gegenüber multilateralen Abkommen eindeutig bevorzugen. Und jedes Mitgliedsland hat dafür seine eigenen Gründe. Moldowa hat sich Grenzsicherungsabkommen verweigert, um zu vermeiden, daß seine Grenze zu Rumänien künftig von russischen Truppen bewacht wird, die Ukraine, um ihre prinzipielle Distanz zu Rußland zu unterstreichen, Georgien und Aserbaidschan (wie Journalisten bissig anmerken), damit Rußland ihnen zuerst hilft, Abchasien bzw. Armenien zu besiegen. Generell vollzieht sich in der GUS jetzt ein Prozeß der Reintegration, wobei alle Mitglieder in dem Bewußtsein, daß gewisse Souveränitätsverluste dabei nicht zu vermeiden sind, danach streben, dieses Stück Souveränität so teuer wie möglich zu verkaufen. Verkauft wird, das versteht sich von selbst, an Rußland. Und Rußland zahlt: So wurde auf dem Gipfeltreffen festgestellt, daß sich die Nachbarrepubliken in den ersten beiden Jahren ihrer Eigenständigkeit mit insgesamt mehr als drei Milliarden US-Dollar gegenüber Rußland verschuldet haben. Wie die Tageszeitung *Moskowskij Komsomolez* vom 30.5.1995 ironisch bemerkt, „hat das Treffen im ganzen gezeigt, daß ziemlich vielen GUS-Staaten ihre Schulden gegenüber Rußland noch nicht hoch genug erscheinen, um sich alsbald irgendwelchen allgemeinen Regeln zu unterwerfen".

Doch am Vorabend des Gipfels gab es ein Ereignis, das man gewissermaßen als historisch bezeichnen kann - am 25. Mai gaben die Präsidenten Jelzin und Lukaschenko die Aufhebung der politischen und Zollgrenzen zwischen Rußland und Weißrußland sowie die Herstellung eines gemeinsamen strategischen Raumes bekannt. In einem symbolischen Akt rissen die beiden Präsidenten im Beisein ihres Gefolges und der Presse einen Grenzstein nieder, den man extra für dieses feierliche Ereignis aufgestellt hatte.

Der staatlichen Unabhängigkeit Weißrußlands hat man von Anfang an keine großen Perspektiven eingeräumt. Die Meinungsumfragen der letzten zwei Jahre verwiesen auf eine stabile Mehrheit von 60 bis 70 Prozent für eine Wiedervereinigung mit Rußland. Ein entsprechendes Referendum, das auf Initiative von Präsident Lukaschenko vier Wochen vor der Unterzeichnung der o.g. Vereinbarung abgehalten wurde, hat diese Haltung bestätigt. Darüberhinaus hat sich die Mehrheit der Bevölkerung dafür ausgesprochen, neben der weißrussischen Sprache die russische wieder als gleichrangige Staatssprache anzuerkennen. Zusammen mit dem Referendum wurden auch Parlamentswahlen abgehalten, doch in mehr als der Hälfte der Wahlkreise fielen die Wahlen faktisch aus - die Wähler kamen einfach nicht an die Urnen. Die Kommentare waren einhellig: Mit ihrer Stimmenthaltung haben die Wähler bekundet, daß Weißrußland ihrer Meinung nach kein eigenes Parlament mehr braucht.

Kurz darauf folgte der Vertrag über die Aufhebung der russisch-weißrussischen Staatsgrenze. Der rechtliche Status der künftigen Stellung Weißrußlands zu Rußland ist noch nicht endgültig definiert. Aber es scheint klar, daß es sich bei diesem Vertrag um mehr handelt als um eine gewöhnliche Integrationsmaßnahme im Rahmen der GUS - um einen Schritt zu einer weitergehenden politischen und ökonomischen Vereinigung. In Minsk setzt man auf Rußland als die Lokomotive, die die verrottete weißrussische Wirtschaft aus dem Dreck ziehen wird. Die Mehrheit der weißrussischen Bevölkerung zeigt sich zufrieden mit dem Vorgehen Lukaschenkos und hofft, daß sich ihr Leben bald spürbar verbessern wird. In Rußland fallen die Kommentare weit nüchterner aus. Hier stellt man die ökonomischen Kosten den geopolitischen und strategischen Gewinnen gegenüber. Drei Vorteile werden in der Regel hervorgehoben: die Öffnung der Transportwege (der Bahn- und Straßenverbindungen sowie der Erdgasleitung) in den Westen; die Tatsache, daß zu einer Zeit, da die NATO ihre Ausdehnung nach Osten plant, der *Cordon sanitaire* durchbrochen wird und die russische Armee einen Zugang zu Grenze (West-)Europas wiedergewinnt; die symbolische Bedeutung des Vorgangs als eines ersten Schrittes zur Herstellung der großen eurasischen Einheit, von der heute überall in der GUS die Rede ist; wobei allerdings niemand weiß, wie sie einmal aussehen soll.

*Aus dem Russischen von Jan Wielgohs*

# Rußland zwischen Pluralismus und Korporatismus

## Der „Vertrag über die gesellschaftliche Übereinkunft" als korporative Allianz

Politische Beobachter und künftig wohl auch Historiker dürften ihre Aufmerksamkeit vor allem auf zwei Phänomene im Rußland des Jahres 1994 richten: erstens auf den Abschluß des *Vertrages über die gesellschaftliche Übereinkunft*, an den große Erwartungen im Hinblick auf die Stabilisierung der sozialen Situation gesetzt wurden, zweitens auf die große (und eher unerwartete) Bedeutung, den lobbyistische Aktivitäten für den Politikprozeß gewonnen haben.

Der Lobbyismus ist zu einem Gegenstand breiter öffentlicher Diskussion und zu einem populären Thema wissenschaftlicher Publikationen und Konferenzen geworden. Auch die Staatsduma hat angekündigt, den bereits eingebrachten Entwurf zu einem Lobbyismus-Gesetz so schnell wie möglich zu verabschieden.

Der Abschluß des *Vertrages über die gesellschaftliche Übereinkunft* und die Lobbyismus-Debatte stehen in engem Zusammenhang. Wie mir scheint, zeugen sie von einer gewissen Wende in der Entwicklung der russischen Staatlichkeit - der Wende von einer eher pluralistischen Form des Interessenwettbewerbs zu einem weitgehend korporatistischen System politischer Interessenregulierung.

Pluralismus unterstellt die Existenz einer Vielzahl autonomer, organisierter gesellschaftlicher Interessengruppen, die untereinander im freien Wettbewerb um politische Einflußnahme auf staatliche Entscheidungen konkurrieren. In ein und demselben Wirtschaftssektor oder gesellschaftlichen Teilbereich können mehrere Organisationen agieren. Vorherrschender Modus der Interessenvertretung ist die Ausübung von politischem Druck auf den Staat, teils durch lobbyistische Aktivitäten, teils durch die Mobilisierung von Öffentlichkeit. Interessenorganisationen werden daher auch als *pressure groups* charakterisiert.[1] In einem korporatistischen System dagegen ist der freie Wettbewerb zwischen den organisierten Interessen stark eingeschränkt. Gesellschaftliche Interessenabstimmung basiert auf einer Art „Kartellabsprache" zwischen dem Staat und den verschiedenen funktionalen Interessen-

1 Zur amerikanischen und deutschen Pluralismus-Debatte vgl. u.a. Dahl, R.A.: Pluralist Democracy in the United States - Conflict and consent. Chicago 1967; Ders.: Dilemma of Pluralist Democracy. New Haven 1982; Oberreuter, H. (Hg.): Pluralismus - Grundlegung und Diskussion. Opladen 1980.

gruppen. Der Staat erkennt jeweils bestimmten Interessenverbänden ein Repräsentationsmonopol für den von ihnen vertretenen gesellschaftlichen Teilbereich zu, die im Gegenzug bestimmte Leistungen zur Stabilisierung der sozialen Ordnung, zur Disziplinierung ihrer Klientel und zur Entlastung des Staates erbringen. In den modernen Industriegesellschaften der Gegenwart sind in der Regel sowohl pluralistische als auch korporatistische Arrangements anzutreffen, wobei die Dominanzverhältnisse zwischen den verschiedenen Ländern stark variieren. In der Politikwissenschaft der Nachkriegszeit wurde diesem Umstand mit den Begriffen des „korporativen Pluralismus" bzw. des „Neokorporatismus" Rechnung getragen.[2]

Aus einer solchen Perspektive ist auch der *Vertrag über die gesellschaftliche Übereinkunft* zu betrachten, der am 28. April 1994 im Moskauer Kreml durch den russischen Präsidenten und Repräsentanten von Parteien, Gewerkschaften, staatlichen Organisationen, Verbänden und Körperschaften unterzeichnet wurde. Damit übernahmen sie die Verpflichtung, künftig auf radikale Methoden des politischen Kampfes - wie politische Streiks und Aufrufe zur Veränderung des politischen Systems - zu verzichten, die Normen der Verfassung zu befolgen sowie zur Stabilisierung der politischen und wirtschaftlichen Situation beizutragen. Die Beteiligung an diesem Abkommen stand allen interessierten Gruppierungen, Organisationen und Verbänden offen. Heute, mehr als ein Jahr danach, läßt sich konstatieren, daß der von Jelzin initiierte Vertrag im großen und ganzen die mit ihm verbundenen Hoffnungen erfüllt hat: in Rußland ist relativer Frieden eingekehrt, die Verfassung wird nicht mehr grundsätzlich in Frage gestellt, die Forderungen nach vorgezogenen Neuwahlen der föderalen Machtorgane sind weitgehend abgeebbt, und fast ein ganzes Jahr lang hat es keine politischen und ökonomischen Streiks mehr gegeben. Damit wurde zumindest indirekt ein Konsens über den Reformkurs demonstriert.[3]

Dennoch ist die öffentliche Meinung über diesen Vertrag geteilt. Seine Befürworter interpretieren ihn vor allem als eine vorübergehende Maßnahme, die zur Sicherung der politischen Stabilität in der Übergangsperiode notwendig sei. Seine Kritiker meinen, der Vertrag sei überflüssig, zumal er die Unterzeichner juristisch zu nichts verpflichtet: „Was bedeutet ... dieser Vertrag, wenn nicht die Bekundung treuer Untertänigkeit? Bei dem Versuch, ihn zu erklären, strapazieren seine Anhänger die Bedeutung von Konsens, Frieden und Stabilität in Rußland, doch das

2 Zur westlichen Neokorporatismusdebatte vgl. Alemann, U.v. (Hg.): Neokorporatismus. Frankfurt a.M. 1982; Lehmbruch, G./Schmitter, P.G. (eds.): Patterns of Corporatist Policy Making. London 1982. Für die Beschreibung der derzeitigen Entwicklung in Rußland scheint allerdings der traditionelle Begriff des Korporatismus als Ausgangspunkt einer Konzeptionalisierung angemessener zu sein als der des Neokorporatismus.

3 Der einzige verfassungswidrige Vorstoß war durch den Präsidenten erfolgt. Dabei handelte es sich um den Vorschlag, die Vollmachten der derzeitigen Machtorgane zu verlängern, d.h. die Wahlen nicht vorzuziehen, sondern sie auf unbestimmte Zeit zu verschieben, was Geist und Buchstaben des Vertrages nicht widerspricht. Es ging also nicht darum, die Übereinkunft zu verletzen, sondern darum, sie zu verlängern.

bestreitet niemand ... Das Problem besteht darin, auf welchem Wege man einen solchen Konsens erreichen kann und inwieweit der Vertrag dabei hilfreich ist; und hier kommen bei seinen Befürwortern sofort Unklarheiten, widersprüchliche Auslegungen und abstrakte Wunschvorstellungen auf. Niemand kann die Hauptfrage klar beantworten: Was gibt es in diesem Vertrag, was es nicht schon in der Verfassung und in den Gesetzen gäbe, und wie kann dieser Vertrag deren Lücken schließen - anstelle einer geordneten Entwicklung der Gesetzgebung, anstelle fortgesetzter Anstrengungen zur Problemlösung im Rahmen dieser Gesetzgebung! So gibt es Anlaß zu der Befürchtung, daß der Vertrag für diesen oder jenen schlicht eine weitere Möglichkeit ist, durch Aktivismus den Anschein tatsächlicher Bemühungen zu erzeugen".[4] Ein weiterer kritischer Kommentator meint: „Abgesehen davon, daß ‚innere Feinde' angeprangert werden, läßt der Vertrag über die Übereinkunft schwerlich irgendeinen Sinn erkennen. Welchen gesellschaftlichen Konsens kann dieses Dokument denn garantieren, wenn nicht nur ‚Unversöhnliche' wie Anpilow, Konstantinow und Ruzkoj es ablehnen, ihm beizutreten, sondern auch völlig ‚zahme' Parlamentarier der Opposition!"[5]

Zusammengefaßt, lassen die unterschiedlichen Interpretationen zwei Positionen erkennen: Die Apologeten betrachten den Vertrag als zeitweilig unumgänglichen Schritt zur Sicherung der politischen Stabilität in der Übergangsperiode. Kritiker des Vertrages halten ihn für schädlich oder zumindest überflüssig, weil Stabilität und Konsens auch über „normale" demokratische Mittel herzustellen seien. Mir scheint, daß beide Positionen falsch sind. Die Funktionen des Vertrages sind weitaus umfassender, als angenommen (oder behauptet) wird. Der *Vertrag über die gesellschaftliche Übereinkunft* ist ein außerordentlich bedeutsames Ereignis des russischen politischen Lebens, weitaus bedeutender als die Zerschlagung des Obersten Sowjets im Oktober und die Annahme der neuen Verfassung im Dezember 1993. Es ist der erste Akt der Formierung eines korporatistischen Staatswesens, das sich nach einer kurzen Periode des Interessenpluralismus auf den Trümmern des sowjetkorporatistischen Staates herauszubilden beginnt.

## Der sowjetische bürokratische Korporatismus[6]

In der Sowjetunion hatte sich während der Ära Breshnew/Kossygin ein relativ kompliziertes und weitgehend ausbalanciertes System der politischen Steuerung der Gesellschaft herausgebildet. Zu seinen Bestandteilen gehörten zum einen die hierarchisch geordneten Leitungsebenen der verschiedenen Wirtschaftszweige, zum

4 Arbatov, A. In: Nezavisimaja gazeta 1994. (Genauere Angaben lagen nicht vor - *d. Üb.*)
5 Krasnikov, E.: ebenda. (Genauere Angaben lagen nicht vor - *d. Üb.*)
6 Der folgende Abschnitt ist eine gekürzte und überarbeitete Version eines Kapitels aus: Blochin, A./Ionin, L./Neščadin, A. i dr.: Lobbizm v Rossii: ėtapy bol'šogo puti. Moskva 1995.

anderen das regionale System der Ministerräte der Unions- und autonomen Republiken sowie der Exekutivkomitees der Gebiete und Kreise. Beide waren letztlich ein und demselben Organ unterstellt - dem Ministerrat der UdSSR. Dieses System wurde durch den straff organisierten Apparat der Zentralkomitees der Kommunistischen Parteien der Unionsrepubliken sowie der Gebietsparteileitungen gestützt und kontrolliert. Im Rahmen dieses Systems wurden Prioritäten zwischen regionalen und gesamtstaatlichen Interessen festgelegt und Konflikte zwischen den Branchen, dem Ministerrat, dem staatlichen Plankomitee (Gosplan) sowie den Gebietsparteileitungen gelöst. Die Ebene, auf der die letztlich maßgebenden Entscheidungen getroffen wurden, war das ZK der KPdSU. Die Beschlüsse waren (selbst wenn sie falsch waren) immer eindeutig.

Der systemspezifische Bedarf an gesamtstaatlicher Zielbestimmung und Prioritätensetzung führte mit Notwendigkeit zur Ausbildung mächtiger Strukturen korporativer Repräsentation, sowohl in der Regierung als auch in ZK und Politbüro der KPdSU. Rang und Gewicht der Positionen im Apparat erzeugten eine eigene Hierarchie, die für Nichteingeweihte mit dem Schleier des Geheimnisses verhüllt war.

Eine der Formen korporativer Repräsentation waren spezielle Kommissionen (für operative Fragen, für den Militär-Industrie-Komplex u.a.), die auf der Basis von Beschlüssen des Ministerrates der UdSSR und/oder des ZK der KPdSU eingerichtet wurden. Ihre Aufgabe bestand in der Koordinierung der Tätigkeit von Ministerien, Behörden und - wenn nötig - der örtlichen Organe auf einem bestimmten Politikfeld bzw. zur Lösung bestimmter Problemkomplexe. Gewöhnlich stand einer solchen Kommission ein stellvertretender Ministerpräsident vor; ihre Beschlüsse wurden als Verfügungen des Ministerrates bzw. als Verordnungen des ZK und des Ministerrates formuliert. Die Leitung einer solchen Kommission verlieh ihrem Vorsitzenden ein hohes Maß an Macht.

Der korporative Charakter dieser Kommissionen ergab sich aus der Beteiligung

- des für den entsprechenden Sektor verantwortlichen ZK-Sekretärs und eines stellvertretenden Ministerratsvorsitzenden;
- von Vertretern der zuständigen ZK-Abteilung und der Kommission bzw. des Büros des Ministerrats der UdSSR, der betreffenden Abteilung oder Unterabteilung des staatlichen Plankomitees, der Ministerien und Behörden;
- der betreffenden Abteilungen des ZK (bzw. der Gebietsparteileitung) der KPdSU sowie des Ministerrates der betreffenden Unionsrepubliken (mit Ausnahme der RSFSR).

In dieser Weise korporativ verfaßt waren folgende Wirtschaftssektoren, aufgeführt in der Rangfolge ihrer Einflußpositionen in der Organisation der Staatswirtschaft:

1. der Militär-Industrie-Komplex, vertreten durch die sog. „Devjatka“, ein Gremium der Leiter der neun wichtigsten Rüstungsindustrie-Ministerien;
2. der Komplex der Bauwirtschaft, dem bis zu seiner Reorganisation sieben Unionsministerien, das Staatliche Baukomitee (das damals nur für die Baustandards

und für Projektierungsarbeiten zuständig war) und die Baubehörden der Republiken angehörten, wobei einem Teil der Ministerien und Behörden auch militärische Truppenteile zugeordnet waren;
3. der Bergbau- und Metallurgiekomplex, dem bis zur Reorganisation zwei Unionsministerien und einige eigenständige Hauptkomitees (glavki) angehörten;
4. der Brennstoff-und Energiekomplex, vertreten durch vier Unionsministerien mit jeweils eigenen Baukomplexen (Ministerium für den Bau von Erdöl- und Erdgasleitungen sowie Bauorganisationen des Energieministeriums);
5. der Chemiekomplex, der drei Unionsministerien und zeitweise auch das Ministerium für Forsttechnik umfaßte;
6. der Agrarkomplex, dessen Leitungsstruktur ständig reorganisiert wurde, so daß man sie nur für eine bestimmte Periode erfassen kann. Seine Bildung erfolgte durch Vereinigung von vier Unionsministerien, einer zentralen Behörde und der Landwirtschaftsministerien der Unionsrepubliken;
7. der Maschinenbaukomplex, dem es nach langwierigen Auseinandersetzungen mit der Gründung eines Büros für Maschinenbau gelungen war, vollwertiger Teilnehmer lobbyistischer Prozesse zu werden.

Nicht alle Branchen waren in dieser Weise organisiert. Dem Transport- und Nachrichtenwesen war es auf Grund von Interessendivergenzen nur selten gelungen, einflußreiche Gruppierungen zu bilden, so daß sie ihre Angelegenheiten autonom regelten. Die übrigen Ministerien und Behörden, denen vor allem die Organisationen und Betriebe für die Versorgung der Bevölkerung mit Konsumgütern, Medikamenten usw. unterstanden, sind kaum als Träger korporativer Interessen in Erscheinung getreten.

Unter den Bedingungen der zentralistisch geplanten Distribution aller Güter und Leistungen richtete sich die Konkurrenz zwischen den Ministerien und Behörden nicht nur auf Ressourcenzuteilungen für „ihre" Branche. Jede Gruppierung trachtete zudem nach möglichst hohen Absatzgarantien für die eigenen Erzeugnisse und suchte Druck auf die Ministerien und Behörden anderer Branchen auszuüben, wenn deren Planrückstände die eigenen Interessen tangierten.

Der Bau neuer Produktionsanlagen ist ein besonders charakteristisches Beispiel für Lobbyismus im sowjetischen System. Weil Kapazitätserweiterungen so gut wie ausschließlich durch Neubau von Produktionsanlagen erfolgten, Ressourcen für die Realisierung geplanter Projekte jedoch permanent knapp waren, mußte der Beginn eines Bauvorhabens zunächst in der Planung von Investbauten durchgesetzt werden. Während der Militär-Industrie-Komplex in der Regel dabei kaum auf Schwierigkeiten stieß, mußten andere Ministerien und Behörden diese Aufgabe jedes Jahr neu in einem heftigen Konkurrenzkampf gegeneinander lösen, wobei jedes Mittel recht war: es wurden zu geringe Kostenvoranschläge für die Objekte gemacht, einzelne Fertigungskomplexe ausgegliedert, projektierte Kapazitäten überhöht und Projektunterlagen gefälscht. Der einfachste „Trick" war die Manipulation des Kostenvoranschlags. Nach der damals üblichen Praxis wurde der Wert des geplanten

Objektes im Kostenvoranschlag in der Regel um dreißig Prozent unterschritten; der Bau des LKW-Werkes „Kamas" jedoch brach alle Rekorde, indem die realen Baukosten den Voranschlag um das Doppelte überschritten.

Die Aufnahme eines Bauvorhabens in den Investplan bot jedoch immer noch keine Garantie dafür, daß der Bau beginnen konnte und die ausgewiesenen Mittel tatsächlich zur Verfügung standen. Eine Reihe von Positionen für Material und Ausrüstung, so z.B. für Kabel, Transformatoren u.ä., wurden nur für Projekte ausgewiesen, deren Inbetriebnahme unmittelbar bevorstand. Folglich mußte man sie als solche deklarieren, wenn man überhaupt bauen wollte, obgleich allgemein bekannt war, daß die betreffenden Objekte von einer Inbetriebnahme weit entfernt waren. Wieder mußte auf allen Ebenen Druck ausgeübt werden - zuerst in den Bauministerien und im Staatlichen Plankomitee (Gosplan), dann im Ministerrat, schließlich im ZK der KPdSU unter Einschaltung der betreffenden Gebietsparteileitung und der entsprechenden ZK-Abteilung. Doch auch die Aufnahme in das Verzeichnis der in Betrieb zu nehmenden Objekte war noch keine Garantie für die tatsächliche Inbetriebnahme, denn das geplante Bauvolumen war in der Regel zu zwanzig Prozent nicht durch die nötigen materiellen und Arbeitskraftressourcen gedeckt. Hier setzten Verfahren zur Erstellung von Prioritätenlisten für die laufenden Projekte ein. An erster Stelle standen die Projekte des Militär-Industrie-Komplexes (MIK), gefolgt durch die sogenannte „Gruppe 100". Darauf schloß sich die Liste der Objekte von vorrangiger staatlicher Bedeutung an, danach die Liste der Objekte, die unter der Kontrolle von Gosplan standen, schließlich die Liste der von den Ministerien und Behörden geplanten Bauten. Doch selbst die Aufnahme in diese Prioritätenlisten sicherte die Inbetriebnahme des betreffenden Objektes noch nicht. Dazu waren monatlicher Druck und Kontrollen erforderlich, die durch die Sitzungen spezieller Kommissionen des Ministerrats und die Tagungen des ZK unter Einbeziehung der örtlichen Parteiorgane erfolgten. Als sicheres Zeichen dafür, daß der geplante Bau realisiert würde, galt erst, wenn für das betreffende Objekt ein Baustab unter der Leitung eines Sekretärs der Gebietsparteileitung bzw. des ZK der KP der Unionsrepublik eingerichtet worden war, der wöchentlich an der Baustelle selbst tagte und - über das Gebietsparteikomitee - das ZK der KPdSU und die Minister persönlich über den Bauvorgang informierte.

Dieses System der bürokratisch-korporativen Organisation der sowjetischen Wirtschaft entstand nicht von heute auf morgen. Es wurde mehrmals reorganisiert. Mitunter änderte sich die Rangordnung der verschiedenen lobbyistischen Gruppierungen, wobei MIK und Bauwirtschaft lange Zeit unverändert die Spitzenplätze besetzt hielten. Während sich die Priorität des MIK aus der Staatsdoktrin erklärte, folgte die des Bauwesens aus seiner Bedeutung für alle anderen Wirtschaftssektoren. Die folgenden Rangplätze waren heftig umkämpft. War es einer bestimmten Gruppierung gelungen, das Politbüro glauben zu machen, gerade sie verfüge über das Konzept zur Lösung aller Probleme der Volkswirtschaft, hatte das in der Regel eine drastische Umverteilung von Ressourcen zu ihren Gunsten zur Folge. Das Finanzministerium und die Staatsbank spielten dabei lediglich untergeordnete Rollen; sie fungierten als Hauptbuchhalter und Abrechnungszentren im Auftrag des Leiters der Staatlichen Plankomitees. Instrument der Positionskämpfe und Indikator von Prioritätenverschiebungen waren die berühmten Kampagnen: für die Chemisierung der Volkswirtschaft, für den Bau der Baikal-Amur-Magistrale (BAM), für die Melioration der landwirtschaftlichen Nutzfläche, für die Erschließung der Schwarzerdezone, für die Erfüllung des Lebensmittelprogramms und für die Erfüllung des Programms zur Beschleunigung der Entwicklung des Maschinenbaus, des letzten Programms der Sowjetära.

Neben den Branchenkorporationen gab es auch eine Lobby der territorialen Einheiten. Hier verfügten Moskau und Leningrad immer über die stärksten Positionen. Der Einfluß der anderen Regionen wurde durch das Vorhandensein bestimmter Produktionsbetriebe in ihrem Territorium und deren volkswirtschaftliches Gewicht bestimmt. Zu den einflußstarken Regionen gehörte beispielsweise das Gebiet Swerdlowsk - dank der dortigen Konzentration von Betrieben des MIK und der Schwerindustrie. Dagegen figurierte das Gebiet Wolgograd in den Verlautbarungen des ZK der KPdSU fast immer als Beispiel mangelhafter Realisierung der „Pläne von Partei und Regierung“. Die Verbindung einer Region mit den korporativen Strukturen des MIK oder des Bauwesens bestimmte in hohem Maße ihre Entwicklungsmöglichkeiten im Bereich des Wohnungsbaus, der soziokulturellen Infrastruktur, der Versorgung mit Konsumgütern und Lebensmitteln usw. Das hing damit zusammen, daß nicht nur die „Devjatka“, sondern auch viele andere Ministerien über eigene Versorgungssysteme[7] und Bauorganisationen verfügten. Über diese erfolgte u.a. die Planung und Finanzierung des betrieblichen Wohnungsbaus, der im Landesdurchschnitt zwei Drittel des gesamten Wohnungsneubaus ausmachte. Darüber hinaus wurden viele Probleme der Gebiete dadurch gelöst, daß ein Teil ihrer Bauvorhaben - vor allem Ingenieurbauten - in die Planvorhaben der Wirtschaftseinheiten der Region aufgenommen wurden. Als Gegenleistung dafür forderten die Ministerien die Anwendung der „Meistbegünstigungsklausel“ ihrer Betriebe und Organisationen seitens der territorialen Verwaltungsorgane, etwa durch die Ausweisung geeigneter Grundstücke für betriebliche Wohnbauten und Gartenanlagen oder die Unterstützung ihrer Positionen im ZK der KPdSU.

Eine besondere Stellung genossen die Krim sowie die Regionen Krasnodar und Stawropol, was sich vor allem daraus erklärt, daß hier Urlaubs- und Erholungseinrichtungen für die Partei- und Staatsführung konzentriert waren und damit die Gebietsoberhäupter zumindest einmal jährlich direkten Zugang zu den Mächtigen hatten. Über diesen Kanal kam beispielsweise die am Schwarzen Meer gelegene Stadt Sotschi zu einer eigenen Position im Staatsplan, d.h. sie wurde bei der Planung und Verteilung gleichrangig mit vielen Strukturen von unionsweiter Bedeutung behandelt.

---

7 „Verwaltungen“ bzw. „Abteilungen für die Arbeiterversorgung“ (URS und ORS).

Die frühere Arbeitsstelle eines Generalsekretärs bzw. von Sekretären des ZK der KPdSU waren gleichfalls von erheblicher Bedeutung, da es üblich war, nach Amtsantritt das persönliche Team vor allem aus der früheren Arbeitsumgebung zu rekrutieren. So war z.B. L. Breshnew in seiner Amtszeit viele Jahre lang von Personen umgeben, die schon früher mit ihm zusammengearbeitet hatten, wie z.B. von A. Dymschiz, dem früheren Leiter des Baukomplexes von Dnepropetrowsk, der in der Nachkriegszeit mit Breshnew zusammengearbeitet hatte, oder von K. Tschernenko, den er von seiner Tätigkeit in Moldawien her kannte. Derartige Verbindungen wurden hoch geschätzt, und sie verliehen mancher lobbyistischen Struktur zusätzliches Gewicht.

Auch auf Gebietsebene bildeten sich eigenständige Lobbystrukturen heraus, die auf den Prioritäten bestimmter Betriebe bzw. Wirtschaftszweige beruhten. Im Unterschied zur zentralen Unionsebene spielten hier Handelseinrichtungen sowie örtliche Clans und „Landsmannschaften“ eine dominante Rolle für die Rekrutierung der lokalen „Elite“. Ungeachtet interner Konkurrenzen agierten diese örtlichen „Eliten“ nach außen in der Regel als lobbyistische Repräsentanten der Stadt oder des Gebietes. Gewöhnlich war die akademische und künstlerische Intelligenz, von wenigen Ausnahmen abgesehen, in der Partei- und Wirtschaftselite nicht vertreten. Sie hatte ihre eigenen Kreise und verschaffte damit der Struktur der Regionaleliten eine gewisse Heterogenität.

Dieses komplizierte und relativ ausbalancierte System, das sich während der sog. Stagnationsperiode gleichsam zur Vollkommenheit entfaltet hatte, wurde mit dem Beginn der Perestrojka unerwarteten Entwicklungen ausgesetzt.

## Perestrojka und danach: „Wilder Lobbyismus“ und Entstehung eines neuen Korporatismus

In den Jahren 1987 bis 1989 wurde eine Reihe von Gesetzen und Verordnungen verabschiedet, die letzten Endes zur Demontage des Systems des bürokratischen Korporatismus führten.

Von besonderer Bedeutung in diesem Zusammenhang war das Gesetz über den Staatsbetrieb, das im Sommer 1987 in Kraft trat. Mit diesem Gesetz erhielten die Betriebe größere Selbständigkeit in bezug auf sog. taktische Fragen der Erfüllung der Planauflagen, der Preisbildung und der Gewinnverteilung. Erstmals konnte der Betrieb nun über einen großen Teil seines Gewinns eigenständig verfügen, ihn für die Erhöhung der Löhne oder die Verbesserung der sozialen Infrastruktur einsetzen. Die Belegschaften erhielten das Recht, das Führungspersonal auf allen innerbetrieblichen Ebenen durch demokratische Wahlen selbst zu bestimmen.

Durch die Inkraftsetzung der neuen Gesetze erhielt das ganze System der Wirtschaftslenkung einen hybriden und inkonsistenten Charakter. Einerseits blieb auf den oberen Leitungsebenen das alte hierarchisch organisierte Kommandosystem erhalten; es blieben die Planauflagen, die jetzt in der Form von Staatsaufträgen vergeben wurden. Andererseits wurde seine Existenzgrundlage sukzessive ausgehöhlt, denn der Gegenstandsbereich der Planung, Redistribution und Reglementierung wurde immer mehr eingeengt. Gleichzeitig gewannen die - oft nur unzureichend qualifizierten, jetzt demokratisch gewählten - betrieblichen Leitungskader zunehmend an Unabhängigkeit gegenüber der Partei- und Staatsbürokratie. Infolgedessen wurde die mittlere Verwaltungsebene, die als „Transmissionsriemen" zwischen den oberen Etagen der Bürokratie und den Betrieben für die Funktionsfähigkeit des alten Systems von zentraler Bedeutung gewesen war, in zunehmendem Maße dysfunktional und machtlos: Die Betriebe gingen nunmehr dazu über, ihre Forderungen direkt an die Unionsministerien und zentralen Behörden zu richten. Die Planauflagen wurde jetzt zwischen den Betrieben und den zentralen Leitungsorganen ausgehandelt. Hatten es die zentralen staatlichen Leitungsorgane früher mit einer übersichtlichen Zahl großer, korporativ strukturierter „Partner" zu tun, so sahen sie sich nun mit einer gleichsam sprunghaft ins Unermeßliche angewachsenen Zahl konkurrierender Akteure konfrontiert. „Ein prinzipiell neues System von Beziehungen war entstanden und erstarkt; an die Stelle der zweiseitigen korporativen Wechselwirkung war eine im Kern einseitige pluralistische Wirkungsbeziehung getreten, in der die Zentralmacht, indem sie sich dem zunehmend aggressiven Druck ‚von unten' beugte, schon nicht mehr imstande war, irgendeine Gegenleistung zu verlangen".[8]

Was hier für die staatliche Industrie beschrieben wurde, war nur ein Moment eines universellen Prozesses, der sich in allen gesellschaftlichen Teilbereichen vollzog: Eine unüberschaubare Zahl von Partikularinteressen, die sich häufig noch nicht als Gruppen- (korporative) Interessen verstanden, wurde freigesetzt und versuchte, Druck auf die Staatsorgane auszuüben. Die neu entstehenden Gewerkschaften und Akteure des privaten Sektors (Kooperativen, Börsen, Banken und ihre Assoziationen), ökologische und politische Bewegungen und Parteien waren ebenfalls bemüht, durch massiven Druck auf den Staat ihren Interessen Geltung zu verschaffen.

Der Staat (vor allem die Regierung), der weder in der Bevölkerung noch im Obersten Sowjet Unterstützung fand, erwies sich als überfordert, diese ungewohnte Pluralität konkurrierender Interessen zu perzipieren und zu organisieren, und damit praktisch als paralysiert. Im Unterschied zum Pluralismus westlichen Typs, in dem der Staat - ausgestattet mit hinreichender Autonomie, Ressourcen und Autorität - eine eigenständige Rolle spielt, haben wir es in der Sowjetunion an der Schwelle zu den neunziger Jahren, so S. Peregudov, nicht mit einem „zivilisierten", sondern mit einem „wilden Pluralismus" zu tun.[9]

---

8 Peregudov, S.P.: Organizovannye interesy i rossijskoje gosudarstvo: smena paradigm. In: Polis 5/1994, S. 65.

9 Vgl. ebenda, S. 67.

Die Herausbildung eines solchen „wilden Pluralismus" kann man durchaus als ein zwangsläufiges Phänomen der Frühphase der postsowjetischen Transformation betrachten, was nicht einseitig negativ zu interpretieren ist. So plädiert H. Wiesenthal dafür, „die geringe Responsivität gegenüber staatlichen Maßnahmen und Zielen nicht als Devianzphänomen des Transformationsprojekts, sondern im Gegenteil als Indikator von Fortschritten des Entstaatlichungsprogramms zu werten".[10] Doch in der russischen Situation hat die fortschreitende Entstaatlichung nicht nur zur Herausbildung von marktwirtschaftlichen Strukturelementen geführt, sondern letztlich auch zur Überwindung des Pluralismus durch neue, eng mit der Staatsbürokratie verflochtene korporative Repräsentationsstrukturen.

Einerseits haben die in der Frühphase der Perestrojka verabschiedeten Gesetze, insbesondere das Gesetz über den Staatsbetrieb, maßgeblich zur Demontage des alten Systems der Wirtschaftslenkung beigetragen, andererseits hatte diese „halbherzige Demokratisierung" aber auch erhebliche kontraproduktive Effekte. Der größer gewordene Handlungsspielraum, den die Betriebe innerhalb des ansonsten noch weitgehend unveränderten bürokratischen Systems der makroökonomischen Steuerung erhalten hatten, stimulierte lediglich ein „kurzsichtig-egoistisches" Verhalten, insofern die Betriebe nun Gewinnsteigerungen nahezu ausschließlich durch Preiserhöhungen statt durch Produktivitätswachstum zu erzielen suchten und diese Gewinne vornehmlich für Lohnerhöhungen, Prämien und andere konsumtive Ausgaben verwandten, statt in die Modernisierung ihrer Anlagen zu investieren. Unter den Bedingungen hochgradiger Monopolisierung der sowjetischen Industrie führte dieses rein konsumtive Verhalten der Unternehmen geradezu zwangsläufig zu einer rasanten Beschleunigung der Inflation, zu zunehmendem Warenmangel und einem spürbaren Rückgang der Arbeitsproduktivität. Die Liberalisierungsmaßnahmen der ersten postsowjetischen Regierung unter J. Gajdar haben diesen Trend noch forciert. In der Folge sah sich die Mehrzahl der Betriebe schon bald nicht mehr in der Lage, Rohstoffe und Zulieferprodukte zu bezahlen. Die Liquiditätskrise breitete sich aus wie eine Kettenreaktion; sie ist bis heute nicht überwunden. Bereits nach kurzer Zeit war mehr als die Hälfte der Staatsbetriebe praktisch bankrott. Die Regierung Gajdar aber war weder gewillt noch in der Lage, die Verantwortung für die dem Konkurs zutreibenden Unternehmen zu übernehmen. Sie reagierte mit forcierter Privatisierung und Deregulierung.

Das wichtigste Ziel der Privatisierung, die Züge einer „Nomenklatura-Privatisierung" annahm, konnte nicht erreicht werden: es gelang nicht, die Eigenständigkeit der Betriebe so zu stärken, daß sich der Staat aus der Verantwortung für ihr Schicksal zurückziehen konnte. Die Unternehmen, darunter auch privatisierte, forderten weiterhin massive staatliche Subventionen, und der Staat sah sich ange-

---

10 Wiesenthal, Helmut: Die „Politische Ökonomie" des fortgeschrittenen Transformationsprozesses und die (potentiellen) Funktionen intermediärer Akteure. Max-Planck-Gesellschaft, Arbeitsgruppe „Transformationsprozesse". Arbeitspapiere AG TRAP 1993/1, S. 9.

sichts der zu erwartenden katastrophalen sozialen und politischen Folgen nicht in der Lage, diese Unterstützung zu verweigern. Ganze Sektoren mit Schlüsselbedeutung für die Volkswirtschaft, so die Energiewirtschaft, das Verkehrswesen und die soziale Infrastruktur, waren ohne staatliche Hilfe nicht überlebensfähig. Da die staatlichen Ressourcen jedoch äußerst begrenzt, die Strukturen der bisherigen Interessenabstimmung aber zerstört waren, wurden die knapper werdenden staatlichen Subventionen zum Gegenstand der Konkurrenz zwischen rivalisierenden Lobbies. Diese Gruppierungen konsolidierten sich schnell und begannen, sich als korporative Akteure zu organisieren. Ihre Rivalitäten wurden nach den „Regeln" des „wilden Lobbyismus" ausgetragen, d.h. mit allen zu Verfügung stehenden Methoden, von traditionell-sowjetischen bis zu eindeutig kriminellen. In dem Maße, wie die Lobby-Gruppierungen und Korporationen an wirtschaftlichem Gewicht und politischem Einfluß gewannen, drohte der „wilde Lobbyismus" die Gesellschaft ins Chaos zu stürzen. Aus dieser Situation rührt das 1994 schlagartig angewachsene öffentliche Interesse für diese Problematik. Nicht zuletzt waren es die korporativen Akteure selbst, die sich unzufrieden zeigten mit der Regellosigkeit und Unverbindlichkeit der Interaktionsbeziehungen zwischen Wirtschaft, Staat und Gesellschaft und die den Bedarf an einer gesetzlichen Regelung dieser Beziehungen zu artikulieren begannen.

Nachdem die Staatsduma den ersten Entwurf zum Gesetz über den Lobbyismus diskutiert hatte, setzte eine breite öffentliche Debatte ein. Im Rahmen mehrerer Konferenzen und Seminare begannen Vertreter des Staates und verschiedener alter und neuer Interessengruppen der Wirtschaft, ihre Forderungen nach einer stabilen Interaktionsstruktur vorzutragen und zu präzisieren. Ebenso wurde die Gründung eines Russischen Verbandes der Lobbyisten in Erwägung gezogen, der zur Stabilisierung und Professionalisierung dieser Tätigkeit beitragen soll.

Ausgehend von der parlamentarischen Initiative und diesen Konsultationen, begann sich ein für Rußland völlig neues System von Beziehungen zwischen den korporativen Akteuren und dem Staat herauszubilden. Es „überlagert gewissermaßen die Beziehungen, die mit der Formel des ‚wilden Lobbyismus' bzw. des ‚pluralistischen Chaos' bezeichnet sind".[11] Zugleich überlagert es auch die Überreste der alten bürokratisch-korporatistischen Strukturen, wie sie in der Mentalität und in den personellen Netzwerken von Angehörigen der früheren sowjetischen Nomenklatura fortbestehen, die inzwischen in strategische Positionen der neuen korporatistisch organisierten Interessengruppen gelangt sind. Während jüngere, von Erfahrungen im sowjetischen Wirtschaftssystem unbelastete Unternehmer und Leiter von Firmen oder Firmengruppen in diesem Interessenkonglomerat die Seite bilden, die stärker zum „wilden" Lobbyismus neigt, bevorzugen ehemalige Angehörige der Nomenklatura in der Regel eher ein organisiertes System korporativer Interessenvertretung.

11 Peregudov, a.a.O., S. 71.

Neben diesen beiden Ausgangsgrößen, der Tradition der sowjetischen Nomenklatura und der Mentalität des „wilden Lobbyismus" der Übergangsperiode, sind zwei weitere Kontextbedingungen hervorzuheben, die die Spezifik des sich herausbildenden russischen Korporatismus maßgeblich mitbestimmen: Das ist zum einen der schon erwähnte hohe Monopolisierungsgrad der russischen Industrie. Oftmals wird ein ganzer Wirtschaftssektor von einer einzigen großen Finanz-Industrie-Gruppe dominiert und repräsentiert, wodurch der Spielraum des Staates erheblich eingeengt ist. Zum anderen verfügt Rußland noch immer nicht über ein differenziertes und repräsentatives Parteiensystem. Das „Spielfeld" ist damit weitgehend den korporativen Akteuren überlassen; sie können direkt mit dem Staat interagieren, ohne ihre Ziele durch das Prisma breiterer gesellschaftlicher Interessen zu brechen. Infolgedessen „geraten Regierung und Administration unter den massiven Druck korporativer Interessen, der sie weitgehend der Möglichkeit beraubt, die Funktion eines Organs auszuüben, das gesamtnationale Interessen zum Ausdruck bringt und verteidigt sowie als Schiedsrichter im Wettbewerb der verschiedenen organisierten Gruppen agiert".[12]

## Korporative Eliten der russischen Wirtschaft

Eine der Schwierigkeiten der Elitenforschung in Rußland besteht darin, daß Standardkriterien der Elitenzugehörigkeit - Vermögen, Einkommenshöhe, Stellung in der sozialen Hierarchie - in der gegenwärtigen Situation kaum anwendbar sind. Erstens ist es auf Grund des Übergangscharakters der Wirtschaft in der Regel unmöglich, den realen Wert des Vermögens zu beziffern, das jemand besitzt oder kontrolliert. Zweitens ist angesichts der chronischen Insolvenzen undefinierbar, was ein *ständiges Einkommen* ist. Drittens schließlich ist die sozialpolitische Hierarchie äußerst instabil. Davon zeugt beispielsweise das Phänomen, daß Parteien und Bewegungen, die heute landesweite Repräsentation für sich in Anspruch nehmen, morgen schon von politischen Bühne verschwunden sein können - so etwa A. Ruzkojs *Demokratische Partei des Freien Rußland*, oder G. Popows und A. Jakowlews *Russische Bewegung für demokratische Reformen*.

Der traditionelle soziologische Begriff der Wertelite - Elite als Träger von Werten und Verhaltensmustern, die von der Gesellschaft als beispielhaft anerkannt werden - ist inzwischen ohne jede empirische Relevanz, denn keine der heutigen Führungsgruppen findet gegenwärtig allgemeine öffentliche Akzeptanz. Gleichwohl gibt es natürlich Funktionseliten. Diese lassen sich, insofern sie organisierte Wirtschaftsinteressen repräsentieren, als „korporative Eliten" charakterisieren.[13] Sie zeich-

12 Ebenda, S. 75.

13 Vgl.: Pappe, J.S.: Ėlity i banki. In: Delovye ljudi 4/1995. Pappe unterscheidet unter den sektoralen Führungsgruppen in Abhängigkeit von ihrem Kohäsionsgrad sowie den Zu-

nen sich in der Regel aus durch (1) die Besetzung von Schlüsselpositionen in einem gewichtigen oder perspektivreichen Wirtschaftszweig bzw. einer wirtschaftspolitisch relevanten Organisation; (2) die bewußte Verfolgung von Kollektivinteressen; (3) ständige Interaktionen oder zumindest regelmäßige Kontakte zwischen den Gruppenangehörigen.

Im folgenden wird in groben Zügen die Situation der wichtigsten Zweige und ihrer Führungsgruppen skizziert, aus denen sich die russische Wirtschaftselite zur Zeit vorrangig rekrutiert.

Die gegenwärtig und auf absehbare Zeit einflußreichste korporative Gruppierung ist die Führungsgruppe der *Erdgaswirtschaft*. Ein entscheidender Grund dafür ist die objektive Lage der Branche: Die Gaswirtschaft ist der einzige große Wirtschaftszweig, wo es in den 90er Jahren keinen Produktionsrückgang gab, sondern zunächst ein langsames Wachstum, dann eine Stabilisierung. Die Produktionsanlagen sind vergleichsweise modern. Die Branche scheint eine klare Entwicklungsperspektive zu haben, vor allem dank der Halbinsel Jamal mit ihren gewaltigen Erdgasvorkommen. Erdgas ist Rußlands größte Valutaquelle, und der russische Exporteur ist eine aktive und einflußreiche Kraft auf dem europäischen Markt. Der zweite Grund liegt darin, daß die „Gas-Elite“ geschlossen und organisiert ist - früher als andere hat sie die Vorteile eines „natürlichen Monopols“ unter den Bedingungen eines unterentwickelten Marktes erkannt und genutzt. Schon 1990 hat sich der Zweig aus der unmittelbaren Unterstellung unter die Regierung gelöst; das Ministerium für Erdgasindustrie reorganisierte sich auf eigene Initiative zum Staatskonzern Gazprom. Später wurde der Konzern in die *Russische Aktiengesellschaft* (RAG) *Gazprom* umgewandelt, wobei sich der Staat ein Kontrollpaket gesichert hat. Das Spitzenmanagement der *RAG Gazprom*, der Kern der russischen Gaselite, kontrolliert die gesamte Branche. Die Erdgasindustrie ist der am stärksten zentralisierte russische Wirtschaftszweig. Die *RAG Gazprom* ist keine Holding, sondern eine einzige Gesellschaft, die Erdgasförderung, -transport und -absatz betreibt. Die Förderbetriebe haben keine nennenswerte juristische und ökonomische Eigenständigkeit; sie sind faktisch Subproduzenten der *RAG Gazprom*. Die Gas-Elite ist somit die disziplinierteste Gruppe der russischen Wirtschaftselite. (So gab es z.B. bislang nicht einen einzigen Fall, in dem ein leitender Gas-Manager öffentlich eine von der Gazprom-Führung abweichende Meinung geäußert hätte.) In dieser Hinsicht gleicht sie der militärischen und unterscheidet sich deutlich von der Erdöl-Elite.

Mit Personen wie Premierminister Viktor Tschernomyrdin und dem Sekretariatschef der Regierung Gennadij Petelin ist die Gas-Elite wie keine andere in den höch-

---

kunftsaussichten der von ihnen vertretenen Zweige zwischen Eliten, Protoeliten und *pressure groups* (gruppy silogo davlenija), worauf in dem hier behandelten Zusammenhang aber verzichtet werden kann. Der zitierte Aufsatz basiert auf einer Studie, die der Autor 1994 für die Stiftung „Wissenschaft und Politik“, Ebbinghausen, verfaßt hat.

sten Regierungsämtern vertreten. Beide gehörten bis Mitte 1992 zum obersten Führungspersonal des Gazprom-Konzerns.

Der Standardvorstellung von einer Funktionselite als einer Gruppe persönlich unabhängiger und individuell bedeutsamer Personen, die durch gemeinsame Interessen verbunden sind, entspricht am ehesten die *Erdöl-Elite.* Ebenso treffend wie die Bezeichnung „Erdgas-Generäle“ für die Elite der Gasindustrie ist für diese Gruppe das Wort von den „Erdöl-Baronen“. Die spezifische Konstitution der Erdöl-Elite ist bedingt durch die Struktur des Zweiges. Die Branche besteht aus 30 Produktionsvereinigungen im Bereich der Erdölförderung und 28 erdölverarbeitenden bzw. petrolchemischen Betrieben. Die Unternehmen sind organisatorisch und kommerziell eigenständig, sie verfügen über eigene Außenwirtschaftsbeziehungen (Export, Import, Beteiligung ausländischen Kapitals, Zugang zu ausländischen Krediten auf der Basis eigener Sicherheiten) sowie über für russische Verhältnisse bedeutende Devisenguthaben. Träger der Nutzungsrechte für die Lagerstätten sind die jeweiligen Fördervereinigungen - im Unterschied zur Erdgasindustrie, wo allein *Gazprom* über diese Rechte verfügt. Der Eigentumsform nach sind die meisten Unternehmen offene Aktiengesellschaften, die übrigen werden derzeit in solche umgewandelt.

Auf Grund ihres bedeutenden binnen- und außenwirtschaftlichen Gewichts bildet die Führungsschicht der *Luft- und Raumfahrtindustrie* die einflußstärkste Gruppe innerhalb des Militär-Industrie-Komplexes. Sie setzt sich zusammen aus dem Führungspersonal mehrerer Dutzend Großunternehmen in den Bereichen Forschung, Entwicklung und Produktion - aus Generaldirektoren, General- und Chefkonstrukteuren, deren Stellvertretern und den Chefingenieuren, wobei in der Regel jedes Unternehmen durch mehrere Personen vertreten ist. (Die Funktionsbezeichnungen sind spezifisch für jedes Unternehmen und hängen mit dessen Geschichte zusammen, eine eindeutige Beziehung zwischen der Bezeichnung und der realen Funktion gibt es nicht. Das gleiche trifft für die Unternehmen selbst zu, die verschiedene Namen tragen: Versuchs- und Konstruktionsbüro (OKB), Wissenschaftliche Produktionsvereinigung (NPO), Produktionsvereinigung (PO), Betrieb, Institut.) Das Spitzenmanagement der Luft- und Raumfahrtunternehmen hatte in der sowjetischen Industrie immer die unabhängigsten Positionen inne. Es verfügt über langjährige Traditionen konsequenter betrieblicher Interessenvertretung gegenüber den jeweiligen Machthabern. Sie waren untereinander gut bekannt und hinsichtlich der Probleme der Kollegen immer bestens informiert. In dieser Branche herrschte auch unter sowjetischen Bedingungen schon immer starker Konkurrenzdruck; die besseren Erzeugnisse verdrängten die der anderen Konstruktionsbüros bzw. Produzenten. Dem sozialen Typ nach ist die Luft- und Raumfahrtelite heute der Erdölelite ähnlich. Allerdings hat sie eine geringere Tradition kollektiver Interessenvertretung und zeigt stärkere „innere Friktionen“. Auch hat sie zur Zeit keine einflußreichen Vertreter in der Regierung und in der Föderativen Versammlung. Im Unterschied zur Erdöl-Elite mit ihrem Verband der Erdölindustriellen verfügt sie nicht über angesehene Berufs- oder Lobbyorganisationen. Jedoch unterhalten einige führende Luft- und Raumfahrtunternehmen (z.B. die NPO „Energija" und das Aero-Hydrodynamische Zentralinstitut ZAGI) traditionell Verbindungen zur Öffentlichkeit; entsprechende Organisationsstrukturen dafür sind vorhanden.

Die Spitzenmanager der russischen *Gold- und Edelsteinförderung* haben in letzter Zeit deutliche politische Positionsgewinne zu verbuchen. Diese Zweige sind in bestimmten Regionen konzentriert, vor allem in Jakutien und im Gebiet Magadan. Sie bestehen aus großen, z.T. gigantischen Unternehmen, wie „Sevvostokzoloto" („Nordostgold") und „Almazy Rossii - Sacha", die schon vor mehreren Jahrzehnten gegründet wurden und heute faktisch die Eigentümer der Städte und Siedlungen sind, in denen sie sich befinden. Infolge von Konflikten zwischen den zentralrussischen und den regionalen Behörden haben die Führungen dieser Unternehmen in letzter Zeit erheblich an Autonomie gewonnen. Sie verfügen über bedeutende und unkontrollierbare finanzielle Vermögen, die z.T aus illegalem Gold- und Diamantenexport stammen. Jakutien verwandelt sich nach und nach in ein Finanzzentrum von gesamtrussischer Bedeutung.

Die Führungsschicht im *Steinkohlenbergbau* besteht aus den Leitern der Bergbaubetriebe und der großen Kohlengruben, aus den Führern der Branchengewerkschaften (Gewerkschaft der Beschäftigen der Kohleindustrie und Unabhängige Gewerkschaft der Bergleute) sowie der regionalen Arbeiterorganisationen, der sog. Räte der Arbeitskollektive und der Streikkomitees. Diese Gruppe ist hinsichtlich der Durchsetzung ihrer Forderungen äußerst aktiv und weitgehend geschlossen und stützt sich insbesondere auf Massenaktionen. Während der letzten drei Jahre hat sie ihre Interessen und die des Zweiges mehrmals erfolgreich mit lobbyistischen Methoden durchsetzen können. Allerdings muß man davon ausgehen, daß im Maße der Durchsetzung marktwirtschaftlicher Verhältnisse in Rußland die Kohleindustrie mit einem drastischen Produktionsrückgang und der Schließung zahlreicher Gruben zu rechnen hat. Es ist z.Z. kaum möglich, perspektivreiche und perspektivlose Unternehmen zu unterscheiden, die Bedrohung liegt faktisch über allen. Die politischen Einflußpositionen sind daher als vergleichsweise labil anzusehen.

Zu den Führungsgruppen in der *Landwirtschaft* zählen die Leiter der Landwirtschaftsabteilungen der Gebietsverwaltungen, die Abgeordneten des Agrarkomplexes in der Föderativen Versammlung, die führenden Politiker der *Agrarpartei Rußlands* und der *Agrarunion Rußlands* sowie die Spitzenfunktionäre anderer Landwirtschaftsorganisationen. Ihre wichtigste Funktion sieht die Führungsgruppe der Branche darin, günstige Kredite für die Landwirtschaft zu beschaffen, die praktisch nie zurückgezahlt werden. Weitere Ziele ihrer Aktivitäten sind konjunkturunabhängige Preiserhöhungen für Agrarprodukte im Staatsauftrag sowie in letzter Zeit auch protektionistische Maßnahmen gegen die Importkonkurrenz. Bisher war sie bei der Verfolgung dieser Ziele recht erfolgreich, was vor allem auf zwei Faktoren zurückzuführen ist: Zum einen verfügt die Agrarlobby über feste Positionen in der Regierung (den Vizepremier A. Sawerjucha und den Landwirtschaftsminister A. Nasartschuk) sowie einen starken Rückhalt in der Staatsduma (die drittgrößte Fraktion). Zum anderen hat sie es mit Hilfe der Medien verstanden, in „sowjetischer Tradition", wonach die Landwirtschaft ständig die „Hilfe" des gesamten Volkes benötige, die Auffassung zu verbreiten, Staat und Gesellschaft stünden in der Schuld des Dorfes. Ob die „Agrarier" aber ihre derzeitigen Einflußposition auf Dauer halten können, ist eher fraglich: (1) Die überwiegende Mehrzahl der Angehörigen dieser Gruppe ist schon nicht mehr Manager oder Eigentümer von Agrarunternehmen, sondern Staatsbediensteter oder politischer Funktionär. Ihre persönliche Perspektive hängt ganz von ihrer Wiederwahl bzw. Wiederernennung ab. (2) Sollte die kollektive Form der landwirtschaftlichen Produktion einmal nicht mehr dominieren, was nicht auszuschließen ist, dann werden sich die meisten der heutigen Angehörigen der Führungslobby des Agrarsektors wohl nicht in ihren Positionen halten können.

Die *Forstwirtschaft* und die *holzverarbeitende Industrie* ähneln dem Erdölkomplex in Struktur und Bedeutung für die russische Volkswirtschaft. Der Unterschied liegt vor allem in der größeren Anzahl und der kleineren Durchschnittsgröße der Produktionseinheiten. Auch hat die Führung dieses Komplexes noch wenig politische Erfahrungen der kollektiven Interessenverfolgung. Zudem ist Holz kein so wirkungsvolles Erpressungsinstrument gegenüber der Regierung wie Öl. Insofern mit der anhaltenden Wirtschaftskrise der Druck auf die Regierung steigt, neben Öl und Gas auch die Produktion anderer exportträchtiger Rohstoffe zu fördern, könnten sich die Einflußpositionen der Führungsschicht der Forstwirtschaft in nächster Zeit spürbar verbessern.

Die derzeit stärkste Gruppe im privaten Sektor der russischen Wirtschaft bilden die *Bankiers*. Natürlich gibt es auch in anderen Sektoren der Privatwirtschaft große Unternehmen bzw. Unternehmer, und nicht nur die Bankiers haben sich zur Verteidigung ihrer Interessen organisiert. Es gibt bereits mehr als hundert Assoziationen, die als Dach-, Branchen- oder Regionalverbände auftreten. Die wirtschaftliche Situation in Rußland ist jedoch so instabil, daß sich die Lage nicht nur einzelner Firmen, sondern auch verschiedener privatwirtschaftlicher Sektoren innerhalb kürzester Zeiträume gravierend verändern kann und daher die Formierung handlungsfähiger korporativer Gruppen mit stabilen Interessen bislang kaum möglich ist.

Neben den Führungsgruppen der einzelnen Branchen gibt es einige übergreifende Wirtschaftsverbände, die jeder für sich den Anspruch erheben, jeweils den bedeutendsten und perspektivreichsten Teil der russischen Industrie zu vertreten. Es handelt sich um (1) den *Russischen Verband der Industriellen und Unternehmer* (RVIP, Präsident: Arkadi Wolski), (2) die *Föderation der Warenproduzenten* (Juri Skokow) und (3) die *Assoziation der privatisierten und der Privatunternehmen* (Jegor Gajdar). Der reale Einfluß dieser Organisationen ist bedeutend geringer, als man angesichts der öffentlichen Präsenz ihrer Repräsentanten annehmen könnte. Alle drei Organisationen bilden das politische Sprachrohr nicht so sehr der Industrie, als vielmehr selbsternannter Funktionäre, die (vorgeblich) in deren Namen auftreten. Sie vertreten Interessen, von denen sie annehmen oder behaupten, daß sie für die russische Industrie, den staatlichen Wirtschaftssektor oder den Binnenmarkt zentral wären. In welchem Verhältnis die Tätigkeit dieser Organisationen zu den realen Interessen der Mitgliedsunternehmen steht, ist kaum präzise zu bestimmen, aber es gibt Anzeichen, daß der Bezug sehr lose ist: die Mitgliedsinteressen sind erstens sehr heterogen und oft auch widersprüchlich; zweitens verändern sie sich dynamisch; drittens sind viele Unternehmen zugleich Mitglied in zwei oder drei Verbänden, ungeachtet ihrer unterschiedlichen politischen Färbung. Diese Organisationen beschäftigen sich ausschließlich mit Politik: sie veröffentlichen Deklarationen, allgemeine wirtschaftspolitische (oder besser: ideologische) Forderungskataloge und Programme, unterstützen oder bekämpfen jeweils bestimmte Machtorgane oder konkrete Politiker. Dienstleistungen für die Mitgliedsunternehmen (Beratung, Hilfe bei der Suche nach Kooperationspartnern und Finanzierungsquellen, die Begutachtung von Investitionsprojekten), wie sie in den Statuten als eine der Hauptaufgaben festgelegt sind, nehmen in der Tätigkeit dieser Verbände nur wenig Raum ein. Allerdings sind seit dem Frühjahr 1994 spürbare Versuche des RVIP und z.T. auch der Föderation der Warenproduzenten festzustellen, neben der reinen Politik die konkrete Lobbytätigkeit und Organisationsarbeit zum Nutzen ihrer Mitglieder zu verstärken.

Die korporativen Gruppen interagieren mit den politischen Autoritäten mehrerer Ebenen: (1) mit dem Präsidentenapparat, (2) mit der Regierung, (3) mit der Föderativen Versammlung (Staatsduma und Föderationsrat) und (4) mit regionalen bzw. örtlichen Machtorganen. Während strittige Fragen früher auf der Ebene des ZK der KPdSU entschieden wurden, das als universeller und oberster Schiedsrichter agierte, werden die betreffenden Konflikte heute - da es kein derartiges Machtorgan mit so umfassenden Vollmachten mehr gibt - mit allen verfügbaren Methoden auf allen vier Ebenen gleichzeitig ausgetragen. Die besten Durchsetzungschancen haben dabei, wie sich herausgestellt hat, diejenigen wirtschaftlichen Interessengruppen, die

- mit „ihrem Mann“ auf Regierungsebene vertreten sind;
- „ihren“ Parlamentsabgeordneten haben, der möglichst zur Führung einer der Fraktionen oder eines der Ausschüsse gehören sollte und dort die Funktion eines „korporativen Brokers“[14] übernimmt;
- über eine eigene Handels- und Außenhandelsorganisation verfügen, welche den Absatzmarkt für den betreffenden Sektor maximal kontrolliert;
- ein eigenes Bank- und Finanzsystem besitzen;
- mit einer politischen Fraktion oder Bewegung verbündet sind;
- über eigene oder mitfinanzierte Massenmedien verfügen können.

Darüber hinaus wirkt es sich für die politische Position der jeweiligen Branchen-

14 Herzog, Dietrich et al.(Hg.): Parlament und Gesellschaft. Opladen: Westdeutscher Verlag 1993, S. 184.

führung natürlich günstig aus, wenn ein Unternehmer- oder Direktorenverband im Namen des gesamten Sektors agiert, der über ein eigenes oder „gepachtetes" analytisches Zentrum, Informationszentren, gemeinnützige Stiftungen usw. verfügt.[15] Die Mehrheit der hier aufgeführten korporativen Eliten verfügt über alle diese Komponenten. Mit deutlichem Abstand an der Spitze stehen die Führungsgruppen des Brennstoff- und Energiesektors.

## Korporative Akteure bei den Parlamentswahlen 1993[16]

Alle im vorigen Abschnitt beschriebenen korporativen Gruppierungen sind bestrebt, die Politik der Regierung möglichst aktiv zu beeinflussen. Nachdem im Oktober 1993 der Oberste Sowjet gewaltsam aufgelöst worden war und für Dezember Wahlen zur Staatsduma und zum Föderationsrat angesetzt wurden, haben sich nahezu alle unmittelbar in den Wahlkampf eingeschaltet, um „ihre" Abgeordneten bzw. Fraktionen in die legislativen Gremien zu bringen. Trotz einiger Pannen in der weitgehend improvisierten Wahlkampage und obwohl das neue Parlament in seinen Kompetenzen stark eingeschränkt ist, sind die Ergebnisse durchaus von einiger Aussagekraft hinsichtlich des politischen Einflußpotentials dieser Gruppen.

Die im Wahlkampf erfolgreichste aller wirtschaftlichen Interessengruppen war die *Agrarlobby*. Im alten Kongreß der Volksdeputierten hatte sie mit 12 Prozent der Mandate und mehr als 130 Abgeordneten die stärkste Fraktion gestellt; mit 12 Prozent ist sie auch im neuen Parlament vertreten. Aufgrund der geringeren Gesamtzahl der Sitze sind das jetzt 54 Duma-Abgeordnete. Mehr als 30 davon sind als direkt gewählte Wahlkreisvertreter in das Parlament eingezogen. Zwar bilden die Agrarier der Zahl ihrer Mandate nach nur die viertstärkste Fraktion (nach den Fraktionen „Rußlands Wahl", „Neue Regionalpolitik" und W. Shirinowskis Liberal-Demokratischer Partei Rußlands/LDPR), doch hinsichtlich der Geschlossenheit der

15 Diese Strukturen ermöglichen im Prinzip die Bearbeitung des Funktionskatalogs, wie ihn Wiesenthal (a.a.O., S. 14) für die Verbandssysteme in modernen Industriegesellschaften dargelegt hat. Das sind: „(1) Funktionen für die Mitglieder: Interessenvertretung gegenüber dem Staat und Dritten; Wettbewerbsschutz und Konfliktschlichtung; Information, Beratung, Kontaktvermittlung und verschiedene Dienstleistungen. (2) Funktionen für das politische System: Aggregation und Interpretation von Partikularinteressen; Themenselektion und Prioritätensetzung; Interessendefinition und -akkomodation im Hinblick auf konkurrierende und Gemeinwohlinteressen; Verpflichtung der Mitglieder auf die mit Staat und Dritten getroffenen Absprachen; Entlastung der Politik von der Feinregulierung gesellschaftlicher Bereiche. (3) Funktionen für die Öffentlichkeit: Akkumulation und Verbreitung von Fachwissen; Artikulation bereichsspezifischer Probleme (bzw. gesellschaftlicher Teilrationalitäten); Verstärkung der Aufmerksamkeit für politische Entscheidungsthemen (aber auch: Beiträge zur Themenexklusion); Pflege von Professions- und Bereichsethiken; Ermöglichung der Delegation von Staatsaufgaben an außerstaatliche Akteure."

16 Ausführlicher wurde dieses Thema behandelt in: Blochin/Ionin/Neščadin, a.a.O., S. 37-48.

Fraktion stehen sie kaum hinter der Kommunistischen Partei zurück. In bezug auf ihre Lobby-Kapazitäten - gemessen an der Erfolgsquote bei der Durchsetzung ihrer parlamentarischen Initiativen - liegen sie bislang sogar auf dem ersten Platz. Die Verabschiedung des Haushalts 1995 in erster Lesung im Dezember 1994 war der erste Fall, in dem ein Gesetz gegen den Widerstand der Agrarier beschlossen wurde. Wenn es der Agrarlobby diesmal nicht gelungen ist, die gewünschten Privilegien auszuhandeln, lag das vor allem daran, daß die Staatsduma anders strukturiert ist als der alte Oberste Sowjet. In der Duma sind mehr politische Kombinationen möglich. Daher muß man in der Lage sein, schnell zu manövrieren oder sich aktiv zu widersetzen; es genügt nicht mehr, aus einer passiven Verteidigungsstellung heraus um die Bedingungen für das Wohlwollen der Regierung zu feilschen. Ihrem Inhalt nach sind die parlamentarischen Initiativen der Agrarier nach wie vor nicht sehr spektakulär; im wesentlichen geht es immer um Kredite für die Landwirtschaft bzw. für bestimmte Regionen.

Diese Spielart des Lobbyismus wird von Autoren der Studie „Lobbyismus in Rußland" als „traditioneller Lobbyismus" bezeichnet: Die Agrarier bilden eine Korporation, die sich seit dem Ende der Sowjetära kaum verändert hat. Sie sind in der beschriebenen Stärke in die Duma gelangt, weil sie sich gegenüber der Landbevölkerung erfolgreich als „Verteidiger einer unterdrückten Minderheit" präsentieren konnten; radikale Abgeordnete sprechen öffentlich gar vom „Genozid des Dorfes durch das gegenwärtige Regime". Den Rückhalt der Agrarparteien im ländlichen Elektorat sollte man allerdings auch nicht überschätzen: von den mehr als 20 Millionen Wählern aus ländlichen Gebieten haben auf der Parteienliste ca. 4,5 Millionen für sie gestimmt, d.h. nur etwa ein Fünftel „ihrer" Klientel - und das, obwohl die Wahlbeteiligung auf dem Dorf deutlich über dem Durchschnitt lag. Von gesicherten Positionen dieser Parteien in der Landbevölkerung kann bislang nicht die Rede sein, denn auch Shirinowskis Partei (vor allem in der zentralen Schwarzerdezone) und die Kommunistische Partei haben hier relativ hohe Stimmenanteile erzielt. Der Traum von einer Rolle, wie sie die *Polnische Bauernpartei* (PSL) heute im Nachbarland Polen spielt, ist somit weit von der gegenwärtigen russischen Realität entfernt.

Relativ erfolgreich im Wahlkampf waren auch die Führungsgruppen des *Brennstoff- und Energiekomplexes.* Zwar ist der Versuch, eine eigene Liste aufzustellen, schon an der geforderten Zahl von Unterschriften gescheitert, doch haben die „Gas-Generäle" und „Erdöl-Barone", die für die obere oder untere Kammer des Parlaments direkt kandidiert hatten, ihr Ziel in der Regel erreicht. Wenngleich die Abgeordneten dieser Sektoren derzeit auch nicht in der Lage sind, die Interessen ihrer Branchen offensiv durchzusetzen, so finden sie im Parlament zumindest genügend Unterstützung, um alle gegen sie gerichteten Initiativen zu blockieren. So ist etwa der Versuch der Shirinowski-Fraktion vom Herbst 1994, mit einem Gesetzentwurf „über natürliche Monopole" die Vertreter des Brennstoff-Energie-Komplexes in der Regierung zu attackieren und den Einfluß der *RAG Gazprom* zurückzudrängen, vollständig gescheitert.

Dieser Modus korporativer Interessenverfolgung wird in der o.g. Studie als „defensiv-negativ“ charakterisiert. Solange Viktor Tschernomyrdin Premierminister ist, sind die Einflußpositionen der Brennstoff-und Energielobby gesichert, aber das wird kaum ewig so bleiben. Sollte das gegenwärtige „Regime der Meistbegünstigung“ für diese Zweige beseitigt und diese wieder in die Rolle der „Milchkuh“ gedrängt werden, in der sie sich in den letzten zwanzig Jahren der Sowjetära befanden, dann könnte das katastrophale Folgen haben - wenn auch nicht für die Stellung der Zweige (denn andere Valutaquellen hat Rußland nicht), so zumindest für die Clans, die sie derzeit beherrschen.

Die *Bankiers und Finanziers,* die sich in der Hoffnung, das „ganze politische Kapital“ sofort einzuspielen, auf das Vabanquespiel eingelassen hatten, den Wahlkampf einer ganzen Reihe von liberalen Wahlblöcken (Gajdar, Fjodorow, Jawlinski) zu finanzieren, erlitten eine empfindliche Niederlage. Dabei haben auch branchen-interne Differenzen eine Rolle gespielt. Die „Moskauer Gruppe“, geführt durch das Konsortium „Most“, hatte vorwiegend auf Jawlinskis Block gesetzt; für sie wäre die Bildung einer von Gajdar und Tschubais geführten Regierung verheerender gewesen als die Bestätigung Tschernomyrdins. „Olbi“ und andere Bankverbände haben dagegen allein nach offiziellen Angaben fast zwei Milliarden Rubel in Gajdars „Rußlands Wahl“ investiert. Der Status der „größten Duma-Fraktion“ konnte für sie natürlich kein zufriedenstellendes Ergebnis sein, insofern angesichts der neuen Mehrheitsverhältnisse und infolge fraktionsinterner Kämpfe nicht wenige ihrer Lobbyisten von ihren Positionen in Ministerien und im Apparat des Präsidenten verdrängt worden sind.

Alle anderen im vorigen Abschnitt beschriebenen Gruppierungen sind bei den Wahlen praktisch durchgefallen.

## Die Zukunft des russischen Korporatismus

Zusammenfassend kann man sagen, daß sich seit den achtziger Jahren ein Wandel der Strukturen korporativer Interessenvermittlung vollzieht. In dieser historisch kurzen Frist hat Rußland folgende Etappen durchlaufen:

- das bürokratisch-korporatistische System unter den Bedingungen eines strengen autoritären Regimes;
- die Periode des „wilden Lobbyismus“, nachdem die alten Strukturen zerfallen waren und spontane Prozesse pluralistischer Interessenvertretung eingesetzt hatten;
- die Periode einer „naiven“ Regierung, die ohne aktive staatliche Interventionen in die Wirtschaft auszukommen können glaubte; in dieser Zeit begannen sich neue korporative Interessenvertretungsstrukturen herauszubilden;
- die Periode einer pragmatischen Regierung, in der sich mächtige korporative

Gruppierungen formieren, die danach streben, zuvollwertigen Partnern des Staates zu werden.

Die Herausbildung neuer Interaktionsbeziehungen zwischen korporativen Akteuren und dem Staat wurde im Herbst 1992 ausgelöst durch Bemühungen der Regierung Gajdar, die als unabhängige Gruppe an die Macht gekommen und vornehmlich nach ideologischen Kriterien rekrutiert worden war, ihre Reformpolitik auf eine gewisse soziale Basis zu stellen. Diese Bemühungen wirkten zunächst etwas naiv, insofern sich die Regierung dabei anfangs auf breite, aber eher diffuse soziale Schichten und Gruppen orientierte. Damit verband sie die Hoffnung, sich in ihrem Reformkurs auf eine Massenbasis berufen können. Und in der Tat fand sie zumindest vorübergehend auch die Unterstützung größerer Bevölkerungsgruppen. Das Problem bestand darin, daß eine so diffus strukturierte soziale Basis keine klar definierten und organisationsfähigen Eigeninteressen hat, die eine Voraussetzung dafür bilden, als handlungsfähiger Partner des Staates agieren zu können. So entschloß sich die Regierung Gajdar schon bald, sich in ihrer Politik vornehmlich auf die Interessen der Gruppierungen aus Handel und Finanzwirtschaft sowie der Rohstoff-Exportwirtschaft zu orientieren. Damit begann die Suche der Regierung nach Partnern und gleichzeitig die Herausbildung korporatistischer Strukturen.

Im Gegensatz zu dieser „naiven" Regierung orientiert sich die gegenwärtige pragmatische Regierung unter Viktor Tschernomyrdin bewußt auf mächtige korporative Gruppierungen, die sie als ihre politische Basis zu gewinnen sucht und deren Forderungen sie bei der Zuteilung staatlicher Begünstigungen folglich weitgehend entgegenkommt. Sie ist gleichsam fasziniert von ihrer Rolle als Umverteilungsagentur; in dieser Hinsicht ist sie der Sowjetregierung durchaus ähnlich. Doch während früher „Schrauben" verteilt wurden, geht es heute um Kredite, Privilegien, Lizenzen etc. Infolgedessen ist die Regierung vorwiegend mit der Bearbeitung von Einzelfällen befaßt, statt eine klare und systematische Industriepolitik zu betreiben. Eine langfristige und stabile Wirtschaftspolitik ist unter solchen Umständen nicht machbar, wodurch auch die Etablierung stabiler Strukturen korporatistischer Interessenvermittlung erheblich erschwert wird. Die herrschenden Führungsgruppen in Industrie, Handel und Finanzwirtschaft, Rohstoff-Exportwirtschaft, und auch regionale Gruppierungen sind in dieser instabilen Situation nur zu begrenzter Unterstützung der Regierung bereit. Sie sind bislang keine vollwertigen Partner. Gleichwohl hat die Herausbildung formaler Strukturen korporatistischer Interessenvermittlung bereits begonnen. Um diesen mehr Geltung zu verschaffen, bedarf es lediglich des politischen Willens seitens des Staates. Doch danach sieht es, dem *Vertrag über die gesellschaftliche Übereinkunft* nach zu urteilen, nicht aus.

Analytiker und Massenmedien bewerten die gegenwärtigen Veränderungen unterschiedlich; auch die Prognosen gehen auseinander. Oft ist die Rede von einer neuen Entkulakisierung und der Errichtung eines neuen quasi-kommunistischen korporatistischen Regimes. Die Gefahr einer „Entkulakisierung" ist eher irreal, die Durchsetzung eines korporatistischen Modells dagegen sehr wahrscheinlich. Aber auch andere Entwicklungsmöglichkeiten sind nicht auszuschließen. Läßt man sich auf Prognosen ein, dann erscheinen folgende Möglichkeiten denkbar:

1. Die Führungsgruppen der verschiedenen Wirtschaftszweige, die heute oftmals als einzige Akteure über den erforderlichen Einfluß verfügen, um den Interessen breiter Bevölkerungsgruppen Gehör zu verschaffen[17], beginnen, diesem Umstand stärker Rechnung zu tragen, sich auf verbindliche Handlungsregeln zu verständigen und effektive Formen für die Interessenvermittlung zwischen den einzelnen Sektoren und Regionen zu entwickeln. Diese Präsentation von Partikularinteressen als „gesamtgesellschaftliche" Interessen scheint den Gesetzentwürfen über Lobbyismus, über Wahlkampffinanzierung, über Einschränkungen bei der Beteiligung an Medienbesitz u.a.m. zugrundezuliegen. Natürlich wäre es naiv, zu hoffen, im Falle der Verabschiedung dieser Gesetze würden sich alle streng daran halten. Doch schon die Einführung bestimmter Regeln sowie die Transparenz der politischen Einflußnahme korporativer Gruppierungen könnte zur Herausbildung eines Systems zivilisierter pluralistischer Interessenvertretung maßgeblich beitragen. Sollte die Entwicklung in diese Richtung gehen, dann würde sie auch die Formierung wirklicher, nicht nur scheinbarer politischer Parteien begünstigen.

2. Mehrere der heute mächtigen korporativen Gruppierungen könnten sich angesichts der anhaltenden politischen Instabilität und der wirtschaftlichen Krise verbünden, um die politische Macht zu erobern und einen „organischen Staat" (im faschistischen Sinne) zu errichten, der Stabilität, wirtschaftlichen Aufschwung und sozialen Frieden verspricht. Zieht man das finanzielle, repressive und ideologische Potential der bestehenden korporativen Formationen in Betracht, dann wäre eine derartige Entwicklung zumindest theoretisch nicht gänzlich auszuschließen.

3. Ressourcenknappheit und politische Instabilität forcieren den Kampf zwischen verschiedenen korporativen Gruppierungen um das Repräsentationsmonopol für die jeweiligen sektoralen Interessengruppen. Die Staatsmacht, bestrebt, die Krise der Staatlichkeit zu überwinden, wird ihrerseits im Austausch gegen politische Unterstützung diese Repräsentationsmonopole anerkennen. Die mächtigsten Gruppierungen würden zu vollwertigen Partnern des Staates werden. Es ist durchaus denkbar, daß eine solche Struktur auch juristisch bzw. verfassungsrechtlich formalisiert wird. Der gegenwärtige *Vertrag über die gesellschaftliche Übereinkunft*, der alle organisierten Interessen der Gesellschaft einbinden soll, könnte sich dann als Vorspiel zu einem derartigen Pakt zwischen dem Staat und den Korporationen erweisen. Ein solcher „Staat der Monopole" könnte das Fundament für ein gemäßigt autoritäres, aber stabiles politisches Regime bilden. Die korporatistische Grundstruktur müßte nicht

17 Hinter der Maschinenbau-"Korporation" stehen die Belegschaften zahlreicher Großbetriebe und die Wohnbezirke vieler Städte. Die Führungsgruppen der Erdöl- und der Erdgasindustrie repräsentieren faktisch den ganzen russischen Norden. Weitere Beispiele ließen sich anführen.

unbedingt ausschließen, daß sich in „zweitrangigen" Gesellschafts- und Wirtschaftsbereichen auch viele andere Interessengruppen artikulieren könnten.

Welches dieser drei Szenarien die größten praktischen Realisierungschancen hat, ist heute kaum mit Bestimmtheit zu sagen. Am wenigsten realistisch scheint bedauerlicherweise das erste. Seine Verwirklichung hätte vor allem zur Voraussetzung, daß Regierung und Legislative unter starkem Druck seitens des „dritten Sektors" stünden, d.h. nicht-staatlicher und nicht-kommerzieller Organisationen, die das „Gewebe" einer Zivilgesellschaft bilden. Bislang hat der „dritte Sektor" in Rußland nur ein geringes Potential und wenig Einflußkanäle. Es wäre naiv, darauf zu hoffen, daß die großen Finanz- und Industriegruppen unter den derzeitigen Bedingungen politischer und ökonomischer Instabilität freiwillig „erhöhte soziale Verpflichtungen" auf sich nehmen und ebenso freiwillig ihre machtpolitischen Ambitionen beschränken würden. Und der Staat, der in Erwartung künftiger Erschütterungen unter diesen Gruppierungen seine Verbündeten sucht, ist nicht daran interessiert, deren Tätigkeit gesetzlich zu beschränken, zumindest solange nicht, wie seine korporativen Partner nicht mehr oder weniger klar definiert sind.

Die Verwirklichung des zweiten Szenarios scheint m.E. ebenfalls wenig wahrscheinlich, denn die existierenden korporativen Gruppierungen sind wie die Regierung und die Gesellschaft nicht nur an innerer Stabilität, sondern zugleich auch an guten politischen und wirtschaftlichen Beziehungen zur internationalen Gemeinschaft interessiert. Daher könnte die „Machtergreifung" und die Errichtung einer „Marionetten-Regierung" durch eine oder mehrere korporative Gruppen diesen zwar kurzfristige Vorteile verschaffen, langfristig aber würde sie unvermeidlich in eine ökonomische und politische Katastrophe führen. An einem solchen Abenteuer können seriöse Politiker, Industrielle und Bankiers kaum interessiert sein.

Die günstigsten Chancen bestehen wohl für das dritte Szenario. Dafür spricht zum einen die oben beschriebene Ausgangssituation, zum anderen entspräche eine solche Entwicklung am ehesten der russischen (und teilweise sowjetischen) Tradition der Beziehungen zwischen Staatsmacht und organisierten Partikularinteressen.

## Korporatismus als „russischer Weg"?

Korporatismus mahnt zu gesellschaftlicher Übereinkunft, macht aber Loyalität gegenüber dem etablierten Regime zur Bedingung derselben. Wer diese Loyalität nicht aufbringt, wird aus der Gesellschaft oder zumindest aus der Politik ausgegrenzt - mit unterschiedlichen Mitteln und raffinierten politischen Manövern, bis hin zu grober Gewalt.

Der *Vertrag über die gesellschaftliche Übereinkunft*, von dem die Mehrheit der russischen Kommentatoren meint, er sei überflüssig, ist der erste Schritt zur Formierung korporatistischer Strukturen. In Gang gesetzt wurde damit ein Prozeß der Selektion von politischen Organisationen, die in der Lage sind, die von ihnen vertretenen Interessen mit denen des Staates in Übereinstimmung zu bringen und die potentiell bereit und in der Lage sind, diese Interessen künftig in einer korporativen Versammlung, organisiert nach dem Prinzip der Ständevertretung, zu repräsentieren. Es ist charakteristisch, daß dieser Vertrag nicht nur von politischen Parteien unterzeichnet wurde, sondern auch von den Oberhäuptern der Regionen und autonomen Republiken, von Gewerkschaften und Unternehmerverbänden, verschiedenen anderen gesellschaftlichen Organisationen. Im korporatistischen Staat ist Platz für alle, nur nicht für ein entwickeltes Mehrparteiensystem und ein souveränes Parlament.

Nachdem der erste Schritt getan war, folgten weitere. Der zweite Schritt bestand im Erlaß des Präsidenten „Über die Maßnahmen zur Realisierung des Vertrages über die gesellschaftliche Übereinkunft". Nach den Vorgaben dieser Verfügung wurde eine „Übereinkunfts-Kommission" gebildet, die die zu erwartenden Konflikte regulieren soll. Der Vorsitzende dieser Kommission ist nicht etwa eine unabhängige Persönlichkeit des öffentlichen Lebens, sondern ein Staatsbeamter: Sergej Filatow, der Leiter des Präsidenten-Apparates.

Die Kontrolle über die Einhaltung des Vertrages wurde, dem Erlaß gemäß, der *Gesellschaftlichen Kammer* beim Präsidenten übertragen. Dieses dubiose Gremium, dessen Mitglieder nicht gewählt, sondern berufen werden, hat vermutlich große Perspektiven. Hier sollen die Organisationen vertreten sein, die den *Vertrag über die gesellschaftliche Übereinkunft* unterzeichnet haben. Damit könnte die *Gesellschaftliche Kammer* (ggf. unter einem neuen Namen) letztlich als eine Alternative zum derzeitigen Parlament aufgebaut werden, das ohnehin schlecht organisiert und dem Präsidenten gegenüber nach wie vor nur zu begrenzter Loyalität bereit ist. Dieses schon bestehende Gremium könnte somit zum wichtigsten korporatistischen Vertretungsorgan werden.

Korporatismus ist nicht Kommunismus. Korporatismus erhebt Anspruch auf eine dem „Volksgeist" entsprechende „organische" Repräsentativität. Daher verlangt der neue Kurs nach einer juristischen Kodifizierung. Gefragt ist ein verfassungsrechtlich verankerter Rat beim „Herrscher", der die Funktion dieser Art Volksvertretung wahrnimmt. Das erklärt die bürokratische Aufregung um den *Vertrag über die gesellschaftliche Übereinkunft*. Ein solches korporatistisches Vertretungsorgan in der Verfassung mit einem repräsentativ-demokratischen Parlament in Übereinstimmung zu bringen, scheint allerdings eine schwierige Sache zu sein.

Es gibt eine ganze Reihe anderer Faktoren, die von einer zunehmenden „Korporatisierung" der russischen Gesellschaft zeugen. Das ist die Verfilzung von Finanz- und Industriekorporationen mit der Regierung, teils durch personelle Verflechtungen wie im Falle von *Gazprom*, teils durch Bestechung von Regierungsangestellten. Die Korruption von Staatsdienern, zumindest in ihrer für die Gegenwart charakteristischen epidemischen Verbreitungsform, muß nicht ewig andauern. Sie könnte sich als spezifisches Phänomen der Herausbildungsphase korporatistischer Strukturen erweisen, die im weiteren einer gezielteren Personalpolitik sowohl seitens der Korporationen als auch seitens der Regierung weichen wird.

Es stellt sich die Frage, ob darin die russische Alternative bestehen soll - der spezifische „Russische Weg" zwischen kommunistischem Totalitarismus und „entarteter" westlicher Demokratie. Mir scheint, daß dem so ist. Korporatismus - das ist die gegenwärtige Entscheidung über die Richtung der weiteren politischen Entwicklung. Diese Entscheidung ist zutiefst konservativ, sowohl aus der Sicht ihrer bekennenden Anhänger im politischen Glauben als auch hinsichtlich ihrer Übereinstimmung mit den politischen Traditionen Rußlands. Noch ein paar Jahre werden vergehen, und dann werden die Historiker schreiben, in der ganzen Geschichte Rußlands habe es zwei kurze Perioden wirklich demokratischer Entwicklung gegeben: die erste zwischen Februar und November 1917, die zweite zwischen August 1991 und Oktober 1993. Und während man hinsichtlich der Beendigung der ersten demokratischen Episode auf den bösen Genius Lenin verweisen konnte und weiter verweisen wird, so bleibt hinsichtlich des zweiten Falles nur, mit den Schultern zu zucken und zu sagen: „So ist halt das Land, so sind seine Traditionen. Da kann man nichts machen. Die Absichten waren immer die besten; alles wurde getan im Namen des sozialen Friedens und der gesellschaftlichen Eintracht..."

*Aus dem Russischen von Jan Wielgohs*

# Russische Empfindsamkeiten

In der russischen Öffentlichkeit ist heutzutage die Auffassung weitverbreitet, daß Rußland niemanden mehr bedrohe und auch von niemandem mehr bedroht werde, da sich weltweit die allgemein-menschlichen Werte durchgesetzt hätten.

## Das Ende der Geschichte

Der amerikanische Philosoph Francis Fukuyama schrieb vor einigen Jahren einen großen Essay mit dem Titel „Das Ende der Geschichte", der weltweit lebhafte Auseinandersetzungen hervorrief. Die historiosophische Konzeption Fukuyamas erinnert, wie viele Kritiker und Kommentatoren bemerkten, an die Hegelsche Konstruktion der Geschichte als Geschichte der Entwicklung des sich selbst erkennenden Weltgeistes. Diese Entwicklung habe - nach Hegel - ihre Vollendung im preußischen Königtum gefunden, in dem der Geist sich seiner selbst bewußt geworden sei. Bei Fukuyama triumphiert der Weltgeist, Pardon, triumphieren die allgemeinmenschlichen Werte schließlich und endlich in der Gegenwart, womit auch die Geschichte an ihr Ende gelangt sei.

Das ist natürlich nur eine sehr verkürzte Wiedergabe der Geschichtskonzeption Fukuyamas; doch kommt es mir hier nicht so sehr auf diese selbst an, sondern auf die Schlußfolgerungen, die sich daraus für die heutige weltpolitische Praxis ziehen lassen. Schließen kann man daraus etwa folgendes: Die Jahrtausende von Kriegen, erbitterten Kämpfen, ideologischen und territorialen Konflikten sind zu Ende. Feinde gibt es auf der Erde keine mehr, abgesehen von einigen kleineren, in ihrer Borniertheit und Zurückgebliebenheit verknöcherten Diktatoren, mit denen man aber - Gott sei Dank! - ohne große Schwierigkeiten fertigwerden kann, wie kürzlich der Golfkrieg gezeigt hat. Die Raketen der Russen und Amerikaner sind nicht mehr auf die ehemaligen Hauptfeinde gerichtet (es wäre interessant zu wissen, auf wen sie denn jetzt zielen).

Im großen und ganzen hat sich die frühere bipolare Weltstruktur aufgelöst, weil das unheildrohende „Reich des Bösen", wie Ronald Reagan die Sowjetunion genannt hatte, von der Landkarte verschwunden ist, so daß auf der Erde Frieden und Wohlwollen eingekehrt sind. Folglich ist auch Rußland nicht mehr in Gefahr. Überhaupt droht niemand mehr, außer den Gendarmen: Sie drohen denen, die es riskieren, die neue Weltordnung zu stören, so wie es seit einiger Zeit in Jugoslawien geschieht. Doch wo Ordnung herrscht, gibt es eben auch Ordnungshüter; und es wäre unangemessen, die Polizeiaktionen zur Herstellung der Ordnung mit den tiefgreifenden Konflikten zu vergleichen, welche die Welt einst zerrissen, nicht wahr? Der Zweck dieser Aktionen, insbesondere der Schläge gegen Bagdad oder der Bombenangriffe der Nato in Bosnien, besteht ja gerade darin, den Sieg der allgemein-menschlichen Werte überall und ohne Ausnahme zu sichern.

## Woher kommen sie, diese Werte?

Für die Interpretation der Kultur- und Zivilisationsentwicklung gibt es im wesentlichen zwei grundlegende Ansätze. Der erste erblickt in der Weltgeschichte Evolution und Fortschritt - vom Einfachen zum Komplizierten, von weniger Gerechtigkeit zu mehr Gerechtigkeit, von weniger zu mehr Moral usw. Aus dieser Sicht erscheint alles Spätere selbstverständlich als das Höhere, Gerechtere, Moralischere etc. Jede neue Stufe ist höher und vollkommener als die vorangegangene. Die höchste und beste Entwicklungsstufe ist - natürlich - die heutige westliche Zivilisation.

Alle anderen Kulturen und Zivilisationen sind deshalb einmal primitiv genannt worden, und zwar in dem Maße, in dem ihre Kultur von der europäischen entfernt war. Ganz einfach haben es sich die alten Römer gemacht; für sie waren alle Nicht-Römer Barbaren. Später, mit der zunehmenden Verbreitung humanistischen Denkens und der daraus resultierenden Anerkennung des Gebots, die Würde auch der „Primitiven“ zu schützen, begann man die betreffenden Völker und Länder „unterentwickelt“ zu nennen. Noch später bezeichnete man sie - um ihnen nicht ganz die Hoffnung zu nehmen - als Entwicklungsländer.

Doch jede Primitivität, jede Unterentwicklung, überhaupt jede Entwicklung wird dabei im Vergleich mit dem Zustand beurteilt, der für die moderne westliche Zivilisation kennzeichnend ist. Denn es ist schmeichelhaft, sich als Nabel der Welt, als Gipfel des Fortschritts, als Ideal der Menschheit zu fühlen. Für die Beschreibung dieses Zustandes sind der Superlative nie genug.

Und nur ganz selten mahnt jemand zur Vorsicht und spricht: es ist nicht recht, sich ins Zentrum der Welt und des Alls zu stellen. Das gab es schon einmal, und es brachte doch nur Enttäuschung (aus der nichts gelernt wurde). Ptolemäus zufolge drehten sich die Sonne und alle Planeten mit ihr um die Erde, und später stellte sich heraus, daß die Erde die Sonne umkreist. Die Gelehrten nannten das die Kopernikanische Revolution der Naturwissenschaft. Diese revolutionierte jedoch nicht nur die Naturwissenschaft. Sie war auch ein Schlag gegen die kollektive Selbstliebe der Menschheit, die angenommen hatte, gerade sie throne im Zentrum des Alls. Eine ähnliche Revolution im Bewußtsein der Völker und Zivilisationen, die die kollektive Selbstliebe der westlichen Welt erschüttert hätte, hat bislang nicht stattgefunden, wenngleich Versuche dazu nicht nur einmal unternommen wurden. Im

Westen herrscht noch immer der Glaube vor, die Welt drehe sich um ihn, gerade er stünde an der Spitze des Fortschritts.

Dem anderen Ansatz sind Begriffe einer universellen Evolution und eines universellen Fortschritts fremd. Für seine Vertreter ist jede Kultur, ist jede Zivilisation einzigartig und von eigenem Wert.

Nimmt man diesen Standpunkt ein, dann zeigt sich, daß die „Primitivität" erst durch den Vergleich selbst hervorgebracht wird, daß das, was wir „primitiv" nennen, in Wirklichkeit einfach etwas anderes ist, und daß wir, geblendet von der eigenen Überlegenheit, all das „primitiv" nennen, was nicht so ist wie bei uns.

Schließlich bedeutete auch für die Römer das Wort „Barbaren" lediglich: die anderen, die Nicht-Römer. Und obwohl auch darin ein wertendes Moment lag, war dieses doch nicht so stark wie heute, da der „Barbar" ein „ungebildeter, grober Mensch", ein „Flegel und Ignorant" ist und Barbarentum „Unwissenheit, Grobschlächtigkeit, Verachtung für die Aufklärung" bedeutet.

Des weiteren zeigt sich in dieser Perspektive, daß es keinen einheitlichen allgemeinmenschlichen Fortschritt, sondern innerhalb jeder Kultur und Zivilisation eine Vielzahl von Entwicklungsprozessen gibt, die entstehen und vergehen und von anderen abgelöst werden - daß die europäische Zivilisation eine unter anderen ist, der auch einmal die Stunde schlägt. Und selbst dann, wenn sie heute die Welt beherrscht, ist es absurd, sie zum Maß von allem und jedem zu machen, ihre Ideale zu denen der gesamten Menschheit zu erheben, *ihre* Werte *allgemein-menschlich* zu nennen.

## Die Politik der allgemein-menschlichen Werte

Der mit den russischen Ideologemen vertraute Leser wird an diesem Punkt sagen: Aha, wieder die bekannten slawophilen Geschichten; gleich erklärt der Autor, daß der Westen fault, daß Europa ein Land der Krämer ist, dem es an Geistigkeit fehlt. Und dann wird er sich, zum Beispiel, auf Konstantin Leontjew berufen, den bekannten Slawophilen und Reaktionär des vergangenen Jahrhunderts, der sich insbesondere seiner Philippiken gegen die Liberalen gerühmt hat und seines Aufrufes, Rußland „einzufrieren".

Ich werde weder auf Konstantin Leontjew verweisen noch behaupten, der Westen sei am „Verfaulen", wenngleich nicht wenige feinsinnige Beobachter im Westen selbst vermutlich nichts dagegen einzuwenden hätten. Ich zitiere ein anderes Sujet: Im Jahre 1948 verabschiedete die Vollversammlung der Vereinten Nationen die *Allgemeine Erklärung der Menschenrechte*, dieselbe, um die heute die Diplomatie (aber nicht nur sie) so erbitterte Kämpfe führt. Die Vorbereitung der Deklaration zog sich seinerzeit ziemlich in die Länge. Eines der in diesem Kontext präsentierten Dokumente war das „Memorandum über die Menschenrechte", das der Verband der amerikanischen Anthropologen in die Debatte eingebracht hatte. Die vom Verdacht der Slawophilie zweifellos freien Anthropologen schrieben dort: „Standards und Werte sind relativ zu der Kultur, aus der sie stammen, so daß jeder Versuch, Postulate, die aus den Vorstellungen oder Moralcodes einer Kultur erwachsen, zu formulieren, in eben jenem Umfang ihre Anwendbarkeit auf jegliche Deklaration für die Menschheit als ein Ganzes beeinträchtigen". Und weiter: „Weltweite Standards von Freiheit und Gerechtigkeit, die auf den Prinzipien basieren, daß der Mensch nur dann frei ist, wenn er so leben kann, wie seine Gesellschaft Freiheit definiert [...], müssen grundlegend sein. Und umgekehrt kann eine effektive Weltordnung nicht erdacht werden, wenn sie nicht freie Persönlichkeitsentwicklung der Mitglieder ihrer konstituierenden sozialen Einheiten erlaubt."[1]

Diese den Pluralismus der Kulturen verteidigenden Wissenschaftler waren keineswegs irgendwelche radikalen Randfiguren. Sie drückten eine Position aus, die damals wohl von der Mehrheit der Anthropologen geteilt wurde und auch heute so vertreten wird. Claude Lévi-Strauss z.B. schrieb 1978, daß keine Zivilisation beanspruchen kann, in gesteigertem Maße die Idee der Weltzivilisation als solche zu verkörpern: „Die Weltzivilisation kann nichts anderes sein als die weltweite Koalition von Kulturen, von denen jede ihre Originalität bewahrt."[2]

Die Vereinten Nationen haben dieses Memorandum faktisch ignoriert, indem sie der *Allgemeinen Erklärung* die universalistische Menschenrechtskonzeption zugrunde legten; ihr zufolge gelten einheitliche Menschenrechte für die Angehörigen aller Gesellschaften, unabhängig von der Spezifik der diese konstituierenden Traditionen und dem Freiheitsverständnis in diesen Traditionen. Inhaltlich sind die universellen Rechte allerdings „Postulate, die aus den Vorstellungen und dem Moralkodex einer (nämlich der westeuropäischen) Kultur hervorgehen".[3]

Daraus ergibt sich unvermeidlich, daß die Idee der Verwirklichung universeller (genauer: für universell erklärter), im Grunde aber kulturspezifischer, Menschenrechte entweder eine Utopie bleibt - wenn die Weltgemeinschaft gegen die Verletzung dieser Rechte keine Sanktionen unternimmt-, oder sie sich als ein Mittel entpuppen, mit welchem die führenden Länder der Gemeinschaft egoistische Politikziele durchsetzen.

Es gab also zwei Varianten: eine eurozentristische und eine pluralistische. Es ist schwer zu sagen, ob die getroffene Wahl weise war; die bessere Variante zu bestimmen, ist unmöglich. Es gibt tausend Argumente für die eine und nochmals tausend für die andere. Tatsache ist, daß die eurozentristische Version gewählt wurde. Dadurch wurde die universalistische Erklärung der Menschenrechte für die entwik-

---

1 Statement on Human Rights, submitted to the Commission on Human Rights, United Nations, by the Executive Board, American Anthropological Association. Iin: American Anthropologist 49/1947, S. 541ff. Zit. nach: Greverus, I.-M.: Kultur und Alltagswelt. Eine Einführung in die Fragen der Kulturanthropologie. Frankfurt a. M.: Institut für Kulturanthropologie und europäische Ethnologie 1987, S. 74.

2 Lévi-Strauss, Claude: Rasse und Geschichte. In: Strukturale Anthropologie, Bd. 2. Frankfurt a.M. 1975, S. 402.

3 Statement on Human Rights. A.a.O., S. 74.

kelten Länder zu einem Instrument, mit dem sie die Weltpolitik dominieren und sich in die Angelegenheiten anderer Länder einmischen konnten. Im übrigen war sie nie das entscheidende Instrument - die Großmächte taten weiterhin, was sie immer getan hatten; jetzt jedoch konnten sie sich dabei auf eine weltweit gebilligte Deklaration berufen. Diese wurde zu einer Art Strafgesetzbuch, das im politischen Notfall „polizeiliches" Eingreifen begründete.

Welcherart ist dieses Eingreifen? Ist es ein Eingreifen der Weltgemeinschaft in die Angelegenheiten einiger ihrer, sagen wir, schwierigen Mitglieder (schwierigen Halbwüchsigen vergleichbar) oder eine Einmischung Europas (und der USA) in die Dinge der restlichen Welt? An dieser „restlichen Welt" interessiert uns hier Rußland natürlich am meisten.

## Wo endet Europa? Schengen und die Nato

Die Frage ist umstritten, sie kennt viele Antworten; und keine davon ist endgültig. Die geographische Grenze Europas verläuft am Ural, entlang dem Nord- und dem Ostufer des Kaspischen Meeres und dem Kaukasus.

General de Gaulle sprach von einem „Europa bis zum Ural". Präsident Gorbatschow hat die Idee des „Europäischen Hauses" propagiert, in das er die Sowjetunion als unabtrennbaren Teil einschloß. Die Konferenz über Sicherheit und Zusammenarbeit in Europa funktioniert, wie auch immer sie Europa definieren mag, in Gestalt ihrer Organe und Kommissionen auf dem gesamten Gebiet der GUS; heute auch in Tadshikistan und, wenn nötig, bis hin zum Japanischen Meer. Mit dem Schengener Abkommen tauchte nun unlängst ein instrumenteller Europa-Begriff auf; instrumentell in dem Sinn, daß er sich nicht auf spekulative Überlegungen stützt, sondern ein Instrument zur Definition dafür ist, wer zu Europa gehört und wer nicht.

Das Schengener Abkommen hat bekanntlich die Zollgrenzen und in beträchtlichem Maße auch die staatlichen Grenzen zwischen den Staaten der Europäischen Gemeinschaft aufgehoben. Wer heute ein Visum für einen der Unterzeichnerstaaten erhält, kann auch in die anderen ungehindert einreisen. Wenn also ein Bürger Rußlands z.B. in der deutschen oder in der französischen Botschaft ein Visum ausgestellt bekommt, dann steht in seinem Paß nicht „Visum für die Einreise nach Deutschland (oder Frankreich"), sondern „Visum für die Einreise in die Schengener Staaten". Doch während die Schengener Staaten sich nach innen geöffnet haben, haben sie gleichzeitig den Zaun zwischen sich und ihren Nachbarn deutlich höher gesetzt. Denn die Visaformalitäten sind komplizierter gworden; der russische Bürger muß nun ernsthaft begründen, daß er tatsächlich nach Europa reisen muß, und nicht nur begründen - er muß es beweisen. Die Idee der Reise- und Bewegungsfreiheit, auf die der Westen so stolz war und um die er mit den sowjetischen Regierungen so hartnäckig gerungen hat, um Verweigerer und Dissidenten freizukämpfen, ist irgendwo spurlos verschwunden. Und mit ihr die Präsumption der Ehrenhaftigkeit und Gewissenhaftigkeit des Gastes - wenn es heute einem Russen oder einer Russin gelungen ist, ein Schengener Visum zu ergattern, dann kann er oder sie annehmen, daß er oder sie bislang einfach noch nicht als Schwarzarbeiter(in) oder Mafioso(a) entlarvt wurde. Wenn aber er oder sie in einem der Schengener Länder sich etwas hat zuschulden kommen lassen, dann wird er oder sie nie wieder hinter den Zaun, d.h. nach Europa, gelangen können.

Zwischen dem Osten Europas und Europa als solchem ist, wenn auch nicht ein Eiserner Vorhang, so doch etwas diesem immer ähnlicher Werdendes aufgetaucht. Das, was hinter dem Vorhang ist - ist Europa; das, was davor ist, kann man dann nennen, wie man will. Der Vorhang verläuft jedoch nicht an den Grenzen der westeuropäischen Staaten. Die Bürger Polens, der Tschechischen Republik, der Slowakei, Ungarns und auch der baltischen Staaten, d.h. Litauens, Lettlands und Estlands, besitzen das Recht auf visafreie Einreise in die Schengener Staaten. Diese Länder kann man Semi-Schengener Staaten nennen. Ihre Bürger können frei nach Europa einreisen und umgekehrt; die russischen Bürger aber müssen ihre Einreise beantragen. In der alten Terminologie der Vorkriegszeit gesprochen, bilden diese Länder einen *Cordon sanitaire*. Früher war das ein Sperrgürtel gegen das sowjetische Rußland. Gegen wen aber richtet er sich heute? Gegen Rußland generell?

Im politischen Sinne gehören die Semi-Schengener Länder zu Europa, die übrigen nicht. Die übrigen - das ist die GUS mit der kleinen Ergänzung von Bulgarien und Rumänien. Die westlichen Grenzen der GUS sind eben die östlichen Grenzen Europas. Und man täusche sich nicht mit Überlegungen zu einem gesamteuropäischen Haus. Der Bürger Rußlands wird in dieses Haus nur durch den Hintereingang gelassen - nach eingehender Visitation und Vernehmung.

Die nächste Etappe in der Befestigung des europäischen Hauses, zu dem Rußland keinen Zutritt hat, wird die Aufnahme Ungarns, Tschechiens, der Slowakei und Polens in die Nato sein. Ihnen werden die baltischen Staaten bald folgen. Dann wird der *Cordon sanitaire*, der als solcher weiter bestehen bleibt, sich auch noch in einen Vorposten verwandeln. Die Nato ist ein Militärblock; früher stand sie gegen den Warschauer Pakt, doch gegen wen steht sie heute? Jedem steht es frei, sich diese Frage nach eigenem Ermessen zu beantworten. Die Führer der Nato antworten auf den Widerstand Moskaus gegen deren Osterweiterung, indem sie versichern, daß die Nato Rußland nicht bedrohe und nicht bedrohen könne. Die Erweiterung sei nur eine Maßnahme zur Stabilisierung der entstandenen Lage. Im Grunde genommen ist das so; es bleibt nur hinzuzufügen, daß diese Lage selbst das Ergebnis einer politischen und strategischen Neuaufteilung Europas zuungunsten Rußlands ist.

Wir wurden Zeugen einer Titanenschlacht: Präsident Jelzin und sein Außenminister gebieten dem Ostdrang der Nato-Politiker und -Strategen mit donnernden Noten und scharfen Demarchen immer wieder Einhalt. Das scheint ihnen soweit auch gelungen zu sein, doch man täusche sich nicht - es wird nicht länger als bis zum Sommer nächsten Jahres währen, d.h. bis zu den Präsidentschaftswahlen in Rußland. Die Nato-Politiker können sich beim russischen Präsidenten leicht beliebt machen, wenn sie dazu beitragen, ihm und den ihn unterstützenden politischen Strömungen und Gruppen die Wahlchancen nach Möglichkeit zu verbessern. Der angeblich so scharfe Konflikt um die Nato-Osterweiterung wird sich aber nicht lange hinziehen. Einige Monate (wenn nicht Wochen) nach den Wahlen, gleich wie diese ausgehen mögen, werden die mittelosteuropäischen Länder Mitglied der Nato werden.

## Der Tag des Sieges - ein Feiertag der Verlierer

Die Niederlage Rußlands ist für keinen ein Geheimnis, wobei genau die Niederlage in diesem letzten Krieg gemeint ist, dessen Siegesjubiläum wir vor einigen Monaten feierten. Der „Heiße Krieg" ging vor einem halben Jahrhundert zu Ende, doch seine Früchte erntet Rußland erst jetzt. Seine Niederlage erwies sich sozusagen als total und allseitig: militärisch, ideell, politisch und wirtschaftlich.

Die militärische Niederlage resultierte aus dem Verlust der am Ende des Heißen Krieges erreichten strategischen Positionen und aus der Schwächung und dem Verlust der Kampfkraft der russischen Armee.

Die ideelle Niederlage folgte aus dem Zusammenbruch des Kommunismus und überhaupt aller Ideen, mit denen Rußland (oder die Sowjetunion) nach Europa kam; das gilt insbesondere für die Idee von der Befreiung der vom Faschismus unterdrückten Völker. Dank der Anstrengungen der „Dogmenzertrümmerer" im Ausland wie in Rußland begann man, die Befreiung Osteuropas durch die Sowjetarmee nicht als Befreiung, sondern als neue Unterwerfung zu betrachten.

Die wirtschaftliche Niederlage manifestierte sich in der sowjetischen Zeit im technologischen Rückstand und in dem selbst im Vergleich mit den Kriegsverlierern niedrigen Lebensniveau. Später folgte - als Ergebnis der von Boris Jelzin und Jegor Gajdar initiierten Reformen - die wirtschaftliche Katastrophe; und mit ihr die Dominanz ausländischer Firmen auf dem russischen Markt, die sich mit einer nahezu restlosen Zerstörung der einheimischen Industrie verbindet.

Dann erfolgte der Abzug der russischen Truppen aus Deutschland und den anderen osteuropäischen Staaten. Es war weniger der Abzug einer Armee, die ihre Aufgaben ehrenvoll erfüllt hätte, denn eine jähe, hastige Flucht. Die Truppen verließen diese Länder nicht ruhmvoll, sondern in Scham und Schande. Die Abziehenden wurden nicht von Bedauern, sondern von Beleidigungen und Flüchen begleitet. So gehen gewöhnlich keine Sieger. Und sie gingen nicht nach Hause, sondern ins Nichts, denn es stellte sich heraus, daß die Soldaten und Offiziere kein Zuhause hatten.

Heute diktieren die ehemaligen Verbündeten gemeinsam mit den ehemaligen Feinden Rußland nicht nur seinen außenpolitischen Kurs, sondern auch die Innenpolitik bis hin zur Wirtschaftspolitik. Sie bestimmen, wer ein Freund Rußlands sein darf und wer ein Feind zu sein hat, mit wem und womit Rußland handeln kann. Politisch hat sich Rußland in ein abhängiges Land verwandelt - mit welcher Drohgebärde der Präsident seine wohlwollenden und geduldigen Gast- und Brotgeber auch von Zeit zu Zeit anknurren mag.

So kam es schließlich, daß der Tag des Sieges im Mai diesen Jahres ein Feiertag der Besiegten war. Rußland beging ihn offiziell, doch in seinem Umfeld geschahen seltsame Dinge: In den osteuropäischen Ländern verschwand ein Ehrenmal für die sowjetischen Soldaten - die Befreier vom Faschismus - nach dem anderen, die Armee Rußlands wurde aus den alten und neuen Staaten Osteuropas verbannt, im Baltikum und in der Ukraine sind nationalistische Bewegungen wiedererstanden, die während des Krieges offiziell mit den Faschisten zusammengearbeitet hatten, ehemalige Angehörige der SS erhalten Staatsrenten. Je schneller die Spuren des russischen Sieges von der europäischen Karte und aus dem Bewußtsein der Menschen getilgt werden, umso enger zieht sich um Rußland ein Kreis von Feindseligkeit, desto pompöser werden die offiziellen Feiern, desto lauter tönen die russischen Fanfaren, um so stärker wird im Land das Gefühl des Verurteiltseins zu einem Konflikt mit dem Westen - mit den ehemaligen Verbündeten im Zweiten Weltkrieg und den ehemaligen Gegnern im Kalten Krieg, mit denen, die Europa befreiten, und denen, von denen Europa befreit wurde.

Rußland sieht sich in die Ecke getrieben, an die Wand gedrückt, und dazu auch noch innerlich zerrissen. Die „Dogmenzertrümmmerer" schlagen faktisch vor, das Bewußtsein des Sieges aufzugeben und die ganze eigene Geschichte als Niederlage anzuerkennen. Diejenigen aber, die den Krieg weiter so beurteilen wie in den vergangenen fünfzig Jahren, fühlen sich erniedrigt und betrogen. Ihnen wurde der Sieg geraubt, der mit Millionen von Leben bezahlt worden ist; ihnen ist der welthistorische Triumph gestohlen und entwertet worden. Und das war der Triumph einer gerechten Sache, einer von Befreiern, denn kein sowjetischer Soldat kam nach Europa, um „Sklaven", „Lebensraum", Rohstoffe oder Arbeitskräfte zu suchen. Ihre Welt ist nun geradezu auf Orwellsche Weise vedreht worden: Aus ihrem Sieg hat man eine Niederlage gemacht, die Befreiung, die sie brachten, wird jetzt als Versklavung bezeichnet. Und wenn nun die ganze Welt gegen sie steht, dann werden sie in sich ein Bewußtsein der Selbstgerechtigkeit gegen die ganze Welt erzeugen - die Psychologie des umzingelten Lagers und die Bereitschaft, dieses Lager bis zum letzten Mann zu verteidigen. In der Politik und in der Ideologie bedeutet das die Tendenz zum radikalen Nationalismus. Dann verwandelt sich der Tag des Sieges zum Tag des kommenden Sieges. Aus der heutigen Demütigung erwächst die künftige Größe. Mit anderen Worten: Eine Revanche kündigt sich an.

## So entsteht die „russische Gefahr"

Ja, genau so entsteht die „russische Gefahr". Als Reaktion auf die Gefahr von außen, als Reaktion auf die mit nationaler Demütigung verbundene Niederlage gewinnt sie Realität.

In Rußland ist viel über das Weimarer Syndrom geschrieben worden, und darüber, wie eine faschistische Partei an die Macht gelangen kann. Wahrscheinlicher in Rußland ist etwas anderes, und dieses andere ist tief im nationalen Unterbewußtsein verwurzelt. Der berühmte englische Dramaturg russischer Herkunft Peter Ustinov hat vor vielen Jahren, als noch Breshnew am Ruder war, in seinem Buch „Mein Rußland"[4] geschrieben, daß die Erweiterung der russischen Grenzen immer in Abwehr einer äußeren Gefahr erfolgt und dem Streben nach Selbstschutz entsprungen ist. Mit der Auflösung der Sowjetunion hat Rußland freiwillig vierzehn Republiken freigegeben und entlang seiner Grenzen wieder einen Gürtel aus vierzehn ihm gegenüber mehr oder weniger feindlich gesinnten Staaten erhalten. Rußland hat seine Truppen freiwillig und unter hohem Aufwand und Opfern jählings aus den einst befreiten osteuropäischen Staaten abgezogen und entlang seiner Westgrenzen einen zweiten Gürtel der Feindseligkeit bekommen. Rußland hat freiwillig auf die Supermacht-Rolle verzichtet, aber im Gegenzug keinen Platz im Klub der Großmächte erhalten; zudem wird es auch noch in das Vorzimmer Europas verbannt.

Ob das gerecht oder ungerecht ist, ist nicht die Frage. Wir haben es hier mit dem Material realer Politik zu tun. Die Schwachen werden nicht gefürchtet, und Rußland ist schwach. Seine Verteidigung ist nicht etwa die Armee unter dem Befehl General Gratschows, die überhaupt nur eine Operation erfolgreich durchgeführt hat - den Beschuß des unbewaffneten Weißen Hauses in Moskau im Oktober 1993. Zu seiner Verteidigung hat es nur Atomwaffen, doch die Unterhaltung seiner strategischen Raketenstreitkräfte ist nicht mehr finanzierbar, die Atomtests wurden eingestellt, neue Rüstungstechnologien werden nicht entwickelt. Glaubt man der Presse, so werden die Raketen in drei bis fünf Jahren verschlissen sein, wird sich Rußland praktisch in einen nicht-nuklearen Staat verwandeln. Es könnte aber auch schon vorher nuklear entwaffnet werden, wenn die „Partner" ein Mittel zur Neutralisierung der alten Raketen fänden, denn neue wird Rußland nicht haben.

Dann kommt der Moment der Wahrheit, und dann möchte ich sehen, wie alle denkbaren Konventionen und Verträge - die zwei- und die mehrseitigen, vom Abkommen über die Regulierung des Fischfanges bis zur *Allgemeinen Erklärung der Menschenrechte* - die großen und kleinen Nachbarn davon abhalten werden, sich in den Körper des schwachen Rußland zu verbeißen.

So entsteht die „russische Gefahr" - aus der Empfindung einer drohenden Gefährdung, aus einem Gefühl allgemeiner Feindseligkeit, das zu Verteidigungsmaßnahmen veranlaßt. Und das ist nicht etwa die Situation der UdSSR, die wahlweise entweder das Reich des Bösen ist, das nach Weltherrschaft strebt, oder die friedliebende sozialistische Gemeinschaft, die in einem feindlich gesinnten Umfeld lebt. Es ist praktisch die ewige Lage Rußlands - in einer feindlichen Umwelt zu leben und für das Reich des Bösen gehalten zu werden.

4 Ustinov, Peter: Ustinovs Rußland. Düsseldorf: Econ 1995.

Rußland besaß immer ein kurzes Gedächtnis, und für eine bestimmte Zeit hat es sich selbst betrogen, indem es dachte, daß die sowjetischen Führer immer lügen und die westlichen (wie Reagan mit seinem „Reich des Bösen") immer die Wahrheit sagen. Selbst die kurze, nur aus einigen Jahren bestehende Erfahrung eines neuen Rußland zeigte jedoch, daß der Kommunismus damit überhaupt nichts zu tun hat, sondern daß Rußland tatsächlich in einer ihm feindlich gesinnten Umwelt lebt. Für alle unsere Nachbarn und Partner (Freunde - wahre und sogar falsche - sind Rußland keine geblieben) wäre es das Beste, wenn Rußland Harakiri beginge und vom Erdboden verschwände. Genau das hat es vor einigen Jahren auch versucht und sich damit allgemeine Zustimmung und Applaus verdient.

Doch was für ein Unglück - der Versuch mißlang. Niemand weiß warum, doch die Wunde war nicht tödlich, und die allgemeine Begeisterung legte sich umgehend. Und plötzlich traten an ihre Stelle die Reden über „imperiale Ambitionen", ein „imperiales Syndrom" und über die wachsende „russische Gefahr".

## Die Sehnsucht der Welt nach Einheit

Viele haben heute den Eindruck, daß die bipolare Weltordnung, wie sie im Ergebnis des Krieges entstanden und in Jalta fixiert worden war, sich nun endgültig aufgelöst hat. Die Sowjetunion ist von der Weltkarte verschwunden, ihre ehemaligen Verbündeten (oder Satelliten - wenn man so will) haben sich abgewendet oder sie selbst hat sie verstoßen - gezwungen durch wirtschaftlichen oder politischen Druck des Westens. Im europäischen und im Weltkonzert ist Rußlands Stimme kaum noch zu vernehmen. Der Westen dagegen hat seinen Einfluß auf die gesamte eurasische Region ausgeweitet, d.h. er hat diese Region in den Raum der allgemein-menschlichen Werte eingeschlossen. Es heißt, die Welt wird eins.

Doch ist die „Einheit der Welt" überhaupt möglich? Und wenn, wie könnte sie erreicht werden? Theoretisch betrachtet, gibt es dafür zwei Wege. Der erste besteht in der Ausarbeitung allgemeiner Regeln des Koexisterz verschiedener Gesellschaften, Kulturen und Lebensstile. Der zweite ist der Weg der Eroberung.

Die Welt sehnt sich nach Einheit. Wie sonst ist zu erklären, daß die Geschichte eine Geschichte großer Eroberungen ist: Alexander, Dschingis Khan, Napoleon...? Das 20. Jahrhundert macht da wohl keine Ausnahme. Der Drang, die Welt zu vereinen, war wohl nie stärker. Denn die Eroberungen Hitlers und auch die vorbereiteten, wenngleich nur teilweise verwirklichten Eroberungen Stalins sowie diejenigen der späteren sowjetischen Führer waren nichts anderes als Versuche, die Welt zu vereinen.

Im Kampf gegen Stalin (und die Alliierten) erlitt Hitler eine Niederlage: Die Bestrebungen Deutschlands, die Welt unter seiner Herrschaft zu einen, scheiterten. Nach dem Krieg begann eine neue Serie von Rivalitäten. Die Atombombe verhinderte großangelegte Eroberungspläne, nur kleine Kriege waren möglich; der große

Krieg wurde ein kalter, die Unterwerfungen wurden mit anderen Mitteln betrieben. Die Sowjetunion hat das nicht verstanden, oder sie konnte sich nicht darauf einstellen; jedenfalls hat sie diesen Krieg verloren. Der Westen, mit den USA an der Spitze, hat hingegen gewonnen - durch friedliche (oder besser „kalte", aus militärischer Sicht) Eroberungen.

Doch die Geschichte zeigt, daß Eroberungen, selbst „kalte", immer nur vorübergehend sind. Deshalb ist die Vereinigung der Welt auf diesem Wege eine Illusion. Jede Eroberung, jeder Sieg ist ein Schritt zu Feindschaft statt zu Eintracht. Die Sieger werden das nie begreifen und sich daher an ihren Triumphen über die Sieger von gestern ergötzen. Aber neben ihnen wachsen schon die Sieger von morgen heran.

Der andere Weg ist der des friedlichen Zusammenlebens der Staaten, Völker und Kulturen. Das ist der Weg, den die amerikanische Anthropologenvereinigung angestrebt hatte, die 1948 der UNO ihr Memorandum unterbreitete.

Als die UNO dies ausschlug, tat sie das mit guten Gründen. Erstens, weil die Sieger diktierten, was zu den allgemein-menschlichen Werten zu zählen war. Zweitens, weil die Idee des friedlichen Zusammenlebens der Kulturen und Völker nicht grundlos als Utopie galt. Toleranz gehört nicht zu den verbreitetsten menschlichen Tugenden. Die heutige Welt beweist das täglich mit ihren Kriegen, Konflikten, ihrer Gewalt und ihrem Terror; welche Kultur man auch in den Blick nimmt, jede strebt nach „Fundamentalisierung" und danach, ihren Willen den Eigenen ebenso wie den Fremden zu diktieren. Allein die Hippies bilden darin wohl eine Ausnahme; doch sie sind in der UNO und den übrigen Organisationen nicht vertreten, und ihre Idee universeller Brüderlichkeit hat wohl kaum eine Chance auf allgemeine Zustimmung.

So lebt die Welt in der ständigen Suche nach Einheit - zwischen dem, was die Deutschen „Machtpolitik" nennen, d.h. der Politik der Stärke, und der Utopie allgemeiner Toleranz und Brüderlichkeit. Die Politik der allgemein-menschlichen Werte besitzt in diesem Kontinuum einen Platz - sie ist eine der Erscheinungsformen der Politik der Stärke.

## Die Geschichte ist nicht zu Ende ...

Fukuyama hat unrecht - die Geschichte ist nicht abgeschlossen. Und wenn sie nicht zum Abschluß gekommen ist, dann wird sie sich wiederholen, und zwar noch viele Male - „wie in grauer Vorzeit". Die Welt wird sich immer wieder teilen in „sie" und „wir", so wie sie es heute tut (man denke an Schengen und die Nato) und wie sie es immer getan hat. „Wir" werden immer friedlich und voll guter Absichten sein, „sie" aber werden immer drohen und imperiale Ambitionen hegen. Ihre Friedensliebe werden immer nur diejenigen überzeugend beweisen können, die stärker sind - wirtschaftlich, politisch, militärisch. Und da sie schon stärker sind, werden sie auch ihre Ideen und Ziele immer als allgemein-menschlich propagieren können.

Das mag eine pessimistische Sicht sein, doch sie scheint mir nur realistisch. Was Rußland und die „russische Gefahr“ betrifft, so wird auch hier alles so weitergehen wie bisher. Rußland ist nicht zerfallen und von der Karte verschwunden. Der Harakiri-Versuch zur Begleitung der Reden über allgemein-menschliche Werte ist mißlungen. Und die bekannte Weltordnung wird Schritt für Schritt wiedererstehen. Nicht „alle gemeinsam“, sondern „wer - wen?“ ist die traurige Wirklichkeit der Geschichte - „natürlich eine sehr barbarische, aber eine wahre Auffassung“, so (wenngleich aus anderem Anlaß) der große Dichter Joseph Brodsky.

*Aus dem Russischen von Wolf-Dietrich Junghanns*

# Die unvollendete Biographie des Josef Stalin

*Zum Gedenken an Elias Canetti*

Robert Tucker, der amerikanische Historiker, hat die beiden Bücher seiner Stalin-Biographie „Stalin als Revolutionär“ und „Stalin als Politiker“ genannt. Das zweite Buch hätte er wohl besser „Stalin als Herrscher“ genannt, erscheint doch der Terminus „Politiker“ hier recht unverfänglich; die Spezifik des Stalinschen Tuns in der zweiten, der wichtigeren Hälfte seines Lebens vermag er kaum treffend zu charakterisieren. In dieser Zeit wurde das gigantische Imperium geschaffen und stabilisiert, wurde es letztlich durch den Geist und den Willen allein dieses einen Menschen gelenkt. Zwar wurden dabei auch politische Mittel eingesetzt, doch diese bildeten nur die äußere Seite, die Wolke, die den grausamen Kern verhüllte, der aus der Materie höchst konzentrierter Macht bestand.

## Die große Jagd

Stalin hat der Idee der Macht ihren ursprünglichen, sozusagen vorpolitischen Sinn zurückgegeben. Dabei konnte er sich auf recht grobe Formulierungen von Friedrich Engels berufen, in denen dieser den Staat als bloßes Instrument der Gewalt behandelt hatte. Doch während sich im Engelsschen Verständnis in den organisierten Strukturen der Gewalt der Wille einer Klasse verkörpert, hat Stalin, geht man von seinen Praktiken aus und sieht man von der ideologischen Rhetorik ab, den Staat in eine Institution zur Befriedigung seiner eigenen Machtgier verwandelt.

Der Staat - genauer, die staatlichen Repressivorgane - wurden sein verlängerter Arm, sein Gebiß, sein Verdauungssystem; und die einzelnen Menschen, die Gesellschaftsmitglieder, zu Opfern dieses monströsen Tieres, dieses Leviathan mit Stalinschem Hirn. „Der Staat - das bin ich!“ - ist die vom Standpunkt des absolutistischen Herrschers mehr als bequeme Devise. Die charakteristische Paranoia dieser Herrscherkrankheit, der Größenwahn, führt zur Identifikation des „Gesellschaftskörpers“ mit dem eigenen Körper, zur Identifikation der Staatsorgane mit den eigenen Organen. In klinischen Beschreibungen trifft man sogar auf Fälle, in denen der Paranoide seinen eigenen Körper mit dem Universum identifiziert. In einigen vulgärsoziologischen Schriften des 19. Jahrhunderts hat man die Gesellschaft als einen großen Organismus, ihre Teilsysteme als Systeme des Organismus beschrieben: als Blutkreislauf (das Geld), als Verdauungssystem (die Wirtschaft), als Muskulatur (die Armee) usw. Die Regierung wurde mit dem Gehirn gleichgesetzt, das

Abwassersystem mit den Ausscheidungsorganen. In der Wissenschaft war die Zeit der organizistischen Analogien nur von kurzer Dauer. Für den Herrscher aber ist das keine Analogie, sondern unmittelbares Erleben. Besonders plastisch hat man dieses Phänomen am Beispiel Hitlers beschrieben: Hitler soll Deutschland als seinen eigenen Körper und den Verlust der eroberten Gebiete an die Armeen der Sowjetunion und der Alliierten gleichsam als schmerzhafte Amputationen der eigenen Gliedmaßen empfunden haben.

Leviathan lebte, agierte nach dem Willen des Herrschers; das zentrale, alle Handlungen organisierende und vereinigende Bestreben war dessen Begehren, seine Rivalen im Kampf um die Macht zu schlagen. Sie zu besiegen hieß letzten Endes, sie zu überleben.

Dieser Gedanke offenbart sich nicht unbedingt von selbst, sondern nur, wenn man vergißt, daß jemandem den Tod zuzufügen die logische Grenze der Verwirklichung von Macht ist. Die Vernichtung des Gegners vergrößert die Macht. Dieses elementare Theorem hat in der Geschichte millionenfache Bestätigung gefunden - je größer die Opfer des Herrschers, desto größer sein Ruhm. Die Tötung von Rivalen mag anfangs, sogar im aufrichtigen Glauben des Herrschers selbst, mit rationalen Erwägungen gerechtfertigt werden - weil die Macht im Interesse höherer Ziele erforderlich ist, weil die Interessengegensätze unversöhnlich sind oder die Situation keine andere Wahl läßt. Doch später, wenn sich die Macht konsolidiert hat, klärt sich das Bewußtsein des Herrschers auf, und seine Ziele werden ihm selbst offenbar, so als lebten sie ihr eigenes Leben. Töten erweist sich als Selbstzweck; es bedeutet, die Macht zu leben, und ist ihre alltägliche Nahrung, Mittel zu ihrer dauernden Selbstbestätigung. Die ursprünglich vorgebrachten Argumente bleiben, doch sie dienen längst nur noch der Maskierung des wirklichen Ziels, als Tarnjacke des sich anpirschenden Jägers, als Schafspelz, der den Wolf versteckt.

Es beginnt die große Jagd, die - logisch gedacht - kein Ende kennt. Hier treten alle Attribute des jagenden Raubtiers zutage: Aufspüren des Opfers, Anschleichen, Ergreifen, Zerreißen und Verdauen des Opfers. In seinem Buch „Masse und Macht" hat Elias Canetti all diese Themen in Vollkommenheit behandelt. Zwar hat er nicht über Stalin geschrieben, sondern aus der Geschichte der Herrscher vergangener Jahrhunderte und Jahrtausende geschöpft. Doch Stalin - der Herrscher - paßt erstaunlich gut in Canettis Raster.

Das Anschleichen - maskiert, im Kostüm und in scheinbar freundschaftlicher Absicht - war genaugenommen nicht immer durch äußere Zwänge diktiert. Anfangs, als der Kampf um die Macht noch real, die Rivalen noch stark waren, mußte man sich noch verstellen und die eigentlichen Ziele mit Auslassungen über das Gemeinwohl und die Interessen der Menschen maskieren. Dann aber wurde das Anschleichen für das inzwischen selbstsicher gewordene Raubtier zum Spiel, zum Vergnügen. Einen Diplomaten z.B. aus einem fernen Land nach Moskau zurückzubeordern, ihn in den Kreml vorzuladen, ihn zu loben, zu beruhigen, ihm Vertrauen und Wohlwollen zu bekunden und auch noch die Beförderung anzukündigen - alles in dem

Wissen, daß dieser Mann am Ausgang des Kreml verhaftet wird -, war kein schlichter Sadismus. Es war das Spiel des Mächtigen, der über die Zeiten zu verfügen glaubte und im Glauben an seine Fähigkeit, die Zukunft vorauszusehen und zu lenken, sich der Menschheit weit überlegen wähnte.

Ein solches Spiel allerdings schlägt auf den Herrscher selbst zersetzend zurück. Es macht ihn selbstsicher im Glauben an seine eigene prophetische Kraft, denn seine Prophezeiung ist eins mit dem, was er selbst der Zukunft diktiert - und drängt die Unabhängigkeit der ausgesuchten Opfer aus dem Blick. Hier liegt der Grund für den gewaltigen Fehler Stalins in seinem Spiel mit Hitler. Das künftige Opfer erwies sich als listiger; Stalin, eingeschläfert durch die Kraft seiner früheren Prophezeiungen, hatte sich selbst einen Schlag versetzt, der ihn für eine Zeitlang in seinem Glauben an sich selbst und an sein Recht auf die Macht erschütterte. In den ersten Kriegstagen, so berichtete Nikita Chruschtschow, hat sich Stalin benommen, als hätte er befürchtet, man würde ihn verhaften. Es war wohl sein Glück, daß die Figuren seiner Umgebung nicht nach den gleichen Regeln spielten oder hinter der noch immer wirksamen ideologischen Maskerade sein persönliches Versagen als Herrscher nicht erkannt hatten. Wie auch immer, der Wortbruch Hitlers erwies sich als schwerwiegender denn sein eigener. Eine Zeitlang fühlte sich Stalin als Opfer. Letzten Endes hat er Hitler überlebt.

## Der Krieg

Für das Volk war dieser Krieg mit seiner zuvor nie gekannten Zahl Gefallener ein Vaterländischer Krieg; für Stalin aber war er eine noch höhere Stufe seiner Selbstverwirklichung als Herrscher. Seine von Georgi Shukow überlieferte Äußerung, es sei Krieg, es fielen Menschen, einen Sieg ohne Opfer aber gebe es nicht - das war nicht schlechthin die abstrakte Sicht eines Strategen, eines Feldherren, der hinter den Nummern der Divisionen und Armeen und den Zahlen der Personalstandslisten die lebenden Menschen nicht mehr sieht. Der Heerführer ist bestrebt, seine Armee rationell zu führen; große Verluste fürchtet er, denn sie stellen seine militärischen Führungsqualitäten in Zweifel. Für Stalin haben solche Erwägungen keine besondere Rolle gespielt. Natürlich, auch er hat sich bemüht, den Gegner zu überlisten, das jeweilige strategische Ziel mit möglichst geringem Kräfteeinsatz zu erreichen. Das entsprach seinen prinzipiellen Orientierungen, denn List ist ein Privileg des Herrschers und ein Instrument der Machtausübung.

Doch mit Menschenleben „sparsam“ umzugehen, daran lag ihm nicht viel. Im Gegenteil - je größer die Zahl der Opfer, desto massiver und eindrucksvoller erschien das Postament seiner Macht. Der Krieg wurde zur Fortsetzung der großen Jagd, die in den Vorkriegsjahrzehnten begonnen hatte. Die Menschen fielen im buchstäblichen Wortsinne „für Stalin!“

Von Pjotr Below stammt das Bild „Das Jahr ‘41". Es zeigt eine Masse von Soldaten, die durch den Schnee auf deutsche Panzer zukriechen, welche eine blutige Furche durch diese Masse ziehen. Doch die Soldaten gehen nicht, sie werden den Panzern entgegengetrieben durch eine Hand, die zwischen Daumen und Zeigefinger eine Tabakspfeife hält. Diese Hand ist vielleicht noch fürchterlicher und unerbittlicher als die Panzer - unter ihr bleiben Blutlachen und zerquetschte Menschenleiber im Schnee zurück. Man kann das Bild verschieden deuten: als Ausdruck für die Sinnlosigkeit von Widerstand, für die Grausamkeit des Führers, der sein Ziel mit beliebigen Mitteln verfolgt. Doch dabei wird unterstellt, daß entweder die Ursache (die schlechte Vorbereitung auf den Krieg, die derart fürchterliche Methoden zur Folge hatte), oder das Ziel (der Sieg um jeden Preis) des auf der Leinwand dargestellten Ereignisses gleichsam hinter dem Bild, außerhalb des Dargestellten liegt. Womöglich aber muß man gar nicht so weit gehen. Auf dem Bild sieht man sowohl das Ziel als auch das Resultat - Die große Jagd, die Apotheose der Stalinschen Macht.

Je mehr Menschen gefallen waren, desto klarer leuchteten die Sterne an der Uniform des Generalissimus. Nach dem Krieg wurde Stalin endgültig zum Gott. Die schrecklichen Verluste hatten seine Position nicht erschüttert, im Gegenteil: Sie haben seine Macht weiter befestigt, Ehrfurcht und Angst vor seiner Erhabenheit noch gesteigert. In diesem Licht wird auch der barbarische Umgang mit den Heimkehrern aus der deutschen Kriegsgefangenschaft verständlich. Diese Menschen hatten in Seinem Namen sterben sollen, doch sie hatten sich erdreistet zu überleben, sich ein Privileg anzumaßen, das zu vergeben Er allein sich zugestand. Sie hatten sich Seinem Willen widersetzt - zu sterben, um Ihn zu erhöhen; dafür traf sie die Rache des Führers. Noch härter behandelte er die früheren Weißgardisten, die ihn im Bürgerkrieg bekämpft hatten, dann in die Emigration gegangen und nun, nach einem Vierteljahrhundert, doch noch in seine Hände gefallen waren - und zwar nicht nur die, die sich auf deutscher Seite am Krieg beteiligt hatten, sondern auch die, die schon längst zu alt gewesen waren, um noch einmal gegen Stalin zu kämpfen. Die Generäle Schkuro und Krasnow sowie andere ehemals aktive Teilnehmer der Weißen Bewegung wurden Stalin auf dessen Forderung hin von den Alliierten ausgeliefert, nach Moskau verbracht, dort zum Tode durch den Strang verurteilt und hingerichtet. Sie hätten schon fünfundzwanzig Jahre früher sterben sollen. Doch letzten Endes sind sie gestorben, letzten Endes hat Er sie überlebt. Dem Zeugnis einiger Memoirenschreiber zufolge hat man die Weißgardisten in den Kreml gebracht, wo Stalin sie, ohne sich zu zeigen, aus einem Versteck heraus beobachtete. Wir wissen nicht, ob er sich auch die Hinrichtung ansah, oder ob man sie aufgezeichnet und ihm den Film des Nachts im Kinosaal des Kreml vorgeführt hat. Sein Erzfeind Hitler jedenfalls hat es genossen, sich den qualvollen Tod der Generäle des 20. Juli auf der Leinwand vorführen zu lassen.

Moskauer der älteren Generation erinnern sich an das fünf Meter hohe Mosaik in der kuppelförmigen Eingangshalle zur Metrostation „Arbatskaja", das Stalin in voller Größe in der Paradeuniform des Generalissimus zeigte - ein Symbol von unglaublicher Kraft. Auf der vom tief unter der Erde gelegenen Bahnsteig heraufführenden Rolltreppe strömten die Menschen - gleichsam wie aus dem Reich des Nicht-Seins kommend - nach oben: Stalin entgegen. Und von seinen Füßen aus fuhren sie hinab in die Dunkelheit, in das Innere der Erde - wie die Generationen von Gefährten, die Er aus dem Nichts heraus in die Höhen der Macht geholt und wieder vernichtet hat; die zahllosen Menschen, die er nicht geboren, aber ins Verderben gestürzt hat; die Millionen, die in seinem Namen gefallen sind, aus denen er seine Größe, seine Macht geformt hat.

Es ist wahr, die wirkliche Zahl der Opfer wurde weit nach unten manipuliert, auf höchstens ein Drittel der tatsächlich Gefallenen. Stalin sprach nach dem Krieg von sieben Millionen. Das mußte sein, um das Feldherren-Renommee nicht zu beschädigen - das eigene wie das seiner Marschälle, und auch, damit das Volk sich nicht vor dem Preis seines Sieges entsetzte. Stalin hatte ausgezeichnet begriffen, daß sich die normale Logik des militärischen und des politischen Erfolges, in deren Begriffen er seine Siege erklärte, grundsätzlich unterscheidet von der Logik der absolutistischen Herrschaft, von der er sich realiter leiten ließ. Gerade deshalb verschwieg er die wirkliche Zahl der Opfer, während er sie real noch erhöhte, indem er Tausende und Abertausende frühere Kriegsgefangene und Zivilpersonen, die aus der faschistischen Sklaverei zurückkehrten, zu Lagerhaft oder zum Tode verurteilen ließ.

## Positionen der Macht

Drei - bereits aufgezeigte - Positionen: die Beobachterposition aus der geheimen Deckung heraus, die Verhüllung des Jägers vor dem künftigen Opfer und die feierliche Größe, angesichts deren die „Menschenkinder" sich vor den Füßen des Herrschers tummeln - dies sind die markanten Positionen, in denen absolute Macht wie die Stalinsche sich manifestiert.

Die Vorstellung von sich selbst als einem Menschen, der alles weiß, überall gegenwärtig und selbst unerreichbar ist, hat Stalin bewußt kultiviert. Dem Erwerb der dazu benötigten Kenntnisse widmete er große Aufmerksamkeit; das war eines der Elemente der Jagd, des Aufspürens des Opfers. Eine Szene, an die sich Stalins Sekretär Boris Bashanow erinnert, scheint mir besonders symptomatisch, insofern sie die geheimen Triebfedern seiner Macht treffend charakterisiert: Bashanow beobachtete Stalin, wie er in seinem Arbeitszimmer schweigend am Telefon saß und die Gespräche von höheren Parteifunktionären abhörte.

Je mehr Aufmerksamkeit Stalin der Spitzelei, dem Aufspüren, der Maskierung, der Verstellung widmete, desto effektvoller wurden seine Auftritte als Führer, als Herrscher, als Blitze schleudernder Gott. Dazu wurden detaillierte *Mise en scenes* erarbeitet. Der Schriftsteller Alexander Awdejenko erzählt in seinen Memoiren über das Erscheinen des Führers in einer Sitzung des Zentralkomitees, in der der junge Autor einer ideologischen Bearbeitung unterzogen wurde. Nach einer langen, unerträglichen und ungerechtfertigt ausfälligen Rede Andrej Shdanows, des Chefideologen Stalins, hatte sich Awdejenko erdreistet, diesem zu widersprechen. Doch: „Shdanow hörte nicht zu oder tat zumindest so, als ob er nichts hörte. Er schloß seine Akte, blickte in den Saal und sagte voller Abscheu: ‚Sieh da! Der sowjetische Schriftsteller Awdejenko beschreibt die bürgerliche Stadt Tschernowizy‘. Und dann erschallte eine heisere, böse Stimme mit kaukasischem Akzent: ‚Es zieht ihn wohl dahin... ins Ausland.‘ Ich wandte meinen Blick von Shdanow ab und entdeckte auf der anderen Seite der großen viereckigen Säule Stalin. Er saß hinter einem separaten Tisch, für alle verdeckt, und rauchte Pfeife. Sehen konnten ihn nur Shdanow, Malenkow, Andrejew und ich - so privilegiert war mein Platz, der Stuhl des Mitglieds des Orgbüros des ZK L.Z.Mechlis. Von diesem Moment an existierte nur noch Stalin allein für mich und für alle anderen.“

Stalin kam hinter der Säule hervor und begann, im Saal auf und ab gehend, nicht eine Rede zu halten, sondern laut zu überlegen; und jedes seiner Worte, ob neutral oder emotional gefärbt, jede Andeutung, jede Parallele hatte einen unheilverkündenden Sinn. Den anwesenden Schriftstellern und Filmleuten wurde heiß und kalt, und der auf der Sitzung Beschuldigte selbst verabschiedete sich in Gedanken schon von seinem Wohlstand, seiner Familie, und vielleicht seinem Leben. Als er fertig war, „zog sich Stalin wieder hinter die Säule zurück, setzte sich an den Tisch, der nur für ihn bestimmt war“. Und die Säule, so mutmaßt der Autor, war wahrscheinlich speziell dazu errichtet worden, ihn für die gewünschte Zeit zu verdecken.

Auch andere Memoiren berichten, wie Stalin laut vor sich hin sprach, kritisierte, schimpfte, belehrte, dabei in seinem Kabinett auf und ab schritt, stehenblieb - zumeist hinter dem Rücken der Leute, die an dem langen Sitzungstisch saßen. Das war nicht die formelle Tribüne, von der aus politische Funktionäre sich der Masse zuwenden. Von der Tribüne aus hielt Stalin formale, d.h. maskierte Reden. Doch wenn er hinter den Rücken der vor Angst zitternden Leute durch sein Arbeitszimmer schritt, interessierte es ihn oftmals gar nicht, ob er zu verstehen war. Es ging ihm allein um den Effekt der Inszenierung. Der Mensch, der aufrecht steht und sich auch noch bewegt, ist potentiell stärker als der, der sitzt, zudem mit der Gefahr im Rücken. Der, der steht, ist freier, der, der sitzt, benötigt mehr Zeit, um auf die Bedrohung zu reagieren. Diese Beziehung der Positionen führt zurück in die urzeitliche Welt, wo Macht sich unmittelbar äußert, als unmittelbare Angriffsdrohung und Todesgefahr. Stalin hatte einen animalischen Spürsinn für alles, was seinen Machthunger betraf.

## „Das Gastmahl des Belsazar“

Das Aufspüren, das Auflauern und die Bedrohung, die das künftige Opfer spürt - das ist ein eigenständiger Prozeß, in dem sich Macht verwirklicht. Er gehört noch zur ersten Phase der Jagd. Wie das Tier sein Opfer ergreift, in Stücke reißt und verschlingt, so setzt auch ein Staat, der von einem absolutistischen Herrscher gelenkt wird, seine Organe ein, um seine Opfer zu ergreifen und zu verschlingen.

Hier zeigt sich die Macht nackt, ohne irgendeine politische Vermittlung. Das Ergreifen, sagt Canetti, ist ein Symbol der Macht. Derjenige, der sitzt und die Gefahr im Nacken spürt, weiß, daß er nicht hier, in Stalins Kabinett, festgenommen wird. Er spürt im voraus - und Awdejenko hat diese Ahnung in beeindruckender Weise beschrieben -, daß man ihn am Ausgang des Arbeitszimmers, oder später am Ausgang des Kreml, oder vielleicht auch erst an seiner eigenen Wohnungstür festnehmen wird. Er spürt schon die berüchtigten „igelhäutigen Fausthandschuhe" an seiner Schulter. Macht erscheint hier als die Freiheit, Menschen zu ergreifen, wo immer man will. Und der Mensch ist ohnmächtig, sich dem zu widersetzen. Der Ohnmacht im Moment der Festnahme hat Alexander Solshenizyn in seinem „Archipel GULAG" ein ganzes Kapitel gewidmet.

Der Herrscher dagegen zeichnet sich dadurch aus, daß er für ergreifende Hände unerreichbar ist. Der schafft Distanz zwischen sich und den anderen. Er zeigt sich nicht dort, wo gewöhnliche Menschen sich aufhalten und leben, läßt sich im gepanzerten Wagen durch vorsorglich gesäuberte Straßen fahren und ist, wo immer er sich aufhält, von einer ganzen Schar von Leibwächtern umgeben. Je größer die Distanz, desto sicherer fühlt er sich. Bis Mitte der dreißiger Jahre war der Kreml für die Öffentlichkeit fast uneingeschränkt zugänglich. Danach verwandelte er sich in eine geschlossene Zone. Schritt für Schritt wurde die Umgebung des Kreml gesäubert - von Wohnungen, von freien, unkontrollierten Passanten. Aus den Wohnungen wurden Kontore, die nur am Tage belebt waren. Nachts war um den Kreml herum alles erstarrt und leer - so hatte es die Leibgarde leichter, über die Unberührbarkeit des Herrschers zu wachen.

Das ergriffene Opfer kommt zwischen die Zähne des Raubtiers. Die Zähne der Macht - das waren die Marschkolonnen der Militärparaden, unzählige Zahnreihen. Und die Zähne Stalins, zwischen denen die Pfeife klemmte. Man stelle sich Stalin vor, Papirossa rauchend - das wäre ein völlig anderer Mensch. Diese Assoziation von Soldaten und Zähnen findet sich schon bei den alten Griechen: Aus den Zähnen des Drachens, die, so die Legende, der Held Kadmos ausgesät hat, sind die Soldaten gewachsen. Die Zähne im „Rachen" des Gefängnisses - das sind die Folterinstrumente. Die Folterung von Inhaftierten, wie sie ohnehin heimlich praktiziert wurde, hatte Stalin ausdrücklich zugelassen: Die Feinde des Proletariats foltern, sagte er, und das enthebt uns jeglicher moralischen Zurückhaltung im Umgang mit unseren Feinden.[1] Stalin konnte nicht ohne Folter auskommen: Die Jagd

1 Chruschtschow zitierte in seiner Geheimrede ein Telegramm Stalins an KPdSU- und NKWD-Funktionäre vom 20.1.1939 mit folgendem Wortlaut: „Das ZK der KPdSU(B) stellt klar, daß die Anwendung physischen Drucks seit 1937 auf Grund einer Genehmigung des ZK der KPdSU(B) zulässig ist... Es ist bekannt, daß alle bourgeoisen Geheimdienste Methoden der physischen Beeinflussung gegenüber Vertretern des sozialistischen Proletariats anwenden, und zwar solche der schlimmsten Art. Es erhebt sich daher die Frage,

ist nicht vollendet, solange das Raubtier nicht seine scharfen Zähne in das Opfer geschlagen hat.

Das schwarze Gefängnisportal - es ist ein Rachen, das Etappengefängnis - ein Schlund. Das System der Stalinschen Konzentrationslager war eine in ihrer Größenordnung beispiellose Einrichtung für die Verwandlung von Menschen zu Scheiße. Die wurde natürlich nicht nutzlos vergeudet, sondern als Dünger genutzt (für die Holzfällerei, die Erzgewinnung), wie ein gründlicher Gärtner halt die Exkremente von Organismen nutzt.

Stalin, so erzählte Nikita Chruschtschow, hat gesagt, das Volk - das ist Dreck. Und er hat wirklich die Menschen zu Dreck verwandelt. Bei Lichte besehen, hat er sich zum Volk verhalten wie zu einer Viehherde; er hat es betrachtet und behandelt als Futter der Macht. Die Jagd machte Spaß, denn die Opfer waren gehorsam, und in der Regel haben sie nicht einmal versucht, dem traurigen Schicksal zu entfliehen. Natürlich hat er sie nicht alle umgebracht, er hat nicht immer gemordet und nicht sofort. Aber das ist verständlich - das Vieh war schließlich auch noch für andere Zwecke zu gebrauchen.

Dieses wüste Gelage, das über viele Jahrzehnte andauerte, war die reine Verwirklichung absoluter Macht. Die Macht lebte dadurch, daß sie sich auf diese entsetzliche Weise ernährte. Dem gleichen Zweck dienten auch die zahllosen und berüchtigten Stalinschen Tafelrunden, wie sie Chruschtschow beschrieben[2] und der Schriftsteller Fasil Iskander in seinem Werk „Onkel Sandro aus Tschegem“ dargestellt hat. Diese Gelage, von denen der Geruch des Todes ausging, erinnerten an weit zurückliegende Jahrhunderte der Menschheitsgeschichte - an die Feste des Tiberius, des Domitian oder die Tafelrunden Iwans des Schrecklichen mit seinen Leibwächtern, wie Sergej Eisenstein sie dargestellt hat. Der Tod war immer irgendwie präsent: Stalin rührte keinen Wein und keine Speise an, bevor nicht ein anderer Teilnehmer der Runde davon gekostet hatte; er fürchtete, vergiftet zu werden. Das physische und moralische Klima an der Tafel war unglaublich gespannt, nahezu unerträglich. Der Führer nötigte seine „Gefährten“, sich „bis zum Rand“ zu betrinken, was einfach gefährlich war für diese nicht mehr jungen und schwer arbeitenden Menschen. Offensichtlich bereitete es ihm Vergnügen, zuzuschauen, wie sie sich in sprachlose Tiere verwandelten. Ein bis zur Bewußtlosigkeit betrunkener Mensch ist ein wehrloses Opfer, bereit, sich zu ergeben. Und wenn er sie nicht umgebracht hat, dann einfach deshalb, weil er sich damit Zeit lassen konnte. Es

---

warum der sozialistische Geheimdienst gegenüber den tollwütigen Agenten der Bourgeoisie, den Todfeinden der Arbeiterklasse und der Kolchosbauern, humaner sein soll. Das ZK der KPdSU(B) ist der Ansicht, daß physischer Druck in jenen Ausnahmefällen, bei denen es sich um bekannte und unbelehrbare Volksfeinde handelt, als durchaus gerechtfertigte und angemessene Methode obligatorisch anzuwenden ist“. Zitiert nach: Chruschtschow erinnert sich. Hrsg. von Strobe Talbott. Reinbek: Rowohlt 1971, S. 554f.

2 Chruschtschow erinnert sich. A.a.O., S. 301-311.

genügte ihm, sie „bereit" zu sehen, seine unheimlichen Begierden vorerst auf diese Weise zu befriedigen.

Mitunter kam der ungarische Premierminister Rakosi in den Kaukasus, erzählt Chruschtschow. „Wenn Rakosi kam, aß er mit uns und nahm auch teil an unseren Trinkgelagen. Einmal, als er selber etwas beschwipst war, sagte Rakosi: ‚Was geht hier eigentlich vor? Das ist ja ein richtiges Besäufnis.' Rakosi hatte die Dinge beim Namen genannt. Wir wußten, daß er recht hatte, aber wir alle hatten für unser Verhalten irgendeine Rechtfertigung. Keinem von uns war an einem Leben dieser Art gelegen. Wir alle waren Stalins Willen ausgeliefert".[3]

Nicht nur Besäufnisse, sondern permanente Provokationen durch den Führer begleiteten die Tafelrunden. Stalin prüfte seine „Gefährten" auf deren Ergebenheit und Demut, indem er sie aufeinander hetzte. Vermutlich gab es selbst in seiner nahen Umgebung nicht einen einzigen Menschen, der sich in seiner Gegenwart frei und ungezwungen gefühlt hätte. Seine Laune änderte sich oft und unvorgesehen; abrupte Stimmungswechsel und die Unberechenbarkeit seiner Reaktionen versetzte die Anwesenden in Unsicherheit und Angst.

Nichtsdestoweniger waren die jüngeren Führer, wenngleich sie sich selbst als Opfer fühlten, geradezu begierig darauf, bei diesen Tafelrunden dabeizusein. In seinen letzten Lebensjahren hatte Stalin zunächst Woroschilow, dann Molotow und Mikojan aus dem engsten Kreis verstoßen. Als er sie nicht mehr zu Sitzungen in den Kreml und nicht mehr zum Nachtmahl rief, „stellten [sie] fest, ob sich Stalin im Kreml oder in seiner Datscha aufhielt, und erschienen dann einfach. Sie wurden immer zugelassen, aber offensichtlich war Stalin nicht besonders erfreut, sie zu sehen", schreibt Chruschtschow. Danach hat Stalin seine Mitarbeiter angewiesen, Mikojan oder Molotow nicht mehr zu sagen, wo er sich gerade aufhielt. Doch die Verstoßenen unternahmen alle erdenklichen Anstrengungen, um mit dem Führer am selben Tisch zu sitzen. Chruschtschow: „Es lag ihnen daran, sich aus dem Kreis um Stalin nicht herausdrängen zu lassen, da sie sich retten wollten - sich selbst und nicht nur ihre Positionen in der Partei und in der Führung. Sie wollten am Leben bleiben. Sie versuchten, Stalins Vertrauen wiederzugewinnen".[4]

Das ist gewiß richtig; nur darf man nicht vergessen, daß die Verstoßenen nicht nur Opfer waren. Sie waren selbst Raubtiere, Teilnehmer an der grandiosen menschenverschlingenden Opferorgie, kannten besser als irgendjemand sonst die Instinkte des Führers. Sie erlangten sein Vertrauen wieder und bekamen damit das Recht zurück, an dem Schmaus teilzuhaben. Denn wer nicht teilnahm, hatte wenig Chancen zu überleben. Trotz aller damit verbundenen Qualen und Demütigungen waren sie begierig, am Tisch des Führers zu sitzen, denn nur wenn sie mit ihm gemeinsam aßen, konnten sie einigermaßen sicher sein, nicht selber gefressen zu werden.

3 Ebenda, S. 310.
4 Ebenda, S. 315.

Ihre Angst und ihre Verzweiflung, deren Ausmaß man kaum erahnen kann, läßt sich erklären. Sie haben erlebt, wie Generationen von Leuten „gefressen" wurden, die zunächst selbst am Schmaus beteiligt und dann verstoßen worden waren. Auf sie wartete nun zweifellos das gleiche Schicksal. Nachdem Molotow und Mikojan auf dem 17. Parteitag nicht mehr ins Präsidium des ZK gewählt worden waren, man Woroschilow als englischen Spion denunziert hatte und auf Stalins direkte Anweisung der „Ärzte-Prozeß" entfesselt worden war, war es nicht schwer, den weiteren Gang der Ereignisse zu erahnen. Der gealterte und kranke Diktator war der Macht nicht müde geworden, nach wie vor suchte er durch sie Bestätigung. Und die einzige Bestätigung war seine Fähigkeit, viele, viele andere zu überleben. Kaum auszumalen, welch schaurige Gestalt die krankhafte Leidenschaft des gebrechlichen Gebieters noch angenommen hätte, hätte der Tod ihn nicht selbst bald ereilt.

## Masken

Im Gespräch mit Konstantin Simonow schilderte u.a. Flottenadmiral Iwan Isakow seine Eindrücke aus Begegnungen mit Stalin: „Schwer zu sagen, ob er überhaupt so gelassen war. Wohl nicht. Er hatte sich diese Gelassenheit umgehängt wie eine Maske, sie war ihm zur zweiten Natur geworden. Es war keine Gelassenheit, es war Pose, Attitüde, genau eingeübt, so daß sie als solche nicht empfunden wurde. Keine Geste, kein Wort zuviel. Die Pose war so eingeübt, daß sie natürlich wirkte. In Wahrheit freilich war alles Kalkül - nur nicht zeigen, was man dachte, nicht vorschnell erkennen lassen, was man sagen, wie man sich entscheiden würde ... seine Mimik war äußerst dürftig, spärlich; nicht daß er eine betont undurchdringliche Miene aufsetzte, aber sein Gesicht wirkte allemal kühl. Außerdem bewegte er sich mit Vorliebe so, daß Anwesende sein Gesicht nicht sahen, dies konnte er nach Belieben einrichten, und so half dies ebenfalls beim Abschirmen. Seiner Miene war kaum anzusehen, wie er dachte. Das war Absicht, denn seine Gedanken wollten viele lesen, er wußte dies, wußte um seine große Autorität und wie gut Heuchler schmeicheln können".[5]

Dies war eine der vielen Masken des Josef Stalin - der kalte und berechnende Politiker, der das große Spiel spielt und seine Gedanken und Gefühle zu verbergen weiß. Diese Maske war reserviert für bestimmte Situationen, z.B. für Versammlungen mit vielen Teilnehmern, auf denen wichtige politische und wirtschaftliche Beschlüsse gefaßt wurden.

Gerade weil dies eine offenkundige Maske war, erzeugte sie eine so erschütternde Wirkung. Erstens schuf sie Distanz zwischen dem Führer und den einfachen Anwesenden, denn sie stand als unüberwindliche Barriere zwischen ihm und den

5 Simonow, Konstantin: Aus der Sicht meiner Generation. Gedanken über Stalin. Berlin: Volk und Welt 1990, S. 445f.

anderen. Zweitens versetzte das Vorhandensein der Maske die Anwesenden in Unruhe und Unsicherheit. Sie konnten nicht sehen, was sich dahinter verbarg. Die Maske konnte jeden Moment abgeworfen werden und etwas Entsetzliches dahinter zum Vorschein kommen. Indem Stalin „in der Maske" hinter dem Rücken der Anwesenden umherlief oder ihnen in die Augen blickte, gewann er die Herrschaft über jeden darauffolgenden Augenblick. Die Maske verzauberte, paralysierte. Drittens erzeugte die Maske bei den Anwesenden das Empfinden der Gegenwart von etwas Geheimen. Für alle, außer für den Träger natürlich, bildete sie die Scheide zwischen Bekanntem und Unbekanntem. Eine andere, geheimnisvolle Realität mischte sich in das Gespräch. Ihr Name war bekannt, doch ihr Wesen blieb unfaßbar. Es war die Realität der Macht, der absoluten, uneingeschränkten Macht. Diese Macht konnte Böses bewirken. Sie konnte sich auch als gute, rettende Kraft zeigen. So wandten sich viele in letzter Hoffnung an Stalin, auf der Suche nach der letzten Gerechtigkeit. Ich weiß nicht, was ihn dazu getrieben hat, von Zeit zu Zeit den flehenden Bittstellern entgegenzukommen - unergründliche Kapricen vermutlich, doch in der Regel blieben die Hoffnungen unerfüllt.

Es gab noch eine andere Maske für das Volk, das große Publikum - das in Porträts, Photographien und Filmen endlos reproduzierte Bild friedvoller Weisheit und majestätischer Güte. Die Ikonographie wurde ergänzt durch Gedichte, Poeme, Romane und gelehrte Schriften, die dasselbe Bild kolportierten. Im Ergebnis dessen sprach nicht mehr das Porträt für sich - der Betrachter eignete sich die Darstellung an, indem er all das in sie hineinlegte, was sich während der Jahre und Jahrzehnte ununterbrochener Bearbeitung in seinem Hirn festgesetzt hatte. Diese Suggestion hat sich als so wirkungsvoll erwiesen, daß sein wirkliches Antlitz (wenn er sich nicht die Mühe machte, seine Gedanken und Gefühle zu verbergen) mitunter wahrgenommen wurde wie etwas Fremdes, wie eine Maske. Awdejenko war erschüttert, als er den Führer einmal aus unmittelbarer Nähe sah: Hochmut und Bosheit in der Stimme, das grobe, pockennarbige Gesicht. Wo war bloß das geliebte majestätische Bild? „Ein Schauspieler - aufgemacht nach der Art des Führers. Ein Schauspieler - zu unbegabt, die Rolle des großen Stalin zu spielen. Ein Schauspieler - der Stalins Manieren grob outriert...".

Doch es wäre naiv, in dieser Grobheit, Bosheit und in diesem Hochmut den echten Stalin zu sehen. Simonow, Chruschtschow und auch Awdejenko haben davon erzählt, wie die Stimmung des Führers augenblicklich und unvorhersehbar wechseln konnte. Nicht die Bosheit an sich, sondern eben diese unverhoffte Wendung von Wohlwollens- und Zufriedenheitsbekundungen zu Verdächtigungen und boshaften Ausfällen hat die, die mit ihm zu tun hatten, in erster Linie erschreckt. Und die Unberechenbarkeit seiner Reaktionen. Stalin konnte ohne den geringsten erkennbaren Anlaß plötzlich anfangen zu schreien und mit den Füßen zu stampfen. Chruschtschow berichtet von einem Telefongespräch mit dem Staatssicherheitsminister Ignatjew im Zusammenhang mit der sogenannten „Ärzte-Verschwörung"[6]: „Stalin tobte vor Wut, schrie Ignatjew an und drohte ihm. Er verlangte, er solle die Ärzte in Ketten legen, zu Brei zerstampfen und zu Pulver zermalmen".[7] Und er konnte sich in der Reaktion auf die ungehörigsten Äußerungen, die in seiner Anwesenheit überhaupt ausgesprochen wurden, mit einer ruhigen Replik begnügen: „Das hätten Sie nicht sagen sollen" - an die Adresse des Ministers der Luftstreitkräfte, Rytschagow, der eine Woche danach für immer verschwand, wie Simonow sich erinnert.[8]

Die Unberechenbarkeit seiner Reaktionen und die jähen Stimmungswechsel legen die Vermutung nahe, daß es sich dabei um Wechsel der Masken handelte; ist doch im normalen zwischenmenschlichen Umgang immer ein lebendiges Spiel der Gesichtszüge erkennbar, sind Stimmungswechsel absehbar oder erklärlich. Es gibt eine gewisse Logik emotionaler Regungen, die sich in Mimik und Gestik ausdrückt. Nur eine starre und unbewegliche Maske kann man vollständig und plötzlich abwerfen; und hinter ihr eine andere, in ihrer Bestimmtheit ebenso eindeutige Maske zum Vorschein kommen lassen. Stalin trug immer unter der einen Maske eine andere. Der Vorrat schien unerschöpflich.

Hinzu kam die ständig aufgesetzte „akustische Maske" (Canetti). Der ihm eigene kaukasische Akzent und der Lapidarstil seiner Sätze, formuliert in einer scheinbar fremden Sprache - so, wie man eine Sprache spricht, die man nicht völlig beherrscht -, nötigte dazu, den genaueren oder anderen Sinn hinter den gesprochenen Worten zu suchen.

Dieses permanente Verbergen des eigenen Wesens hat Stalin gleichsam zwangsläufig dazu gebracht, auch in den anderen keine normalen Personen zu sehen, sondern Masken. Und so hat er sie entlarvt, ihnen die Masken abgerissen, darunter die feindseligen Fratzen aufgedeckt; die ihn Umgebenden ohne Unterlaß verführt, provoziert und getrieben, ihre Masken fallenzulassen und ihr wahres Gesicht zu zeigen. Von der Tribüne der ZK-Tagung, die unmittelbar nach dem 19. KPdSU-Parteitag stattfand, hatte Stalin verkündet, er sei nun alt und schwach und bitte daher, ihn von der Funktion des Generalsekretärs zu entbinden. Am Tisch hinter ihm saßen, so erinnert sich Simonow, die Mitglieder des Politbüros. Daneben stand Malenkow, der, während Stalin sprach, die Sitzung leitete. „Malenkows Gesicht hatte einen fürchterlichen Ausdruck - Entsetzen, nein, nicht Entsetzen, so blickt möglicherweise jemand, der deutlicher als die anderen, oder deutlicher jedenfalls als viele der

6 Im Januar 1953 wurden mehrere Ärzte, die bis dahin für die medizinische Betreuung der sowjetischen Spitzenfunktionärezuständig gewesen waren, unter dem Vorwurf verhaftet, sie hätten 1948 Andrej Shdanow vorsätzlich durch falscheBehandlung ermordet und weitere Morde dieser Art geplant. Die meisten dieser Ärzte, die unmittelbar nach Stalins Tod, imApril 1953, öffentlich rehabilitiert wurden, waren Juden. Es wird vermutet, daß Stalin die Inszenierung dieser „Ärzte-Verschwörung" als Auftakt zu einer massiven antisemitischen Kampagne sowie zu seiner letzten Säuberungsaktion in den Reihen der Parteiführung geplant hatte.

7 Chruschtschow erinnert sich. A.a.O., S. 292.

8 Simonow, a.a.O., S. 238.

anderen, die tödliche Gefahr erkennt, die über allen schwebt, aber von den anderen noch nicht erkannt wird: Nur nicht diesem Antrag des Genossen Stalin stattgeben, nur nicht zustimmen..."[9] Der Schreck war verständlich: Wer der Bitte des Genossen Stalin zugestimmt hätte, hätte sich selbst als Feind des Genossen Stalin entlarvt. Und vergeblich wäre die Mühe gewesen, ihn durch die Berufung auf seine eigene Bitte zu betrügen: Die Maske ist gefallen, der Feind ist entdeckt - und wird vernichtet. Dieses Spiel war für den Führer einfach nicht zu verlieren.

Masken-Abreißen war Stalins Hauptbeschäftigung über Jahrzehnte. Undurchdringliche Masken existierten für ihn nicht; er konnte durch sie hindurchsehen - und das konnte allein er. Deshalb war er der absolute Führer, der absolute Erretter. Er liebte es, schreibt Chruschtschow, es immer wieder zu sagen: „Ihr seid blind wie junge Katzen; was werdet ihr ohne mich machen? Unser Land wird zugrunde gehen, weil ihr es nicht versteht, Feinde zu erkennen".[10]

Die Leidenschaft, Feinde zu entlarven und Masken herunterzureißen - das war Stalins markanter, paranoider Charakterzug. Es war auch der bestimmende Zug seines politischen Charakters. Und das ABC der marxistisch-leninistischen Ideologie, mit dem er seine Politik begründete, hätte diesem Verfolgungswahn kaum besser entsprechen können. Selbst die berüchtigte Stalinsche Theorie von der Verschärfung des Klassenkampfes im Fortschreiten des Aufbaus des Sozialismus folgte im großen und ganzen völlig logisch aus den elementaren marxistischen Lehrsätzen. Wenn die Interessen des Proletariats und der Bourgeoisie antagonistisch und unversöhnlich sind und das Proletariat den entscheidenden Sieg ansteuert, dann ist klar, daß die Bourgeoisie einen wütenden Kampf führen wird, mit allen verfügbaren Mitteln. Schließlich geht es um Leben und Tod - den Tod, den er, Stalin, und das von ihm geführte Weltproletariat über die Bourgeoisie und ihre Vasallen, die Trotzkisten, die Schädlinge, die Feinde des Volkes zu bringen angetreten sind.

Es gibt keinen Grund zu der Annahme, Stalin hätte nicht an die marxistische Ideologie geglaubt, sondern sie nur für seine Zwecke mißbraucht. Eher war diese Ideologie das einzige, woran er überhaupt geglaubt, worin seine leere Seele ihren Halt gefunden hat. Die marxistische Ideologie und das paranoide Syndrom Stalins haben sich gegenseitig befruchtet, gestärkt und bekräftigt. Unsicherheit zeugt Mißtrauen, um sich herum sieht man nur noch Feinde - und die dienstfertige Dialektik liefert das Motiv des Verrats. Das Mißtrauen, erzählte Chruschtschow, saß ihm tief in der Seele. Und er suchte es zu rechtfertigen, zu bekräftigen, um den anderen zu zeigen, daß sie blind waren, überhaupt nichts begriffen. Die Ermordung jedes neuen „Feindes" bestätigte seinen übermenschlichen Scharfsinn und befestigte seine absolute Macht.

9 Ebenda, S. 236.
10 Chruschtschow erinnert sich. Geheimrede. A.a.O., S. 570.

## Ohne Gesicht

Wer nun war dieser Stalin? Wer steckte wirklich hinter den wechselnden Masken? Welches war sein wirkliches Gesicht?

Das Bild des Mannes mit dem schwierigen Charakter, des mitunter aufgebrachten, strengen, aber auch gerechten Führers, wie W. Uspenskij es in seinem Roman „Der geheime Ratgeber des Führers" gezeichnet hat, kann man heute wohl kaum noch ernst nehmen. Auch nicht die kitschigen Bilder, wie sie in den Erinnerungen W. Rybins, Stalins ehemaligen Leibwächters, überliefert sind: Einmal ließ Stalin auf der Straße zu seiner Datsche in Kunzewo seinen Chauffeur anhalten, um eine alte Frau mitzunehmen, die frierend am Straßenrand stand. Die Fakten stimmen vermutlich. Doch sind sie nicht die ganze Wahrheit und vor allem nicht repräsentativ. Die Biographie des Führers aus der Sicht eines geheimen Ratgebers oder eines Leibwächters bleibt unvollständig und einseitig.

Die Bücher der Historiker erzeugen ganz andere Bilder. Doch auch sie, darauf fixiert, die Greuel der Stalinschen Herrschaft aufzutürmen, liefern keinen Zugang zu den wirklichen Vorgängen in Stalins Bewußtsein, wie sie sich in den Mechanismen seiner Herrschaft gespiegelt haben. Sie zu begreifen, erfordert ganz andere Forschungsmethoden, über die die Wissenschaft bislang nicht verfügt.

Für den Historiker besteht die Biographie seines Helden aus dessen Handlungen, die mit der objektiven Seite seines Wirkens gegeben sind. Oder aus Entscheidungen und Überlegungen, die der Handlung vorausgingen. Doch was soll der Historiker tun, wenn der Held nicht handelt und die Objekte ihn nicht interessieren? Was bei der Lektüre der Memoiren ins Auge fällt, ist Stalins Gleichgültigkeit gegenüber den Angelegenheiten des Landes. Boris Bashanow erzählt, wie er in den ersten Tagen seiner Funktion immer und immer wieder mit Dokumenten zu Stalin gegangen ist, die für das Politbüro bestimmt waren. Jedesmal aufs neue stellte er fest, daß Stalin sich nicht im geringsten dafür interessierte, was in diesen Dokumenten stand und was im weiteren mit ihnen geschah. In Stalins Sekretariat hat man ihm dann erklärt, der Generalsekretär lese überhaupt keine Dokumente, Akten würden ihn generell nicht interessieren.

Auf eine ganz andere Zeit bezieht sich die folgende Erinnerung Chruschtschows, doch auch hier trifft man auf die gleiche, alle historischen Vorstellungen sprengende Paradoxie: Der große Führer weiß nicht, womit er sich die Zeit vertreiben soll. Fast jeden Abend sind die Männer aus seiner engsten Umgebung zu Stalin auf die Datscha gefahren. Nur wenn Stalin sich unwohl fühlte, fiel das aus. Andere Gründe gab es nicht, denn Stalin hatte sonst nichts zu tun. Chruschtschow verglich den Führer mit dem Kaufmann aus Ostrowskis Buch „Ein heißes Herz", der seinen Vertrauten zu sich zu rufen pflegte, damit dieser sich etwas ausdenke, seinem Herrn die Zeit zu vertreiben. Genau wie dieser Kaufmann pflegte auch Stalin zu sagen: Nun, was wollen wir heute machen? Er hatte nichts zu tun...

Diese Erinnerung ist ein unglaublicher Glücksfall - waren doch nur wenige in der Situation, solche Beobachtungen machen zu können. Normalerweise hat Stalin, so die Memoiren seiner Zeitgenossen, sie zur Besprechung irgendwelcher Angelegenheiten vorgeladen. Diese Angelegenheiten und die aufgesetzte Maske haben den Eindruck ununterbrochener und konzentrierter Arbeit erzeugt, den Eindruck fortwährender und beharrlicher geistiger Anstrengung. Stalin schlief nicht, er dachte nach - und bis zum Morgen brannte das Licht in seinem Arbeitszimmer im Kreml. Aber diese ungezählten Tage des Nichtstuns werfen auch auf seine wirklichen Aktivitäten ein anderes Licht. Viele dieser Aktivitäten waren gehaltlos und nichtig: Fünfeinhalb Stunden lang dauerte die Verhandlung eines von Awdejenko inszenierten Filmes, der dem Führer mißfallen hatte - eine öde und gehaltlose, in ihrer ganzen Sinnlosigkeit dennoch bedrohliche und Entsetzen einflößende Veranstaltung, ähnlich den Stalinschen Tafelrunden. Über ganze Tage zog sich die Erörterung von Büchern hin, die für den Stalinpreis vorgesehen waren, und obgleich Simonow, der dabei keine geringe Rolle gespielt hatte, einen staatspolitischen Sinn in diesen Debatten und staatsmännische Weisheit in den Reden und Entscheidungen Stalins entdeckt zu haben glaubte, kann man ihm schwerlich zustimmen. Offenbar ging es dem Führer auch hier darum, sich mit irgendetwas die Zeit zu vertreiben: Nun, was wollen wir heute machen? Vielleicht reden wir über Bücher für den Stalinpreis? All das waren Pseudobeschäftigungen, dazu da, seine innere Leere zu verdecken. Nichts hat ihn, wie es scheint, wirklich interessiert und ernstlich beschäftigt.

Nur zwei Gefühle haben in ihm gelebt und ihn erfüllt: Argwohn und Angst. Angst hat er nicht nur anderen eingeflößt, auch er selbst lebte ständig in Angst. Immer, wenn er in den Korridoren des Kreml an den reglosen Leibwächtern vorbeiging, mußte er befürchten, sie würden ihm ins Gesicht oder in den Rücken schießen. Angst begleitete ihn ständig; vielleicht erklärt sich daraus, daß er nachts nicht schlafen konnte - die Angst vor der Nacht, die den Lebensrhythmus des ganzen Landes umkehrte. Stalin konnte nicht schlafen, und mit ihm blieben Tausende und Abertausende Apparatschiks in Moskau und in den entferntesten Winkeln des riesigen Landes wach.

Argwohn und Angst - das sind negative Gefühle, wie Haß und Bosheit. Sie füllen menschliches Leben nicht aus, sondern entleeren es. Doch positive Interessen, positive Ziele gab es nicht. Er fuhr nicht durch das Land, war nie im Ausland, und die Stunden im Kinosaal konnten ihn kaum bereichern - bei dieser Auswahl an Filmen. Er traf keine einfachen Menschen, nur Bestarbeiter, speziell ausgesucht für die Präsidien von Parteitagen und Konferenzen. Ihm Nahestehenden brachte er Unglück, als hätte die unheilverkündende innere Leere, die ihm selbst mit der Zeit Entsetzen einflößte, sie gleichsam aufgesogen.

Man kann sich des Eindrucks nicht erwehren, daß hinter den zahllosen Masken gar kein Gesicht mehr war. Das Gesicht war verwischt. Chruschtschow behauptet, Stalin war ein großer Mann. Doch worin bestand seine Größe? Ein großer Erfinder, Poet, Maler oder Gelehrter konnte er nicht werden. Nero hielt sich selbst für einen großen Schauspieler. Doch Stalin war das nicht. Er konnte sich verstellen, aber er konnte niemanden verkörpern; es war ihm nicht gegeben, sich ganz in das Leben eines anderen Menschen hineinzuversetzen. Ein genialer Psychologe war er gleichfalls nicht: Seine Vorstellungen vom Sinn, von den Zielen und treibenden Motiven menschlichen Handelns waren banal und einseitig. Und ein großer Politiker? Wohl kaum: Er hat sich entzweit mit der ganzen Welt, selbst seine Verbündeten haben ihn immer gefürchtet und immer gehaßt, und sein Land hat er in Not und Unglück gestürzt.

## Der Eroberer

Robert Tuckers Geschichte Stalins und seiner Macht ist unvollständig. Es fehlt der dritte Band: „Stalin als Eroberer". Das Buch wurde nicht geschrieben - denn diesen dritten Teil seiner Biographie, obgleich im Leben selbst schon angelegt, hat Stalin nicht gelebt.

Vor einigen Jahren veröffentlichte Viktor Suworow, ein im Westen lebender ehemaliger KGB-Agent, sein Buch „Eisbrecher", in dem er schildert, wie Stalin sich auf die Eroberung Europas vorbereitet hat. Nach dieser Schilderung sollte der Krieg nicht im Juni beginnen, sondern einen Monat später, nicht mit dem Überfall Hitlers, sondern mit einem gewaltigen Schlag der Stalinschen Armeen. Die Vorbereitung war in vollem Gange, aber noch nicht abgeschlossen, als Hitler am 22. Juni 1941 seinem Kontrahenten mit einem Präventivschlag zuvorkam.

Dafür, daß Stalin in der Tat einen Angriff auf Deutschland geplant haben könnte, spricht seine ganze Militär-, Innen- und Außenpolitik der Vorkriegszeit. Die Situation im Jahre 1941 schien ausgesprochen günstig. Den marxistisch-leninistischen Prophezeiungen gemäß hatten sich die imperialistischen Raubtiere ineinander verbissen und in einem tödlichen Kampf gegenseitig aufgezehrt. In ganz Europa existierte nur noch eine reale Kraft - Deutschland. Doch Deutschland war verwundbar: Die Schlagkraft seiner Armee war abhängig vom rumänischen Öl, an dessen Quellen Stalins Armee bei der Besetzung Bessarabiens und der Bukowina schon dicht herangerückt war. Zudem wäre Deutschland kaum in der Lage gewesen, einen Krieg an zwei Fronten durchzuhalten. Der Stalinsche Schlag wäre wie ein Verhängnis über Deutschland gekommen. Die Rote Armee wäre 1941 oder 1942 in Berlin eingerückt, so wie sie 1945 eingerückt ist. Doch damals hätten nicht die starken Truppen der Alliierten vor ihr gestanden, sondern ein wehrloses, zum Widerstand unfähiges, nach dem Befreier dürstendes Europa. Das Treffen an der Elbe hätte nicht stattgefunden. Der Ort des Treffens wäre La Mancha gewesen. Mit seinem unvermuteten Schlag hat Hitler den ganzen Plan zunichte gemacht.

Mit seinem Überfall auf die Sowjetunion war es Hitler nur gelungen, den eigenen Untergang hinauszuschieben. Doch er hat womöglich den grandiosesten Eroberungsfeldzug seit Alexander dem Großen verhindert. Am Ende des Krieges hatte Stalin nur die Hälfte Europas erobert. Der geplante Einmarsch in den Iran fand nicht statt; Vorderasien und der Nahe Osten blieben unerreichbar. Kaum vorzustellen, wie die Geschichte verlaufen wäre, hätte der deutsche Diktator noch einen Monat gezögert.

Historiker erörtern gern eine Episode aus den ersten Kriegstagen, die Desertion Stalins genannt wird. Die Rote Armee war in Panik geflohen, die Deutschen hatten gewaltige Territorien eingenommen und Hunderttausende Gefangene gemacht. Stalin aber, in dessen Händen alle Fäden zusammenliefen, ohne den kein bedeutsamer Beschluß gefaßt werden konnte, verschwand und blieb für eine Woche unerreichbar. Die Historiker deuten die Episode auf unterschiedliche Weise. Die einen sagen, er sei geflohen aus Angst, zur Verantwortung gezogen zu werden, die anderen, er hätte gelitten unter dem Verrat seines „besten Freundes" - Hitlers, dem er vorbehaltlos geglaubt hätte. In Wirklichkeit hat er gelitten unter dem Verrat der Geschichte - der Geschichte, mit der er auf du und du stand -, dem Scheitern seiner grandiosen Pläne, dem Scheitern - schließlich - seiner eigenen Biographie.

Daß er den Krieg gewinnen würde, war er überzeugt. Dafür sprachen die sachlichen Analysen der Kräfteverhältnisse, der Vergleich der menschlichen, ökonomischen und räumlichen Potentiale, die Unmöglichkeit für Deutschland, einen Zwei-Fronten-Krieg durchzustehen, der bevorstehende Winter. Doch für ihn persönlich, für seine Biographie war die Katastrophe nicht mehr zu abzuwenden, der Verrat - verhängnisvoll; und keine späteren Triumphe konnten daran noch etwas ändern.

Vor dem Krieg pflegte Stalin sich der Öffentlichkeit in seinem berühmten uniformähnlichen Anzug mit offenem Kragen zu präsentieren, und so kennt man ihn auch von den zahllosen Porträts. Nach dem Krieg sah man ihn nur noch in der Paradeuniform des Generalissimus, als der er in die Geschichte einzugehen gehofft hatte. Die Uniform des Generalissimus - sie war ein Kostüm, angefertigt für die imaginäre Zukunft, die nach dem verhängnisvollen Juni 1941 nicht mehr eintreten konnte. Das Imperium erstreckte sich nicht von Ozean zu Ozean, sein Ruhm konnte den Ruhm des göttlichen Alexander nicht mehr überbieten.

Wer weiß, welche Gespenster, welche Visionen des Unerfüllten durch das Hirn des kleinen Mannes jagten, der im März 1953 in seiner Datsche in Kunzewo einsam im Sterben lag?! Das Komischste aber in dieser (Welt-)Geschichte - wäre er als Herrscher über die Welt gestorben, er wäre genauso einsam, genauso kläglich gestorben!

*Aus dem Russischen von Jan Wielgohs*

# Die Historizität der Alltagswelt

Den historischen Charakter der Alltagswelt kann man auf dreifache Weise betrachten. Die Alltagswelt ist historisch, denn sie ist eine Welt der Kultur, deren Geschichtlichkeit, so Alfred Schütz, „uns in Tradition und Habitualität entgegentritt und befragbar ist, weil alles Fertig-Vorfindliche auf eigene oder fremde Aktivität rückverweist, deren Sediment es ist“.[1] Die gewohnten Verhaltensformen haben schon vor uns existiert, sie sind in der Tätigkeit der vor uns lebenden Generationen entstanden, wurden und werden von uns in Lernprozessen angeeignet.

Historizität als Bezug zu Vergangenheit und Zukunft ist ferner, bedingt durch den zeitlichen Charakter jeglichen Handelns, eine immanente Dimension des Alltagslebens. Eine geplante Handlung bezieht sich nicht nur auf die Zukunft (das Projekt ist ein Vorgriff auf eine zukünftige Sachlage), sie hat auch einen Bezug zur Vergangenheit. Dieser Bezug zur Vergangenheit hat einen Doppelcharakter. Erstens ist jede aktuelle Alltagshandlung in gewissem Maße die Wiederholung von etwas schon Vollzogenem. D.h., sie ist von einer bestimmten Typik; anderenfalls verlöre das Alltägliche den Charakter der „Normalität“, jede Handlung wäre ein Sprung ins Unbekannte. Nebenbei sei angemerkt: Den Akteuren selbst verschließt dieser Wiederholungs- und Reproduktionscharakter die Möglichkeit, Veränderungen in der Zeit wahrzunehmen. Typisches Verhalten ist unverändert, zeitlos. Zweitens zeigt sich der zeitliche Charakter des Alltagshandelns in dem Modus, in dem das ihm zugrundeliegende Motiv entsteht. Das Motiv „um - zu“, das Fundament des in die Zukunft gerichteten Projekts, bildet sich unter der Voraussetzung des Handelns anderer, deren Motive der sein Handeln Planende wiederum als Motiv „weil - so“ perzipiert. Somit offenbart sich in jeder Handlung ihr Bezug zu Vergangenheit und Zukunft, hat sie eine zeitliche Koordinate.

Die zeitliche Dimension figuriert in der Alltagswelt auch noch in anderer Weise. Die jeweilige individuelle Perspektive auf die Welt schließt neben der Welt der Zeitgenossen auch Sektoren ein, in denen - in unterschiedlicher Deutlichkeit - die Welt der Vorfahren und, wenn man so sagen darf, die Welt der Nachfahren präsent ist. Die Vorstellungen, die die verschiedenen Menschen von diesen Welten haben, unterscheiden sich in Abhängigkeit von ihrer jeweiligen biographischen Situation. Für einen Historiker sieht die Welt der Vorfahren ganz anders aus als für einen Men-

1 Schütz, Alfred: Phänomenologie und die Sozialwissenschaften. In: Ders.: Gesammelte Aufsätze I. Den Haag: Martinus Nijhoff 1971, S. 155.

schen, der sich nicht auf professionelle Weise mit der Vergangenheit beschäftigt. Doch auch dem Historiker stellt sich diese Welt - die soziale Realität der Vergangenheit - differenziert dar; es gibt darin Zonen, die ihm mehr oder weniger bekannt sind, mehr oder weniger deutlich erscheinen. Mit anderen Worten, die Relevanzsysteme, die durch die praktischen Alltagsinteressen der tätigen Individuen bestimmt sind, diktieren nicht nur ihre Perzeption des Gegenwärtigen, sondern auch ihre Wahrnehmung der Vergangenheit - deren Tiefe, Deutlichkeit und Tendenz. Das ist, so könnte man sagen, die lebendige, unmittelbare Historizität der Alltagswelt.

Deren lebendiger Charakter ist auch darauf zurückzuführen, daß die Entwicklung unsere Geschichtsvorstellungen, die Entdeckung neuer Fakten, Dokumente usw. die Welt des Vergangenen gleichsam verändert. Zudem „wächst" diese Welt ständig in dem Maße „an", wie Gegenwart zu Vergangenheit wird. Im Zuge dieser Veränderungen werden die Fakten und Erscheinungen der Vergangenheit immer wieder auf neue Weise interpretiert, erhalten sie neue Möglichkeiten, das aktuelle Denken und Verhalten der Menschen zu beeinflussen. Natürlich kann man sagen, daß die reale Vergangenheit, die tatsächlichen physischen Handlungen meiner Vorfahren sowie deren Sinn und emotionaler Gehalt unverändert geblieben sind. Das ist richtig; ebensowenig haben sich die typologischen Modelle geändert, die der Vergangenheit angehören und deren sich nur unsere Vorfahren bedient haben. Aber die Veränderung der *vorgestellten* Vergangenheit beeinflußt die wissenschaftlichen wie die Alltagstypologien, deren wir uns im Verkehr mit unseren Zeitgenossen bedienen. In diesem Sinne kann man von einer zwar nicht direkten, aber gleichwohl aktiven Wirkung der Vergangenheit auf die Gegenwart reden.

Die Vergangenheit, so zeigt sich, hat in bestimmtem Sinne eine Zukunft. Sie kehrt nicht einfach deswegen wieder, weil sie das Muster ist, dem tradierte Formen des Handelns folgen. Indem sie sich - infolge der Arbeit der Historiker und ihres „Zuwachses" - selbst ändert, bewirkt sie gegenwärtigen Wandel in typischen Formen des Handelns mit.

Soll die Rede von der Wirkung der Vergangenheit auf die Gegenwart nicht im Metaphorischen verbleiben, muß der Mechanismus dieses Wirkungszusammenhangs aufgeklärt werden. Natürlich geht es dabei nicht um eine direkte oder unmittelbare Wechselwirkung, denn eine solche würde die physische Koexistenz der Partner unterstellen. Nichtsdestoweniger kann diese Wechselwirkung die formale Struktur eines Dialogs haben - die Form einer Wechselwirkung von Positionen und Standpunkten, in der die Position, die der Zeitgenosse gegenüber der Vergangenheit bezogen hat, uns zu einem vertieften Studium historischer Fakten, zur Entdeckung bislang unbekannter Aspekte und Vermittlungen und damit wiederum zu einer veränderten Deutung dieser Fakten veranlassen kann. Der fragende Historiker erfährt früher oder später eine Antwort aus der Geschichte. Wie M. Bachtin es formuliert: „... es gibt nichts absolut Totes: Jeder Sinn wird den Tag seiner Wiedergeburt feiern".[2]

2 Bachtin, M.M.: Ėstetika slovesnogo tvorčestva. Moskva: Nauka 1979, S. 373.

All das betrifft die Sinnaspekte der Interaktion zwischen „Vorfahren" und Zeitgenossen. *Sinnhaft* bedeutet in diesem Kontext nicht einfach *subjektiv* - erzeugt doch die typologische Interpretation dieser Interaktion eine neue Handlungsumwelt, die hinsichtlich ihres ontologischen Status intersubjektiv ist, objektiv als eine Determinante des Handelns, und die folglich - vermittelt über die praktische Arbeit in der Welt - neue objektive Fakten hervorbringt.

Bisher war allerdings nur von sinnhafter Interaktion die Rede, denn aus der Sicht des Alltagsakteurs ist die Welt der Vergangenheit in der Tat tot und passiv, ihre Aktivierung ist nur durch spezialisierte Forschungstätigkeit möglich. Doch stellt sich die Frage: Ist eine Alltagswelt möglich, in der die Wechselwirkung zwischen Vergangenheit und Gegenwart naturalistisch verstanden wird?

Eine solche Alltagswelt, in der Vergangenes und Gegenwärtiges in der Gleichzeitigkeit interagierten, war der Lebensalltag im alten Ägypten. Damit ist nicht einfach der Ahnenkult gemeint. Das Leben nach dem Tod, so der Glaube der alten Ägypter, war die Fortsetzung des irdischen Lebens. Der Verstorbene wurde begraben, doch er wurde „wahrgenommen als real existierend, als in der Lage, seinen Nächsten irdischen Schaden zuzufügen oder - umgekehrt - irdische Hilfe zu erweisen; die Lebenden versuchten mitunter, mittels Briefen Kontakt zu den verstorbenen Verwandten herzustellen ... In den Briefen haben die Lebenden ihre Wünsche an den Verstorbenen dargelegt ... Manchmal wurden die Bitten von Drohungen begleitet. So manche Krankheit der Lebenden hielt man für die Folge böser Intrigen des Verstorbenen. Dies war einer der Gründe für die Entstehung des Briefwechsels: Man versuchte, den Konflikt friedlich beizulegen".[3].

Die modernen Vorstellungen über die Möglichkeit von Kontakten mit Toten sind hier nicht von Interesse, hier geht es allein um die Vorstellungen der alten Ägypter. Für sie war der Dialog mit den Toten - die Gewohnheit, sich an sie zu wenden, die Zeichen, die sie von ihnen erhielten - eine natürliche, normale Alltagserscheinung. Die Menschen der vergangenen Generationen hatten eine Zukunft, sie blieben frei und konnten die Welt des Gegenwärtigen beeinflussen. Hält man die spezifische Wechselbeziehung zwischen der Welt der Vorfahren und der Welt der Zeitgenossen für eines der wichtigsten formalen Strukturelemente der Alltagswelt, dann bedeutet das, daß wir heute eine andere Welt des Alltags vor uns haben.

Eingangs wurde gesagt, daß man die Historizität der Alltagswelt auf dreifache Weise verstehen kann. Bisher wurden die ersten beiden Möglichkeiten behandelt: die Alltagswelt als Gesamtheit von tradierten, schon früher existenten und durch Erziehung angeeigneten Urteils- und Handlungstypen zum einen, die Einbeziehung von Vergangenheit und Zukunft in das Alltagsleben als eines seiner wesentlichen Strukturmomente zum anderen. Jetzt kann man die Frage danach stellen, ob sich die Alltagswelt selbst historisch entwickelt. In der Tat - kann es eine andere Alltäglichkeit geben? Die Frage ist nicht so banal, wie sie auf den ersten Blick schei-

3 Korostovcev, M.A.: Religija drevnego Egipta. Moskva: Nauka 1976, S. 219f.

nen mag. Die Antwort ist: Ja, die Vorstellungen der Menschen über das Normale und das Natürliche ändern sich im Laufe der Geschichte. Genau das hatten Marx und Engels im Blick, als sie in der „Deutschen Ideologie" schrieben: „Jede neue Klasse ..., die sich an die Stelle einer vor ihr herrschenden setzt, ist genötigt, schon um ihren Zweck durchzuführen, ihr Interesse als das gemeinschaftliche Interesse aller Mitglieder der Gesellschaft darzustellen, ..., sie als die einzig vernünftigen, allgemeingültigen darzustellen."[4] Mit anderen Worten: Das Recht, das die Interessen dieser Klasse zum Ausdruck bringt, wird zum „natürlichen Recht", der Mensch, der das charakteristische Individuum dieser Klasse verkörpert, wird zum „natürlichen Menschen", die Herrschaft dieser Klasse wird legitimiert als „natürliche Herrschaft". „Zu einer Zeit z.B. und in einem Lande, wo königliche Macht, Aristokratie und Bourgeoisie sich um die Herrschaft streiten, wo also die Herrschaft geteilt ist, zeigt sich als herrschender Gedanke die Doktrin von der Teilung der Gewalten, die nun als ein ‚ewiges Gesetz' ausgesprochen wird."[5]

Daß sich die Alltagswelt verändert in dem Sinne, daß sich der Gehalt der sie ausfüllenden Ideen verändert, ist nicht zu bezweifeln. Unverändert aber bleiben - sowohl unter den Bedingungen der Demokratie als auch unter denen des Autoritarismus - die sozialen Mechanismen selbst, vermittels deren sich die jeweiligen Vorstellungen über diese Herrschaftsformen als vernünftige und natürliche, die Vorstellungen von der Objektivität dieser Formen bilden. So wirken z.B. - ungeachtet der Veränderungen der Rechtsnormen und der Vorstellungen darüber, was kriminell ist und was nicht - die typologischen Mechanismen der alltäglichen und der professionellen Interpretationsprozesse fort.

Die Frage nach der Historizität der Alltäglichen verlangt daher nach einer Präzisierung. Sie soll lauten: Verändern sich im Verlauf der Geschichte die formalen Strukturen der Alltagswelt?

## Die Evolution der konstitutiven Elemente der Alltagswelt

Die Beantwortung dieser Frage erfordert die Aufarbeitung umfangreichen ethnographischen und historiographischen Materials, wie sie meines Wissens - unter dem hier behandelten Aspekt - bisher noch aussteht. Die folgenden Gedanken können daher nicht mehr sein als ein Versuch, sich der Problematik in einem ersten Schritt zu nähern. Beginnen wir damit, uns anzuschauen, inwieweit sich die von Alfred Schütz herausgefundenen konstitutiven Elemente der Alltagswelt als einer spezifischen Form der Realität im Verlauf der historischen Entwicklung als beständig erwiesen haben.

---

4 Marx, Karl/Engels, Friedrich: Die deutsche Ideologie. In: MEW Bd.3. Berlin: Dietz 1973, S. 47.

5 Ebenda, S. 46.

Schütz unterscheidet sechs solcher Elemente: (1) „eine vorherrschende Form der Spontaneität, nämlich die des Wirkens“ bzw. „vorgefaßte(n) Handeln(s) in der Außenwelt“, worunter ich hier - unter anderem, aber vor allem - Arbeitstätigkeit verstehe, (2) eine bestimmte Überzeugung von der Existenz der Welt, (3) eine „spezifische Bewußtseinsspannung“ resp. „Aufmerksamkeit auf das Leben“; (4) eine „spezifische Zeitperspektive“ (5) eine „spezifische Form der Selbsterfahrung“, die ich hier unter dem Begriff der persönlichkeitsspezifischen Bestimmtheit des handelnden Individuums thematisieren werde, (6) eine „spezifische Form der Sozialität“.[6]

Für das wichtigste dieser konstitutiven Elemente der Alltagswelt hielt Schütz das *Wirken* - jene Form von Tätigkeit, „die auf einem Entwurf gründet und durch die Absicht gekennzeichnet ist, den entworfenen Sachverhalt vermittels körperlicher Bewegungen in der Außenwelt herbeizuführen“.[7] Die im Alltag überwiegende und für die ganze Menschheitsgeschichte universelle Form solchen *Wirkens* ist *Arbeit:* Alltag war immer Arbeitsalltag, gleich, ob es sich nun um Arbeit der Jäger und Sammler oder um Arbeit in der industriellen Produktion handelte. Wie der Historiker Jakob Burckhardt über den Ausgangspunkt seiner „Weltgeschichtlichen Betrachtungen“ schreibt: „Unser Ausgangspunkt ist der vom einzigen bleibenden und für uns möglichen Zentrum, vom duldenden, strebenden und handelnden Menschen, wie er ist und immer war und sein wird.“[8]

Das zweite konstitutive Element der Alltagswelt ist, nach Schütz, die sogenannte *Epoché der natürlichen Einstellung*[9], d.h. der Enthaltsamkeit bezüglich jeglichen Zweifels an der Existenz der Welt und daran, daß diese Welt anders sein könnte, als sie dem aktiv handelnden Individuum erscheint. Hier wird die Frage komplizierter. Betrachten wir etwa die christliche Mythologie, die über Jahrhunderte die Struktur des europäischen Alltags bestimmt hat. Nach dieser Mythologie war die Welt einst anders gewesen, und sie hätte noch immer anders sein können, hätte es nicht den Sündenfall gegeben, in dessen Folge der Mensch dazu verurteilt ward, „im Schweiße seines Angesichts sein Brot zu verdienen“. Die Idee des verlorenen Paradieses hat die Weltanschauung des mittelalterlichen Menschen bestimmt; am Ende des Lebens schien das Paradies wieder greifbar. Jene Welt war in gewissem Sinne realer als die diesseitige, irdische Welt, denn jene Welt war ewig, diese - endlich, und in der Vorstellung war ihr Ende nah und real.

So kann man hier von einer eigentümlichen *Epoché* sprechen, die sich unter-

---

6 Vgl. Schütz, Alfred: Über die mannigfaltigen Wirklichkeiten. In: Ders.: Gesammelte Aufsätze I. A.a.O., S. 238, 269.

7 Ebenda, S. 265.

8 Burckhardt, Jakob: Weltgeschichtliche Betrachtungen. Leipzig: Kroener 1934, S. 5f.

9 Vgl. Schütz, Alfred: Über die mannigfaltigen Wirklichkeiten. A.a.O., S. 260-263. - *Epoché* (griech.: das Ansichhalten, Zurückhalten des Urteils) - fungiert in der phänomenologischen Philosophie Edmund Husserls als Terminus, der das Zurückhalten eines Urteils über die Existenz oder Nichtexistenz von Erfahrungsobjekten bezeichnet.

scheidet von der Schützschen *Epoché der natürlichen Einstellung*. Jeder Vorgang, der sich unter jeweils bestimmten gegenständlich-sinnhaften Umständen entfaltet, wurde gleichsam in einem „bedingten Medium“ gedacht („*wenn* die Welt dieselbe bleibt, die sie bisher war, *dann*...“). Wenn die Sonne, wie die Bibel sagt, eines Tages über Jericho stehengeblieben war, so kann sie auch noch ein weiteres Mal stehenbleiben. Jedes Merkmal der gewohnten Alltagswelt kann anders werden. Damit die Welt die blieb, die sie bisher war, hat man bestimmte Rituale vollzogen. Viele davon waren heidnische Relikte, die im Christentum fortlebten.

Auch im Heidentum herrschte die Vorstellung, daß neben der vorhandenen Welt des Alltags, in der Mensch lebt und wirkt, eine andere, „realere Welt“ existiere. Jene Welt war realer, insofern ihre Wirkungen auf die Ereignisse dieser Welt weitgreifender und eindeutiger waren als die Wirkungen dieser, unserer Welt auf jene andere. So machten die Götter des Olymp mit den Griechen der Ära Homers, grob gesagt, was sie wollten. Und umgekehrt - die Opfer, die man den Göttern darbot, konnten angenommen werden oder nicht; selbst die Annahme eines Opfers war noch keine Erfolgsgarantie, denn Götter - so weiß man - sind treulose Wesen.

So kann man sagen, daß in den frühen Zeiten der Menschheitsgeschichte die Welt hinsichtlich ihres ontologischen Status als eine von mehreren möglichen Welten angesehen wurde. Sie war genauso real oder irreal wie die Welten der Götter, der Dämonen usw. Im Unterschied zur „natürlichen“, praktischen Einstellung, über die Schütz schreibt, hat Husserl diese Weltwahrnehmung als „mythisch-praktisch“ charakterisiert. Die Alltagsdeutungen dieser Welt sind, so Husserl, „in ihrem eigenwesentlichen Sein ungefestigt, dem Einströmen von mythischen Momenten offen stehen(d)“.[10] Ihr charakteristisches Merkmal war der Zweifel an der Authentizität der den Menschen umgebenden Welt und die Überzeugung, daß diese, vielleicht, anders sei, als sie wahrzunehmen ist.

Historische Entwicklung in dieser Hinsicht ist gewissermaßen auch Entwicklung vom Zweifel zum Zweifelsfreien, d.h. Herausbildung der *Epoché der natürlichen Einstellung*. Die Veränderungen der Alltagswelt spiegeln sich in den Werken der Philosophen. Bereits im 17. Jahrhundert entstand die Idee der „physikalischen Theologie“, nach der die Welt eine Maschine sei, die - von Gott angestoßen - nun ohne seine Intervention arbeite. Zur gleichen Zeit wurde in der Theologie das Dogma der „göttlichen Samstäglichkeit“ formuliert, nach welchem Gott die Welt erschaffen und sich dann auf Erholung begeben habe, die Welt seitdem ohne seine Teilnahme existiere.

Die mittelalterliche Logik des Gottesbeweises, des Beweises der Existenz Gottes über dessen Vollkommenheit, führte letztlich (bei Leibniz) zu der Vorstellung, unsere Welt sei die beste und vollkommenste aller möglichen Welten. Das aber bedeutete: Sie ist die einzige Welt, denn Gott - als vollkommenes Wesen - kann nicht

10 Husserl, Edmund: Die Krisis des europäischen Menschentums und die Philosophie. In: Husserliana Bd. 6. Den Haag: Martinus Nijhoff 1976, S. 330.

etwas Unvollkommenes schaffen (irgend etwas anderes aber wäre unvollkommen im Vergleich zu unserer vorhandenen vollkommenen Welt). Die faktische Konsequenz war, daß unsere Welt die einzige ist. So erweist sich die *Epoché der natürlichen Einstellung*, wie sie charakteristisch ist für unseren modernen Alltag, als eine historisch gewordene.

Ein weiteres konstitutives Element der Alltagswelt ist, wie Schütz, Bergson folgend, es formulierte, „*Attention à la vie*, unsere Ausrichtung und Aufmerksamkeit auf das Leben“[11]. Eine solche Beziehung, die eine von Arbeit geprägte, aktivistische Natur des Alltags voraussetzt, hat es wohl immer gegeben. In der Literatur ist die Behauptung weit verbreitet, der Mensch der früheren Epochen habe sich machtlos gefühlt angesichts des Weltganzen, der Naturgewalten, die er deshalb in Gestalt allmächtiger Götter verkörperte. Doch die „Gerüchte“ über diese Machtlosigkeit sind etwas übertrieben. Bekanntlich haben die Menschen der Urzeit ihre Idole nicht nur angebetet, sondern sie auch desavouiert, ihnen gegrollt, Statuen der Götter zerschlagen, sie geprügelt, erpreßt usw. Auch der Held Diomedes hat während der Schlacht um Troja nicht nur Aphrodite verwundet, die ihn beim Kämpfen störte, sondern auch furchtlos die Lanze gegen den Kriegsgott Ares selbst erhoben, ihn mit der Lanze durchbohrt, woraufhin dieser auf den Olymp floh, um sich die Wunden zu heilen. All das spricht bei weitem nicht davon, daß der Mensch sich machtlos fühlte. *Attention à la vie*, charakteristisch für den Alltag jeder Epoche, ist nicht gleichbedeutend mit einem schwachen, passiven Bewußtsein.

Man mag einwenden, das Christentum habe die Abkehr von Aktivität in dieser Welt gepredigt, die Hinwendung zum künftigen Leben „nach dem Tode“, das Gebet, das Fasten, das Töten des Fleisches, wie etwa der russische Gelehrte Wassili Rosanow dem Christentum vorgeworfen hat. Doch das Christentum war in dieser Hinsicht nie einheitlich. Aus dem Frühchristentum kennt man beispielsweise die häretische Lehre des Pelagius, deren Anhänger, ausgehend von der Idee der göttlichen Vorsehung, die Errettung gerade auf den Wegen des irdischen Lebens suchten. Schließlich hat die Reformation mit den historisch veralteten Ansichten aufgeräumt und endgültig die diesseitige Welt mit all ihren Anforderungen an das Alltagsleben als den einzigen Ort für den Dienst an Gott bestätigt. *Attention à la vie* als tadellose Erfüllung der Anforderungen, die durch die Umgebung, die Umstände, die berufliche und soziale Rolle gegeben sind - das ist die grundlegende Forderung der Ethik des Protestantismus, in der Max Weber die elementare Gestalt des kapitalistischen Geistes sah.

So kann man sagen, daß die gespannte Aufmerksamkeit auf das Leben immer eine für das Alltagsleben charakteristische Bewußtseinshaltung gewesen ist, wenngleich sie in verschiedenen Perioden der Geschichte jeweils schwächer oder stärker ausgeprägt war. In diesem Sinne hat sie gleichfalls historischen Charakter.

Das nächste konstitutive Element der Alltagswelt ist die *Spezifik der Zeitper-*

---

11 Schütz, Alfred: Über die mannigfaltigen Wirklichkeiten. A.a.O., S. 243.

*spektiven*. Alltäglichkeit wird konstituiert durch die „Standardzeit" der Arbeitsrhythmen, die an der „Schnittstelle" von subjektiver „Dauer" und objektiver kosmischer Zeit entsteht. Diese komplizierte Gestalt der Arbeitszeit erschwert die historische Analyse des Problems. Weder die subjektive noch die objektive „äußere" Zeit in ihrem heutigen Verständnis decken sich mit ihrer Wahrnehmung in früheren historischen Perioden. Die Frage des subjektiven Zeiterlebens steht in Zusammenhang mit der Frage, wie die Persönlichkeit ihre eigene Identität wahrnimmt. So unterschied sich das Zeitempfinden in der Antike, als sich der Mensch (nach Meinung vieler Autoren) vor allem mit seiner plastischen Seite, seinem physisch-räumlichen Körper identifizierte, von dem im Mittelalter, als der Mensch vor allem als die Seele des Menschen wahrgenommen wurde. Man kann annehmen, daß im ersten Fall die subjektive Zeit eher irrelevant war, die Arbeitsrhythmen zusammenfielen mit den Rhythmen der Natur (Frühjahr und Herbst; Tag und Nacht). Im zweiten Fall soll die innere Zeit entstanden sein, denn die Seele, so Bachtin, ist ein Ganzes in der Zeit, und ein Ganzes ist schon eine Außerkraftsetzung des es äußerlich umgebenden Rhythmus. Nicht zufällig wurde das innere Zeiterleben erstmals von einem der Kirchenväter, St. Augustinus, als philosophisches Problem thematisiert.

Ebenso unterschiedlich wird in den verschiedenen Epochen auch die objektive Zeit erlebt. So existierte, wie bereits angesprochen, bei den alten Ägyptern das Vergangene, d.h. die Welt der Vorfahren, in bestimmtem Sinne gleichzeitig mit dem Gegenwärtigen. Nichts vergeht „ganz". Die Fakten der Vergangenheit, der Gegenwart und der Zukunft koexistieren. Im Christentum meint die Idee von der göttlichen Vorsehung, daß das Vergangene, das Gegenwärtige und das Zukünftige sich gleichsam zu einem Punkt verdichten und zumindest im Bewußtsein Gottes gleichzeitig existieren. Einer solchen Sicht folgte übrigens auch die „klassische" Wissenschaft, die es für möglich hielt, dank des Kausalzusammenhangs der Erscheinungen ein erschöpfendes, vollständiges Bild der Welt zeichnen zu können - was sie ist, was sie war, was sie sein wird. In diesem, seinem Wesen nach mechanistischen Weltbild wurde das Historische mit dem Logischen gleichgesetzt, obgleich das Verhältnis zwischen beiden in der Wirklichkeit kompliziert ist und sie nicht identisch sind.

Die äußere Zeit wurde - im Unterschied zur heutigen Wahrnehmung - nicht als ein passiver, homogener, sich in jedem Moment selbst gleichender Behälter von Fakten und Ereignissen empfunden. Ihre unterschiedlichen Momente wurden durch eine jeweilige qualitative Bestimmtheit charakterisiert. Die Zeit, so A. Gurjewitsch, war „ebenso real und gegenständlich wie auch die ganze übrige Welt"[12]; sie war nicht zu trennen von den Dingen und den Handlungen, die sie enthielt.

Charakteristisch für die christliche Ära war die Objektivierung der Zeit. In der

12 Gurjewitsch, Aaron J.: Das Weltbild des mittelalterlichen Menschen. Dresden: Verlag der Kunst 1978, S. 105.

Ära des Christentums entstand (schon bei Augustinus) die Philosophie der Geschichte, die die Zeit dramatisiert. Geschichte wurde nun auf ein Ziel hin gedacht; damit erhielt die Zeit eine Richtung, jeder Moment der Zeit wurde vom Standpunkt des Ziels der Geschichte her gedeutet. Es entstand ein spezifischer Lebensrhythmus, der nicht mit dem natürlichen zusammenfiel, sondern durch die Kirche gesetzt wurde und die Beziehung des Menschen zu Gott vermittelte (die Zeit des Gebets, des Gottesdienstes, der Weihen etc.). Der zuvor entstandene „subjektive" Lebensrhythmus „kreuzte" sich mit dem „objektiven", d.h. dem sozial organisierten Rhythmus. Hier entstand schon eine Standardzeit, d.h. die Zeit der Alltagsrhythmen.

All das vollzog sich parallel zu der Entwicklung der wissenschaftlichen Vorstellungen, als deren Ergebnis sich die objektive Zeit wie auch das psychische Leben des Menschen vom Erbe der theologischen Interpretationen befreit und den vom Arbeitsleben bestimmten Zeitrhythnus unseres modernen Alltags ausgebildet haben.

Schließlich sei noch darauf hingewiesen, daß die zeitlichen Merkmale der Alltagswelt sich nicht nur inhaltlich verändern, sondern der Alltagsrhythmus sich auch ständig beschleunigt; das Lebenstempo wird schneller. Wie Historiker vermerkt haben, schlagen die Kirchturmuhren erst seit dem Ende des Mittelalters auch die Viertelstunden. Der Arbeitsrhythmus des mittelalterlichen Handwerkers war langsamer als der heutige. Einem bis zu zwanzig Stunden dauernden Arbeitstag folgte ein Tag der Erholung. Unter den heutigen Bedingungen des Sieben- oder Achtstundenarbeitstages folgen die Perioden von Arbeit und Erholung schneller aufeinander.

Ich komme nun zur Problematik der *persönlichkeitsspezifischen Bestimmtheit des handelnden Individuums*. Bei der Behandlung der anderen Probleme, insbesondere der Zeitperspektiven, wurde diese Thematik schon angesprochen. Doch im Unterschied zu Schütz' Fragestellung soll es hier nicht darum gehen, wie die Persönlichkeit in den verschiedenen Epochen wahrgenommen wurde, sondern darum, in welchem Maße der Mensch in der Einheit seiner Äußerungen (spontane Aktivität, Kontemplation, Phantasie) in das Alltagsleben eingebunden ist, durch die Welt des Alltags beansprucht wird.

Hier sind verschiedene Interpretationen möglich. Einerseits war für Altertum und Mittelalter charakteristisch, daß die Aktivitäten, wie man heute sagt, wenig innovativ waren. Tätigkeit war im wesentlichen traditionelle Tätigkeit. Die Vorstellungen über die Welt und die Verhaltensmuster blieben über Jahrhunderte, mitunter - wie in Ägypten - über Jahrtausende stabil. Unter diesen Bedingungen war Arbeit in der Regel ein Ensemble mechanischer Bewegungsabläufe, die wenig angestrengte Überlegung oder Phantasie erforderten. Soziologisch gesprochen, fiel die Persönlichkeit mit ihren Rollenbestimmungen zusammen; die Spontaneität war erloschen. Der Arbeitsakt war keine Handlung, sondern eine mechanische Anstrengung.

Andererseits kann man sagen, daß in dieser endlosen Wiederholung ein und desselben die Wiederholbarkeit fehlte. Das klingt paradox. Doch erinnern wir uns an die Spezifik des Zeiterlebens im Altertum: Wenn jeder Moment durch seine qualitative Bestimmtheit charakterisiert war, dann war sozusagen das diesjährige Einbringen der Ernte nicht das gleiche wie das Einbringen der Ernte im Jahr zuvor. In der Wiederholung war die Unwiederholbarkeit verborgen; die Handlung verlief nicht nach einem bekannten Algorithmus, sie war jedesmal eine neue Handlung, begann jedesmal von neuem und erstmals. Noch im Mittelalter entstand in den Händen des Handwerkers jedesmal ein neuer Gegenstand, der nicht mit dem vorherigen identisch war. Erst mit der Industrie änderte sich das grundsätzlich.

Am Rande sei darauf verwiesen, daß auch unsere moderne Epoche, die - u.a. angesichts des schnellen Wandels kultureller Verhaltensmuster und der ungewöhnlichen Beschleunigung der Lebensrhythmen - so stolz ist auf ihren innovativen Geist, durch zwei Tendenzen gekennzeichnet wird: durch Traditionalismus und Verhaltensstandardisierung (das Schicksal der Mehrheit) einerseits, innovative Funktionen (die Prärogative einer spezialisierten Schicht von Erfindern in allen Lebensbereichen) andererseits. Der sich beschleunigende Rhythmus - insofern der Rhythmus ein Selbstwert ist, selbstgenügsam, gegenständlicher Bestimmtheit bar - trennt das Leben von seinem thematischen, gegenständlichen und gedanklichen Gehalt und unterdrückt folglich die Innovation. Nicht zufällig ist die Tätigkeit derjenigen, die die Funktion von Innovatoren innehaben - von Wissenschaftlern, Politikern, Künstlern -, weit weniger rhythmisiert als die der „Normalbürger".

Zurück zum Thema. Es wurden zwei unterschiedliche Interpretationen dargelegt, und ich neige - ungeachtet des Traditionalismus der früheren Epochen - zu der Ansicht, daß in diesen Epochen die Persönlichkeit in die von ihr vollzogenen Handlungen in der Regel stärker eingebunden war, als das in der modernen Epoche der Fall ist. Für unsere Thematik - die Historizität des Alltags - hat eine solche Schlußfolgerung weitreichende Folgen. Stark vereinfacht ließe sich sagen: Das Alltagsleben im Altertum war nicht so sehr *Alltag* als vielmehr eine Abfolge von „Abenteuern". *Abenteuer* im modernen Sinn kann man beschreiben als einen Teil der Realität, der aus dem gewöhnlichen Lebensfluß gleichsam „ausgekoppelt", in sich geschlossen ist und sich durch äußerste Zuspitzung von emotionalen und Willensäußerungen auszeichnet. Im Abenteuer „verschwindet" die Zeit. Das Gegenständliche wird als so scharf und kraß empfunden, als hätte sich die Zeit „zusammengezogen". Deshalb sagt man oft, „alles passierte in ein und demselben Augenblick".[13]

In eine Reihe solcher „Abenteuer", in denen die Zeit, durch die gegenständlich-gedankliche Seite des Tätigseins absorbiert, nicht als etwas - gegenüber den Dingen - Besonderes wahrgenommen wurde, zerfiel gewissermaßen auch der Alltag im Altertum. „Abenteuer" ist nur möglich vor dem Hintergrund einer bestän-

13 Vgl. auch die Charakterisierung des Abenteuers bei Simmel, Georg: Philosophische Kultur. Leipzig: Kiepenheuer und Witsch 1911.

digen und stabilen Lebensordnung; und diese Stabilität war im Altertum sehr hoch. Etwas anderes ist es, daß das Alltägliche im Vergleich zu heute schärfer und mit gespannterer Aufmerksamkeit empfunden wurde. Deshalb spreche ich für diese früheren Epochen von einer intensiveren und aktiveren Beanspruchung des Menschen durch die Alltagswelt.

## Die historische Entwicklung der Sozialität

Das letzte von Schütz aufgeführte konstitutive Element der Alltagswelt ist die jeweils spezifische Form der Sozialität. Die Alltagswelt ist die allgemeine, intersubjektiv strukturierte und typisierte Welt des sozialen Handelns und der Kommunikation.

Die Frage, ob eine solche Welt des Alltags historisch geworden ist oder ob ihre formalen Merkmale ursprünglich und unveränderlich sind, läßt sich in mehrere Teilfragen untergliedern: (1) Inwieweit war für das Alltagsleben im Altertum die Wahrnehmung der Persönlichkeit als Typ charakteristisch? (2) Wieweit wurden die sozialen Interaktionen in der Wahrnehmung typisiert, und inwieweit galt die Wechselseitigkeit der Perspektiven als eine Voraussetzung der Interaktionen? (3) Wie vollzog sich der Prozeß der Typisierung von Persönlichkeiten und Interaktionen?

(1) Ein indirekter Ansatz zur Beantwortung dieser Frage ist Georg Simmels Untersuchung zur Entwicklung der Vorstellungen vom Wert des Menschen im Zusammenhang mit der Entwicklung der Geldwirtschaft.[14] Die historisch ursprüngliche Reaktion auf den Mord an einem Stammesoberhaupt beispielsweise war die Blutrache, d.h. ein ebensolcher Mord. Später entstand die Praxis der „Bezahlung für den Mord" (das altgermanische *Wehrgild*) bzw. der Bezahlung für Tötung überhaupt. Anfangs gab es keinen festen Preis, dieser wurde in jedem Fall individuell festgelegt. Erst später wurden feste Preise eingeführt; sie berücksichtigten den sozialen Status des Getöteten und trugen zudem zur Festigung der Autorität des jeweiligen weltlichen und geistlichen Herrschers bei. Dieser Übergang vom subjektiven zum objektiven Preis (und Wert) des Menschen vollzog sich vor dem Hintergrund einer bedeutsamen Wende im Denken. Wenn alle Menschen, so Simmel, ein Objekt auf gleiche Weise wahrnehmen, dann kann man das nur damit erklären, daß das Objekt in der Tat eine spezifische Qualität besitzt, die den Inhalt der Wahrnehmung bildet. Wenn verschiedene Menschen, die in unterschiedlichen Situationen ums Leben gekommen sind, gleich bewertet werden, bedeutet das, daß der Mensch wirklich so oder so viel wert ist. Im umgekehrten Fall, wenn der Preis individuell festgelegt wird, drückt er nicht einen typischen, sondern einen höchst individuellen Wert aus, der bestimmt ist durch persönliche Umstände und die soziale Stellung der Verwandten des Getöteten.

---

14 Vgl. Simmel, Georg: Philosophie des Geldes. Berlin: Duncker & Humblot 1987.

Hier beobachten wir den Übergang von der individualistischen zur typologischen Wahrnehmung der Persönlichkeit. Die erwähnte Einführung eines Festpreises bewirkte die Herstellung einer sozialen Welt, den Abbau der endlosen Feindseligkeiten zwischen den Stämmen, d.h. eine bestimmte Wechselseitigkeit der Perspektiven. Sie war zugleich auch die Kodifizierung der zu dieser Zeit schon herausgebildeten Persönlichkeitstypologie.

Ähnliche Formen der Taxierung waren die Ehe auf der Basis des Brautkaufs, in späterer Zeit die auf finanzielle Kalkulation gegründete Ehe und die Prostitution. Die Einführung eines Preises für die Frau war ein Schritt zu ihrer Typologisierung, wobei der Preis in der Regel aus ökonomischen, nicht aus ästhetischen Erwägungen festgelegt wurde.

Hinter diesen äußeren ökonomischen und juristischen Fakten verbargen sich veränderte Formen der Wahrnehmung der menschlichen Persönlichkeit. In den sozialen Beziehungen nahm die typologische Wahrnehmung immer größeren, die Wahrnehmung der Besonderheit und der Individuialität immer geringeren Raun ein.

Im weiteren Verlauf kam die Paradoxie dieser Entwicklung zum Vorschein. Der moderne Standpunkt, daß jede Persönlichkeit einen Eigenwert besitzt und kein Geldwertäquivalent haben kann, ist ein Produkt der Verabsolutierung der typologisierenden Prozedur. Die moderne „juristische Person" ist absolut unpersönlich. Die Anerkennung der unveräußerlichen Rechte der Persönlichkeit setzt die Abstraktion von ihrer Individualität voraus. Im Gegensatz dazu hatten die früheren hierarchischen Typologien die Besonderheit der Persönlichkeit im Blick, die in deren Wert zum Ausdruck kam. Zwar gilt vom modernen Standpunkt aus die Taxierung einer Person als Erniedrigung des Menschen, doch muß man einräumen, daß sich in einem hinreichend hohen Preis auch die Anerkennung ihrer besonderen, individuellen Qualitäten ausdrücken kann. Zudem kann ein Preis, wie Simmel bemerkt, so hoch sein, daß er einen Menschen über die Schranken jeglicher Typologie erhebt und damit dessen Einzigartigkeit und Unersetzbarkeit bezeugt.

Im hier behandelten Zusammenhang ist von Bedeutung, daß mit der Herstellung von Stabilität und Ordnung der Interaktionen typologisierende Prozeduren im sozialen Leben an Einfluß gewannen. Der Satz: Die Wechselseitigkeit der Perspektiven als Voraussetzung der Interaktion hat für alle Personen, die mit mir interagieren, potentiell Geltung, ist gleichbedeutend z.B. mit der Rede von der Gleichheit der Rechte der Persönlichkeit, die doch ebenfalls nur potentiell existiert. Je weiter wir uns in die Geschichte vertiefen, in desto geringerem Maße erscheint die menschliche Persönlichkeit als typologisiert, desto mehr verengt sich die Sphäre potentieller Wechselseitigkeit der Perspektiven. Im Altertum waren alle Herrscher die größten, alle Krieger die furchtlosesten und mächtigsten. Diese Superlative an sich machten es unmöglich, Persönlichkeiten miteinander zu vergleichen bzw. durcheinander zu ersetzen.

(2) Ähnlich verhält es sich mit den sozialen Interaktionen. Äußerlich mochten

sie sich von den heutigen kaum unterscheiden. Formal erscheint das Zerwürfnis zwischen Achilleus und Agamemnon als absolut identisch mit dem Streit zwischen Gogols unbedeutenden Beamten Iwan Iwanowitsch und Iwan Nikiforowitsch, sowie vielen anderen Situationen, die wir als konflikthaft klassifizieren. Der Unterschied besteht darin, daß die Typologisierung der Persönlichkeit, die Zuschreibung typischer Motive vor drei Jahrtausenden weitaus weniger entwickelt war; deshalb hatte dieser Streit eine weitaus höhere personengebundene Bedeutung. Er war der einzige seiner Art, wie jeder andere in diesen weit zurückliegenden Zeiten auch.

Die einzelnen Handlungen bzw. Tätigkeiten konnten auch deshalb so intensiv als personengebunden und unwiederholbar erlebt werden, weil, wie Simmel bemerkt, der Weg zur Erlangung des jeweiligen Ziels relativ „kurz", also nur eine vergleichsweise geringe Zahl von Teilabschnitten zu überwinden war. Man konnte seine Bedürfnisse befriedigen, ohne sich eines ganzen System von Vermittlungsgliedern bedienen zu müssen. So stand in der Naturalwirtschaft zwischen der Arbeit und der Befriedigung konsumtiver Lebensbedürfnisse nicht das Geld als vermittelndes Medium. Die einzelnen Handlungen und Arbeitsakte - relativ einfach strukturiert - wurden als unmittelbar individuell wahrgenommen, sie waren dem Menschen „näher", individualisierter.

Von großer Bedeutung im hier behandelten Zusammenhang war die Herausbildung der Wissenschaft, die eine ganz neue Art der Tätigkeit und ihrer Erzeugnisse hervorbrachte. Die „Erwerbe" (Produkte) der Wissenschaft, schrieb Husserl, haben eine besondere Seinsart, eine besondere Zeitlichkeit: „Sie verbrauchen sich nicht, sie sind unvergänglich; wiederholtes Erzeugen schafft nicht Gleiches, höchstens gleich Brauchbares, es erzeugt in beliebig vielen Erzeugungen derselben Person und beliebig vieler Personen identisch das Selbe, identisch nach Sinn und Geltung. Miteinander in aktueller Wechselverständigung verbundene Personen können nicht anders als das von den jeweiligen Genossen in gleicher Erzeugung Erzeugte als identisch das Selbe erfahren mit dem der eigenen Erzeugung."[15]

Die spezifische Seinsart der Produkte der Wissenschaft symbolisiert die Seinsart der modernen Alltagswelt.

(3) Die letzte Frage besteht darin, wie sich unter diesen, von den heutigen äußerst verschiedenen Bedingungen eine stabile, koordinierte Praxis herausgebildet hat. Ich möchte hier nicht näher auf die schon jahrhundertealte Diskussion über *primitives Denken* eingehen, sondern die Aufmerksamkeit auf das Problem der *Partizipation* lenken, das im Zusammenhang mit der Problematik des sogenannten *komplexen Denkens* thematisiert wurde.

*Komplexes Denken* ist nicht nur den Urvölkern eigen, sondern auch Kindern in der frühkindlichen Entwicklungsphase. In einem häufig zitierten Beispiel bezeichnet ein Kind mit dem Wort „qua" zuerst eine Ente, die es im Teich hat schwimmen sehen, dann jede Flüssigkeit, darunter auch die Milch, die es aus der Flasche zu

15 Husserl, Edmund: Die Krisis... A.a.O., S. 323.

trinken bekommt. Dann, wenn es auf einer Münze einen eingravierten Adler sieht, bezeichnet es mit „qua" auch die Münze, anschließend überträgt es diese Bezeichnung auf alle runden und glänzenden Gegenstände. Dieses Beispiel hat auch L.S. Wygotski in seiner detaillierten Beschreibung des komplexen Denkens verwendet. Im Ergebnis, so Wygotski, erhält ein und dasselbe Wort, indem es in unterschiedlichen Situationen verwendet wird, völlig unterschiedliche, mitunter gegensätzliche Bedeutungen. Die „Verbindung von gegensätzlichen Bedeutungen in einem Wort ist nur im komplexen Denken möglich, wo jeder konkrete Gegenstand nicht mit den übrigen Elementen verschmilzt, sondern seine volle Selbständigkeit bewahrt".[16]

Im Rahmen des komplexen Denkens kann nicht nur ein und dasselbe Wort unterschiedliche Fakten und Phänomene bezeichnen, die vom Standpunkt unseres begrifflichen Denkens in keinem sachlichen Zusammenhang miteinander stehen, sondern auch umgekehrt - ein und dasselbe Phänomen kann unterschiedliche Bezeichnungen erhalten, wenn es unterschiedlichen Komplexen zugeordnet wird. Dabei bewahrt es trotzdem seine konkrete Fülle und Identität.

Unser logisches Denken erlaubt es, einen Gegenstand verschiedenen Mengen zuzuordnen, sofern ihm ein die jeweilige Menge konstitutierendes Merkmal eigen ist. Einen Tisch z. B. kann man der Menge der hölzernen Gegenstände zuordnen, oder der Menge von Gegenständen, die auf vier Beinen stehen, usw. Doch bei diesen Prozeduren wird die einmalig-anschauliche Bestimmtheit des Tisches zerstört. Das gleiche vollzieht sich in den typologisierenden Prozeduren des Alltags, in denen die der Typologisierung unterliegenden Persönlichkeiten und deren Interaktionen ihre Individualität verlieren.

Anders verhält es sich, wenn die Dinge Komplexen zugeordnet werden. Ihre Identität, ihre Individualität bleiben ihnen erhalten, während sie gleichzeitig eines am anderen teilhaben. Dieses Phänomen hat Wygotski als *Partizipation* bezeichnet und an einem Beispiel von L. Lévy-Bruhl demonstriert: „Der nordbrasilianische Stamm Bororó ist stolz darauf [...], daß seine Mitglieder rote Arara-Papageien seien: [...] ‚Die Bororó geben kalt zu verstehen, daß sie wirklich rote Araras seien [...] Das ist nicht ein Name, den sie sich beilegen, das ist nicht eine Verwandtschaft, die sie behaupten. Was sie verstehen lassen wollen, ist eine Wesensidentität'."[17]

Hier stellt sich jedoch die Frage, wie *Partizipation* zu verstehen ist. Ist das Teilhabe ein und derselben Sache an verschiedenen Komplexen, oder wechselseitige Teilhabe der Dinge untereinander? Mit anderen Worten, ist „Arara" ein Familienname für besondere Vögel und Menschen (wie z.B. die Mitglieder einer Familie sagen können, sie sind alle Iwanows, ohne sich dabei für miteinander identisch zu halten), oder ist wirklich die Rede von wechselseitiger Identität? Wygotski steht

16 Wygotski, Lew: Denken und Sprechen. Frankfurt a.M.: S. Fischer 1974, S. 140.( Wygotski zitiert hier aus: Lévy-Bruhl, Lucien: Das Denken der Naturvölker. Wien-Leipzig 1926.)
17 Ebenda, S. 141.

auf dem ersten Standpunkt, wenn er sagt, man könne kaum behaupten, die *Bororó* würden sich für mit den Papageien identisch halten.

Dennoch unterstellt *Partizipation*, daß die Gegenstände, die einen Komplex bilden, ein gewisses Maß an gemeinsamer Identität haben. Ansonsten bliebe die Mehrheit magischer Prozeduren ebenso unverständlich wie die Namensbesessenheit der Menschen im Altertum. Eine Legende aus dem alten Ägypten handelt davon, daß der Gott Ra von einer Schlange gebissen wurde und schwer darunter litt. Die Göttin Isis, die sich mühte, ihn zu heilen, forderte ihn auf, ihr seinen heimlichen Namen zu verraten. *Ra*, der die Schmerzen nicht länger ertrug, war schließlich einverstanden. Das Aussprechen dieses Namens hatte den Charakter einer Beschwörung - und der Gott wurde geheilt. Die Vielzahl von Namen zeugte davon, daß der Mensch an verschiedenen Komplexen teilhatte, dabei aber seine Ganzheit und Individualität behielt, daß er trotz vieler verschiedenartiger Bezeichnungen mit sich selbst identisch blieb.

Mir scheint, der Begriff des *komplexen Denkens* ist der Schlüssel zum Verständnis der Praxisstrukturen, die uns aus den historisch frühen Phasen der Menschheitsentwicklung überliefert sind. Das komplexe Denken ermöglichte es, einen Gegenstand, eine Erscheinung mit anderen identisch zu setzen, ohne deren konkrete Individualität verloren zu geben. Es erlaubte den Mitgliedern eines Stammes, sich mit den anderen zu identifizieren (jeder Bororó ist ein Bororó), sich mit einem Totem zu identifizieren (jeder Bororó ist ein Arara-Papagei), sich mit sich selbst zu identifizieren und dabei ihre unverwechselbare Individualität zu erhalten. Die Benennung der Dinge oder Erscheinungen war dabei keine Unterordnung unter einen Typ, keine logische oder quasi-logische Prozedur. In den Worten Wygotskis: Das ursprüngliche Wort ist „eher ein Gemälde, eine geistige Zeichnung des Begriffs, eine kleine Erzählung über ihn. Es (ist) ein Kunstwerk“[18]. Deshalb kann man sagen, daß in weit zurückliegenden Epochen die sozialen Interaktionen, die Ereignisse (selbst die, die uns bekannt und verständlich vorkommen) in ihrem Wesen anders abliefen als die unsrigen. Jedes von ihnen, auch das, welches dem gestrigen ähnlich war und mit demselben Wort bezeichnet wurde, war dennoch nicht „dasselbe“, wie auch das gestern aufgeführte Spektakel nicht dasselbe ist wie das heute gespielte, das gestrige Spiel zwischen Tochter und Mutter nicht dasselbe ist wie das heutige, usw.

Eine solche Weltwahrnehmung basierte auf der erwähnten einfachen Struktur der alltäglichen Handlungen und Tätigkeiten, der „Nähe“ und konkreten Gestalt der Ziele, der geringen Ausprägung der Arbeitsteilung. Der Grad der Arbeitsteilung war bestimmt durch die konkreten physischen Möglichkeiten des Individuums. So praktizierten bei den amazonischen Kriegerstämmen die Krieger während eines längeren Feldzuges eine „Feld-Homosexualität“, wobei sie der Reihe nach

18 Ebenda, S. 148f.

die „Rolle der Frau" übernahmen. Und Rachel, die unfruchtbar war, gab Jakob ihr Dienstmädchen Bilha, die das Kind Rachels zur Welt brachte.

Je komplizierter im weiteren die Tätigkeitsstrukturen wurden, je „länger" die Kette der Vermittlungsglieder, je differenzierter die Arbeitsteilung, desto mehr wurden die Dinge und Erscheinungen „logisiert". Die Wahrnehmung der Dinge und Erscheinungen begann sich von ihrer konkret-anschaulichen Bestimmtheit zu lösen. Die Ausdehnung der räumlichen Beziehungen des Menschen, das Aufkommen des Warenaustauschs, die Entstehung der Geldwirtschaft, der Philosophie und der Wissenschaften - all das beförderte die Intellektualisierung und „Logisierung" der sozialen Welt. Es waren Schritte zur Herausbildung unserer heutigen Alltagswelt.

## Zur Anthropologie der Kultur

Wir verstehen unter Alltäglichkeit etwas Gewohntes, Routinemäßiges, Normales, in den verschiedenen Momenten der Zeit mit sich Identisches. Von diesem Standpunkt aus kann man - unserer Hypothese entsprechend - sagen, daß es in den Anfangsepochen der Geschichte Alltag als solchen nicht gab. Alltäglichkeit ist das Produkt einer langen historischen Entwicklung.

Doch die „primitiven" Formen der Erfahrung sind nicht spurlos verschwunden. Sie sind - unter dem Druck der Alltagswelt, die sich unumkehrbar als „oberste Realität" (*paramount reality* - Schütz) behauptet hat - entwichen in die „geschlossenen Sinnbereiche", die alle ihre eigene „Logik" besitzen. In der psychologischen Literatur heißt es, *komplexes Denken* und das Phänomen der *Partizipation*, wie ich sie für die frühen Phasen der Menschheitsgeschichte beschrieben habe, seien charakteristisch für das Denken von Schizophrenen. Ebenso deutlich lassen sie sich in frühkindlichen Entwicklungsphasen beobachten. Interessant sind in diesem Zusammenhang die Spiele von Kleinkindern. Sehr häufig handelt es sich dabei um Rollenspiele, Spiele, die das „Annehmen einer Rolle" zur Voraussetzung haben, d.h. einen Typisierungsprozeß. Man sollte aber, wie ich meine, besser nicht von Typisierung sprechen, sondern von Identifikation. In einem solchen Spiel agiert das Mädchen nicht als eine „als ob-Mutter", sondern es ist die Mutter, ebenso wie der Sand im Topf nicht ein (wie vom Standpunkt der Erwachsenenlogik) bedingter Ersatz für den Brei ist. Daraus erklärt sich die Ernsthaftigkeit des Spiels - das, was man die Absorption durch die Rolle nennen könnte -, die für das Spiel von Erwachsenen undenkbar wäre. Und daraus erklärt sich auch die (vom Standpunkt der Logik) absurde Möglichkeit, die „Rolle" einer Lokomotive, eines Autos etc. „anzunehmen". Wir haben es hier mit einer ganz anderen Denkweise zu tun; diese Spiele sind eher *partizipative* anstatt *Rollen*spiele.

Das, was Schütz „geschlossene Sinnbereiche" nennt, die Erfahrungswelten - die Welt des Spiels, die Welt der Phantasie, die Welt des künstlerischen Schaffens und der künstlerischen Wahrnehmung, die Welt des religiösen Erlebnisses, der seelischen Krankheit usw. - sind gesonderte Gebiete eines synkretistischen, einheitlichen Komplexes von Handeln, Erleben und Denken, wie er für die weit zurückliegende Vergangenheit der Menschen charakteristisch war. Eine detaillierte und systematische Erforschung dieser *geschlossenen Sinnbereiche* könnte uns helfen, vieles aus der Vergangenheit besser zu verstehen und einiges von der künftigen kulturellen Entwicklung der Menschheit vorherzusehen. Sie könnte die Grundlage einer neuen Disziplin bilden - der Kulturanthropologie.

*Aus dem Russischen von Jan Wielgohs*

# Zwei Wirklichkeiten in Bulgakows Roman „Der Meister und Margarita“[1]

## Methodologische Erwägungen

Im diesem Aufsatz wird der berühmte Roman von Michail Bulgakow als eine Quelle empirischer Daten genutzt, um mit deren Hilfe Kategorien zu bilden und Verallgemeinerungen vorzunehmen, die in eine neue soziologische Disziplin führen - die Soziologie der Alltagswelt. Neu ist diese Disziplin indes nur in Rußland. In der westlichen Philosophie und Sozialwissenschaft hat die Beschäftigung mit der Alltagswelt dagegen eine solide Tradition, im wesentlichen in der analytischen Philosophie und in der Sozialphänomenologie. Das folgende „Experiment“ stützt sich auf die sozialphänomenologischen Studien von Alfred Schütz und seinen Nachfolgern.

Natürlich könnte man die Grundzüge der Soziologie der Alltagswelt auch auf „normale“ Weise darlegen, ohne Zuflucht zu Bulgakow zu nehmen. Doch wie die Praxis zeigt, ist die Aneignung der sozialphänomenologischen Konzeption der Alltagswelt kompliziert für denjenigen, der an das traditionelle objektivistische und entfremdete Verständnis sozialer Strukturen gewöhnt ist. Hier wird - mit Hilfe des Romans - der Versuch unternommen, diese Barriere zu überwinden, auf indirekte Weise eine andere Sicht auf die menschliche Welt zu ermöglichen.

Der Roman Bulgakows bietet dazu unschätzbares Material, was sich insbesondere aus der Spezifik des Genres erklärt. Der Roman gehört zur Gattung der *menippeischen Satire*, so benannt nach *Menippos von Gadara,* einem griechischen Philosophen des 3. Jahrhunderts vor Christus. M. Bachtin hat als spezifisches Merkmal dieses Genres die Verbindung einer zügellosen Phantastik mit der Thematisierung fundamentaler weltanschaulicher Probleme hervorgehoben. Dabei wird, wie er schrieb, die kühnste Phantastik und das mutigste Abenteuer durch einen „rein ideell-philosophischen Zweck motiviert und gerechtfertigt - die Absicht, Ausnahmesituationen zu schaffen, um die philosophische Idee zu provozieren und auf die Probe zu stellen“.[2] Methodologisch betrachtet ist die menippeische Satire, so Bachtin, ein moralisch-psychologisches Experiment, eine Unterbrechung des gewöhnlichen Laufs der Dinge, die Herstellung außergewöhnlicher Situationen, in denen provokante Meinungen und Vorstellungen demonstrativ zur Schau gestellt werden.

1 Erweiterte Fassung des Aufsatzes: Dve real'nosti „Mastera i Margarity“. In: Voprosy filosofii 2/1990, S. 44-55.

2 Bachtin, M.M.: Problemy poetiki Dostoevskogo. Moskva 1972, S. 193.

Aus der Geschichte der phänomenologischen Ideen ist ein Beispiel der „angewandten menippeischen Satire“ bekannt, in dem genau jene Beziehung zur „normalen“ Wirklichkeit hergestellt wird, wie sie für das literarische Genre charakteristisch ist. Das sind die Experimente von Harold Garfinkel, dem Begründer der sogenannten Ethnomethodologie.[3] Auch in diesen Experimenten wird der normale Gang der Ereignisse ganz unerwartet unterbrochen, um Inhalt und Formen der Alltagsideen und -vorstellungen zu enthüllen, die im normalen Ablauf des Alltags nicht erkennbar zutage treten. Auf diese Weise wird die Alltagswelt provoziert, auf die Probe gestellt, und - indem sie reagiert - gibt sie die verborgenen Mechanismen ihrer Ordnung ebenso preis wie die philosophische Idee, die in der menippeischen Satire provoziert wird, ihre unausgesprochenen Folgen und Konsequenzen aufzudecken, die „normalerweise“ nicht ins Auge fallen.

Man kann sich natürlich fragen: Wozu braucht man eigentlich eine solche Störung des normalen Alltagsablaufs, die Verletzung der gewohnten, „bewährten“ Strukturen der Alltagsinteraktionen? Ist nicht gerade die Alltagswelt ein klarer und durchschaubarer Lebensbereich, der keiner reflexiven Betrachtungen bedarf? Diese Klarheit ist eine scheinbare. Das Alltägliche scheint klar, nicht weil es reflektiert ist, sondern weil es sich der Reflexion entzieht. Das „gewöhnliche Leben“ wird solange nicht analysiert, wie es nicht durch irgendein außergewöhnliches Ereignis gestört wird. Und werden die „Akteure des Alltags“ mit einer solchen Störung konfrontiert, dann neigen sie vorzugsweise dazu, die Situation zu „normalisieren“, sie in Alltägliches zu überführen. Danach erst beginnen sie damit, den Faktor zu untersuchen, der den üblichen Lebensablauf gestört hat, nun aber schon als normale Alltagserscheinung gedeutet wird.

Das Wesen dieses Vorgangs läßt sich an folgendem Beispiel demonstrieren: Im Verlaufe einer normalen, gewöhnlichen Unterhaltung fängt der Experimentator an, sein Gesicht dem seines nichtsahnenden Gesprächspartners zu nähern. Der Partner wird verlegen, rückt erst einmal ab, bis ihm bewußt wird, daß sich die Situation verändert hat und er an einer Interaktion beteiligt ist, die andersartig ist, als zuvor angenommen. Die typische Reaktion wäre: „Stimmt was nicht mit Dir?“ Manche Leute würden das Verhalten des (heimlichen) Experimentators als sexuell motiviert deuten, andere würden ihn für krank halten.

Was hier vor sich geht, ist eine *Re-Definition der Situation*. Indem die Situation umgedeutet wird, wird sie zugleich „normalisiert“. Sie wird wieder zu einer Alltagssituation, denn jeder weiß, was er zu tun hat, wenn der Partner krank ist, wie man sich gegenüber einem „Schizo“ oder einem ungenierten Schürzenjäger zu verhalten hat. Die Situation mag sich als schwierig oder unangenehm erweisen, aber sie hört auf, unbegreiflich und sinnlos zu sein. Die „Normalisierung“ erfolgt, indem man dem Partner ein typisches Motiv zuschreibt, d.h. ihn mittels einer Typisierung seiner Persönlichkeit - als „Schizo“, „Kranker“, „Schürzenjäger“ etc. ein-

3 Vgl. Garfinkel, Harold: Studies in Ethnomethodology. Englewood Cliffs, N.J., 1968.

ordnet. Und auf dieser Grundlage wird auch die „neuartige“ Interaktion typisiert. Sie wird in die Alltagswelt „eingepaßt“ und erscheint nun durch eben diesen Persönlichkeitstyp kausal verursacht.

Würde man diese Situation zum Gegenstand einer wissenschaftlichen Untersuchung machen, dann wäre der Wissenschaftler natürlich bemüht, in die „Tiefe“ der Kausalkette einzudringen und den Ursprung des abweichenden Verhaltens aufzudecken - in den psychophysiologischen Besonderheiten der Persönlichkeit, in den besonderen Umständen der Erziehung im frühen Kindesalter, in der Spezifik des sozialen Umfeldes etc. Was gewiß nicht ins Blickfeld des Forschers geraten würde, das ist der Prozeß der Re-Definition der Situation selbst und alle damit zusammenhängenden Fragen: Wie wird den Alltagsakteuren bewußt, daß das wechselseitige Verhalten von der eigentlichen Norm abweicht? Wie wird die „neue“ Interaktion auf die ein oder andere Weise typisiert? Aus welcher Quelle stammt das „Repertoire“ an Typen, deren sich die Alltagsakteure bedienen, und wie sieht es aus? Welches sind die jeweiligen Zuordnungskriterien? Wie sieht die logische Struktur von Alltagsinterpretationen aus? Will man eine Antwort auf diese Fragen finden, dann muß man sich mit der formalen Struktur der Alltagswelt auseinandersetzen. Solange man das nicht tut, bleiben Klarheit und Durchschaubarkeit des Alltagslebens trügerisch.

Das Alltagsleben ist nicht so klar, wie die Alltagsakteure und auch die Soziologen gewöhnlich glauben. Für letztere bildet es, wie Edmund Husserl sagte, die *Grundlage*, die notwendige Voraussetzung der Forschung, aber es wird nicht zum *Thema* der Forschung gemacht. Doch im Hinblick auf die Klärung und Präzisierung der fundamentalen methodologischen Prinzipien der Sozialwissenschaften ist Aufmerksamkeit für dieses Thema gefragt.

Es mag den Anschein erwecken, daß hier weitgehende Schlüsse auf der Basis nicht allzu bedeutender sozialpsychologischer Experimente gezogen werden. Daher möchte ich noch ein anderes Experiment mit der Alltagswelt als Beispiel anführen. Dieses Beispiel stammt nicht von Garfinkel, sondern von Bulgakow:

„Der Grund für seine (Maximilian Andrejewitsch Poplawskis - *d.Ü.*) Moskaureise war ein Telegramm, das er vorgestern spät abends erhalten hatte. Das Telegramm hatte folgenden Wortlaut: ‚Bin soeben an Patriarchenteichen von Straßenbahn überfahren Beerdigung Freitag fünfzehn Uhr bitte kommen Berlioz.‘

Maximilian Andrejewitsch galt verdientermaßen als einer der klügsten Köpfe in Kiew. Aber selbst den Klügsten kann ein solches Telegramm in Druck bringen. Wenn jemand telegrafiert, er sei überfahren worden, kann er nicht tot sein. Aber was soll dann die erwähnte Beerdigung? Vielleicht steht es schlecht um ihn, und er weiß, daß er sterben muß? Möglich, doch dann wiederum ist diese Genauigkeit im höchsten Grade seltsam: Woher weiß er, daß er Freitag um fünfzehn Uhr beerdigt wird? Komisches Telegramm!

Aber kluge Leute sind deshalb klug, weil sie sich in komplizierten Dingen zurechtzufinden wissen. Sehr einfach. Da war ein Fehler unterlaufen und der Depeschentext verstümmelt. Das Wort ‚Bin‘ war zweifellos aus einem anderen Telegramm hierhergeraten und stand für den Namen ‚Berlioz‘, den man irrtümlich ans Ende des Telegramms gesetzt hatte. Nach dieser Korrektur war der Sinn des Telegramms klar, wenngleich tragisch.“[4]

Das ist ein weiteres Beispiel für Alltagsinterpretationen - der für den Alltag charakteristischen Standardmethode, Unbegreifliches und Unmögliches in Mögliches und Verständliches zu verwandeln. Voland, der in Kiew das sinnlose Telegramm aufgegeben hat, tritt hier als Experimentator auf, dessen Aufgabe es ist, den normalen Gang der Ereignisse zu stören und die Reaktion des Subjekts auf diese Störung zu fixieren. Als Reaktion erfolgt die Interpretation „typischer Fehler bei der Übermittlung des Telegramms“, ihr Ziel ist die Verwandlung des Sinnlosen und Unbegreiflichen in Sinnvolles und in Begriffen des Alltagslebens Selbstverständliches.

Analoge Reaktionen hat auch Garfinkel in seinen Experimenten mit der Logik des Alltags aufgedeckt. Allerdings sind die Möglichkeiten des ethnomethodologischen Experiments begrenzt, und zwar in zweierlei Hinsicht: Zum einen kann sich der Experimentator nicht aus den „Fesseln“ des Alltags befreien, eine diesem gegenüber absolut außenstehende, objektive Position beziehen. Er kann sich z.B. nicht der „Physik“ des Alltags entheben, wie sie in der Körperlichkeit des Menschen besteht. Ebensowenig kann er während des Experiments die Grenzen der natürlichen Sprache überschreiten, die das jeweilige Repertoire an Interpretationsschemata bereitstellt (und begrenzt).

Zum anderen gibt es für das ethnomethodologische Experiment moralisch-ethische Grenzen. Einige der Versuche Garfinkels, die auf die Zerstörung traditioneller Voraussetzungen des Alltagsverhaltens zielten, haben bei den unfreiwillig in das Experiment geratenen Menschen „Gefühle der Verwirrung, der Unsicherheit, innere Konflikte, psychosoziale Isolation, heftige und unverständliche Beunruhigung bzw. Unrast, begleitet von verschiedenen Symptomen starker Entpersonalisierung“[5] hervorgerufen. Hier haben wir es mit den von Bachtin in der menippeischen Satire vermerkten „anormalen moralisch-psychischen Zuständen“ zu tun. In der Realität kann sich ein solches Experiment übel auf die Psyche der Teilnehmer auswirken. Für die menippeische Satire existieren diese Grenzen nicht. Mit diesem Genre eröffnen sich Möglichkeiten, nicht nur die Regeln der Alltagslogik (d.h. die typologischen Interpretationsschemata der Alltagswelt) zu verletzen, sondern das Fundament dieser Logik selbst zu zerstören, welches letztlich in der Verankerung des Alltagslebens in der Körperlichkeit, der physischen Existenz des menschlichen Individuums, besteht.

---

4 Bulgakow, Michail: Der Meister und Margarita. Berlin: Kultur und Fortschritt 1968, S. 205f.

5 Garfinkel, a.a.O., S. 55.

Alfred Schütz, der Begründer der Sozialphänomenologie, sah gerade in dieser gegenständlich-körperlichen Verankerung den ausgezeichneten Status der Alltagswelt gegenüber den anderen Erfahrungswelten bzw. *„sub-universa" der Wirklichkeit.*[6] Gerade deshalb, so meinte er, ist der Alltag in gewissem Sinne realer als jede andere Erfahrungswelt, sei es die Welt der religiösen Erfahrung, die Welt der Träume, die Spielwelt des Kindes, die Welt der wissenschaftlichen Kontemplation, die Welt der Kunst, die Welt des Wahnsinns.[7] Schütz hat diese Welten auch *geschlossene Sinnbereiche* genannt, *geschlossen* in dem Sinne, daß sie (nur) in sich selbst stimmig sind. Die Bedeutungen der Tatsachen, Dinge und Erscheinungen jeder dieser Erfahrungswelten bilden ein ganzheitliches System. Ein und dieselbe Tatsache erhält in der Religion, in der Wissenschaft, im Alltagsleben eine jeweils spezifische Bedeutung und wird in dieser Bedeutung ein Bestandteil des jeweiligen Sinnbereiches.

Der Übergang von der einen in die andere Erfahrungswelt ist zwar nicht unmöglich, aber er erfordert eine besondere Anstrengung, einen *Sprung*, der sich in der subjektiven Erfahrung als *Schock* offenbart.[8] So erfordert beispielsweise der Übergang aus der Welt eines faszinierenden Romans oder eines spannenden Films in die Wirklichkeit des Alltagslebens eine gewisse Anstrengung, die Umorientierung unserer Aufmerksamkeit auf die andere Wirklichkeit. Auch die Welt der religiösen Erfahrung unterscheidet sich kraß von der Welt der Alltagserfahrung, und der Übergang von der einen in die andere erfordert eine seelische und emotionale Umstimmung.

Man mag sich fragen: Wie kann man, sagen wir, den Traum und den Alltag auf eine Ebene stellen? Ist doch im Leben alles real; wir haben es hier mit tatsächlichen Gegenständen zu tun. Im Traum dagegen, das ist klar, ist alles erträumt. Oder das Märchen und den Alltag? Dort gibt es das wandelnde Gerippe, das bucklige Pferdchen, den fliegenden Teppich - alles fiktive, erdachte Wesen. Im Alltag dagegen haben wir es mit wirklichen, objektiven Dingen zu tun. Wie kann man diese Welten miteinander vergleichen?

Wenn wir uns mit diesen verschiedenen Welten als geschlossenen Sinnbereichen befassen, dann lassen wir die Frage nach der objektiven Existenz der Tatsachen und Erscheinungen dieser Welten außer acht. Und wir haben das volle Recht, das zu tun. Darin besteht die Spezifik der phänomenologischen Perspektive. Hier ist nicht die Frage, was objektiv ist und was nicht; womit wir es zu tun haben, das sind verschiedene Bereiche der *Erfahrung*. Denn alles, was wir über die Welt wissen, wissen wir aus unserer Erfahrung. Und in unserer Erfahrung existiert der fliegende

6 Schütz, Alfred: Über die mannigfaltigen Wirklichkeiten. In: Ders.: Gesammelte Aufsätze I. Den Haag: Martinus Nijhoff 1971, S. 263-264. Vgl. auch Grigorev, L. G.: Al'fred Šjuc i sociologija povsednevnosti. In: Sociologičeskie issledovanija 2/1988.

7 Schütz, Alfred: Über die mannigfaltigen Wirklichkeiten. A.a.O., S. 266.

8 Vgl. ebenda, S. 265-267.

Teppich ebenso wir der Stuhl, wenngleich nicht in derselben Weise. Zu beweisen, daß der Stuhl in der Tat existiert, der fliegende Teppich aber nicht - ist letzten Endes unmöglich. Wenn ich sage, ich habe den Stuhl gesehen und berührt, sogar auf ihm gesessen, den Teppich aber habe ich weder gesehen noch hab' ich auf ihm gesessen - dann ist das naiv: Vieles habe ich nicht gesehen und nicht berührt, einen Tintenfisch zum Beispiel. Aber ich würde doch deshalb nicht behaupten, der Tintenfisch wäre nicht existent.

Wozu braucht man nun all diese philosophischen Haarspaltereien? Eben dazu, um die Alltagswelt von den anderen Erfahrungswelten zu unterscheiden. In allen Fällen haben wir es mit Erfahrung zu tun. Eine elementare Besonderheit der Alltagserfahrung jedoch ist das Erleben der objektiven Existenz der Dinge und Erscheinungen, wie sie in den anderen Erfahrungswelten in der Regel nicht anzutreffen ist - im Märchen, im Mythos, im Spiel, in der Kunst, ja selbst in der Wissenschaft (die ideale Gerade z.B. gibt es in der Realität nicht). Auf Grund dieser Besonderheit der Alltagserfahrung, des körperlich-gegenständlichen Erlebens der Wirklichkeit ihrer Dinge und Erscheinungen, bezeichnet Schütz den Alltag als eine gegenüber den anderen Welten „ausgezeichnete“, „oberste Wirklichkeit“[9]. Der Mensch lebt und arbeitet vornehmlich in der Alltagswelt; und wenn er ihr in Gedanken in eine der anderen Welten entflieht, kehrt er doch immer und unausweichlich in die Welt des Alltags zurück.

Die Allmacht des Alltags gründet sich, wie eben gesagt, auf den Zusammenhang der alltäglichen Dinge und Sorgen mit der physischen Körperlichkeit des tätigen Individuums. In Bulgakows Roman gelingt es dem Satan, der in den zwanziger Jahren unter dem Namen Voland in Moskau auftaucht, die Oberhand nicht nur über die Logik des Alltags, sondern auch über ihr Fundament, die „Physik“ des Alltags zu gewinnen, die die Stabilität dieser Logik garantiert. Indem er sich jenseits von Leben und Tod bewegt, stellt er das Prinzip der Allmacht der Alltagswirklichkeit in Frage. Das ist ein wahrhaft unikales Experiment. Wenn wir uns ernsthaft der künstlerischen Phantasie Bulgakows zuwenden, dann können wir einen Zugang zur Alltagswelt finden, die nun nicht mehr die „oberste Wirklichkeit“ ist, sondern nur einer der „geschlossenen Sinnbereiche“, den man in seinen Beziehungen zu den anderen Sinnbereichen objektiv beobachten kann.

## Die Logik der Alltagswelt

Befassen wir uns zunächst mit der eigentlichen, der inneren Logik der Alltagswelt, wie sie sich im Roman offenbart, d.h. präzisieren wir die Charakteristika der Alltagswelt, die im Verlaufe des Volandschen „Experiments“ zutage treten.

Wer wird hier „auf die Probe gestellt“? Es sind Menschen unterschiedlicher sozialer Lage, Bildung, intellektuellen Vermögens und Einbildungskraft: Schrift-

9 Vgl.: ebenda, S. 264.

steller, Angestellte, Ärzte, Gelehrte, Detektive, Köchinnen, Büffetiere, Hausverwalter und andere. Aber sie alle offenbaren ein und dieselben Strukturen in ihren Deutungen des teuflischen Wirkens. So kommentiert der Literat Berlioz seinen ersten Zusammenstoß mit einer unmöglichen Tatsache folgendermaßen: „‚Weißt Du, Iwan, ich hätte doch eben beinah den Hitzschlag gekriegt! Sogar eine Art Halluzination hab ich gehabt'".[10] Kurz darauf, als die „Halluzination" wiederkehrte, hielt er dies für einen dummen Zufall: „Michail Alexandrowitsch prallte zurück, doch er tröstete sich mit dem Gedanken, daß dies ein dummer Zufall sei und er jetzt auch keine Zeit habe, darüber nachzudenken".[11] Und als Stjopa Lichodejew nach einem Besäufnis zu sich kam und Voland an seinem Bett entdeckte, deutete er diese Tatsache als „Versagen des Gedächtnisses" und als „Halluzination".

Nicht nur in diesen Fällen, sondern überall zeigt sich ein und dasselbe: Wenn das Vorsichgehende so unglaublich ist, daß es nicht in den Rahmen des normalen Lebensablaufs paßt, nehmen die Alltagsakteure zu ein und demselben Mittel Zuflucht - sie versuchen, die unmögliche Tatsache einfach zu verdrängen, indem sie sie als Halluzination, Gedächtnisausfall, dummen Zufall „erklären". Mit anderen Worten, sie versuchen, die empörende, aber im Alltagsleben unmögliche Tatsache als nichtexistent zu deuten.

Jede der erwähnten „Erklärungen" kann auch als eine theoretische daherkommen: Die Halluzination oder den Gedächtnisausfall kann man psychologisch erklären; für die Deutung des Zufalls, sogar des „dummen", kann man die Wahrscheinlichkeitstheorie heranziehen. Doch in der Regel steht hinter solchen Erklärungen überhaupt keine Theorie: Die erwähnten Kategorien fungieren als Alltagskategorien, nicht als wissenschaftliche Begriffe. Erklärungen wie Gedächtnisausfall, Halluzination usw. sind *Alltagsautomatismen*, standardisierte „Schachzüge" der Alltagslogik, die es gestatten, das Fremde und Unbegreifliche solange zu ignorieren, wie es nicht in den Intimbereich der praktischen Körperlichkeit einbricht.

Derartige Erklärungen kann man als den *ersten Schritt* (oder als die erste Ebene) der Alltagsinterpretation betrachten, als eine der prophylaktischen Maßnahmen zur „sozialen Verteidigung" des Alltags. Diese Interpretation vollzieht sich „in der Sprache", sie verbleibt „innerhalb" der Sprache und erfordert kein praktisches Handeln des Interpretierenden.

Nach Schütz kann man ein und dieselbe Tatsache aus jeder Erfahrungswelt entweder als *Zeichen* oder als *Symbol* behandeln. Im ersten Fall gehört sie zu einem ganzheitlichen System, das als eine eigenständige Wirklichkeit zu verstehen ist, als ein *geschlossener Sinnbereich*. Im zweiten Fall geht sie über die Grenzen dieses Systems hinaus, verweist auf eine andere, ihr gegenüber transzendente Realität. In der Terminologie von Schütz könnte man sagen, auf der ersten Interpretationsebene werden die Ereignisse als Zeichen behandelt. Damit werden sie in das Zeichen-

10 Bulgakow, a.a.O., S. 11.
11 Ebenda, S. 53.

system der Alltagswelt aufgenommen, d.h. „normalisiert“, und fordern keine weitere Aufmerksamkeit heraus.

Es gibt eine zweite Ebene der Interpretation. Wenn sich die „erklärten“ Tatsachen als resistent, als „zu real“ erweisen, wenn es nicht gelingt, sie zu „normalisieren“ und damit zu verdrängen, dann muß man sie als *Hinweis auf etwas anderes*, auf einen anderen Sinnbereich interpretieren, der außerhalb der Alltagswelt liegt.

Bulgakows Roman demonstriert verschiedene Varianten derartiger Interpretationen, d.h. Möglichkeiten, unbegreifliche und unmögliche Vorgänge zu erklären, indem man sie einem dem Alltag fremden Sinnbereich zuordnet. Das ist vor allem die Erklärung des Vorsichgehenden als Spionage, „Schädlingstätigkeit“, kriminelles Handeln.

Beispiele gibt es viele. Sogar die Tätigkeit Volands und seiner Gefährten wurde als Werk einer kriminellen Bande erklärt.

„Die Gebildeten und Kultivierten beteiligten sich selbstverständlich nicht an dem Gerede über den Bösen, der die Hauptstadt besucht hätte, sie lachten darüber und suchten die Schwätzer zur Vernunft zu bringen. Aber Tatsache, wie es heißt, bleibt Tatsache, und die kann man nicht einfach wegwischen, denn irgendwer hatte die Hauptstadt heimgesucht... Die kultivierten Leute stellten sich auf den Standpunkt der Untersuchungsbehörde: Hier war eine Bande von Hypnotiseuren und Bauchrednern am Werk, die ihre Kunst meisterlich beherrschten.“[12]

Eine andere Version der Interpretation auf dieser Ebene, auf der die Tatsache eine Tatsache bleibt und man sich ihrer nicht ohne Erklärung erwehren kann, besteht darin, die betreffende Tatsache der „Welt des Wahnsinns“ zuzurechnen; Iwan Besdomny ist dafür das prominenteste Beispiel.

Eine dritte Variante schließlich ist die Erklärung des schreckauslösenden Ereignisses als eine Folge satanischen Wirkens, als das Werk eines teuflischen Wesens.

Mitunter gibt es Versuche, das Unbegreifliche als „Traum“ zu erklären. Doch eine solche Deutung - „mir träumte“ - erfolgt in der Regel auf der ersten Ebene der Interpretation, wenn es darum geht, die Tatsachen zu „normalisieren“, sie beiseite zu schieben. Gelingt das nicht, dann muß man „aufwachen“ und das betreffende Phänomen nach einer der anderen Versionen interpretieren.

Es gibt auf der zweiten Ebene also drei Erklärungsmöglichkeiten: *Intrigen eines teuflischen Wesens, kriminelles Handeln, seelische Krankheit.* Dies sind die geschlossenen Sinnbereiche, denen sich die Leute im gewöhnlichen Leben zuwenden, wenn sie das unabweisbare Bedürfnis verspüren, etwas absolut Unbegreifliches, vom Standpunkt der Alltagswelt Unfaßbares, Unannehmbares zu verstehen, zu erklären, annehmbar zu machen.

Folgt man dem Gedanken von Schütz, dann kann man sagen, daß auf dieser zweiten Interpretationsebene die Tatsachen, die sich dem Alltagsverständnis ent-

12 Bulgakow, a.a.O., S. 378.

ziehen, als Symbole behandelt werden, die auf eine die Alltagswelt transzendierende Wirklichkeit verweisen. Schütz ist davon ausgegangen, daß Symbole Mittel der Kommunikation zwischen dieser anderen und der Alltagswelt sind. Die im Roman vor sich gehenden Ereignisse zeigen allerdings, daß das nicht ganz richtig ist.

In diesem Zusammenhang stellen sich zwei Fragen; erstens: Dienen diese Symbol-Ereignisse als Anlaß, die Kommunikation mit einer anderen Wirklichkeit aufzunehmen, oder führt die Behandlung dieser Ereignisse als Symbole eher zu dem Versuch, der Kommunikation auszuweichen, die „Löcher" in der Alltagswelt „zu stopfen", durch die die andere Wirklichkeit in das Alltagsleben eingedrungen ist? Und zweitens: Wird mittels der Interpretation des betreffenden Ereignisses als Symbol, als Hinwies auf eine andere Wirklichkeit, diese andere Wirklichkeit in das Alltagsleben eingeführt, oder bildet sie eher die Grundlage dafür, das außergewöhnliche Ereignis auf etwas Alltägliches zu reduzieren?

Wenden wir uns dem Roman zu. Welche Schritte unternehmen die Alltagsakteure, wenn sie die teuflischen Taten Volands als Symbole einer transzendenten Wirklichkeit interpretieren? Der Poet Iwan Besdomny, zum Beispiel, zündet eine Kerze an, steckt sich eine Ikone ans Hemd und ruft die Miliz an, sie solle „fünf Motorräder mit Maschinengewehren" schicken, „um den ausländischen Konsultanten (Voland - *d. Ü.*) festzunehmen".[13] Diese Handlungsfolge ist nicht so abwegig. Beide - die Miliz und die institutionalisierte Religion - sind Institutionen des sozialen Lebens, deren Aufgabe es ist, transzendente Einflüsse auf den Verlauf des Alltagslebens zu eliminieren oder zu regulieren. Auch Stepan Lichodejew, der Finanzdirektor Rimski und die anderen - sie alle suchen Schutz und Hilfe bei der Miliz. Einige der an den Ereignissen Beteiligten schützen sich vor den jenseitigen Wirklichkeiten, indem sie zu diversen medizinischen oder religiösen Ritualen Zuflucht nehmen: „Purpurrote Feuersäulen durchlohten das Zimmer, und zusammen mit dem Qualm entwichen die drei durch die Tür, stiegen die Steintreppe hinaus und traten auf den kleinen Hof. Das erste, was sie hier erblickten, war die Köchin ihres Mietsherrn, die auf der Erde hockte. Rings um sie lagen verschüttete Kartoffeln und ein paar Bunde Zwiebeln. Der verstörte Zustand der Köchin war begreiflich. Beim Schuppen standen schnaubend drei schwarze Pferde, zuckten und wühlten die Erde auf. Margarita sprang auf das erste, Asasello auf das zweite und auf das letzte der Meister. Die Köchin stöhnte und wollte die Hand heben, um das Kreuz zu schlagen, doch Asasello schrie drohend aus dem Sattel: ‚Ich schneid Dir die Hand ab!' Er stieß einen Pfiff aus, die Pferde rasten, Lindenzweige abfetzend, aufwärts und stießen in die niedrige schwarze Gewitterwolke."[14]

Ein meisterhaftes Beispiel, und bezeichnend. An keiner Stelle trifft man in dem Roman auf einen absichtsvollen, zielstrebigen Versuch, mit der anderen Wirklichkeit in Kommunikation zu treten; überall versucht man, die Alltagswelt zu schüt-

13 Ebenda, S. 80.
14 Ebenda, S. 366.

zen, sie vor den anderen Wirklichkeiten abzuschirmen. Das betrifft selbst denjenigen, der am meisten von der Existenz der anderen Welten überzeugt ist - den Meister.

Die Alltagswelt verfügt über Institutionen, die gleichsam prädestiniert sind für diesen Zweck. Das sind, wie erwähnt, die Miliz, die Medizin, insbesondere die Psychiatrie und die Religion (hier verstanden als ein Ensemble ritueller Handlungen). All das sind elementare Bestandteile der Alltagswirklichkeit, dazu bestimmt, Einwirkungen des Transzendenten zu eliminieren, sie auf Alltägliches zu reduzieren. Jede dieser sozialen Institutionen entwickelt ihre spezifischen Methoden, um ihre eigenen Ziele zu erreichen; man könnte in diesem Zusammenhang von professionellen Interpretationen oder von Expertise sprechen[15]. Doch sie alle haben eine gemeinsame Aufgabe - die „Löcher“ in der Alltagswelt „zu stopfen“ und deren Souveränität zu erhalten bzw. wiederherzustellen. Die Entwicklung dieser Institutionen war, so kann man sagen, eines der wichtigsten Momente in der Entstehung der Alltagswelt, ihrer Entfaltung aus der ganzheitlichen, synkretistischen Totalität der „primitiven“ Wahrnehmung der sozialen Welt.[16]

Damit haben wir die Antwort auf die oben gestellten Fragen: Die Behandlung der außergewöhnlichen Tatsachen bzw. Ereignisse als Symbole führt nicht zur Aufnahme von Kommunikationsbeziehungen zu den anderen Erfahrungswelten; vielmehr erfolgt eine „Verwandlung“ der Symbole in Zeichen, d.h. eine Reduktion des Transzendenten auf Alltägliches.

Sobald die betreffende Tatsache zu einer Angelegenheit für die Miliz, den Psychiater, den Hohepriester „erklärt“ worden ist, verwandelt sie sich in eine normale, gewöhnliche Alltagserscheinung, sofern die Alltagswelt über Mittel für den Umgang mit dieser Tatsache verfügt („Da ist er! Da, hinterm Schrank!... Besprengt den Raum mit Weihwasser!“, befahl der Hausverwalter Nikanor Iwanowitsch Bossoi).

In diesem Zusammenhang könnte man das, was Schütz *Symbol* nennt, eher als *Symptom* bezeichnen - als ein „Krankheitssymptom“ der Alltagswelt. Wird das Symptom als solches erkannt, dann besteht die Aufgabe der Alltagsakteure darin, alles nur Mögliche zu unternehmen, um das Symptom zu eliminieren.

Charakteristisch für Bulgakows - im Roman impliziertes - Verständnis der Alltagswelt ist die Geschlossenheit des Alltagslebens, seine Verschlossenheit und Widerständigkeit gegenüber transzendenten Welten. Dieser Charakterzug ist universell. Jede Gesellschaft, jede Kultur verfügt in dieser oder jener Form über Mechanismen und Institutionen, die den drei beschriebenen analog sind. Ihre Funktionsteilung, die nicht immer so klar ist, hängt von der Spezifik der angewandten Interpretationsschemata ab. So hat man im Mittelalter seelisch Kranke als vom Teufel Besessene angesehen und sie kultischen Ritualen unterworfen. Auch Exorzismus ist eine rituelle Handlung, ein Akt der Heilung. Noch in unserer Zeit - in

15 Vgl.: Ionin, L. G.: Ponimanie i ėkspertiza. In: Voprosy filosofii 10/1992.

16 Vgl. dazu den Beitrag „Die Historizität der Alltagswelt“ in diesem Band.

der sowjetischen Ära - hat man Verhaltensweisen, die früher eine Angelegenheit der Justiz waren, als Geisteskrankheit interpretiert und die betreffenden Menschen in psychiatrische Anstalten gesteckt. Was darin zum Ausdruck kam, waren Veränderungen der Interpretationsschemata und dementsprechende Veränderungen der Vorstellungen darüber, was normaler Alltag ist.

Wie verändern sich Vorstellungen vom normalen Alltag? Wie sehen die transzendenten Wirklichkeiten aus, wie ihre Wirkungen auf die Alltagswelt, wie die Methoden, mit denen man die Alltagswelt zu schützen sucht? Eine intensive Beschäftigung mit diesen Fragen könnte dazu beitragen, Klarheit über die Rolle der ein oder anderen „Schutzinstitution", über den Status der für den Schutz der Alltagswelt zuständigen Experten usw. zu gewinnen. Des weiteren könnte man verschiedene Kulturen und soziale Gemeinschaften nach dem Kriterium der Verschlossenheit oder Offenheit ihrer Alltagswelten klassifizieren, sogar eine Klassifikation von Persönlichkeitstypen nach ihrem Verhältnis zu den transzendenten Wirklichkeiten und dem Typ der von ihnen bevorzugten Interpretationen bilden. Ein solches Studium würde zugleich dazu beitragen, die tatsächlichen Funktionen der transzendenten Wirklichkeiten in bezug auf die Alltagswelt zu erklären.

## Die Welt des Voland

Wenden wir uns nun jener Wirklichkeit zu, die - nach dem Bericht Bulgakows - irgendwann in den zwanziger Jahren in die Alltagswelt der Moskauer Bürger eingefallen ist. Hält man sich an Bulgakow, dann war das die Welt des Teufels. Doch bei dieser Antwort kann man es wohl nicht belassen; man muß diese Welt anhand der Handlungen und Äußerungen der in ihr lebenden Wesen - vor allem Volands - genauer beschreiben, ihre Wesensmerkmale ans Licht bringen.

(1) Die Wirklichkeit, in der Voland lebt, ist gegenüber der Alltagswelt wie auch allen anderen Sinnbereichen vor allem eine *höhere* Wirklichkeit. Sie umfaßt gleichsam alle übrigen Welten und bietet Voland und seinen Gefährten einen freien und ungehinderten Zugang zu ihnen. Mehr noch, sie schafft die Möglichkeit der Kommunikation zwischen den übrigen Sinnbereichen, die ansonsten hoffnungslos getrennt voneinander blieben (z.B die Kommunikation zwischen der Kunstwelt des vom Meister verfaßten Romans und der Alltagswelt; zwischen der Alltagswelt und der Welt des Wahnsinns). In Bulgakows Roman ist es die Welt des Voland, die gegenüber allen anderen Welten als die *oberste* Wirklichkeit hervortritt, d.h. genau die Rolle besetzt, die Schütz der Wirklichkeit der Alltagswelt zugeschrieben hat.

(2) Diese Volandsche Wirklichkeit ist das *Reich eines strengen Determinismus.* Hier herrscht die Logik - nicht die ungefähre Logik der Alltagsinterpretationen, sondern eine mathematisch-astronomische, streng deterministisch verstandene Logik. Hier ist kein Platz für unbewußte Unterstellungen, diffuse Idealisierungen und unreflektierte Voraussetzungen, auf die sich das Alltagsleben gründet.

In einer solchen Welt fällt es Voland nicht schwer, erfolgreiche Prophezeiungen zu machen:

„,Ja, der Mensch ist sterblich, aber das wäre nicht so schlimm. Schlimm ist, daß er bisweilen sehr plötzlich stirbt, da liegt der Hase im Pfeffer! Nie kann er sagen, was er noch am selben Abend tun wird.'

So was von dummer Fragestellung, dachte Berlioz und entgegnete: ,Na, das ist ja nun übertrieben. Den heutigen Abend kann ich mehr oder weniger genau voraussehen. Natürlich, wenn mir in der Kleinen Bronnaja ein Ziegelstein auf den Kopf fällt...'

,Aus dem Nichts', unterbrach ihn der Unbekannte nachdrücklich, ,fällt keinem ein Ziegelstein auf den Kopf. Insbesondere Ihnen nicht, das kann ich Ihnen versichern. Sie werden eines anderen Todes sterben.'

,Vielleicht wissen Sie sogar, welchen Todes?' erkundigte sich Berlioz mit ganz natürlicher Ironie, da er sich nun schon auf dieses tatsächlich blödsinnige Gespräch eingelassen hatte. ,Können Sie es mir sagen?'

,Gern', erwiderte der Unbekannte. Er maß Berlioz mit einem Blick, als wolle er ihm einen Anzug nähen, und murmelte etwas durch die Zähne, was etwa so klang: ,Eins, zwei... Merkur im zweiten Hause... Der Mond ist untergegangen... sechs - Unglück... Abend - sieben...' Laut und freudig erklärte er: ,Ihnen wird der Kopf vom Rumpf getrennt!'"[17]

(3) Dieser universelle Determinismus erzeugt die Zeitlosigkeit, d.h. die *Außerzeitlichkeit* der Welt des Voland. Vergangenheit und Zukunft wie auch Gegenwart sind für Voland genauso klar und durchsichtig wie für Laplaces hypothetischen „Dämon des Determinismus", der in der Lage war, in ein und demselben Zeitmoment mit einem Blick das Schicksal aller Dinge des Universums zwischen seiner Entstehung und seinem Ende zu erfassen.

In einer solchen Welt herrscht ewige Gegenwart. Das Vergangene und das Zukünftige sind eingeschlossen in den gegenwärtigen Moment. Voland verfügt daher über die Macht, diese drei Dimensionen der Zeit nach seinem Willen die Plätze wechseln zu lassen. Alle Zeitbestimmungen erscheinen bedingt und relativ.

Gleichwohl bringt die Vermengung der jenseitigen „Außerzeitlichkeit" und der subjektiv erlebbaren Zeit der Alltagswelt selbst für den Teufel Probleme mit sich. Voland erkennt die Schwierigkeiten, die bei dem Versuch entstehen, die Vergangenheit des Meisters und Margaritas wiederherzustellen.

„Da brach der Meister in Gelächter aus, umfaßte den zerzausten Kopf Margaritas und sagte:

,Ach, hören Sie nicht auf diese arme Frau. Messere! In diesem Keller wohnt seit langem ein anderer, und das gibt es auch gar nicht, daß alles so wird wie früher.' Er schmiegte die Wange an den Kopf seiner Gefährtin, umarmte sie und murmelte: ,Du Arme... du Arme...'

17 Bulgakow, a.a.O., S. 18f.

‚Das gibt es nicht, sagt Ihr?‘ versetzte Voland. ‚Stimmt. Aber wir versuchen's.‘“[18]

Der Versuch mißlingt, obwohl Voland alles ihm mögliche unternimmt. Doch selbst für ihn erweist es sich als unmöglich, das Vergangene authentisch zu rekonstruieren. Um das Problem zu lösen, muß er die Helden in seine eigene Welt, eine Welt ohne Zeit, versetzen. Aber damit hat er das Problem natürlich nicht wirklich gelöst, sondern es nur ausgetauscht. Es gelingt ihm nicht, mit dem subjektiven, emotional belasteten Zeiterleben der Alltagswelt fertigzuwerden, und so ersetzt er die Welt des Alltags durch die Welt der Logik, in der „die Zeiten“ gleichzeitig existieren.

(4) Volands Welt kennt keine Unterscheidung von Wissensbeständen in *relevante* und *irrelevante*. Relevantes und irrelevantes Wissen sind Kategorien, die Schütz für die Beschreibung von Alltagserfahrung eingeführt hat. Umfang und Klarheit unserer Kenntnisse über Gegenstände, Menschen, Erscheinungen werden im Alltagsleben vor allem dadurch bestimmt, wie wichtig sie hinsichtlich unserer praktischen Pläne und Ziele sind. Die für das Erreichen eines Ziels wichtigen, d.h. relevanten Kenntnisse zeichnen sich aus durch Tiefe und Klarheit. Die weniger wichtigen sind weniger klar und verarbeitet, die irrelevanten - fragmentarisch, zufällig, oberflächlich.[19]

Das Wissen Volands dagegen ist nicht durch die Horizonte bewußter und unbewußter, präziser und ungefährer, klarer und nebelhafter Kenntnisse begrenzt; in der streng determinierten Kette der Erscheinungen, die sich vor seinen Augen entfaltet, ist *a priori* alles relevant.

Relevanz oder Irrelevanz von Alltagskenntissen ist bestimmt durch die praktische Natur der Alltagserfahrung. Voland dagegen weiß alles; seine Pläne sind keine Pläne im Sinne des Alltagslebens. Seine Vorhersagen sind - dem strengen Determinismus seiner Welt gemäß - sich selbstverwirklichende Prophezeiungen, und seine Wünsche entsprechen seinen Prophezeiungen. In diesem Sinne ist Volands Freiheit eingeschlossen in den Rahmen der strengen Notwendigkeit, die ihm als solche bewußt ist. Hier ein bemerkenswertes Beispiel seiner sich selbsterfüllenden Prophezeiungen:

„‚Apropos‘, fuhr Voland mit vertraulich gesenkter Stimme fort, ‚man hört Gerüchte über Eure außergewöhnliche Wißbegier. Es heißt, diese errege in Verbindung mit Eurer nicht geringeren Gesprächigkeit allgemeine Aufmerksamkeit. Mehr noch, es gibt die Vermutung, das werde für Euch in spätestens einem Monat zu einem traurigen Ende führen. Nun wohl, um Euch vom quälenden Warten zu erlösen, haben wir beschlossen, Euch zu Hilfe zu kommen und dabei den Umstand zu nutzen, daß Ihr Euch bei mir eingeladen habt mit dem erklärten Ziel, soviel wie möglich zu erspähen und zu erhorchen.‘“[20]

18 Ebenda, S. 294.
19 Vgl.: Schütz, Alfred: Das Problem der Relevanz. Frankfurt a.M.: Suhrkamp 1971.
20 Bulgakow, a.a.O., S. 282.

(5) Streng gesagt sind alle *übernatürlichen* Züge der Welt Volands bestimmt durch ihre bisher aufgeführten Eigenschaften. Voland und seine „Kollegen“ haben unbegrenzte Möglichkeiten der Verwandlung, des momentanen Fernwirkens usw. Gleichwohl kann man für all diese Dinge eine natürliche Erklärung finden, wenngleich es sich dabei eher um die „Natürlichkeit“ der Magie oder der mittelalterlichen Naturphilosophie handelt, denn um moderne Naturwissenschaft. Den momentanen Flug des Dämonen zum Jenissej und zurück kann man mit Hilfe der Topologie erklären, ebenso die übernatürliche Ausdehnung der Wohnung Nr. 50 in der Nacht des Frühlingsvollmondballs.[21]

Voland erinnert in diesem Sinne an den Gelehrten, der sich in der Stille seines Kabinetts „verrückte“ Hypothesen ausdenkt und sie im gleichen Augenblick auch noch prüft. Die Prüfung erweist sich als Realisierung der Hypothese; und in seiner Volandschen Welt ist jede Hypothese realisierbar.

(6) In Volands Welt gibt es *keinen Tod*. Nach Schütz ist die *grundlegende Sorge*, die aus der Grund-Erfahrung der Unumgänglichkeit des Todes herrührt, der ursprüngliche Ansporn für alle Alltagstätigkeit: All „die vielen untereinander verflochtenen Systeme von Hoffnungen und Befürchtungen, von Wünschen und Erfüllungen, von Chancen und Wagnissen - die den Menschen (...) dazu anspornen, die Meisterung der Welt anzustreben, Hindernisse zu überwinden, Pläne zu entwerfen und sie zu verwirklichen“, entstammen letztlich dieser „ursprünglichste(n) Erwartung“.[22]. Voland dagegen ist von solcher Sorge frei. Es gibt *nichts*, was er tun *muß*. Er ist furchtlos, kaltblütig, frei, wirkt *sub specie aeternitatis*.

Wie läßt sich nun die Wirklichkeit, in der Voland existiert, im ganzen charakterisieren? Gibt es in der menschlichen Gesellschaft oder in den menschlichen Vorstellungen irgendeine Analogie dazu? Es ist klar, daß man sie nicht in den traditionellen religiösen Vorstellungen vom Paradies, von der Hölle, vom Leben nach dem Tode usw. suchen darf - Voland selbst ist kein traditioneller „christlicher“ Teufel.

Man kann diese Wirklichkeit vergleichen mit der idealen Welt der theoretischen Wissenschaft; mit der idealen - d.h. nicht mit der, die sie historisch war und ist. Ein solcher Vergleich ist nicht ganz einfach, denn es gibt unterschiedliche, konkurrierende Auffassungen von Struktur, Funktion und inhaltlichen Kriterien wissenschaftlicher Theorien; zuerst ist zu entscheiden, welche von ihnen adäquat ist.

Es gibt noch einen gewissen, allgemein verbreiteten Begriff von Wissenschaft, der auf den mechanistischen Determinismus des 17. und 18. Jahrhunderts zurückgeht, mit den Namen Galilei, Kepler, Descartes, später Laplace verbunden ist und noch heute in der Mehrzahl der Auffassungen von Wissenschaft fortlebt. Nach diesem Verständnis ist es das Anliegen der Wissenschaft, die ganze Welt zu erfassen, den Gang aller Dinge der Welt zu verfolgen, alle Tatsachen in ihrem kausalen Zusammenhang zu erklären und schließlich ein einziges grandioses Bild der Welt zu

---

21 Vgl. Gorelik, E.: Voland i pjatimernaja teorija polja. In: Priroda 1/1978.

22 Schütz, Alfred: Über die mannigfaltigen Wirklichkeiten. A.a.O., S. 262.

erschaffen, in dem das ganze Leben des Universums - von seinem Anfang bis zu seinem Ende - dargestellt sein wird. In diesem Verständnis erscheint die Wissenschaft, das wissenschaftliche Weltbild als ein Korrelat der realen Welt. Sie ist Universalwissenschaft - eine Welt des Allwissens und der Allmächtigkeit.

Ihre Charakteristika entsprechen genau den Zügen, die Bulgakow der Welt Volands verliehen hat: Sowohl die eine als auch die andere ist jeweils die „oberste" Wirklichkeit, die über der Welt des Alltags steht; für die Wissenschaft wird unterstellt, daß sie eine „höhere Wahrheit" kennt als der gesunde Menschenverstand. Beide zeichnen sich durch strengen Determinismus aus. Beide existieren jenseits der Zeit; die Wissenschaft arbeitet sich zu absoluten, zeitlosen Wahrheiten vor, ihre Ergebnisse können vertieft, aber nicht verändert werden. Beide kennen kein irrelevantes Wissen; für die Wissenschaft hat Wissen an sich einen Wert, Fragen seiner praktischen Anwendbarkeit sind sekundär. In beiden schließlich sind „verrückte Hypothesen" möglich; in der Wissenschaft werden sie sogar begrüßt.

Die Rede ist hier natürlich, das sei wiederholt, von der idealen, vollkommenen und vollendeten Wissenschaft, wie sie vom ebenso idealen, vollkommenen Gelehrten betrieben wird. Dieser Gelehrte ist gelassen und bewegt sich fern von den Sorgen des Alltags, Schütz' „grundlegende Sorge" ist ihm fremd, denn die Wissenschaft ist ewig, unsterblich.

Denkt man über diese „teuflische" Wissenschaft nach, dann wird man unwillkürlich an Karl Poppers Konzeption der „dritten Welt"[23] erinnert. Diese „dritte Welt", so Popper, ist die Welt der Ideen überhaupt, die durch die Regeln der Logik miteinander verbunden sind. Zu ihr gehören alle Theorien und Konzeptionen, die je in der Menschheitsgeschichte erarbeitet wurden, ebenso die, die erst in der Zukunft aufgestellt werden, alle Hypothesen, alle Aufgaben und Gleichungen, die gelösten, die lösbaren und die, die erst noch formuliert werden müssen. Die Zugehörigkeit der letzteren, die erst noch gelöst bzw. entwickelt werden müssen (oder womöglich nie gelöst bzw. entwickelt werden), erklärt sich daraus, daß sie in dieser „dritten Welt" implizit bzw. latent angelegt sind und aus den bestehenden Theorien und Erkenntnissen nach den Regeln der Logik abgeleitet werden können.

In dieser Welt, diesem „geschlossenen Sinnbereich", hat sich Voland, der „absolute Gelehrte" Bulgakows, wie zu Hause gefühlt. Und zwar nur er, denn die gewöhnlichen Menschen, die Akteure des Alltags, leben nach einer anderen Logik, der Alltagslogik; ihr Wissen ist relativ, d.h. relevant. Ihre Pläne, Theorien, Hypothesen werden durch eine Vielfalt von Faktoren bedingt, die von anderer Art sind als die Notwendigkeit oder die Allgemeingültigkeit der Erkenntnis. Es ist daher nicht verwunderlich, daß der Zusammenstoß dieser „teuflischen" Welt mit der Wirklichkeit des Alltags, der Zusammenstoß, der durch die künstlerische Phantasie Michail Bulgakows erzeugt wurde, soviel Tod, so viele Brände ausgelöst und etliche Leute den Verstand gekostet hat.

---

23 Vgl. Popper, Karl: Objective Knowledge. Oxford 1972.

## Schlußbemerkung

Anhand Bulgakows „menippeischer Satire“ haben wir einige grundlegende Aspekte der Soziologie des Alltags beleuchet - die Konzeption der Alltagsinterpretation und -typologisierung, die Lehre von den geschlossenen Sinnbereichen, einige methodologische Aspekte der Analyse der Alltagswelt. Doch warum, so stellt sich die Frage, muß man die Alltagswelt überhaupt untersuchen?

Die Antwort liegt auf der Hand: Die Beschäftigung mit der Alltagswelt ist nötig, damit die Sozialwissenschaft nicht die Verwurzelung ihrer Erkenntnisse im Alltagsleben, ihre dauerhafte und tiefe Bedingtheit durch den Alltag aus dem Blick verliert. Oben wurde erwähnt, daß die Alltagswelt die *Grundlage* und eine notwendige Voraussetzung für sozialwissenschaftliche Forschung ist; doch fast nie wird sie von dieser zum *Thema* gemacht. Der Versuch, die Alltagswelt zu thematisieren, soll dazu beitragen, die tiefliegenden Grundlagen der Sozialwissenschaft zum Vorschein zu bringen. Die Aufklärung des Zusammenhangs zwischen den Kategorien der Alltagsinterpretationen und den Begriffen der Sozialwissenschaft ist ein Thema, das gesonderter Betrachtung bedarf. An dieser Stelle möchte ich nur anmerken, daß eine solche methodologische Reflexion und die daraus hervorgehende „Wiedervereinigung“ der Wissenschaft mit der Alltagswelt die Überwindung der prinzipiellen Kluft zwischen der Welt der menschlichen Praxis und der Welt der Sozialtheorien zur Folge haben sollte. Für den Soziologen würde das bedeuten, Abschied zu nehmen von der Position des unfehlbaren Gelehrten, dem Habitus der Allwissenheit und Allmächtigkeit, dem Dünkel der Überlegenheit des Menschen, der mit fortgeschrittenen Theorien ausgestattet ist, gegenüber dem Menschen, der sich schlicht auf den gesunden Menschenverstand verläßt. Wenn die Theorie herabsteigt aus ihren himmlischen Höhen, dann wird sie gewahr, daß der von ihr verschmähte gesunde Menschenverstand kein Wesen niederer Ordnung ist, sondern ihr rechtmäßiger und vollwertiger Vater.

Eine solche „Wiedervereinigung“ könnte der Sozialwissenschaft neue Möglichkeiten der Partizipation am menschlichen Leben erschließen. Würde die Wissenschaft ihren Platz in der Welt neu bestimmen, dann hätten wir es auch mit einer anderen Welt zu tun, die der Verwirklichung menschlicher Lebenspläne wiederum zahllose neue Räume eröffnen würde. Genau darauf deutet Voland in einer berühmten Episode des Romans hin:

„‚Michail Alexandrowitsch‘, sagte Voland halblaut zu dem Kopf, da hoben sich die Lider des Toten, und Margarita erblickte zusammenzuckend lebendige Augen, bewußt und voller Leid.

‚Alles ist eingetroffen, stimmt's?‘ fuhr Voland fort und blickte dem Kopf in die Augen. ‚Der Kopf wurde Ihnen von einer Frau abgeschnitten, die Sitzung fand nicht statt, und ich hause in Ihrer Wohnung. Das ist ein Faktum. Und ein Faktum ist das

Hartnäckigste, was man sich denken kann. Aber jetzt interessiert uns das Weitere, nicht mehr das bereits vollzogene Faktum. Sie waren stets ein leidenschaftlicher Verfechter der Theorie, die da besagt, daß nach Trennung des Kopfes vom Rumpf das Leben im Menschen aufhört, er zu Staub wird und ins Nichtsein eingeht. Ich freue mich, Ihnen in Anwesenheit meiner Gäste, die freilich der lebendige Beweis für eine ganz andere Theorie sind, mitteilen zu können, daß Ihre Theorie fundiert und scharfsinnig ist. Im übrigen ist die eine Theorie soviel wert wie die andere. Es gibt auch eine, nach der jedem das zuteil wird, woran er glaubt. Möge es eintreffen! Sie verschwinden ins Nichtsein, und es ist mir eine Freude, aus der Schale, in die Sie sich verwandeln werden, auf das Sein zu trinken!'"[24]

Die Soziologie kennt das sogenannte Thomas-Theorem, das da lautet: Wenn eine Situation als real angesehen wird, dann ist sie real in ihren Folgen. William Thomas, der Autor dieses Theorems, hat selbst ein Beispiel angeführt: Ein Geisteskranker hat in New York mehrere Leute umgebracht, die die unglückliche Angewohnheit hatten, auf der Straße Selbstgespräche zu führen. Der Mann glaubte, diese Leute zögen in gehässigen Worten über ihn her - und rächte sich. Hier kann man sehen, wie eine Situation, die für real gehalten wird, real wird in ihren Folgen. Und in Bulgakows Roman können wir uns an zahlreichen Beispielen davon überzeugen, wie eine bestimmte Art der Interpretation - die Zurechnung einer Handlung zu einem bestimmten Typ - die Entstehung einer neuen objektiven Umwelt zur Folge hat, objektiv in dem Sinne, daß sie sich den an der Interaktion Beteiligten selbst als objektiv darstellt und zu real objektiver Verkörperung in ihren Handlungen gelangt, die auf die praktische Veränderung der Welt gerichtet sind.

Wenn Voland die Worte „jedem nach seinem Glauben" ausspricht, dann ist das eine wahrhaft teuflische Formulierung des Thomas-Theorems, eines der zentralen Theoreme der Soziologie des Alltags. In diesen Worten liegt der Schlüssel zum Verständnis des Schicksals des Meisters, zum Verständnis der Art und Weise, wie sich die Pläne und Ziele der Menschen in der Welt verwirklichen.

*Aus dem Russischen von Jan Wielgohs*

---

24 Bulgakow, a.a.O., S. 280.

# Freiheit in der UdSSR

... mit der Schönen anbändeln
an der Gefängnismauer,
hinter der ich drei Jahre gesessen;
im Taxi dahinjagen, Dreck verspritzend,
eine Pulle im Netz - das ist sie, die Freiheit!
*Joseph Brodsky (1972)*

In wissenschaftlichen Abhandlungen zum Problem der Freiheit trifft man häufig auf die analytische Unterscheidung zwischen zwei Ansätzen - dem individualistischen und dem kollektivistischen (bisweilen auch „kommunitaristischen"). Der Unterschied zwischen beiden reduziert sich wesentlich auf die Frage, von welchem Standpunkt aus die Idee der Freiheit vorzugsweise entwickelt werden soll - von dem des Individuums oder von dem des Kollektivs aus. In beiden Fällen wird *Freiheit* als ein *universalistischer* Begriff verwandt, d.h. als ein Begriff, der unauflöslich mit der Idee der allgemeinen Menschenrechte verknüpft ist.[1] Praktisch werden in beiden Ansätzen Probleme konzeptualisiert, die in die Rubrik der *politischen* Freiheit gehören. Politische Freiheit ist nichts anderes als die Möglichkeit, im Rahmen der entsprechenden gesellschaftlichen Institutionen sozial bedeutsame Ansichten und Ambitionen zu verwirklichen.

Die Mehrzahl der Untersuchungen zum Thema „Freiheit" ist daher ausschließlich mit politischer Freiheit befaßt. Von der politischen Philosophie Kants, Lockes und Hegels, über Marx bis hin zu den Arbeiten von J. Habermas, I. Berlin, Ch. Taylor, J. Rawls u.a. beschränkt sich die Beschäftigung mit der Freiheitsthematik im wesentlichen auf die Analyse von Voraussetzungen und von Möglichkeiten politischer Freiheit. Seit der Annahme der *Allgemeinen Deklaration der Menschenrechte* im Jahre 1948 hat sich das Verständnis von politischer Freiheit häufig auf den Gehalt der Thesen dieser Deklaration reduziert. Der Begriff der Freiheit konnte damit instrumentell eingesetzt werden; d.h. der Freiheitsbegriff wurde nicht mehr vornehmlich als ein theoretisches Problem behandelt, sondern er verwandelte sich allmählich in ein politisches und ideologisches Instrument, das von den Industriemächten genutzt wurde, um bestimmte politische Entscheidungen zu begründen und weltweit eine ihnen genehme Politik durchzusetzen. Damit wurde zugleich einer Vulgarisierung des Verständnisses von Freiheit Vorschub geleistet. Die wahrhaft unermeßliche philosophisch-soziologische Tradition der Untersuchung der Freiheitsproblematik sah sich dergestalt auf die Begründung politischer Aktionen bestimmter Länder und Blöcke reduziert.

1 Wellmer, Alfred: Models of Freedom in the Modern World. In: The Philosophical Forum 21(1989/90) 1-2.

Mir scheint, der Begriff der Freiheit muß von der Verabsolutierung politischer Kategorien befreit werden. Die „Befreiung der Freiheit" von der Politik - oder die Unterscheidung von politischer Freiheit und Freiheit als solcher - soll:

- beitragen zu einer Umbewertung der Situation hinsichtlich der Freiheitsproblematik in Gesellschaften, die für gewöhnlich schon als unfrei angesehen werden;
- helfen zu verstehen, wie eine vollwertige menschliche Existenz in Gesellschaften möglich ist, die als Gesellschaften totaler Unterdrückung gelten; mit anderen Worten: Wie ist der Mensch möglich in einer totalitären Gesellschaft - und zwar nicht als ein durch die Phantasie kommunistischer wie antikommunistischer Ideologen gezeugter totalitärer Homunkulus, sondern als ein normales, vollwertiges menschliches Individuum?
- helfen, politische Freiheit in einem neuen und - offen gesagt, heutzutage unpopulären - nicht-universalistischen Sinne zu definieren.

Ein solches, nichtpolitisches, Freiheitsverständnis muß notwendigerweise ein anthropologisches sein. In der politischen Auffassung von Freiheit ist deren anthropologische Grundlage verdeckt; der Mensch erscheint hier als ein von allen Seiten erbarmungslos zurechtgestutztes politisches Wesen. Muß man noch darauf hinweisen, daß die Natur des Menschen weitaus reicher und vollwertiger ist, die menschliche Existenz nicht auf ihre politische Dimension reduziert werden kann? Deshalb, so scheint mir, sollte der Freiheitsbegriff aus einem anthropologischen Ansatz heraus entwickelt werden.

In diesem Aufsatz setze ich mir nicht das Ziel, eine solchen Ansatz zu entwikkeln, obgleich ich einige Überlegungen dazu vorstellen werde. Ich beabsichtige auch nicht, die drei eben formulierten Aufgaben zu lösen. Mein Ziel ist weitaus bescheidener; ich möchte begründen, warum ich die Lösung dieser Problematik für notwendig halte. In diesem Kontext behaupte ich, daß es in der Sowjetunion Freiheit und freie Menschen gegeben hat, so sehr diese Feststellung den gängigen Thesen der Totalitarismustheorie und anderer ideologischer Erzeugnisse der letzten Jahrzehnte auch widersprechen mag.

* * * * *

Ein anthropologischer Zugang zur Problematik der Freiheit erschließt sich über die Schützschen Begriffe der *Alltagswelt* und der *geschlossenen Sinnbereiche*. Obwohl der Begriff des Totalitarismus sich in gewisser Hinsicht als artifiziell und gehaltlos erwiesen hat, er nicht so sehr die Wirklichkeit von Gesellschaften unter den Bedingungen kommunistischer Regimes beschreibt als vielmehr der Sicht auf diese Gesellschaften einen bestimmten ideologischen Rahmen vorschreibt[2], wer-

2 Die Beobachtung realer Prozesse innerhalb totalitärer Regimes zeigt, inwieweit sie den von der Totalitarismustheorie „vorgeschriebenen" Normen nicht entsprechen. Dies kann

de ich ihn verwenden - mit einem gewissen Vorbehalt. Ich verstehe hier unter Totalitarismus *ein bestimmtes Beziehungssystem im Bereich intersubjektiver Erfahrung, namentlich die Beziehungen zwischen der Alltagswelt und den anderen Erfahrungswelten bzw. geschlossenen Sinnbereichen* betreffend. Totalitarismus wird hier also nicht als ein normativer Begriff der politischen Philosophie, sondern als ein deskriptiver und wertfreier Begriff verwandt. Das Niveau des realen Totalitarismus bemißt sich daran, wie viele der außerhalb des Alltags liegenden Erfahrungswelten und in welchem Maße sie zugänglich sind. Davon ausgehend kann man sagen, daß für eine totalitäre Situation folgende Umstände charakteristisch sind:

- eine scharfe Abgrenzung der Alltagswelt von anderen Erfahrungswelten, die in der Schwierigkeit der Kommunikation zwischen ihnen zum Ausdruck kommt;
- ein permanentes Bestreben, diese Abgrenzungen aufrechtzuerhalten, das so weit gehen kann, sie mittels politischer Macht zu institutionalisieren.

Inwieweit die Alltagswelt von Gesellschaften, in denen ein kommunistisches Regime herrschte, totalitär war, läßt sich an einigen Beispielen verdeutlichen.

(1) das Verhältnis zwischen der Alltagswelt und der *Welt religiöser Erfahrung*. In der vollständig säkularisierten sowjetischen Gesellschaft waren die Welten der religiösen und der Alltagserfahrung strikt voneinander abgegrenzt. Die Kirche war als ein institutionalisiertes Medium der Kommunikation mit der Welt der religiösen Erfahrung geduldet, aber nicht mehr. In der Praxis schloß ein vollwertiges Alltagsleben die Möglichkeit des Verkehrs im Bereich der institutionalisierten Religion aus. Diese Abgrenzung wurde auf der Ebene der Machtstrukturen institutionalisiert: Es gab politische Institutionen (z.B. das Komitee für Kirchenfragen beim Ministerrat der UdSSR), die für die Regelung der Beziehungen zwischen Staat und Kirchen bzw. Glaubensgemeinschaften zuständig waren. Das KGB unterhielt spezielle Abteilungen, die die Tätigkeit der Kirche auf allen Ebenen kontrollierten und darüber wachten, daß die Kommunikation zwischen den Bürgern und den religiösen Institutionen nicht über die von den Machthaber gesetzten Grenzen hinausging. Konnte man einem Bürger unerwünschte Kontakte zu religiösen Institutionen nachweisen, dann hatte das nicht selten die Zerstörung seiner alltäglichen Existenz zur Folge. Der „Schuldige" wurde kriminalisiert, aus der Partei ausgeschlossen, aus dem Komsomol usw., d.h. aus den Institutionen, um die herum sich ein vollwertiges sowjetisches Alltagsleben gestaltete.

Zugleich bot man den sowjetischen Bürgern einen Religionsersatz - in Gestalt der sowjetischen Ideologie. Auch sie hatte es mit einem Glauben zu tun, dem Glauben an den bevorstehenden Endsieg des Kommunismus und die Ankunft des tau-

man, wie A. Valickij schreibt, „verschieden erklären: als Beweis dessen, daß totalitäre Systeme tatsächlich ohne Gedankenkontrolle und ideologisch vorgegebene Endziele auskommen, oder im Gegenteil als Beweis dafür, daß kommunistische Regimes nicht notwendig totalitär sind". Valickij, A.: „The Captive Mind" Revisited: Intellectuals and Communist Totalitarianism in Poland. In: Totalitarianism at the Crossroads. Ed. by E.F. Paul. New Brunswick-London: Transaction Books 1990, S. 52.

sendjährigen Reiches allgemeiner Brüderlichkeit und Glückseligkeit - ein typisches Beispiel einer chiliastischen Ideologie.[3] Die Glut des religiösen Kommunismus war in den zwanziger Jahren besonders stark; wie Andrej Platonow und andere russische Schriftsteller gezeigt haben, wurde der Sieg des Kommunismus in den ungebildeten Bevölkerungsschichten mit der Idee der persönlichen Erlösung gleichgesetzt. In der Folgezeit ließ die religiöse Inbrunst in den Reihen der Kommunisten nach, doch die formalen Züge einer chiliastischen Sekte haben sich in der kommunistischen Bewegung erhalten; das formale Bekenntnis zum Glauben an den Kommunismus wurde dem sowjetischen Staatsbürger bis zum Ende der sowjetischen Ära gleichsam alltäglich abgefordert.

Der Sowjetbürger hatte es beständig mit einer „anderen Welt" zu tun - mit der Welt des weltweit siegreichen Kommunismus, die mit der realen Lebenswelt, d.h. mit der Welt der Alltags, nicht das geringste gemein haben konnte.

So läßt sich resümieren: Obwohl die Welt der religiösen Erfahrung, im Sinne der traditionellen Religionen, von der Alltagswelt strikt getrennt war, gab es dennoch eine durchaus zugängliche Welt religiöser Erfahrung; damit hatte der Sowjetbürger die Möglichkeit, seine „metaphysischen Bedürfnisse" zu befriedigen.

(2) Von einem zweiten Beispiel war in dem Aufsatz über die zwei Wirklichkeiten in Bulgakows Roman „Der Meister und Margarita" die Rede - von der *Welt des Verbrechens und der Kriminalität.* Auch diese Welt ist eine besondere Erfahrungswelt; sie verfügt über eine eigene Sprache, eigene Arbeitspraktiken, eigene Rangordnungskriterien und stellt eine Alternative zur Alltagswelt dar. Im Verhältnis zu jener Welt befand sich die kommunistische Alltagswelt gleichfalls in einer seltsam zweideutigen Position.

Einerseits war die Alltagswelt gegenüber der kriminellen Welt nahezu vollends abgeschottet. Anders als in westlichen Ländern erfuhren die sowjetischen Bürger aus ihrer Presse praktisch nichts über das kriminelle Geschehen; weder wurden sie über das allgemeine Kriminalitätsniveau noch über einzelne, konkrete Verbrechen informiert. Statt dessen wurden sie mit Verlautbarungen versorgt, in denen vom ständigen Rückgang der Kriminalität als einem Wesensmerkmal der sozialistischen Gesellschaft die Rede war, welches sich daraus erkläre, daß der Sozialismus die sozialen Wurzeln der Kriminalität beseitigt hätte. Man kann es so ausdrücken: Es gab keine Kriminalität, weil es keine geben durfte. Im Unterschied zum heutigen russischen Staat widmete der Sowjetstaat dem Kampf gegen die Kriminalität intensive Aufmerksamkeit. So gab es in den ideologisch motivierten Verlautbarungen durchaus Elemente faktischer Wahrheit: Das Kriminalitätsniveau war vergleichsweise niedrig, organisiertes Verbrechen konnte sich bestenfalls in Ausnah-

3 Chiliasmus: Glauben an das tausendjährige Reich allgemeinen Glücks, das nach dem Ende der Welt und der Ankunft Jesu Christi auf der Erde anbrechen wird. Karl Mannheim hat den Chiliasmus als Grundform des utopischen Bewußtseins definiert. Vgl. Mannheim, Karl: Ideologie und Utopie. Bonn: Friedrich Cohen 1929.

mefällen entfalten. Einige Verbrechensarten waren auf Grund der Besonderheiten des Gesellschaftssystems ganz verschwunden.

Beides zusammen, die reale Verbrechensbekämpfung und das Verschweigen der existierenden Kriminalität, führte dazu, daß die Alltagswelt vom Bereich der Kriminalität als einer Erfahrungswelt, die Täter und Opfer umfaßt, wirksam abgeschirmt blieb. Die Institutionen, die sozusagen für die Beziehungen zwischen der Alltagswelt und der Welt des Kriminellen zuständig waren - die Justizorgane zum einen und die Zensurbehörden zum anderen - haben ihren Auftrag zur gegenseitigen Abgrenzung dieser Welten erfolgreich erfüllt.

Doch wie im Fall der Religion, bot der sowjetische Staat seinen Bürgern auch hinsichtlich dieses Erfahrungsbereichs einen vollwertigen Ersatz. De facto kriminalisierte er einen bedeutenden Teil der Gesellschaft, indem er ihn der „konterrevolutionären Tätigkeit" beschuldigte. Seit Solschenizyns „Archipel GULAG" und eine Vielzahl anderer Bücher über die politischen Repressionen in der Sowjetunion erschienen sind, erübrigt es sich, das ausführlicher zu beschreiben. Ich möchte lediglich einige spezifische Aspekte hervorheben, die für das hier behandelte Thema von Bedeutung sind und in den meisten Publikationen ungenügend oder gar nicht beleuchtet werden. Bei den Repressionen in der Sowjetunion handelte es sich nicht um „normale" politische Repressionen, wie man sie von anderen repressiven Regimes kennt. Vielmehr wurde mit dieser Repressionspolitik eine *spezifisch sowjetische* Welt des Verbrechens erzeugt, die ausschließlich innerhalb der Grenzen des Sowjetstaates und aus der Sicht der sowjetischen Ideologie einen Sinn hatte. Es war gleichsam eine Ausdehnung der kommunistischen Religion auf die Welt des Verbrechens - die eine geschlossene Sinnprovinz innerhalb des Kosmos der sowjetischen Erfahrung darstellte, eine Alternative nicht zu jeglicher Alltagswelt, sondern namentlich zur sowjetischen Alltagswelt bildete. Es genügt hier daran zu erinnern, daß die sowjetische Ideologie auch in den Lagern des GULAG ihre Bedeutung und Interpretationsfähigkeit bewahrte; die wegen „konterrevolutionärer Tätigkeit" Verbannten waren auch dort in Komsomol- und Parteizellen organisiert.

Analog zu dem ersten Fall, in dem die Abschottung der Alltagswelt von der Religion durch die Schaffung einer „Ersatzwelt" der religiösen Erfahrung kompensiert wurde, ging im zweiten Fall die Trennung der Alltagswelt von der Welt des Verbrechens mit der Schaffung einer „eigenen" (sowjetischen) Welt krimineller Erfahrung einher.

(3) Ein weiteres Beispiel für die Totalisierung der Alltagswelt und ihrer Trennung von anderen Sinnbereichen waren *Reisen ins (nichtsozialistische) Ausland*. Eine Auslandsreise war immer eine spezifische Erfahrung. In der Sowjetzeit war ein solches Unternehmen streng reglementiert und von Institutionen geprägt, die den Übergang in jene „andere Welt" erst ermöglichten und gleichzeitig dafür sorgten, daß die Alltagswelt auch vor jener „Welt" abgeschottet blieb. Eine Reise ins Ausland war nicht Privatsache des Bürgers, sondern immer eine Angelegenheit spezi-

eller staatlicher Organe, die die betreffende Reise dahingehend bewerteten, ob sie wünschenswert und zweckmäßig sei, und die darüber befanden, ob der reisewillige Bürger auf das Erlebnis der Auslandsreise auch ausreichend vorbereitet war.

Für den betreffenden Bürger war das in der Tat eine Erfahrung besonderer Art, die praktisch vollkommen aus der Wirklichkeit seines Alltags herausfiel. Alle Prozeduren, die der Reisende im Zusammenhang sowohl mit der Ausreise als auch mit der Rückkehr zu absolvieren hatte, waren gleichsam Elemente des *Sprungs*, von dessen Unausweichlichkeit Schütz hinsichtlich des Übergangs von einem Sinnbereich in einen anderen geschrieben hat. Orientiert man sich an dem Schützschen Begriff der geschlossenen Sinnbereiche, so kann man in der Tat eine Auslandsreise (samt den dafür charakteristischen Umständen) als solch einen Sinnbereich, als eine für den sowjetischen Staatsbürger besondere Erfahrungswelt interpretieren.

Folgendes war für diese „Welt“ charakteristisch:

- streng definierte Regeln des Ein- und des Austritts. Beim Eintritt in diese „Welt“ war zunächst eine Vielzahl von Überprüfungen durch Parteiorgane, Geheimpolizei und verschiedene Kommissionen zu absolvieren. Es folgten strengste Paß- und Zollkontrollen. Beim Austritt waren wiederum Paß- und Zollkontrollen zu passieren; es folgte die Anfertigung eines Reiseberichts;
- eine besondere Epoché. Die Existenz der Auslandswelt war für den Sowjetmenschen bei weitem nichts Selbstverständliches. Zum einen machten die Unkenntnis der Sprache und - was noch wichtiger war - das Fehlen der institutionellen Kanäle, sich in die „Lebensströme“ dieser Welt einzuschalten[4], ihre Existenz für den sowjetischen Bürger zu einem Problem. Zum anderen zeigte die sowjetische Ideologie mit ihrer Lehre von der Weltrevolution, vom bevorstehenden Zusammenbruch des Kapitalismus usw. nachhaltige Wirkung. Sie verlieh dieser Welt mit ihrem ganzen materiellen Reichtum und ihrer Fülle an sinnlichen Eindrücken - in der Wahrnehmung des reisenden Sowjetbürgers - den Anschein ontologischer Unbeständigkeit, des Illusorischen. Das Resultat war der Zweifel an der Existenz dieser Welt, als einer Welt, in welcher man selbst leben könnte;
- die „Welt“ der Auslandsreise war für den Sowjetmenschen keine Arbeitswelt wie die Welt des Alltags. In dieser „Welt“ hat er zudem die Zeit ganz anders erlebt. Eine Auslandsreise bildete immer einen Zeitausschnitt, der aus dem Alltag herausfiel und mit dem eigentlichen Leben nichts zu tun hatte.

In der Regel war die Erfahrung einer Reise ins westliche Ausland eine dem Alltag fremde, aus der Alltagswelt gleichsam ausgekoppelte Erfahrung. In einem gewissem Maße ist jede Reise, jeder „Besuch“ in einem fremden sozialen und kulturellen Milieu - gleich, ob im Osten oder Westen, gleich ob es sich um einen sowjetischen oder „westlichen“ Menschen handelt - ein Schritt aus dem Alltag heraus.

---

4 Das Fehlen von Kreditkarten, Versicherungen, konvertierbarer Währung usw. Im Sinne institutioneller Integration war der sowjetische Tourist für die westliche Welt nicht existent.

Aber nur in unserem Falle kann man von einer Auslandsreise als von einer Reise in eine andere Erfahrungswelt mit grundsätzlich anderen Merkmalen sprechen.

Aber auch in diesem Fall bot der sowjetische Staat seinen Bürgern einen „Ersatz“ für die ihnen weitgehend versperrte „Welt der Auslandsreiseerfahrung“. Das waren die sogenannten sozialistischen Länder, die Länder des Ostblocks. Diese Länder waren zwar auch „Ausland“, aber die dortigen Lebensverhältnisse waren der sowjetischen Erfahrung und der sowjetischen Weltanschauung nicht fremd. Insofern waren diese Länder „eigenes“ Ausland. Die bürokratischen bzw. organisatorischen Hürden vor einer Reise dorthin waren weit weniger kompliziert. Das sowjetische Geld wurde akzeptiert, die sozialen Verhältnisse und sozialen Typen waren, trotz aller national-kulturellen und politischen Besonderheiten, dennoch mit den sowjetischen vergleichbar.

Zudem war die Sowjetunion bekanntlich ein - wie kommunistische Ideologen sagten - multinationaler Staat (in der Sprache antikommunistischer Ideologen hieß es *Imperium*). Zu ihr gehörten verschiedene nationale Republiken (die heutigen unabhängigen Staaten der GUS), die alle ihre jeweils eigenen nationalen Traditionen und spezifischen Alltagskulturen hatten, aber eine gemeinsame institutionelle und Organisationsstruktur. Das machte es möglich, schnell und unkompliziert ins „Ausland“ zu reisen, ohne dabei gänzlich aus der eigenen Alltagswelt austreten, den „Sprung“ in einen anderen geschlossenen Sinnbereich vollziehen zu müssen. In etwa läßt sich dies mit den für Westeuropäer durchaus gängigen Urlaubsreisen nach Griechenland oder Spanien vergleichen.

Wenden wir uns nun den Erfahrungsbereichen zu, die jedem Menschen, gleich welchen gesellschaftlichen und kulturellen Milieus, offenstehen: Liebe, Freundschaft, Alpinismus, sportlicher Tourismus, Erlebnisse in einer fiktiven literarischen, mythologischen oder Sagenwelt, wissenschaftliches Schöpfertum, narkotische oder Alkoholtrips, Naturerleben (wofür sich in der Sowjetunion mit ihrer Vielfalt geographischer und kultureller Zonen wahrhaft grenzenlose Möglichkeiten boten), usw. Auch das sind Erfahrungsbereiche, die mehr oder weniger außerhalb der Alltagswelt existieren. Anthropologisch gesehen, d.h. als Medium zur Bedürfnisbefriedigung oder des Triebes nach neuer Erfahrung, sind sie weitaus wichtiger als die Politik, die ohnehin in jeder Gesellschaft die Angelegenheit einer Minderheit ist. Im Unterschied zu den oben ausführlicher behandelten waren diese Erfahrungsbereiche auch zur Sowjetzeit für jeden Menschen absolut zugänglich. Sie waren entweder gar nicht oder weitaus weniger ideologisiert; es war also nicht nötig, innerhalb des sowjetischen Kosmos entsprechende „Ersatzwelten“ zu schaffen. Diese Erfahrungsbereiche waren in der Erlebniswelt als solche repräsentiert. Namentlich sie erzeugten das Empfinden eines ausgefüllten Lebens, der Freiheit, die Grenzen der Alltagswelt zu überschreiten.

Der Totalitarismus, in seiner normativen Gestalt sozusagen, *sollte* diese Bereiche kontrollieren. Tendenzen dazu, und den Anspruch der Kontrolle, hat es zweifellos gegeben. Aber die Totalitarismusmodelle in der Wissenschaft und in den literarischen Antiutopien basieren auf einer Übertreibung, wenn nicht gar Verabsolutierung dieses Anspruchs. In Nabokovs Roman „Einladung zur Enthauptung" hingen Regeln in der Gefängniszelle, die folgenden Punkt enthielten:

„Es ist wünschenswert, daß der Insasse keine nächtlichen Träume hat - beziehungsweise diese sofort unterdrückt -, deren Inhalt mit der Situation und dem Status eines Häftlings unvereinbar sind, wie zum Beispiel: leuchtende Landschaften, Ausflüge mit Freunden, Familienmahlzeiten sowie Geschlechtsverkehr mit Personen, die im wirklichen Leben und im wachen Zustand besagtes Individuum nicht an sich herankommen ließen, welches Individuum vor dem Gesetz folglich der Notzucht schuldig wird."[5]

Das Bestreben der totalitären Herrscher, von der inneren Welt des Menschen Besitz zu ergreifen, eine Barriere zu errichten, welche die Alltagswelt vollständig von anderen Erfahrungsbereichen (hier: den nächtlichen Träumen) abschottet, wird hier gleichsam der Lächerlichkeit preisgegeben. Bei aller literarischen Brillanz aber kann man den Text Nabokovs nicht als eine Beschreibung der Realitäten der sowjetischen Welt ansehen. Doch eben das ist in der hier kritisierten Denktradition geschehen. Die Totalitarismustheorien wurden zum wissenschaftlichen Korrelat der literarischen Antiutopien; das sowjetische Leben wurde zum Anti-Leben und die Sowjetmenschen zu Nicht-Menschen, zu eigentümlichen Erfahrungsinvaliden.

* * * * *

Aus dieser kurzen Übersicht über einige, für die sowjetische Situation überaus charakteristische, Erfahrungsbereiche, möchte ich eine zweifache Lehre ziehen.

Die *erste Lehre* lautet: Die Erfahrung des Sowjetmenschen war keine gestutzte, kastrierte Erfahrung des Menschen als solchem. Erfahrungsmäßig gab und gibt es im Leben des westlichen Menschen nichts grundsätzliches, was dem Sowjetmenschen fremd und unzugänglich gewesen wäre.

Ich sehe mich aus zwei Gründen veranlaßt, hier solche - wie man meinen könnte - offensichtlichen und einfachen Dinge zu betonen. Einerseits deshalb, weil die kommunistischen Ideologen den Anspruch verfolgten, einen besonderen sowjetischen Menschentyp zu erschaffen, den Menschen der kommunistischen Zukunft. Dieser Mensch sollte über einen spezifischen Katalog von Merkmalen verfügen, die ihn vom „kapitalistischen" Menschen unterscheiden und über diesen stellen sollten; Merkmale, die den Anspruch rechtfertigten, ihn als neuen anthropologischen Typ zu bezeichnen. Er sollte religionslos sein, frei von devianten Einstellungen, kriminellen Neigungen usw. Womöglich glaubten nicht einmal die kommunistischen Führer an eine solche Perspektive, vielleicht doch - auf jeden Fall nahmen sie, um den neuen Typ zu formieren, Zuflucht zu den alten Manipulationsmechanismen. Doch die traditionellen Erfahrungsbereiche, die den Menschen als

5 Vladimir Nabokov: Einladung zur Enthauptung. Reinbek: Rowohlt 1973, S. 48f.

solchen charakterisieren und in die *conditio humana* eingehen, wollten oder konnten sie nicht zerstören.

Andererseits muß auch mit Blick auf die entgegengesetzte Perspektive verdeutlicht werden, daß der Sowjetmensch dennoch ein Mensch war. Denn auch der Antikommunismus hat eine Vorstellung vom Sowjetmenschen als einem spezifischen anthropologischen Typ entwickelt, der sich in den Jahrzehnten der Sowjetmacht herausgebildet hätte. Hier werden dieselben Details mit umgekehrten Vorzeichen versehen. Was die Kommunisten als Plus bewerten, erscheint hier als Minus. Die Religionslosigkeit wird als Amoralität und Fehlen metaphysischer Bedürfnisse interpretiert, das Fehlen von devianten Ambitionen als Unselbständigkeit und totale Manipulierbarkeit.

Beide Bilder vom Sowjetmenschen sind natürlich nicht Produkte analytischer Arbeit, sondern ideologischer Voreingenommenheit. In der Realität dagegen war das Leben des Sowjetmenschen - hinsichtlich der Erfahrungsfülle - nicht ärmer als das Leben in der „freien Welt". Die physische Verankerung in der Alltagswelt und die emotionale Beanspruchung durch das sowjetische Alltagsleben, - die „Aufmerksamkeit auf das Leben", wie Schütz sagt -, waren nicht weniger intensiv als die eines beliebigen anderen menschlichen Lebens, vielleicht sogar intensiver, wie wir weiter unten sehen werden.

Die *zweite Lehre* ist die des Relativismus. Werden Freiheitsgrade nicht an einem universellen Maßstab gemessen, der *außerhalb* der betreffenden Gesellschaft gebildet wurde, sondern durch das subjektive Erleben von Wahlmöglichkeiten, Eigenständigkeit und Entscheidungsunabhängigkeit bestimmt, dann *gibt es* Freiheit, selbst wenn sie in den Kriterien des universellen Maßstabs keinen Ausdruck findet. Mit anderen Worten: Freiheit ist spezifisch in bezug auf die Kultur und die Gesellschaft, innerhalb derer sie sich herausbildet und „vollendet". Nach einem solchen Verständnis sind Freiheitsgrade nicht anhand universeller Kriterien zu beurteilen, sondern anhand derjenigen Normen freien Verhaltens, die in der betreffenden Gesellschaft relevant sind.

Ein solcher Ansatz ist natürlich relativistisch; er korrespondiert mit der Idee des kulturellen Pluralismus, nach der jede Kultur einen Wert für sich und einen Komplex eng miteinander zusammenhängender Wertvorstellungen, Standards und Normen darstellt. Das ist natürlich eine idealtypische Sicht. In der Realität sind Kulturen keine strengen Systemeinheiten. Sie sind immer Produkt einer komplizierten Geschichte interkultureller Verflechtungen und Interaktionen, Kontinuitäten und Brüche. Das hindert die Repräsentanten einer Kultur selbst aber nicht, diese als eine Ganzheit wahrzunehmen und die eigenen Handlungen, insbesondere ihre Handlungsfreiheit, nach den Kriterien ihrer jeweiligen Kultur zu beurteilen, anstatt danach, inwieweit die erlebte Freiheit überkulturellen (oder interkulturellen) Normen entspricht.

Brodskys Gedicht, dessen erste Zeilen diesem Aufsatz vorangestellt sind, hat folgende Fortsetzung:

> Newalüftchen kitzeln die Nüstern,
> Der Nächsten Schicksal bedrückt nicht die Seele.
> *Ach! Nur ein Landsmann kann*
> *dieser Zeilen Faszination erfühlen!*

Ich habe die beiden letzten Zeilen hervorgehoben, da sie ein solches relativistisches Freiheitsverständnis dezidiert zum Ausdruck bringen.

Diese Auffassung führt zu einer Reihe paradoxer Schlußfolgerungen: erstens zu dem Schluß, daß vergleichende Analysen der Freiheitsnormen verschiedener Gesellschaften nicht möglich sind; zweitens, daß es unmöglich ist (wie Brodsky zum Ausdruck bringt) vollständig zu erfassen, was Freiheit in einer Kultur bedeutet, die nicht die eigene ist; drittens, daß es unzulässig ist, Normen, und insbesondere Freiheitsnormen, einer bestimmten Kultur auf das System und den Alltag einer anderen Kultur zu übertragen. Die wichtigste und vielleicht paradoxeste Schlußfolgerung lautet: Etwas, das in der einen Kultur als Unfreiheit gilt, kann in einer anderen Freiheit bedeuten.

Auf den sowjetischen Alltag bezogen, bedeutet das: Das nach allen universellen Maßstäben unfreie Leben in der Sowjetunion konnte subjektiv als ein freies Leben wahrgenommen werden (und häufig wurde es auch so wahrgenommen), d.h. als ein Leben, das durch hinreichende Freiheitsgrade gekennzeichnet war. In diesem Sinne war es ein freies Leben. Genau das kommt in dem Gedicht von Brodsky zum Ausdruck, der bekanntermaßen frei ist von dem Verdacht, ein bornierter Isolationist oder Verteidiger der sowjetischen Ordnung zu sein. Dabei verwende ich sein Gedicht freilich nur als ein Beispiel, ein empirisches Zeugnis, nicht etwa als einen Beweis meiner These.

* * * * *

Im folgenden wende ich mich der Frage zu, wie sich die Beziehungen zwischen der Alltagswelt und den oben behandelten Erfahrungswelten heute darstellt, welche Veränderungen diese Beziehungen im Kontext der sich in Rußland vollziehenden Transformationsprozesse erfahren haben.

*(1) Die Welt der religiösen Erfahrung.* Der Sturz des kommunistischen Regimes hatte die Beseitigung des pseudotheokratischen Staates und den Zusammenbruch der kommunistischen Ideologie zur Folge. Letztere ist natürlich nicht gänzlich verschwunden; nach wie vor erscheinen kommunistische Zeitungen und Bücher, gibt es Parteien und Organisationen von mehr oder weniger leidenschaftlichen Anhängern des Kommunismus. Doch sie hat ihre hegemoniale Position verloren, den ihr gebührenden Platz im Spektrum der politischen Ideologien und religiösen Konfessionen eingenommen. Die kommunistische Ideologie ist von herkömmlichen

institutionalisierten Religionen abgelöst worden, die auch während der Sowjetzeit existiert hatten, aber, wenngleich nicht verboten, so doch in ihrer Entfaltung auf jede erdenkliche Weise eingeschränkt waren, damit sie der staatsoffiziellen Ideologie keine Konkurrenz machen konnten. Das betrifft vornehmlich den griechisch-orthodoxen Glauben, den Islam, den Katholizismus und den Protestantismus. Darüber hinaus hat sich eine Vielzahl offiziell nicht anerkannter Glaubensgemeinschaften gebildet, die früher ausdrücklich verboten waren, so z.B. verschiedene orthodoxe, protestantische oder östliche Sekten. Viele dieser Sekten werden auch heute von der Regierung und den Justizorganen auf Grund ihres sozial unverträglichen oder eindeutig kriminellen Charakters bekämpft.[6] Im Gegensatz dazu nimmt die etablierte russisch-orthodoxe Kirche allmählich wieder Züge einer Staatsreligion an, einer Statusposition, die sie bis zur Oktoberrevolution von 1917 innehatte.

Ein neues Gesetz über die Glaubensfreiheit wurde nicht nur verabschiedet, sondern es hat auch die beabsichtigte Geltung erlangt. Die verschiedenen konfessionellen Gemeinschaften erhalten ihre Gotteshäuser und ihr unter der Sowjetmacht enteignetes Vermögen zurück. Die Situation wird der von vor 1917 immer ähnlicher: Vorherrschaft der russisch-orthodoxen Kirche und Toleranz gegenüber anderen Konfessionen.

Die Gesellschaft bleibt dabei aber im wesentlichen religionslos. Katholizismus und protestantische Konfessionen waren in Rußland nie sehr verbreitet. Die heutige orthodoxe Kirche läßt die Menschen im wesentlichen gleichgültig. Sie wird als Träger einer halboffiziellen Ideologie vom Staat unterstützt. Sie wird immer reicher infolge der Rückgabe ihres enormen, von den Bolschwiki nationalisierten Vermögens und verleiht ihren rituellen Präsentationen in zunehmendem Maße den Prunk und den Glanz der Macht. Doch sie ergreift nicht die Herzen der Menschen. In den fünfundsiebzig Jahren der Sowjetmacht hat der russisch-orthodoxe Glaube seine Kontinuität und damit zugleich seine traditionelle Verbindlichkeit verloren. Infolge dessen kam ihm zugleich auch der Charakter des Verbotenen abhanden, der dem Glauben Intensität verleiht - und wurde Routine. Routinierte Unverbindlichkeit aber ist gleichbedeutend mit dem Verlust des Glaubens als eines eigenständigen Sinnbereichs.

Wirkliche Intensität des Glaubens und religiösen Handelns kann man von allen auf russischem Territorium anzutreffenden Konfessionen nur dem Islam und einigen Sekten bescheinigen. Im Falle des Islam ist diese Intensität allerdings eher politischer Natur; sie dient - wie in der Tschetschenien-Krise deutlich wurde - vornehmlich der Bekräftigung politischer Forderungen. Nur im zweiten Fall kann man

6 Östliche Sekten wie die Aum-Sekte, die im Frühjahr 1995 den terroristischen Anschlag in der Tokioter U-Bahn verübt hat, sind in Waffen- und Rauschgifthandel verwickelt. Russisch-orthodoxe Sekten, wie z.B. die Muttergottes-Brüderschaft, sind Anfang der 90er Jahre entstanden und verbreiteten sich wie ein Flächenbrand in Rußland und in den anderen GUS-Republiken.

dagegen von einer authentischen und intensiven Religiösität sprechen, wie sie im Begriff der Welt religiöser Erfahrung gemeint ist. Eine nicht unbedeutende Rolle spielt dabei offensichtlich der Status des Verbotenen, der die betreffenden Glaubensrichtungen aus der Alltagswelt heraushebt.

*(2) Die Welt des Verbrechens.* In bezug auf die Kriminalität muß man leider auch feststellen, daß sie zunehmend zur Routine wird; und zwar in dreifachem Sinne: erstens, im Hinblick auf das statistische Wachstum der Kriminalität; zweitens, in Form der fieberhaften Konzentration der russischen Massenmedien auf Neuigkeiten aus dieser „Welt"; drittens, im Sinne der Kriminalisierung der meisten gesellschaftlichen Lebensbereiche, von der Wirtschaft bis zur Staatsverwaltung. Kriminalität hat sich „veralltäglicht"; Alltagssprache und Mediensprache machen sich zunehmend den Wortschatz der kriminellen Welt zu eigen.

*(3) Die Welt der Auslandsreise.* Analoge Tendenzen kennzeichnen auch diesen Erfahrungsbereich. Die Öffnung Rußlands zur Welt und die Möglichkeit, ungehindert ins Ausland zu fahren, hat das Reisen zur Routine werden lassen. Auslandsreisen haben daher erheblich an Attraktivität eingebüßt - gemessen an der Anziehungskraft, die sie auf die Sowjetbürger ausgeübt haben. Natürlich steht die Möglichkeit, ins Ausland zu reisen, auch heute nicht allen Bürgern Rußlands in gleichem Maße offen, was bekanntermaßen vor allem in den Einkommensverhältnissen und den Wechselkursen begründet ist. Es sei hier nur daran erinnert, daß der russische Durchschnittsverdienst z.Z. etwa 100 Dollar im Monat beträgt. Doch gibt es keine formalen Beschränkungen mehr. Es ist nicht mehr notwendig, wie früher, komplizierte bürokratische Barrieren zu überwinden. Westliche Währungen werden wie die der osteuropäischen Staaten und der GUS-Republiken frei und unbeschränkt gehandelt. Verschiedene Arten von Versicherungen, Kreditkarten und ähnliche Dinge, die dem Menschen den Zugang zur Welt erschließen und die Welt in eine vertraute Alltagswirklichkeit verwandeln, haben das Ausland „veralltäglicht" und ihm den Status eines geschlossenen Sinnbereichs genommen.

Am gravierendsten aber haben sich die gesamtgesellschaftlichen Veränderungen auf die Lage der russischen Literatur ausgewirkt. Die Literatur ist im Begriff, die Funktion jener fiktiven Welt zu verlieren, die dem russischen Menschen die Flucht aus der Alltagswelt ermöglicht und die Erfahrungsbereiche ausgefüllt hat, zu denen er im realen Leben keinen Zugang besaß.

Während der letzten Jahrhunderte hat in Rußland vornehmlich die Literatur diese Rolle gespielt. Literarische Freiheit hat den Platz der fehlenden politischen Freiheit ausgefüllt. Die sogenannte große russische Literatur mit ihren Lichtgestalten Tschechow, Dostojewski, Tolstoi war auf dem Boden der despotischen Herrschaft erwachsen und zeichnete sich durch eine spezifische soziale Rolle des Schriftstellers aus, der, nach Nekrassow, kein Poet sein mußte, aber verpflichtet war, Staatsbürger zu sein. Es war eine Literatur des Dienstes an der Gesellschaft. In der schöngeistigen Literatur fanden die Leser Antworten auf die Fragen der Zeit. Eigentümlicherweise war in der russischen Literatur immer die Frage nach der *Wahr-*

*haftigkeit* der Ansichten des Schriftstellers von Bedeutung. Die fiktive Welt der russischen Literatur war mehr als fiktiv; oftmals bildete sie für den Leser eine *Welt der Wahrhaftigkeit*, die wirklicher war als die Alltagswelt mit ihren sich ständig verändernden oder verschwindenden Konventionen. Es war eine prophetische Literatur, die das unausweichlich bevorstehende Eintreffen einer anderen Zukunft verkündete und die Wirklichkeit der Gegenwart in Zweifel zog.

Diese für Rußland traditionelle Beziehung zur Literatur und zur Rolle des Schriftstellers bestand auch während der sowjetischen Ära fort, welche ebenfalls Schriftsteller hervorgebracht hat, die sich mit der Macht angelegt haben, oder mit der Gegenwart überhaupt - im Namen einer anderen Zukunft, die aus ihrer Sicht unausweichlich und daher wirklich war. In diesem Zusammenhang ist es ohne Belang, ob sie auch recht behielten, ob die russische Revolution der neunziger Jahre ihre Prophezeiungen erfüllt, oder ob sie ganz anderen Ursprungs, ganz anderer Natur ist.

Von Bedeutung ist etwas anderes - daß nämlich diese Revolution nicht nur dem kommunistischen Regime, sondern auch der großen russischen Literatur das Ende bereitet hat. Die von Tabus und Verboten befreite Literatur hat aufgehört, ein Wagnis zu sein. Literarische Arbeit ist zur professionellen Routine geworden. Die Schriftsteller sind unversehens aus dem Zentrum der öffentlichen Aufmerksamkeit verschwunden. Und mit ihnen verschwand ein unermeßlich großer und vielgestaltiger Sinnbereich, der gleichsam das Wesen der russischen Erfahrung überhaupt verkörperte.

Literatur als solche gibt es natürlich nach wie vor. Die Schriftsteller schreiben und die Leser lesen - doch nicht mit jener für die früheren Zeiten charakteristischen Spannung, nicht mit dem Bewußtsein, ein Tabu zu überwinden und in eine andere Sinndimension einzutreten.

Analoge Prozesse der „Routinierung" nicht-alltäglicher Lebensprozesse, wie ich sie an diesen Beispielen demonstriert habe, vollziehen sich praktisch überall. Wollte man diese Prozesse auf den kleinsten gemeinsamen Nenner bringen, so könnte man sagen: Ihr Wesen besteht in der Beseitigung aller Tabus und Verbote, in der Aufhebung der Barrieren, die die Alltagswelt von den anderen Erfahrungswelten scheiden, d.h. in ihrer Veralltäglichung.

Die Beseitigung von Barrieren wird gewöhnlich als etwas Positives angesehen; man ist der Meinung, daß der Mensch durch die Aufhebung verschiedener Beschränkungen reicher wird. Doch in Wirklichkeit scheint mir das ein eher ambivalenter Vorgang zu sein. Die Aufhebung von Barrieren führt häufig zur Nivellierung und Verarmung der Erfahrung. Georges Bataille hat sich ausgiebig mit der positiven, der schöpferischen Rolle von Verboten befaßt; er nimmt an, daß sie das menschliche Erleben verstärken und intensivieren.

„Es ist unvorstellbar! Es ist verboten, sich zu lieben! Es sei denn, man tue es im geheimen. Wenn wir es jedoch im geheimen tun, verklärt und beleuchtet das Verbot seinen Gegenstand mit einem zugleich unheilvollen und göttlichen Licht: es umgibt ihn mit einem religiösen Schein ... Das Verbot verleiht dem betroffenen Gegenstand eine Bedeutung, die er ursprünglich nicht besaß. Das Verbot überträgt seinen Eigenwert auf den betroffenen Gegenstand. Oft frage ich mich im gleichen Augenblick, in dem ich den Vorsatz fasse, dagegen zu verstoßen, ob ich nicht im Gegenteil hinterhältig dazu provoziert worden bin."[7] Und umgekehrt - die Aufhebung des Verbots neutralisiert gleichsam den Gegenstand der Begierde, beraubt ihn seiner Faszination; er erscheint nicht länger begehrenswert.

In bezug auf die sich gegenwärtig vollziehende Neuordnung von Erfahrungsmöglichkeiten im russischen Alltag neige ich zu der Auffassung, daß die Beseitigung aller möglichen Barrieren nicht nur positive, sondern auch negative Folgen nach sich zieht. Durch die Aufhebung von Verboten sind andere Sinnbereiche nicht zugänglicher geworden. Im Gegenteil - sie sind verschwunden, veralltäglicht worden. Dieses Ergebnis ist gleichsam zwangsläufig, wenn man von ihrer Definition ausgeht. Andere Welten bestehen nur durch ihre relative Unzugänglichkeit, durch die Schwierigkeit, sie zu erobern. Ihre Aneignung führt zur Routine. Die Einheit der Welt zu erlangen bedeutet, daß die Welt verarmt. Mit Bezug auf die Freiheitsproblematik kann man sagen, daß Freiheit gegenstandslos wird, denn es verschwindet die Spannung der Wahl.

* * * * *

Verzichtet man darauf, Freiheit in politischen Begriffen zu definieren, und läßt man sich auf ein „mehr" anthropologisches Konzept ein, wie ich es hier, von den Schützschen Begriffen der *Alltagswelt* und der *geschlossenen Sinnbereiche* ausgehend, angedacht habe, dann kann man hinsichtlich der Problematik „Freiheit in der UdSSR" folgende Schlußfolgerungen ziehen:

1. Die sowjetische Gesellschaft war eine Gesellschaft, die ihren Mitgliedern auf der Ebene der Bedürfnisbefriedigung und der Interessen des gewöhnlichen Menschen ein hinreichendes Maß an Freiheit gewährte. Eine Ausnahme war der Bereich der Politik, der keine grundlegende anthropologische Bedeutung hat.

2. Die Mehrheit der Menschen, die kein dezidiertes Interesse an Politik hatten und - wie in jedem anderen Land der Welt - mit der Befriedigung ihrer eigenen Bedürfnisse beschäftigt waren, haben fehlende politische Freiheit, die für sie eine lebensfremde Abstraktion war, nicht als Fehlen von Freiheit als solcher wahrgenommen. Sie gingen von den gegebenen Wahlmöglichkeiten aus und verstanden Freiheit als Möglichkeit, unter vorhandenen Alternativen zu wählen. Das ist ein Erbe des russischen Traditionalismus. Ein nicht existentes Bedürfnis kann die Tatsache, daß der Gegenstand zur Befriedigung dieses Bedürfnisses nicht existiert, nicht als Mangel oder Unfreiheit definieren. Diese innere Selbstgenügsamkeit wurde

7 Bataille, Georges: Die Tränen des Eros. Zit. nach: Dannecker, M.: Die Lust am Verbot. In: Konkret Sexualität 1983, S. 8.

durch die isolationistische Politik der Sowjetmacht gefördert, die immer bestrebt war, in jeglichem Lebensbereich alle Informationen über alternative Wahlmöglichkeiten zu unterbinden.

3. Für einen freien Menschen war die Sowjetunion eine freie Gesellschaft. Die Beschränkungen politischer Freiheit im Alltag wurden durch eine Vielfalt anderer Erfahrungswelten kompensiert; die Zugangsbarrieren zu diesen Welten haben nur den Wunsch, Eingang in sie zu finden, verstärkt und die Intensität des Erlebens von Freiheit erhöht. Freiheit existierte als reale Wahlmöglichkeit, verknüpft mit Verboten und der Überwindung von Verboten. D.h., Freiheit existierte als individuelles Erleben. Dieses Erleben war zugleich auch ein Erleben von Unfreiheit, Verletzungen, Verboten. Mit anderen Worten: Die Sowjetunion war ein Land reflektierter Freiheit.

4. Das heutige Rußland, das sich auf den Weg der modernen industriellen und demokratischen Gesellschaften begeben hat, verliert diese Art von Freiheit, ebenso wie die Individuen die Erfahrung des Verbotenen verlieren - und damit die Fähigkeit, zwischen Freiheit und Unfreiheit zu unterscheiden.

Diese Überlegungen mögen allzu *existentialistisch* anmuten, doch sie sind aus dem unmittelbaren Erleben der Gegebenheiten meines Landes erwachsen.

*Aus dem Russischen von Gudrun Richter*

# Das Schauspiel kultureller Formen[1]

## Einführung: Die zwei Kulturen

In der russischen Öffentlichkeit, insbesondere in politischen Debatten - auf verschiedenen Kongressen, Versammlungen, in den Zeitungen - hat das Wort „Kultur" in den letzten Jahren einen wachsenden Stellenwert erlangt. Und dies zunehmend in einem Kontext besorgter Äußerungen: Die Kultur verkommt, Bibliotheken und Theater gehen zugrunde, die Bezahlung der im Kulturbereich beschäftigten Menschen ist miserabel; mit Ausnahme einiger Preisträger fristen die meisten Künstler ein elendes Dasein. Das alles ist wahr. Doch gleichzeitig kann man auch feststellen, daß die kulturelle „Belastung" für die einzelnen sozialen Subjekte größer geworden ist: Die Zahl der Ausstellungen hat zugenommen, Stadtfeste werden begangen, Zeitungen, politische Parteien und Bewegungen - neue und alte - wirken auf ihr Publikum ein mit theatralisch inszenierten Meetings und Kundgebungen. Zeitschriften und Zeitungen werden voluminöser, sie agieren mit ganzen Stäben von Mitarbeitern und Autoren. Auch der publizistische Effekt der Wissenschaft hat zugenommen: Bei den „Veranstaltungen" der Ökonomen, so der Kabarettist Michail Schwanezki, verebbt das Lachen nicht. Schließlich ist auch die Zahl der Theatergruppen gewachsen, Folk-, Pop-, Rock- und Showgruppen sind entstanden. Kurzum: Der Umfang der „Kulturproduktion" ist in den letzten Jahren rasant gestiegen.

So haben wir es mit zwei gleichzeitig ablaufenden Tendenzen zu tun. Einerseits sinkt der Einfluß der „entfremdeten" Kultur, welche sich auf die passive Wahrnehmung gründet, deren Erfahrung vor allem einen Selbstwert darstellt und vorwiegend isoliert, d.h. unabhängig von den individuellen Alltagserfahrungen, gewonnen wird. Andererseits gewinnt eine Kultur an Bedeutung, die in den Stoff der Alltäglichkeit „eingewebt" ist, sich als wichtige - wenn nicht gar einzige - Form der Lebensbewältigung anpreist und in aktiver Beteiligung die Grundlage der Aneignung kultureller Erfahrungen sieht. Es wäre falsch zu behaupten, nur die erste Form stelle die „wahre Kultur" dar, während die andere gleichsam eine „Pseudokultur" wäre. Denn in beiden Formen erfolgt eine Ästhetisierung von Alltagserfahrungen. Der Unterschied zwischen beiden besteht darin, daß im ersten Fall

1 Dieser Aufsatz ist eine überarbeitete und stark erweiterte Fassung eines Textes, den ich 1990 für das *Berliner Journal für Soziologie* (1/1991, S. 41-53) geschrieben habe.

Alltagserfahrung und ästhetische Erfahrung voneinander getrennt werden: Im Theater oder in der Bibliothek wird ästhetische Erfahrung fixiert, so, wie religiöse Erfahrung durch die institutionalisierte Religion in der Kirche lokalisiert ist. Im zweiten Fall wird der Alltag ästhetisiert, ähnlich wie im Falle spontaner und diffuser Religiosität. Diese Form der Ästhetisierung der Alltäglichkeit und deren - wenn auch begrenzte - Erhebung zur Kultur hat wichtige Konsequenzen: Die Kultur bleibt nicht mehr allein ein Epiphänomen des Sozialen, sie wird zu einem Moment der Innovation und der Regulierung von Veränderungen. Die bekannte Konzeption des *cultural lag*, die im Prinzip die marxistische Idee reproduziert, daß die Veränderungen im gesellschaftlichen Bewußtsein den sozialen Veränderungen nachgeordnet sind, wird hier also nicht bestätigt. Im Gegenteil, die Kultur erscheint als „Motor", sie verfügt über ein fertiges Angebot von Kommunikationsformen, mit deren Hilfe lebenswichtige Inhalte transportiert werden können. Damit verlieren die Lebensinhalte auch ihre Unmittelbarkeit, sie erweisen sich als „inszeniert" - in kulturellen Dekorationen und mit entsprechenden „Requisiten". Soziale Bedürfnisse, d.h. die Bedürfnisse von Gruppen, Klassen o.ä., werden nur noch durch die Kultur ausdrucksfähig. Damit wird der gesamte gesellschaftliche Prozeß mehr und mehr zu einem Kulturprozeß.

## Beispiele/I

Gewöhnlich findet man Kulturinformationen in den Zeitungen auf den letzten Seiten. Die folgenden Beispiele sind dagegen gerade den ersten Kolumnen der „Iswestija" vom 24.6.1990 entnommen[2]:

„Am 23. Juni hat der Belorussische Bahnhof wieder den ‚Orient-Express' (den Ost-Express) aus Zürich empfangen. Die amerikanische Firma ‚Chrysler' hat eine exotische Reise nach Rußland organisiert; dies gemeinsam mit der sowjetischen Firma ‚Sheldorexport' und mit der Eigentümerin des Zuges, der Schweizer Firma ‚Interflor AG'. Die Reise ist zwangsläufig schon deshalb exotisch, weil sie mit einem Zug erfolgt, dessen Waggons zwischen 1924 und 1928 in England und Frankreich gebaut wurden. Das Besondere der Reise besteht also in ihrer Rückwärtsgewandtheit. Außer nach Moskau fährt der ‚Orient-Express' auch noch nach Leningrad, um danach mit ausländischen Touristen, welche am Festival ‚Weiße Nächte' teilgenommen haben, nach Westeuropa zurückzukehren". * „Tallinn - Der ‚Tag des Iwan' wird zum Feiertag erklärt. - Das Präsidium des Obersten Sowjets der Estnischen SSR erklärt den 23. Juni zum gesetzlichen Feiertag und damit zum arbeitsfreien Tag. Dieser Feiertag wurde im bürgerlichen Estland eingeführt, und zwar 1934, zu Ehren des 15. Jahrestages des Sieges der estnischen Armee über die kaiser-

2 Das Datum ist rein zufällig. Es ist just die Zeitung des Tages, an dem ich die ursprüngliche Fassung dieses Aufsatzes geschrieben habe.

lichen Truppen am 23. Juni 1919 in der Schlacht bei Vynna. Zum Feiertag und zum arbeitsfreien Tag wurde auch der ‚Tag des Iwan', der 24. Juni erklärt." * „Am 23. Juni wird das erste neubesiedelte Dorf der Krimtataren gefeiert. Das Dorf entstand auf einem Terrain, das von den örtlichen Behörden speziell zur Wiederbesiedelung freigegeben wurde. Damit kehren die Krimtataren erstmalig seit ihrer gewaltsamen Vertreibung 1944 in ihre Heimat zurück ... In diesem Dorf existieren zwei Straßen, eine davon wurde zu Ehren des krimtatarischen Aufklärers Ismail Gasprinski nach diesem benannt ... Gleichzeitig belagern Tausende von Krimtataren weiterhin das Gebäude des Exekutivkomitees des Gebietssowjets der Volksdepu tierten in Simferopol und erheben die Forderung nach einem staatlichen Programm der geordneten Rücksiedlung in die Heimat". * „Anti-Aids-Kampagne rings um die Ostsee. Ende August wird es aufgrund einer Initiative der Litauischen Jugend zu einer Anti-Aids-Kampagne entlang der Ostseeküste kommen. Sie beginnt am 26. August in Riga. Ihre Teilnehmer (...) starten auf Jachten, Autos und Montgolfieren zur Route Riga - Tallinn - Helsinki - Stockholm - Kopenhagen - Lübeck - Szczecin - Riga. Das Ziel der Aktion besteht darin, die Zusammenarbeit der Jugend im Kampf gegen Aids zu fördern; gleichzeitig sollen auf diesem Wege kulturelle Beziehungen und Geschäftsverbindungen geknüpft werden. Geplant ist eine Pressekonferenz, es wird Treffen mit politischen Persönlichkeiten geben, Auktionen finden statt, und ein ‚Business-Zentrum' wird eingerichtet". * „Baku. Zum Zeichen der Trauer um die Opfer des Erdbebens in der Islamischen Republik Iran wurde in der Aserbaidshanischen SSR ein Tag der Trauer proklamiert ...".

Dies sind die kurzen Meldungen. Es gab noch zwei umfangreichere Mitteilungen, die hier nur kurz erwähnt werden sollen. Die eine: „Die Wiedergeburt der VDNCh". Aufgrund eines Abkommens mit einer holländischen Firma wird z.Z. der größte Pavillon umgerüstet. Im Pavillon „Kosmos" werden nun ein Handelszentrum und ein „spacecamp" für Kinder entstehen.[3] Die zweite Mitteilung berichtete über eine Pressekonferenz: Der neugewählte Sekretär der Kommunistischen Partei der RSFSR, Iwan Poloskow, antwortet auf die listigen Fragen der Journalisten und demonstriert seinen „sachlichen und gleichzeitig prinzipiellen Zugriff", der es ermöglichen soll, die bestehende Ordnung zu erhalten und gleichzeitig immanent die Führung zu kritisieren. Und noch eine Meldung: „Leninakan. 110 Einfamilienhäuser - ein Geschenk Österreichs ... Speziell zur Eröffnung dieser Siedlung, die nicht weit entfernt von Leninakan gelegen ist, reiste der österreichische Vizekanzler, Josef Riegler, an ... Gleich nach der Versammlung erfolgte die feierliche Weihe des neuen Dorfes, welche das Oberhaupt des Schirakischen Bistums, Bischof Narek, vornahm. Die Priester besuchten viele Häuser und gaben den neuen Bewohnern ihren Segen."

Mit diesen Meldungen ist praktisch die erste Spalte der Zeitung wiedergege-

3 Die VDNCh - Allunionsausstellung der Errungenschaften der Volkswirtschaft - war eine permanente Ausstellung über die einzelnen Sowjetrepubliken in Moskau.

ben. Sie bilden ein geeignetes Material dafür, die Wege und Formen der Wandlung von sozialpolitischen Prozessen in kulturelle anschaulich zu verfolgen; oder, um es anders auszudrücken: sie zeigen die kulturelle Begründung sozialpolitischer Prozesse.

Das erste, was ins Auge fällt, ist die „Inszenierung" der Mehrheit der Ereignisse. Berichtet wird hier nicht bloß von administrativen Entscheidungen - Übergabe von Wohnungen an Obdachlose, Anschaffung neuer medizinischer Geräte und neuer Medikamente, oder Umfunktionierung alter Gebäude zu kommerziellen Zwekken. Tatsächlich geht es in allen diesen Fällen um kulturelle Inszenierungen - das Dorf für die Krimtataren ist eine „Neuheit", ein künstliches Produkt, die Dekoration für ein neues Leben, geheiligt durch den Namen eines Aufklärers. Die Erklärung des „Tages des Iwan" zum staatlichen Feiertag - auch das ist die kulturelle Inszenierung eines politischen Aktes. Auch die Übergabe der österreichischen Häuser an die Erdbebenopfer Leninakans erhält durch die anschließende Weihe den Charakter einer Inszenierung. Und erst die Anti-Aids-Aktion - die Jachten, Autos, Luftschiffe werden von Auktionen und Pressekonferenzen flankiert - ein gewaltiges kulturelles Spektakel; es ist Selbstzweck und dient doch zugleich dazu, materielle Mittel für den Kampf gegen Aids zu beschaffen. Sogar die erwähnte Pressekonferenz von Poloskow hat den Charakter eines Schauspiels. Diese Feststellung ist nicht etwa ein Vorwurf der Täuschung oder der Vorspiegelung falscher Tatsachen. Schauspiel meint in diesem Zusammenhang, daß hier eine Inszenierung in bestimmten kulturellen Dekorationen abläuft - in diesem Fall ist es die Form einer Pressekonferenz -, ohne welche in unserer Mediengesellschaft Politik gar nicht mehr funktioniert.

Neben dem Phänomen der *Inszenierung* ist noch ein anderes Wort für das Verständnis der modernen kulturellen Realität von zentraler Bedeutung - das *Ereignis*. Alle erwähnten Fakten wurden durch den kulturellen Kontext zu Ereignissen. Die Tatsache an sich löst, abgesehen von den unmittelbar Betroffenen, noch keine besondere emotionale Beziehung oder Empfindung aus. Ihre kulturelle Inszenierung, d.h. ihre Einbettung in eine kulturelle Tradition, verleiht ihr einen symbolischen Wert - macht sie erst eigentlich zum Ereignis. Ruft dieses Ereignis auch keineswegs immer ein allgemeines Interesse hervor, so hat der Vorgang der Inszenierung doch zumindest erhöhte Aufmerksamkeit für diese an sich wenig brisante Tatsache zur Folge.

Ein weiterer, für die Erklärung der hier behandelten Prozesse wesentlicher Begriff ist der der *Tradition*. Die kulturelle Inszenierung, die Tatsachen zu Ereignissen werden läßt, ist immer Inszenierung in einer bestimmten kulturellen Tradition. Die Tradition stellt die Dekoration. Sie gibt die Requisiten und schreibt die Rollen vor; die traditionellen kulturellen Rollen unterscheiden sich deutlich von den heutigen Inhalten. Die Passagiere des „Orient-Express" fühlen sich durch den traditionellen Kontext als Europäer, nicht lediglich als Touristen. Durch die offiziellen Trauerbänder, die die Aserbaidschaner angelegt haben, wird aus mitfühlenden Menschen eine besondere Trauergemeinde; in diesem Fall ist es eine Gemeinde, die sich auf die islamische Tradition gründet. In derselben Zeitung wird berichtet, daß Armenien eine Rettungsbrigade in den Iran, in eine von dem Erdbeben stark betroffene Zone, entsandt hat. Doch fehlt hier die Inszenierung staatlicher Trauer, damit entfällt auch der besondere kulturelle Sinn der armenischen Hilfe.

Auf einer Zeitungsseite finden wir also ein Dutzend Beispiele für die Reanimation oder die künstliche Kreation von kulturellen Traditionen. Oft werden auch unterschiedliche Kulturtraditionen vermischt: Bei der Übergabe der österreichischen Häuser verbindet sich die armenische nationale Tradition mit Elementen der armenischen Kirchentradition. Im Fall der Erdbebenhilfe ist das Gefühl der islamischen Einheit vorherrschend. Bei den Krimtataren verbinden sich nationale Traditionen (der Bezug auf Ismail Gasprinski) mit durchaus modernen Formen des Kampfes um nationale Rechte. In die demokratische Tradition ordnet sich auch der Kommunist Iwan Poloskow ein. Und schließlich wird der Iwan-Tag als Nationalfeiertag zu einem geeigneten Hintergrund von Geschäftsabwicklungen und von Auktionen, deren Erlöse der Aids-Hilfe zugute kommen. Selbst die altbekannten Figuren der Volkswirtschaftsausstellung (VDNCh) - der Springbrunnen „Völkerfreundschaft" und die Skulptur „Arbeiter und Bäuerin" -, die einstmals sozialistische Traditionen (die internationale Gemeinschaft und die Brüderschaft der Arbeiter und Bauern) symbolisierten, werden in die neue Kultur des internationalen Handels eingepaßt. Gerade diese Kombination gibt den supermodernen Anlagen aus Holland einen besonderen Charme, denn hier wird *de facto* das nicht zueinander Passende verbunden: Die Verschmelzung von extrem unterschiedlichen, sich zum Teil ausschließenden kulturellen Traditionen drückt den Geist moderner kultureller Dynamik aus.

## Entobjektivierung der Traditionen und Enttraditionalisierung der Gesellschaft

Traditionen sind, zieht man ein gewöhnliches Nachschlagewerk zu Rate, Elemente des sozialen und kulturellen Erbes, bestimmte gesellschaftliche Vorschriften, Verhaltensnormen, materielle und geistige Werte, Ideen, Gebräuche, Sitten usw., die von Generation zu Generation überliefert werden und in bestimmten Gesellschaften, Klassen, Gruppen, sozialen Schichten sowie verschiedenen Lebensbereichen auf lange Zeit konserviert werden.

Traditionen haben eine objektive Grundlage in den Beziehungen der Gruppen, Klassen und der Gesellschaft zu ihrer sozialen Umwelt sowie zur Natur. In diesem Sinn sind Traditionen funktional. Sie bleiben selbst dann funktional, wenn sich die äußeren Bedingungen verändern. So haben sie eine integrative Funktion und fördern damit letztlich die Verwirklichung von Zielstellungen größerer sozialer Gemeinschaften. Früher meinte man, Traditionen würden stets in Abhängigkeit von objektiven Gegebenheiten entstehen und vergehen. In diesem Sinne nahm man an, die objektiven Bedingungen würden die kulturellen Bedürfnisse determinieren. Selbst wenn man der Kultur einen gewissen Grad an Autonomie zusprach und ihr eine relativ unabhängige Dynamik bescheinigte, blieb sie dennoch ein Epiphänomen der sozialen Entwicklung. Sehr konsequent wurde diese Konzeption innerhalb des Marxismus verfolgt, wo die „Basis“ als Gesamtheit der sozialen Beziehungen selbst als unabhängig galt und der Kultur als „Überbau“ vorgeordnet wurde.

Doch in den fünfziger und sechziger Jahren dieses Jahrhunderts begannen sich im Westen Veränderungen abzuzeichnen, die nicht mehr in dieses Schema passen wollten. Dasselbe trifft auch für das letzte Jahrzehnt in Rußland zu. Die erste Etappe war durch die Entfaltung einer Massenkultur gekennzeichnet, die die klassen- und schichtspezifischen Prägungen aufhob und regionale und nationale Grenzen sprengte. Durch die Dichte der modernen Massenkommunikationsmittel eroberte sich diese Kulturform alle gesellschaftlichen Bereiche, ohne jedoch die traditionellen Kulturen aufzuheben.

In der zweiten Etappe wurde die Kultur reflexiv; wahrscheinlich wurde diese Form der Selbstanalyse gerade durch die Massenkultur hervorgerufen. Eine derartige Selbstreflexion vollzog sich in diesem Bereich erstmalig. Mehr noch, bis dahin hat sich jede kulturelle Tradition geradezu zwangsläufig als die in ihrer Zeit einzig richtige und notwendige begriffen und folglich „Eigenes“ und „Fremdes“ strikt getrennt. Ein wesentlicher Teil des Selbstverständnisses früherer Kulturen rührte aus der Entgegensetzung zu anderen Traditionen her. Es ist ja gerade ein besonderes Merkmal des Traditionalismus, daß ein rationaler Blickwinkel auf die eigene Vergangenheit und Gegenwart fehlt; die Gegenwart wird vorrangig unter dogmatischem Blickwinkel behandelt, d.h. die eigene Abhängigkeit von fertigen Rastern des Denkens und Handelns wird übersehen. Nicht zufällig ging die kulturelle Selbstbesinnung von Gegenüberstellungen aus: städtische und dörfliche Kultur, proletarische und bürgerliche Kultur, militärische und zivile, mittelalterliche und moderne, geisteswissenschaftliche und naturwissenschaftliche Kultur wurden behandelt. Daneben gab es immer eine Menge von regionalen, berufsspezifischen und ständischen Kulturen und kulturellen Traditionen, die in sich geschlossen waren und sich als Alternative zu allen übrigen verstanden. Ihnen allen war eine doppelte Art von Objektivität eigen. Zum einen wurden sie von den Forschern als objektiv angesehen - von den Soziologen und Kulturologen, die in den territorialen oder historischen Bezügen, d.h. in den sozialen Bedingungen, nach den objektiven Grundlagen dieser Traditionen suchten. Zum anderen wurden sie von den Individuen selbst als „dinglich-objektiv“ angesehen. Die Individuen leben „in“ den Traditionen und identifizieren sich mit den angenommenen Normen und Mustern. Natürlich haben sich verschiedene Kulturen und Traditionen zu allen Zeiten wechselseitig beeinflußt und durchdrungen. Doch diese Prozesse vollzogen sich in großen historischen Zeiträumen. Die Veränderung der Identitäten - die „Re-Identifikation" - ging relativ unbemerkt vor sich, sofern sie gleichsam organisch in den natürlichen Generationswechsel integriert war. Erst die Provokation durch die Massenkultur, auf Grund ihrer rasanten Verbreitung und ihres universalistischen Gehalts, hat die Menschen in die Lage versetzt, sich eine alternative Identität anzueignen. Sie hat es ermöglicht, daß der einzelne seine Kulturzugehörigkeit „von außen" betrachtet. Die Kulturtraditionen wurden dadurch relativiert, sie haben für ihre Träger den dinglichen bzw. natürlich-objektiven Charakter verloren, sind zu künstlichen Produkten geworden. Jedwede Tradition kann man auch „produzieren". Die historisch aufeinanderfolgenden und sich zum Teil auch wechselseitig ausschließenden Traditionen bestehen nun „gleichzeitig" und nebeneinander. Sie werden nicht mehr als gegensätzlich empfunden, sondern als im heutigen kulturellen Kontext gleichermaßen akzeptabel. Dabei hat die Wahrnehmung ihrer Unterschiede nicht nachgelassen, nur das Gefühl für ihre Ausschließlichkeit ist schwächer geworden.

Parallel zu diesem Prozeß der Entobjektivierung der Traditionen fand eine Enttraditionalisierung der Gesellschaft statt. Auch das ist ein objektiver sozialer Prozeß, der sich aus vielen bereits bekannten Komponenten ergibt. Die entscheidende Rolle dafür spielte die Entwicklung der Massenkommunikation - Flugzeug, Schnellzug, Satellitenfernsehen, Datenautobahn - und damit die praktische Ausmerzung von kulturellen Provinzen. Autarkie und Isolationismus sind gleichfalls ausgeschlossen. Zuerst führte die Einführung der neuen Kommunikationstechnologien zum sogenannten kulturellen Imperialismus einzelner Länder, vor allem Amerikas; doch dann begann, u.a. durch den Einfluß von internationalen kulturellen und politischen Organisationen, eine gegenläufige Bewegung, d.h. die entwickelten Länder öffneten sich für Einflüsse aus den ursprünglichen Kulturen Asiens, Afrikas und Lateinamerikas. Somit überlappten sich technologische Entwicklung und Entfaltung der Kulturpolitik.

Als Folge der sozialpolitischen Entwicklungen der Nachkriegsära hat praktisch jede soziale Schicht - vor allem in der westlichen Welt - mehr oder weniger gleiche Möglichkeiten erhalten, an verschiedenen kulturellen Traditionen zu partizipieren. Der Lebensstandard spielt nicht mehr die ausschlaggebende Rolle, um Zugang zu einer bestimmten Kultur zu finden; die Lebensweise eines Angestellten, Arbeiters oder Unternehmers unterscheiden sich nicht mehr so gravierend wie früher. Auch die Familie hat ihre frühere Prägungsfunktion weitgehend eingebüßt, insofern sie ihre Sozialisationsfunktion in beträchtlichem Maße an gesellschaftliche Institutionen der Erziehung und Ausbildung abgetreten hat. Die Bildungssysteme sind selbst demokratischer sowie Mittel vertikaler und horizontaler Mobilität geworden. Ebenso wirkt heute auch der Berufsstand weniger prägend, vor allem weil die Informationssysteme und die Computerisierung der Produktion und des Dienstleistungswesens zur Erosion verschiedener professioneller Kulturtraditionen geführt haben. Die einst vom Marxismus proklamierten Ziele des sozialistischen

Aufbaus, z.B. die Annäherung von Stadt und Land, sind - mit Hilfe von Wissenschaft und Technik - im Westen eher erreicht worden. Ein wesentlicher Unterschied besteht allerdings darin, daß sich unter den demokratischen Bedingungen des Westens nicht eine Nivellierung kultureller Unterschiede, sondern eine Pluralisierung von Kulturen und Lebensweisen vollzogen hat. Die Traditionen haben also ihre objektive Basis verloren, ihre „pseudonatürliche“ Notwendigkeit. Damit ist auch ihre „Herstellung“ und Reproduktion möglich geworden.

## Beispiele/II

Kulturelle Inszenierungen setzen die authentische Herstellung der gegenständlichen Elemente der Kulturtraditionen voraus - Kultgegenstände, technische Einrichtungen (Altäre, Orden, alte Automobile usw.). All das sind Kulturrequisiten. Sogar die Anzeigen für An- und Verkäufe widerspiegeln das gewachsene Interesse an solchen kulturellen Requisiten. Einige Beispiele aus dem Annoncenteil der Zeitung „Moskau am Abend“ vom 20. Juni 1990 seien hier präsentiert: „Kaufe: Ikonen und Öllämpchen, Architekturzeitschriften (1932-1940). Anrufen unter ‚Alte Möbel, Einrichtungsgegenstände, Wand- und Standuhren, Kaminuhren, Porzellangegenstände und Bronze‘. Tel.: ...“; * „Möbel (einzelne Stücke aus importierten Garnituren und Eßzimmern, Wohnzimmern, Arbeitszimmern), Importtapeten, Service ‚Madonna‘, Telefonhörer mit Nummernwahl ...“; * „Ein originaler Satz Türklinken für das Automobil ‚Chrysler-Royal‘, Jg. 1935"; * „Import-Apparat ‚Autofokus‘, Laserplattenspieler und Schallplatten, Digitalaufnahmegerät ‚Sony-PRO 70‘, Diktaphon, Videorecorder, Videokamera ‚Moovie‘, der neue WAS. Für IBM: ein Gehäuse, Speicher, Blöcke, Festplatten, Mikroschemata, die Computer ‚Commodore‘ und ‚Atari‘ ...“; * „Die Bücher ‚Das Kamasutra‘ (indische Liebeskunst), ‚Das Dao der Liebe‘ (chinesische Liebeskunst), ‚Freuden des Sex‘ (illustrierte Ausgabe zu den Intimbeziehungen von Mann und Frau), ‚Wie werde ich eine sexy-lady‘, über chinesische Gymnastik, nichttraditionelle Erscheinungen der menschlichen Psyche. Schriftlich: Moskau, ab...“; * „Schächtelchen, Broschen, Panneaus, Puderdosen aus Pappe (Palech, Mstjora, Cholui, Fedoskino)“; * „Ein Haus auf dem Dorf, ein Gummitretboot“.

Dies ist natürlich ein ganz zufälliger Katalog. In den verschiedenen Annoncenrubriken werden noch vielfältigere und exotischere Gegenstände angeboten und gesucht. Doch obwohl die Auflistung der Dinge in dieser Zeitung zufällig ist, verdeutlicht sie doch zumindest ansatzweise, auf welche Weise von den Käufern ihre Tradition und ihre Lebensweise inszeniert wird.

Im Unterschied dazu sind in den Museen die Zeugnisse der Vergangenheit in der Regel nur in Fragmenten erhalten und aus ihrem Kontext herausgelöst. Allerdings ist es natürlich möglich, daß durch die Zusammenstellung der Gegenstände ein neuer Kontext erzeugt wird. Zudem verändern sich heute die Konzeptionen der Museen: Immer mehr ist man dort bestrebt, eine ganzheitliche Situation wiederherzustellen, den Zuschauer ganz in einen anderen kulturellen Kontext zu versetzen. Sehr häufig hat man diesen Effekt bei thematischen Ausstellungen.

Wenn jedoch die Kulturen der Vergangenheit außerhalb der Museen wirken, dann kann es gar nicht nur um einzelne Fragmente des Lebens und des Brauchtums oder um die Aneignung einzelner Verhaltensweisen gehen, die auf eine andere kulturelle Umwelt „hindeuten". Es liegt in der Logik der Kultur, daß sie bestrebt ist, sich selbst zu realisieren; hierfür schafft sie sich zuerst ihre gegenständliche Umwelt. Damit verbunden sind spezifische Verhaltensformen, bis hin zur authentischen (im Idealfall) Wiederbelebung einer bestimmten Lebens-, Denk- und Wahrnehmungsweise. Ganzheitlichkeit ist gefragt: Dem Automobil „Chrysler-Royal" könnte man, funktional betrachtet, auch die Schlösser eines „Wolga" einsetzen - aber nein, es sollte schon authentisch sein. Generell geht momentan das Bestreben dahin, alte Anlagen, Instrumente und Mechanismen - vom Samowar bis zum Auto - funktionstüchtig zu erhalten. Das bedeutet zwangsläufig, daß zur Bewahrung dieser Funktionsfähigkeit wiederum alte Gegenstände sowie Handlungen notwendig sind, die keinen instrumentellen, dafür jedoch einen rituellen Wert haben. Durch diese finden dann kulturelle Enklaven in der modernen Kulturlandschaft ihren Platz. Ikone und Öllämpchen, altes Mobiliar und Standuhren, Import-Garnitur, Service „Madonna" und Telefonhörer, der Apparat „Autofokus", Videorecorder und Computer, Bücher zur Liebeskunst - all das sind wichtige Symbol-Gegenstände, die trotz der beliebigen Auswahl eine bestimmte kulturelle Einheit charakterisieren. Insbesondere in einer Zeit, in der Traditionen entobjektiviert werden, suchen nicht nur die einzelnen Menschen, sondern auch die Gemeinschaften und Gruppen nach einem geschlossenen Sinn, dessen innere Vollständigkeit und Geschlossenheit gleichsam die traditionelle Objektivität ersetzt.

So werden z.B. Feierlichkeiten veranstaltet, deren ursprünglicher Ablauf durch die Erinnerungen alter Menschen und auch anhand von Archivmaterialien rekonstruiert wird. (Bekanntmachung: „Ismailowski Kultur- und Erholungspark. Am Sonntag, dem 1. Juli, 12.00 Uhr wird ‚Saban-Tui', ein tatarischer Nationalfeiertag, veranstaltet. Dieser Feiertag wird gemeinsam mit der Moskauer Gesellschaft der tatarischen Kultur ‚Muttersprache' vorbereitet"). Ganze Stadtviertel werden großräumig umgestaltet mit dem Ziel, die Vergangenheit, die historischen Kulturtraditionen möglichst vollständig wiederzubeleben. Die ursprüngliche Architektur wird wiederhergestellt, die alte Ausstattung der Räumlichkeiten rekonstruiert. Auch die kommerziellen Bräuche der Vergangenheit werden wiederbelebt - kleine Läden, Schenken und Gasthäuser werden eröffnet, alte Kochrezepte herausgesucht, Kleiderordnungen aus der Vergangenheit, verschiedene Unterhaltungsspiele usw. Die Kultur wird also vollständig „inszeniert" - und dies nicht im Museum, nicht „entfremdet", sondern mit dem Ziel der Ästhetisierung unseres eigenen Alltags.

Kulturelle Inszenierungen beziehen sich nicht nur auf die Traditionen der Vergangenheit oder auf völlig fremde Kulturen - wie die buddhistische oder japanische usw. Das Schauspiel der Kulturen ist allumfassend. Die Tatsache der Inszenierung ist für die moderne Kultur generell kennzeichnend. Nehmen wir nur das oben angeführte Beispiel, in dem die Suche nach Computern, Videokameras und anderen neuen technischen Dingen annonciert wird. Ich will nicht darüber befinden, ob die Bedürfnisse nach der neuen technischen Ausrüstung tatsächlich real sind, oder ob sich dahinter auch nur eine Inszenierung verbirgt. Unter den Bedingungen einer enttraditionalisierten Gesellschaft und einer entobjektivierten Kultur wird es schwierig, Kriterien zu finden, nach denen man „wahre" von „falschen" Bedürfnissen unterscheiden, darüber urteilen könnte, was „richtig" und was „falsch" ist im kulturellen Bereich. Denn die Kultur - wie schon gesagt - ist nicht mehr funktional.

Selbst die standardisierte Kultur von Geschäftsleuten (business-culture) kann dysfunktional werden. Davon zeugt zum Beispiel die Yuppie-Kultur: Dieser besondere Typ von jungen Geschäftsleuten - *biznesmeny* - präsentiert sehr bewußt äußerliche Akkuratesse, Genauigkeit, Geschäftigkeit samt der dazu gehörenden technischen Ausrüstung - Auto, Computer, Uhr und Videoanlage. Gleichzeitig werden dabei auch Elemente von Massenkulturen in die Aufmachung einbezogen.

Kulturelle Inszenierungen, so ist festzuhalten, streben stets nach einer möglichst authentischen und vollständigen Wiedergabe der Realität einer anderen Kultur. Doch das ist nicht immer möglich. Mag das bei der „Herstellung" der begleitenden Requisiten, Dekorationen und äußeren Verhaltensweisen, d.h. technisch, noch relativ unproblematisch sein, so ist die „Herstellung" der Kultur im Sinne einer authentischen Reproduktion der kulturspezifischen subjektiven Erfahrung um ein Vielfaches schwieriger. Denn hier ist die Fähigkeit zur Veränderung der Identität, zur Re-Identifikation der Persönlichkeit gefragt. In traditionalen Gesellschaften wurden solche Fähigkeiten zumeist unterdrückt, heute dagegen werden sie honoriert.

## Beispiele/ III

Aus der Werbezeitschrift „Moskauer Feierabend" desselben Datums: Sonnabend, 23. Juni 1990. „Das Grüne Theater ‚Sokolniki': Am 23. und 24. Juni findet um 19.00 Uhr ein Treffen mit dem Parapsychologen Juri Longo statt. Im Programm: Heilkunde (nach der Methode von Kaschpirowski) und eine Demonstration von Heilmethoden, die auf Bipolen und Hypnose aufbaut. - 27. Juni, 19.00 Uhr - Treffen mit dem Anthropologen A.I. Primoi. Thema: „Der Poltergeist oder unsichtbare Geister im Hause" (Hypothese über die Unsichtbaren: sie kommen aus der anderen Welt). - 28. Juni, 19.00 Uhr - Treffen mit dem Anthropologen A.I. Primoi. Thema: „Das Leben nach dem Tode" - (Gibt es das Jenseits?). 1. Juli, 19.00 Uhr - eine naturwissenschaftliche Disputationsrunde „Der Kosmos und die Wiedergeburt Rußlands". Im Programm: S.N. Shidkow: Der integrale Weg der Selbstentwicklung des Menschen; L.K. Olsojewa: Die Grundlagen der tibetischen Medizin; A.F. Abramow: Die Schlüssel zu den Weltanschauungen. Eine Hypothese zur heiligen Grammatik Rußlands; W.N. Jagodsinski: Selbsthypnose. Die Einrichtung der Wirbelsäule nach Kasjan ... Eintrittskarten vorhanden..."

Des weiteren kann man dort auch folgende Bekanntmachung lesen: „Das Studio ‚Erkenne Dich selbst' lädt Interessenten ein, die in einer Gruppe zur Selbstanalyse und in einem Kommunikationslaboratorium arbeiten wollen. Die Ziele der Gruppe: Hilfestellung zur Entkrampfung und zum Erlangen von Natürlichkeit, die Aufdeckung eigener Verhaltensstereotype, Hilfe bei der Bewältigung innerer Konflikte und bei der Überwindung von negativen Gefühlen und schließlich das praktische Studium alter und neuer Methoden der psychophysiologischen Möglichkeiten des Menschen." Darüber hinaus werden Kurse zum Studium von Makramee und Ikebana offeriert. Und schließlich wird auch noch ein anderer „naturwissenschaftlich-medizinischer Kurs" angeboten mit folgenden Referaten: S.N. Shidkow (Autor des Buches „Russisches Yoga") mit einem Vortrag und der Vermittlung von 12 grundlegenden Asan-Weisen; S.D. Moskalenko (ein Genetiker und Psychotherapeut) zum Thema „Das Gebet verlängert das Leben"; E.S. Lasarew: „Das Leben nach dem Tode" und „Das tibetische Totenbuch"; W.P. Pasilowa zum Thema „Esoterisches Wissen" und „Der Mystizismus in der geistigen Kultur Rußlands".

Kosma Prutkow, eine bekannte russische satirische Figur des 19. Jahrhunderts, hat in seinem Gedicht „Der Wunsch, ein Spanier zu sein" die äußeren Aspekte der „Re-Identifikation" dargestellt:

> Gebt mir die Mantille
> Gebt mir die Gitarre
> Gebt mir die Inesilje
> und ein Paar Kastagnetten ...

In den derzeitigen Kursen und Methodenempfehlungen wird die Methode der Veränderung der subjektiven Persönlichkeitserfahrung bis zum Übermaß angeboten; man soll sich das Bedürfnis befriedigen, ein Spanier, Japaner, Inder, Tibetaner usw. zu sein, und manchmal reicht auch das Hineindenken in das Leben nach dem Tode.

Ein Forscher hat diese Praktiken treffend als „Second-hand-Existenzialismus" charakterisiert. Dennoch wäre ohne solche Methodiken der Persönlichkeitsveränderung das Leben in einer enttraditionalisierten, kulturpluralistischen Gesellschaft sehr schwierig. Somit sind diese Methoden zugleich Ergebnis und Voraussetzung der Funktionsweise dieser Gesellschaft. Sie erwachsen aus der Aneignung und Anpassung an ferne und fremde Traditionen und haben dabei die Fähigkeit des Identitätswechsels zur Voraussetzung. Das Individuum führt in diesen Gesellschaften eine Inkognito-Existenz - dabei bezieht sich dieses Inkognito nicht allein auf das Verhältnis zu den anderen Menschen, sondern auch auf die Reflexion der eigenen Person. Die passenden Methodiken können sehr verschieden sein - angefangen bei Vorschriften, die die Heilung durch tibetanische Kräuter oder die Heilung der Wirbelsäule mittels Selbsthypnose ermöglichen, bis zum Erwerb von esoterischem Wissen. Doch der Gebrauch dieser Methoden gleicht im Prinzip dem System, das Stanislawski im modernen Theater verwandt hat. Dabei wird das „Stanislawskische System", das System der „Arbeit des Schauspielers an sich selbst", welches von der modernen Kultur als System von Inszenierungen geradezu gefordert und honoriert wird, nicht *per se* mit allen Fragen fertig: So bleibt das Problem der Bedeutung von Subjektivität offen. Diese gehört zwar in bestimmtem Maße zu den Ausdrucksmitteln des Schauspielers, doch seine Gefühle werden dabei zum Ersatz für wahrhaftige kulturelle Erfahrung. Es ist schwer zu sagen, ob man in diesem Zusammenhang überhaupt noch von der Persönlichkeit als der „Substanz" der Subjektivität sprechen kann.

## Lebensformen und kulturelle Stile

Bisher war von der Vielfalt der Traditionen die Rede, die aus dem Strudel der Vergangenheit auftauchen, aktualisiert und in die moderne Kultur integriert werden. Doch der Terminus „Tradition" hat in diesem Zusammenhang noch eine andere, unbeabsichtigte Bedeutung. Traditionen setzen stets eine Kontinuität voraus, d.h. ein gewisses Maß an Übereinstimmung von Vergangenheit und Gegenwart. Doch hier geht es um die Inszenierung. Die Unterschiede zwischen den Traditionen und ihren Inszenierungen sind, von außen betrachtet, ebenso schwer zu fassen, wie ein gut erhaltenes altes Haus von einer gekonnten Rekonstruktion zu unterscheiden ist. Eine kulturelle Inszenierung - wie etwa der Wiederaufbau der Kasaner Kathedrale auf dem Roten Platz in Moskau - kann sehr authentisch wirken, dennoch vollzieht sie sich in einem anderen Sinnkontext und hat eine andere, nichttraditionelle Bedeutung.

Außerdem sind Traditionen objektive Erscheinungen, geprägt von natürlichen und sozialen Bedingungen; für Inszenierungen trifft das natürlich nicht zu. Zudem wurde hier bereits über die Enttraditionalisierung der Gesellschaft gesprochen. Die Frage in diesem Zusammenhang lautet: Wie lassen sich die immer wiederkehrenden Äußerungen über den Pluralismus von Traditionen zu dieser Tendenz in Beziehung setzen? Die hier aufgeführten Widersprüche sprechen dafür, nach einem neuen, neutralen Terminus für die Gesamtheit der kulturell bedeutsamen Merkmale zu suchen, zumal all diese Merkmale in einer logischen Beziehung zueinander stehen und ein strukturiertes Ganzes bilden. Zwei Begriffe scheinen mir dabei hilfreich zu sein; beide sind im Sprachgebrauch nicht neu, aber sie sind von der Soziologie auch noch nicht fest besetzt: *Lebensform* und *kultureller Stil.*

Ich werde diese Begriffe hier als gegenseitig ersetzbare gebrauchen. Hinter ihnen steht eine lange theoretische Tradition. Bevor ich mich dieser zuwende, werde ich anhand eines Beispiels erläutern, was ich unter *Lebensform* verstehe und warum Lebensformen ihrem Wesen und ihrem Ursprung nach als kulturelle Phänomene interpretiert werden können.

Zunächst das Beispiel. In einer mittelalterlichen Chronik ist folgende Geschichte überliefert: Die Teilnehmer des Lyoner Konzils, das 1245 unter dem Vorsitz von Papst Innozenz IV. stattfand, war über das Vordringen der Mongolen beunruhigt, die 1241 die Schlacht bei Liegnitz gewonnen hatten und nun die ganze christliche Welt zu erobern drohten. Dieser barbarische Stamm war den Europäern gänzlich unbekannt. Man hatte daher den russischen Metropoliten Pjotr zum Konzil eingeladen, der die Mongolen aus eigener Erfahrung kannte. Nachdem man mit Hilfe des Übersetzers die Wahrhaftigkeit seines christlichen Glaubens geprüft hatte, stellte man ihm eine Reihe von Fragen bezüglich der Abstammung der Mongolen, ihres Glaubens, ihrer Gebräuche und ihrer *forma vivendi*, d.h. ihrer *Lebensform.*

Die Antworten Pjotrs hat der Chronist, ein Benediktiner, aufgezeichnet: „Von ihrer Lebensform sagte er, daß sie Fleisch von Stuten, Hunden und allen anderen Tieren essen, im Notfall auch Menschenfleisch, doch nicht roh, sondern gekocht. Sie trinken Wasser und Milch. Schwer bestrafen sie Verbrechen wie Unzucht, Diebstahl, Ehebruch und Mord, und zwar mit dem Tod. Frauen haben sie eine oder mehrere. Zu Familiengelagen, Geschäftsverhandlungen und Geheimberatungen lassen sie keine Fremdvölkischen zu. Ihre Lager schlagen sie abseits, von allen anderen getrennt auf, und wenn sich dort ein Fremder einschleicht, wird er unverzüglich umgebracht.“[4]

Aus dieser Erzählung geht deutlich hervor, was man im Mittelalter unter *Lebensform* verstand - vor allem die Art und Weise der Befriedigung der Lebensbedürfnisse, d.h. die Eß- und Trinkgewohnheiten; des weiteren Institutionen und Vorschriften zur Regulierung des Zusammenlebens, etwa die Rechtsordnung und die Familienform, und schließlich die Normen für das Verhalten gegenüber Fremden. Obgleich die ehrwürdigen Prälaten die Mongolen angesichts der Vielweiberei und ihres Kannibalismus als Barbaren und Primitive betrachteten, erkannten sie ihnen dennoch das Recht auf ihre Lebensform zu.

Das war umso bemerkenswerter, als im frühen Mittelalter das Wort *Lebensform* vor allem in bezug auf das Klosterleben gebraucht wurde und die Übereinstimmung zwischen Glauben und Verhalten im christlichen Leben widerspiegeln sollte. Und - Lebensformen gab es viele; deshalb betrachtete man jede im Zusammenhang mit einer jeweils bestimmten Gesellschaft und historischen Epoche. Des weiteren waren die so verstandenen *Lebensformen* nicht vereinzelten Individuen zugegehörig, sondern hatten eine jeweils bestimmte Kollektivität zur Voraussetzung; sie regulierten das soziale Dasein der Menschen. Man verstand darunter also keine zeitlosen Moralnormen, sondern historisch veränderbare und historisch bedingte Regeln der Wahrnehmung, des Urteilens und des Verhaltens. Ein solches, im 11. und

4 Borst, Arno: Lebensformen im Mittelalter. Frankfurt a.M., Berlin: Ullstein 1988, S. 19.

12. Jahrhundert verbreitetes Verständnis von Lebensformen findet sich beispielsweise in den Überlieferungen des Bischofs Anselm von Havelberg.[5]

Für unser Thema ist von Bedeutung, daß hier faktisch von der Kultur des Gruppenlebens bzw. gar von einer repräsentativen Kultur die Rede ist. In diesem Buch werden wir es wiederholt mit dem theoretisch äußerst fruchtbaren Begriff der *repräsentativen Kultur* zu tun haben, wie er von Friedrich Tenbruck formuliert wurde. Die Kultur, so Tenbruck, „stellt insofern eine gesellschaftliche Erscheinung dar, insofern sie eine repräsentative Kultur ist, d.h. Ideen, Bedeutungen und Werte erarbeitet, die kraft ihrer faktischen Anerkennung wirken. Sie umfaßt folglich Überzeugungen, Urteile, Weltbilder, Ideen und Ideologien, die auf gesellschaftliches Verhalten in dem Maße einwirken, in dem die Gesellschaftsmitglieder diese aktiv teilen oder passiv anerkennen".[6] Die Übereinstimmung zwischen Glauben und Verhalten ist mit dem Begriff der repräsentativen Kultur logisch unterstellt. Ebenso beziehen sich solche Attribute wie Historizität, Veränderbarkeit, Kollektivität usw. auf die repräsentative Kultur. Praktisch alle Attribute von Lebensformen, die Anselm einst aufgeführt hat, werden auch im Verständnis von *Kultur* als repräsentativer Kultur, d.h. im soziologischen Verständnis von *Kultur*[7], erfaßt. Aus diesem Grund halte ich es für möglich, die Begriffe *Lebensform* und *kulturelle Form* als identische zu gebrauchen.

Dennoch, verfolgen wir die Evolution der Begriffe *Lebensform* und *Lebensstil* weiter. Im 15. und 16. Jahrhundert hat man allmählich auf den Gebrauch dieser Begriffe verzichtet, in der Neuzeit mit ihrem universalistischen und rationalistischen Pathos waren sie praktisch verworfen und vergessen. Erst in den Werken Goethes und der Romantiker tauchten sie wieder auf, und später, in der zweiten Hälfte des vorigen Jahrhunderts, griffen die Anthropologen bei der Beschreibung der Unterschiede zwischen den Lebensweisen verschiedener Stämme und Völker wieder auf diese Begriffe zurück.

Eine äußerst bemerkenswerte Ausnahme stellte Eduard Sprangers Arbeit „Lebensformen" dar. Spranger hat hier eine eigensinnige Theorie der *Lebensformen* als Persönlichkeitstypen entwickelt, wobei er sechs solcher Typen unterschied: den *theoretischen Menschen*, den *ökonomischen Menschen*, den *ästhetischen Menschen*, den *sozialen Menschen*, den *Machtmenschen* und den *religiösen Menschen*. Jedem Typ entspricht eine eigentümliche Struktur der Motivationen, der Realitätswahrnehmung, der affektiv-emotionalen Sphäre usw.[8]

---

5 Vgl. ebenda, S. 17f.

6 Vgl. Tenbruck, Friedrich: Repräsentative Kultur. In: Haferkamp, H. (Hg.): Sozialstruktur und Kultur. Frankfurt a.M.: Suhrkamp 1990, S. 29.

7 Vgl. Ionin, L.G.: Osnovanija kul'turnogo analiza. Moskva: Izd-vo Rossijskogo gosudarstvennogo gumanitarnogo universiteta 1995.

8 Vgl. Spranger, Eduard: Lebensformen. Geisteswissenschaftliche Psychologie und Ethik der Persönlichkeit. Tübingen: Max Niemeyer 1966.

Für den *theoretischen Menschen* beispielsweise ist das Erkennen die höchste Tätigkeitsform; es bestimmt unvermeidlich den Charakter aller seiner Lebensäußerungen. Das Wesen des Erkennens ist die Enthüllung der Gegenständlichkeit (der Objektivität). Die Erfahrungswerte sollen begriffen und so verarbeitet werden, daß sie befreit werden von allem, was der Besonderheit individueller Wahrnehmung oder der Spezifik der Situation des wahrnehmenden Subjektes geschuldet ist. Die „reine Gegenständlichkeit", der objektive Charakter ist dadurch definiert, daß das Objekt für jedes erkennende Ich ein und dasselbe darstellt. Resultat des Erkennens ist ein Zusammenhang von Urteilen, die gemäß den Gesetzmäßigkeiten des Systems zueinander in Beziehung stehen. Alle anderen Werte sind für den theoretischen Menschen sekundär. Sein wirtschaftliches Verhalten ist blockiert durch die primäre theoretische Orientierung, denn jegliche nutzenorientierte Handlung ist von so offensichtlicher subjektiver Zweckbestimmung, daß sie das Ideal der reinen Erkenntnis zu zerstören droht. Sein Verhältnis zu ästhetischen Objekten ist gekennzeichnet durch das Bestreben, die Ästhetik zu durchdringen und „dahinter" die objektive Idee des Werkes zu enthüllen, über die man dann vom Standpunkt der Wahrhaftigkeit urteilen kann. Der Theoretiker ist im Prinzip asozial; eine ko-emotionale, engagierte Teilnahme am Gemeinschaftsleben ist ihm fremd, er teilt nicht die allgemeinen Stimmungen, als Intellektueller wird er unausweichlich zum Individualisten. Im politischen Bereich verfügt er über ein großes Potential, doch kann er es nicht oft realisieren; es fehlt ihm dazu an hinreichender Orientierung auf das Konkrete. Er ist stark in Diskussion und Polemik, ist in der Lage, Dogmen zu zerstören; Aufklärung betrachtet er als ein notwendiges und hinreichendes Instrument des Fortschritts. Über die Positivisten von Condorcet über Buckle bis zu seinen eigenen Zeitgenossen sagt Spranger, ihr grundlegender Fehler hätte darin bestanden, daß sie „übersehen [haben], daß Wissen als Lebensausstattung erst dann aufbauend wirkt, wenn es mit den übrigen geistigen Kräften seines Besitzers in einen organischen Zusammenhang gebracht worden ist".[9] Spranger fährt fort: „Der Intellektualist vom gewöhnlichen Schlage neigt politisch immer zum *Radikalismus*, weil er bloße Denkbestimmungen allgemeiner Art sogleich der Wirklichkeit mit ihrem vielverschlungenen Leben unterschiebt. Er ist daher auch Kosmopolit; denn die Unterschiede der Völker liegen nicht so sehr in ihrer intellektuellen Bewußtseinsstruktur (obwohl auch da), als in ihrer Phantasie, ihrer soziologischen Richtung und in ihrer Religiosität"[10]. Es versteht sich, daß der Intellektuelle im Bereich der Motivation bestrebt ist, Affekte zu überwinden. Er ist sogar bemüht, sich gegenüber jeglichen konkreten Einzelzielen Unabhängigkeit zu bewahren, wenn er sie nicht in das allgemeine System der Gesetzmäßigkeiten des Lebens und des Verhaltens integrieren kann. „So ist die Allgemeingültigkeit des Verhaltens, *Maximenhaftigkeit*, der Stil seiner Motivation".[11]

9 Ebenda, S. 132.
10 Ebenda, S. 133.
11 Ebenda, S. 137.

In analoger Weise hat Spranger dann die anderen Persönlichkeitstypen beschrieben; im weiteren untersuchte auch die komplizierten Typen, die aus der Vermischung dieser einfachen Typen entstehen. Seine Theorie der Lebensformen ist eine tief durchdachte kulturologische (nicht psychologische) Persönlichkeitstypologie. Auf sie wurde sowohl in verschiedenen Persönlichkeits- und Lebensstiltheorien als auch in empirischen Analysen wiederholt zurückgegriffen, etwa durch Philipp Vernon oder Gordon Allport.

In der soziologischen Literatur der zweiten Hälfte unseres Jahrhundert wird nahezu ausschließlich der Terminus *Lebensstil* verwandt, der seinen Ursprung in Max Webers *Lebensführung* hat.[12] Bei Weber selbst war dieser Begriff etwas verschwommen; er zählte ihn nicht zu den Grundkategorien der Verstehenden Soziologie. Nichtsdestoweniger konnte man mit Hilfe dieses Begriffs den Gehalt solcher Lebensstile wie des traditionalistischen oder des kapitalistischen (in ihrem Weberschen Verständnis) hinreichend präzise erfassen. In seinen Arbeiten zur Religionssoziologie hat Weber dann die prinzipiellen, für Lebensstile konstitutiven, Faktoren herausgearbeitet: Die religiöse Ethik und die in ihr enthaltenen manifesten oder latenten Regeln der Interpretation und Bewertung der Lebensphänomene sowie institutionelle Gebilde, die charakteristisch sind für die herrschenden Gruppen und die die Reproduktion eines bestimmten Persönlichkeitstyps fördern.[13]

Der Begriff des Lebensstils spielte eine herausragende Rolle in den Arbeiten zweier anderer Klassiker, und zwar bei Thorstein Veblen und Georg Simmel. Der Ökonom und Soziologe Veblen hat sich in seiner „Theorie der feinen Leute"[14] den demonstrativen Aspekten des Lebensstils zugewandt, die Erfolg und Zugehörigkeit zu einer auserwählten Gruppe oder Schicht, einem auserwählten Stand oder Stamm symbolisieren sollen. In archaischen Gesellschaften, sagt Veblen, in denen Krieg eine wichtige Rolle spielte, erfolgte eine derartige Symbolisierung über die Demonstration der Körperkraft. In traditionellen Agrargesellschaften, in denen die Landarbeit viel Kraft und Fleiß verlangt, drückte sich die Zugehörigkeit zu den Auserwählten in „demonstrativer Muße" aus, später, in unserer Zeit, in „demonstrativem Konsum". Auf diese Weise hat Veblen auf den Zusammenhang zwischen Lebensstil und sozialer wie ökonomischer Ungleichheit aufmerksam gemacht. Wie

12 Paradoxerweise ist der Begriff *Lebensstil* auf einem „Umweg" in die deutsche Literatur gelangt: In amerikanischen Ausgaben der Arbeiten Max Webers wurde dessen Terminus *Lebensführung* mit *Style of life* übersetzt. Von daher entstanden später die Termini *life style* und *Lebensstil*. Vgl. Müller, Hans-Peter: Sozialstruktur und Lebensstile. Frankfurt a.M.: Suhrkamp 1992, S. 371.

13 Zur Analyse der Weberschen Religionssoziologie aus dieser Sicht vgl. Schluchter, Wolfgang: Religion und Lebensführung. Bd. I-II. Frankfurt a.M.: Suhrkamp 1988.

14 Vgl. Veblen, Thorstein: Theorie der feinen Leute. Eine ökonomische Untersuchung der Institutionen. Frankfurt a.M. 1986.

Hans-Peter Müller aufzeigt, hat Veblen die weitere Karriere des Lebensstilbegriffs erkennbar beeinflußt.[15]

Ein anderer Begriff, der ebenso verbreitet ist und in der Geschichte verschiedene Interpretationen erfuhr, ist der Begriff des *kulturellen Stils*. Auch hierzu existieren charakterologische Interpretationen; die deutlichste findet sich wohl in dem Aphorismus „Der Stil - das ist der Mensch". Hinsichtlich der kulturellen Inszenierungen drückt sich im Stil eine weniger unmittelbare und mehr reflexive Selbstdarstellung der Menschen, Gruppen und Gemeinschaften aus. Im Gegensatz zur Lebensform erfolgt hier eine bewußte Ästhetisierung der Lebensäußerungen: „Der Stil - das ist vor allem anderen die Tätigkeit der Beobachtung und eine Beobachtungskategorie. In der menschlichen Gesellschaft, die immer eine Gesellschaft der Beobachtenden ist, wird der Stil produziert, damit überhaupt beobachtet werden kann. Im sozialen Zusammenhang ist der Stil die Einheit von Präsentation und Beobachtung".[16] Das heißt also, daß *Lebensform* und *Stil* sich vorrangig durch den Grad der Selbstreflexion seitens des Individuums oder der Gruppe unterscheiden. Stil ist die sich selbst erkennende oder ein Bild von sich gewinnende Lebensform. Die Lebensform wird zum Stil „an sich". Doch die Lebensform und der kulturelle Stil unterscheiden sich beide von der Tradition. Es sind verschiedene Stufen der Entobjektivierung, der Entmaterialisierung von Traditionen. Die Lebensform erscheint gleichsam „aus sich" heraus als objektiv, aus dem Blickwinkel ihrer Träger selbst. Doch dabei ist sie, im Unterschied zu den Traditionen, hinsichtlich ihrer äußeren Beschreibbarkeit nicht objektiv determiniert. Sie ist einfach anders.

Der Stil ist dagegen subjektiv auch aus der Sicht der Individuen oder der Gruppe, welche ihn bevorzugt. Der Stil ist eine Lebensform, welche ihre Unschuld verloren hat, indem sie die Sünde der Selbsterkenntnis beging. Sie hat zugleich die Unmittelbarkeit ihrer eigenen Existenz verloren; von diesem Punkt an wird sie zur Inszenierung und gehört damit zu einem der vielen Elemente des modernen Repertoires an kulturellen Stilen. Gleichwohl wäre es falsch, diese beiden Typen des Kulturdaseins begrifflich absolut voneinander zu trennen, denn jeder Stil setzt die Existenz einer Lebensform voraus oder führt zu einer solchen hin. Die großen Städte Europas und Amerikas, insbesondere ihre Innenstädte, zeigen eine überwältigende Vielfalt an Lebensformen und kulturellen Stilen. Die jahrmarktähnliche Vielfarbigkeit und die heiße Präsentation der der verschiedenen kulturellen Stile vermitteln den Eindruck eines Karnevals. Dennoch ist das kein Karneval, denn dieses Gemenge an Stilen ist ohne zeitliche Befristung. Zudem ist für viele Menschen, die an diesen Orten weilen, gerade diese Vorstellung - die dort im Gegensatz zu

15 Müller, Hans-Peter: Sozialstruktur und Lebensstile. Frankfurt a.M.: Suhrkamp 1992, S. 373.

16 Soeffner, Hans-Georg: Stil und Stilisierung. In: Gumbrecht, H./Pfeiffer, K. (Hg.): Geschichte und Funktionen eines kulturwissenschaftlichen Diskurselements. Frankfurt a.M. 1989, S. 319.

einem langweiligen Zeitvertreib läuft - das reale Leben. Oft vollzieht sich die Existenz der Menschen nur in den isolierten Lebensformen, daher ist die Versenkung in eine andere Kultur auch vollständig. Doch solche inszenierten Lebensformen und Stile existieren nicht nur an exotischen Plätzen - wie z.B. auf dem Moskauer Arbat. Auch im normalen Alltag findet man sie, wenngleich er auf den ersten Blick ganz funktional strukturiert zu sein scheint.

Das Modell, in dem sich diese vielfältigen Formen (soziokulturellen Gruppen) beschreiben lassen, kann von dem schon erwähnten Erzbischof Pjotr entlehnt, muß dann jedoch vervollständigt werden. Den Ausgangspunkt bildet die Art und Weise, in der die elementaren Lebensbedürfnisse befriedigt werden, die Eß- und Trinkgewohnheiten vor allem. Die zweite Komponente bilden die Normen des Gruppenlebens (die Binnenstrukturen), es folgen die Sprache der Gruppen und schließlich ihre Fremd-Beziehungen, d.h. die Bezüge zu ihrem vielfältigen und komplexen sozialen Umfeld.

In diesem „Koordinatensystem" kann praktisch jede Lebensform abgebildet werden. Versuchen wir, die heuristische Verwendbarkeit des Modells an Beispielen zu belegen:

Die (russischen) Hippies sind beim Essen enthaltsam, trinken kaum Alkohol, rauchen wenig, und wenn, dann „Grass"; das Geld zum Leben bekommen sie meist von den Eltern oder von Freunden, manchmal auch durch Gelegenheitsarbeiten. Die Grundnormen des Verhaltens sind: Gleichheit, Brüderlichkeit, Liebe; es gibt Ansätze zu hierarchischen Strukturen, doch diese Hierarchien sind weniger durch Machtpositionen als vielmehr geistig geprägt. Die Liebe wird in all ihren Erscheinungsweisen kultiviert: die brüderliche Liebe zu den Mitgliedern der Gemeinschaft, geschlechtliche Liebe, die auf dem Gleichheitsprinzip beruht, d.h. man gehört nicht zu einer bestimmten Person. Die Hippies haben „ihre" Sprache - ein stilisiertes Russisch mit englischen Begriffsanleihen, die wohl auf den Ursprung der „Bewegung" verweisen sollen; weiterhin gibt es eine bestimmte Gestensprache und eine spezielle Kleidung, die sowohl auf die Gruppenzugehörigkeit als auch auf die Einstellung des Individuums hindeutet. Ihr Milieu ist die Großstadt, bevorzugte Aufenthaltsorte sind die Innenstadtbezirke, unterirdische Durchgänge, Bahnhöfe, Gemeinschaftswohnungen. Charakteristisch sind auch saisonale „Nord-Süd"-Migrationen: Das Verhalten gegenüber Außenstehenden ist neutral bis freundlich, diese werden im Prinzip als mögliche Brüder, Gemeinschaftsmitglieder betrachtet. Das Verhältnis zur Staatsmacht und zu den Ordnungskräften ist gespannt.

Bei näherem Hinsehen könnte man das Prinzip einer Gruppenideologie erkennen, z.B. die Spezifik des Zeitablaufs (Hippies leben nach einer natürlichen Uhr; Tag/Nacht, Sommer/Winter zählt mehr als die soziale Zeit; die Zeit vergeht ihnen „langsam", noch natürlich). Des weiteren könnte man auch ihre Rituale beschreiben (bei der Aufnahme in die Gruppe, beim Ausschluß, Sanktionen bei Normverletzungen usw).

Vergleichsweise einfach lassen sich auch verschiedene andere exotische Lebensformen beschreiben - die der Krishna-Anhänger, der Punks, der russischen „Mitki“ u.a.m. Auch andere Lebensformen haben eine deutliche und beschreibbare Spezifik - so etwa verschiedene ethnische Gruppen, verschiedene Konfessionen, die Vertreter „seltener“ Berufe - Schauspieler und Maler (die Bohemiens), Parteifunktionäre, Diebe usw. All diese Gruppen zeichnen sich auch durch markante stilistische Merkmale aus, neigen zur Selbstdarstellung, zur Inszenierung.

Etwas anders verhält es sich bei Gruppen, die über keine besonderen Merkmale zur Selbstdarstellung verfügen. Das ist wohl die Mehrheit der Bevölkerung: Arbeiter, Angestellte, Beschäftigte im Dienstleistungssektor. Nach den oben genannten Parametern lassen sich hier kaum nennenswerte Unterschiede zwischen den Gruppen ausmachen. Gleichwohl gibt es sie; und die „Markierung“ der Unterschiede ist feiner als die „Trennlinien“ der Sozialstruktur. Die Angehörigen dieser Gruppen orientieren sich eher an verschiedenen kulturellen Stilen. Diese sind weder bestimmten sozialstrukturellen Gruppen noch Berufsgruppen eindeutig zuzuordnen. So werden u.a. folgende kulturelle Stile inszeniert: nationale, altersbedingte (Jugend- und Pensionärskultur), eine „Männer“- und eine „Frauen“-Kultur, politische Kulturen, einzelne Berufskulturen, die einen eigenen Stil entfalten (früher Chauffeure, heute Piloten). Dabei sei daran erinnert, daß Klassen und große soziale Gruppen an sich keine spezifischen Kulturen haben, weder Jugendliche, noch Männer oder Frauen. Solche spezifischen Kulturen entstehen erst in der enttraditionalisierten Gesellschaft - und zwar durch Inszenierung.

In Rußland bildet die Inszenierung verschiedener politischer Kulturen gegenwärtig wohl den wirksamsten Modus der Strukturierung der gewaltigen Bevölkerungsmassen, deren Lebensweise noch weitgehend homogen und angepaßt ist. Dabei ist nicht von der (interessengeleiteten) Politik im traditionellen Wortsinn die Rede, sondern von *politischer Kultur*, d.h. von kulturellen Stilen der Politik. Die „Demokraten“, die „Patrioten“ und die „Grünen“ unterscheiden sich kaum nach realen Interessen, welche Interessen die Politologie ihnen auch immer zuschreiben mag. Sie unterscheiden sich vornehmlich durch den Stil ihrer politischen Inszenierung, nach der Art der inszenierten Lebensform. Es trennt sie (wenn auch nicht in jedem Fall): eine spezifische Eßkultur (bei den „Grünen“ etwa), die Einstellung zum Alkohol und zum Rauchen, die Bevorzugung dieser oder jener nationalen Küche. Es lassen sich charakteristische Gruppenstrukturen feststellen - „flexible“ Strukturen bei den „Grünen“, eine bürgerlich-egalitaristische Struktur bei den „Demokraten“, stärker hierarchische bei den „Patrioten“. „Patrioten“ und „Demokraten“ unterscheiden sich stark in der Sprache; die „Grünen“ zeichnen sich durch eine spezifische ökologische Terminologie aus. Des weiteren unterscheiden sich die „Ereignisse“, wie sie von den Gruppen inszeniert werden, in ihren räumlichen Bezügen, nach dem bevorzugten Ort: Atomkraftwerke zum Beispiel sind ein Aktionsfeld der „Grünen“, Tempel und nationale Denkmäler bevorzugte Auftrittsorte der „Patrioten“. Grundsätzlich unterscheiden sich diese politischen Kulturen durch ihr Verhältnis gegenüber „Fremden“. Zwar sind alle zumindest scheinbar alle bemüht, überall um Sympathisanten zu werben, dennoch existieren alle auch „a-priori-Fremde“: Für die „Patrioten“ sind das die Juden, für die „Demokraten“ die alten Nomenklaturkader, für die „Grünen“ die Bürokraten in den Behörden.

Auch die politischen Lebensformen entwickeln - ähnlich wie die Hippies - ihre jeweils eigenen Rituale, Zeitrhythmen, Aktivitätsformen.

## Schlußbemerkung: Die Soziodynamik der Kultur

Zusammenfassend lassen sich folgende Thesen formulieren:

1. Die kulturellen Traditionen haben sich aus den hier skizzierten Gründen von ihren objektiven Wurzeln gelöst: Sie haben sich in veränderliche, sich wandelnde Lebensformen verwoben, die für keine Gruppe mehr zwingend sind, doch für jeder Gruppe offen stehen. Mit anderen Worten: Die Traditionen sind entobjektiviert, die Gesellschaft ist enttraditionalisiert.
2. Die Kulturen der Individuen, Gruppen und Gemeinschaften sind zu inszenierten Kulturen geworden. Dieser Umstand hat einen Kulturschub befördert und damit, so paradox das auch klingen mag, sehr verschiedene, auch alte und exotische, fast vergessene Traditionen wieder aufgenommen. Das Bedürfnis, diese Traditionen authentisch zu inszenieren, hat eine intensivere, auch wissenschaftliche Beschäftigung mit alten Kulturen ausgelöst.
3. Traditionelle soziokulturelle, professionelle und soziodemographische Unterschiede werden sekundär; im Gegensatz dazu werden nationale und politische Unterschiede, Unterschiede in den traditionellen Lebensweisen zu maßgeblichen Differenzierungsfaktoren. Obgleich diese neuen Faktoren nun objektiv begründet zu sein scheinen, sind sie außerhalb der kulturellen Inszenierungen irrelevant bzw. nicht einmal existent. Schwächer ausgeprägte Unterschiede innerhalb großer sozialer Gruppen treten nunmehr in der Form kultureller Stile hervor.
4. Die Kultur ist damit nicht mehr ein Epiphänomen des sozialen Lebens, sie ist auch nicht mehr „relativ autonom“ (und hat folglich auch nicht mehr „das Recht“, zu spät zu kommen); vielmehr ist sie nun völlig autonom und als solche zu einer Determinante des sozialen Lebens geworden.

Die letzte These lohnt eine nähere Betrachtung. Die Kultur beeinflußt tatsächlich alle sozialen Lebensformen aktiv. Auch die Produktion erfährt durch die Kultur einen gewaltigen Impuls: Eine ökologisch vertretbare Industrie wird entwickelt, alternative Technologien entstehen sogar auf der Grundlage von naturwüchsigen, d.h. traditionellen Techniken. Das quantitativ zunehmende Bedürfnis an kulturellen Inszenierungen stimuliert sogar die Produktion. Kulturell orientierte Wirtschaftszweige nehmen in den westlichen Ländern inzwischen gigantische Ausmaße an, und damit auch an Einfluß zu.

Gerade die Inszenierung der technischen Kultur (in Ausstellungen, Oldtimer-Rennen u.ä.) bietet einen gewichtigen Anlaß, den Modus des wissenschaftlich-technischen und industriellen Fortschritts neu zu durchdenken. Denn auch diese Inszenierungen tragen zur Regulierung bei und beeinflussen in verschiedener Weise gegenwärtige und künftige Entwicklungen. Über die Rolle der Kultur im konsumtiven Bereich erübrigen sich ausführliche Kommentare. Gemeint ist nicht nur das rasante Wachstum der Konsumtion traditioneller „Kultur"-Waren (Bücher, Bilder und Reproduktionen, Musikinstrumente, Audio- und Videotechnik usw.). Beinahe noch wichtiger ist, daß die von den Individuen und Gruppen inszenierten Kulturen Konsumtionsformen prägen, was sich in den verschiedenen Ländern mit unterschiedlicher Geschwindigkeit in der Struktur der Industrieproduktion niederschlägt.

Und schließlich - die Politik. Der Zusammenhang von Kultur und Politik wird im letzten Aufsatz dieses Buches ausführlicher thematisiert. Hier sei nur vermerkt, daß die Heterogenität des politischen Potentials, die zu einer gewaltigen Diversifikation der Politik führt und die schließlich auch Wirkungen auf die ökonomische und soziale Organisation der Gesellschaft haben könnte, nicht mehr objektiv von verschiedenen Klassen und Schichten determiniert, sondern durch die Inszenierungen und die Pluralität der kulturellen Stile geprägt wird. Die kulturelle Dynamik ist damit zu einem relevanten - und in einigen gesellschaftlichen Bereichen zum maßgeblichen - Faktor der sozialen Dynamik geworden.

P.S.: Das Wehklagen über den vermeintlichen Untergang der Kultur in Rußland ist grundlos; die Kultur als solche vergeht nicht. Im Zerfall begriffen ist doch nur ein bestimmter Stil, dessen Niedergang deswegen als schmerzhaft empfunden wird, weil die Inszenierungen der politischen und industriellen Kultur der Sowjetmacht über Generationen hinweg weitgehend unverändert geblieben sind. Unter Bedingungen einer normalen soziokulturellen Entwicklung werden - selbstverständlich nach einer gewissen Zeit - alle kulturellen Stile in ihr „natürliches" Umfeld eingeordnet werden und die ihnen gemäße Aufmerksamkeit und Finanzierung erfahren.

*Aus dem Russischen von Jan Wielgohs*

# Von der monostilistischen zur polystilistischen Kultur

Stil - das ist etwas schwer zu Fassendes. Man kann ihn problemlos sehen und erkennen, aber ihn wissenschaftlich zu bestimmen ist außerordentlich schwer. Stil wird in der Regel als Handlungsmethode, Handlungsart oder Vorstellungsart definiert, vor allem dann, wenn er irgendeinem Standard entspricht.

Ruft man sich die 50er und 60er Jahre in der UdSSR in Erinnerung, fallen einem jene Menschen ein, die ungeachtet des verordneten Asketismus und der geforderten Unauffälligkeit - wie sie es selbst ausdrückten - „ihren eigenen Stil lebten". Sie kleideten sich grell und schrill, trugen großkarierte bunte Jacketts und Röhrenhosen, Krawatten und Schuhe auf Plateausohlen, einen Haarschnitt, den sie sich von Elvis Presley abgeguckt hatten. Sie tanzten andere Tänze und verhielten sich herablassend gegenüber der Partei, dem Komsomol, der gesellschaftlichen Pflichterfüllung und dem Aufbau des Kommunismus.

Diese Menschen wurden „Stiljagi"[1] genannt. Komsomol, Partei und Presse führten einen erbitterten Kampf gegen sie. Die von den Komsomolzen verprügelten, von der satirischen Zeitschrift „Krokodil" verspotteten, von der „Prawda" als Vaterlandsverräter bezeichneten *Stiljagi* hielten sich für die Elite und für die Verkünder der Zukunft. Natürlich kommen uns ihr Nonkonformismus und ihre clowneske Kleidung heute lächerlich vor. Aber ihre Rolle ist mit der der Dekabristen vergleichbar, wie sie Lenin beschrieben hat. Die Dekabristen, schrieb der Führer des Proletariats, haben Alexander Herzen geweckt, dieser wiederum andere usw., bis es zur Oktoberrevolution kam.

So verhielt es sich auch mit den *Stiljagi*; sie haben damit begonnen, die Gesellschaft aus dem Schlaf zu wecken. Ihre Rolle in der russischen Geschichte ist unterbelichtet. Heute wird viel über die sogenannten *Sechziger* geschrieben, d.h. über die Menschen der 60er Jahre. Das waren junge und energische Komsomolbürokraten und Journalisten, die unter dem Eindruck der Chruschtschowschen Bloßstellung des Stalinismus begonnen hatten, über Reformen der sowjetischen Gesellschaft

1 „Stiljagi" werden im Wörterbuch - gemäß ihrer damaligen staatsoffiziellen Bewertung - mit „Halbstarke", „Rowdies" übersetzt; das entspricht nicht der Intention von L. Ionin. Der Autor verwendet *Stiljagi* im Sinne von Menschen, die einen (eigenen, im Vergleich zum offiziellen - anderen) Stil leben. Für das Wortspiel Stil - Stiljagi gibt es im Deutschen kein Äquivalent. *(Anm. d. Üb.)*

nachzudenken. Sie wollten die Gesellschaft demokratischer und humaner gestalten. Später sah man in diesen Menschen die Vordenker der Perestrojka, der Reformen, der gegenwärtigen Veränderungen in Rußland.

Sieht man genauer hin, haben die *Stiljagi* dazu wesentlich mehr beigetragen. Die *Sechziger* waren Konformisten, sie wollten den Sozialismus verbessern und dabei im Komsomol und in der Partei Karriere machen. Die *Stiljagi* hingegen, die keine politische Plattform formuliert hatten, waren bar jeder Illusion. Ihr Stil war eine Herausforderung an die Uniformität und Eintönigkeit des sowjetischen Lebens und damit eine Herausforderung der gesamten Ideologie. Sie waren die ersten Dissidenten, als noch niemand von Dissidenten sprach. Es war, wie die Amerikaner sagen, der Versuch einer Revolution von unten, eine *grassroots*-Bewegung. Doch ging es dabei nicht um eine politische Revolution, sondern, was vielleicht wichtiger ist, um eine Revolution des Stils. Die politische Revolution kann innerhalb einer Stunde durchgeführt werden, das Leben hingegen bleibt so, wie es war, bis es zu einem Stilbruch kommt. Das aber ist ein langwieriges und schwieriges Unternehmen.

Definitionen des Stils sind einander ähnlich. In allen Definitionen wird ein und dasselbe Moment hervorgehoben. Es geht um das Besondere und Spezifische in der Darstellung, in der Sprache, in der Komposition eines Werkes, im Schaffen eines Dichters, einer literarischen Gruppe oder Strömung, in der Selbstdarstellung eines Individuums oder einer sozialen Gruppe oder Schicht oder sogar eines ganzen Volkes, um die besondere Manier zu schreiben, zu handeln, zu leben.

Es ist schwer, den kleinsten gemeinsamen Nenner zu finden, auf den sich alle diese Eigentümlichkeiten zurückführen lassen. Würde man ihn finden, wäre es gleichbedeutend mit dem Begriff *Stil* in reiner Form. Da er nicht gefunden ist, muß man von konkreten Stilen sprechen, muß man sie anhand konkreter Beispiele vorstellen. Z.B. der russische Stil, oder wie die Franzosen sagen, *Stil à la russe*. Dieser Stil war Ende des vorigen, Anfang unseres Jahrhunderts in der russischen Architektur verbreitet, bis heute findet man ihn in der Kleidung, im polygraphischen Design, in der dekorativen Kunst.

Der Stilbegriff hängt eng mit dem Begriff der *Tradition* zusammen. Das, was am Ende des 19. Jahrhunderts zum *Stil à la russe* wurde, war irgendwann zuvor einfach eine Tradition der russischen Volkskunst. Worin unterscheiden sich die Kirchen und Paläste, die zu Ende des letzten Jahrhunderts von reichen russischen Unternehmern im „russischen Stil" gebaut wurden, von den „echten" Kirchen und Palästen aus dem 17. Jahrhundert? In nichts. Aber von den „echten" sagt niemand, sie seien im „russischen Stil" gebaut; man sagt, sie sind in der *Tradition* der russischen Architektur gebaut. Warum? Weil von *Stil* nur dann sinnvoll die Rede sein kann, wenn es eine Wahlmöglichkeit gibt, wenn der Künstler oder Auftraggeber die Weise, sich selbst auszudrücken, wählen kann. Ende des 19. Jahrhunderts hat man in Moskau auch im Stil der Moderne gebaut, und - mit Türmchen - im mauretanischen Stil. Aber hätte der russische Architekt im 17. Jahrhundert im mauretanischen Stil bauen können? Natürlich nicht. Die Tradition läßt keine Freiheit zu, obwohl der Künstler innerhalb der Tradition schöpferisch wirken kann. Doch er weiß nicht, kommt gar nicht auf den Gedanken, daß man auch anders bauen kann. Unter solchen Bedingungen gibt es für ihn keine Wahl.

Ein anderer wichtiger Begriff ist der des *Kanons*. Verhaltensweisen und Ausdrucksweisen müssen streng vorgegebenen Normen und Regeln folgen. Als Beispiel hierfür kann der sozialistische Realismus dienen. Die Künstler wußten, daß man auch anders schreiben und malen konnte, wußten aber auch, daß „das andere“ verboten war.

Tradition und Kanon berauben den Künstler der Möglichkeit, zu wählen. Daher sind Schöpfertum und Handlung innerhalb einer Tradition oder eines Kanons dem Wesen nach anonym. Was die Tradition betrifft, ist das klar: Text und Musik werden zu Volksliedern; der ursprüngliche Autor gerät schnell in Vergessenheit, denn sein Name ist nicht wichtig; er hat gedichtet oder komponiert, wie alle dichten oder komponieren. Im Falle des Kanons - etwa des sozialistischen Realismus - werden die Namen der Künstler noch genannt. Aber eigentlich sind sie unwichtig, denn ihre Sprache, ihre Darstellungsformen und Ausdrucksweisen sind unpersönlich. Auf dem Gipfel des sozialistischen Realismus wurden austauschbare Werke geschaffen. Man könnte Kärtchen mit den Titeln von Romanen und Kärtchen mit den Namen der Schriftsteller ausschneiden und sie dann mischen. Nichts würde sich ändern, wenn man „Zement“ dem wirklichen Autor Gladkow oder dem berühmten sozialistischen Realisten Fadejew zuschreiben würde, „Schwarzmetallurgie“ dafür statt Fadejew dem berühmten sozialistischen Realisten Gladkow.

Wenn unter diesen Bedingungen mit dem Anspruch auf einen persönlichen Stil etwas Besonderes und Außerordentliches geschaffen wurde, so geschah das nicht im Einklang mit dem, sondern im Widerspruch zum Kanon. Ein solches Beispiel war Michail Scholochow mit seinem stilistisch eigensinnigen Roman „Der Stille Don“. Scholochow selbst war ein glühender Verfechter des sozialistischen Realismus. Die Tatsache, daß gerade er den „Stillen Don“ geschrieben hat, war so unglaublich, daß man Scholochow sogar des Plagiats beschuldigt hat. Den Roman, so das Gerücht, hätte der Kosakenoffizier Krjutschkow geschrieben. Scholochow, der dabei gewesen sei, als Krjutschkow im Bürgerkrieg fiel, hätte sich den Koffer mit dem Manuskript angeeignet und den Roman später unter seinem eigenen Namen veröffentlicht. In der Tat, dieses Werk fügt sich nicht in den Rahmen des sozialistischen Realismus ein. Es ist nicht unpersönlich, es setzt einen Autor voraus. So hält der Streit um die Autorschaft noch immer an.

Kurz gesagt - haben wir es mit einer Tradition oder mit einem Kanon zu tun, dann gibt es keine Wahl; haben wir es mit einem Stil zu tun, dann setzt dies die Möglichkeit der Wahl voraus.

Die gleiche Beziehung zwischen *Stil*, *Kanon* und *Tradition* zeigt sich auch anhand des politischen Stils. Über Jahrhunderte hat sich in Rußland die politische Tradition der Selbstherrschaft behauptet und entwickelt. Als diese Tradition zerstört war, trat an ihre Stelle der totalitäre Kanon. Die Individuen und Gruppen hatten keine Wahl. Als der Absolutismus in Europa die vorherrschende Herrschaftsform war, haben die Untertanen Wahlfreiheit nicht wirklich vermißt; das Fehlen von Wahlfreiheit wurde nicht wie ein Verbot wahrgenommen, sondern wie eine Naturgebenheit. Es schien, die Selbstherrschaft existierte, weil es anders nicht sein konnte.

Als andere Möglichkeiten ins Bewußtsein rückten, war das der Anfang vom Ende der Tradition. Der Zusammenbruch der selbstherrschaftlichen Tradition Anfang des 20. Jahrhunderts dauerte lange und war schmerzhaft. Zunächst tauchten mehrere Stile auf - anarchistische, liberale, radikale, extremistische und andere. Doch die Zeit der stilistischen Zügellosigkeit war kurz. Lenin und Stalin führten mit eiserner Faust den totalitären bolschewistischen Kanon ein. Schon kurz darauf hat Stalin zunächst die rechte, danach die linke und dann die „links-rechte" Opposition zerschlagen. Jeder Schritt nach links oder rechts, ja jeder selbständige Schritt in der Politik wurde als Fluchtversuch gewertet. Geschossen wurde, im wahrsten Sinne des Wortes, ohne Warnung.

Jeder Kanon besteht aus festen Regeln und Normen, die zu verletzen niemandem gestattet wird. Auch der sowjetische politische Kanon basierte auf einigen ehernen Prinzipien - allen voran dem der *Totalität.* Verschiedenartigkeit in den Methoden, Mitteln, Prinzipien politischer Entscheidungen und Aktionen war diesem Kanon fremd. Ob im Aul oder auf der Eisscholle, in der Stadt oder auf dem platten Land, alle gingen zum Subbotnik, überall gab es Partei- und Komsomolsekretäre. Das System reproduzierte sich sogar in Situationen und unter Umständen, für die man die Möglichkeit seiner Selbsterhaltung eigentlich von vornherein ausschließen würde. So blieben beispielsweise in den „Spezialsiedlungen", in denen die der Kollaboration beschuldigten und zwangsdeportierten Völker - die Krimtataren, Kalmücken, Deutschen u.a.m. - während und nach dem Krieg angesiedelt worden waren, die KPdSU- und Komsomolzellen in der Regel erhalten. Viele der Deportierten selbst blieben Mitglieder der Partei oder des Jugendverbandes.[2]

Ein weiteres Prinzip des sowjetischen politischen Kanons ist das der *Hierarchie.* Die Entscheidungen wurden an höchster Stelle getroffen und über das ganze System von oben nach unten durchgesetzt. Es wirkte sozusagen das hydraulische Prinzip: Man setzt den Kolben unter Druck, und der Druck wird über das ganze System gleichmäßig übertragen. Hat der Druck irgendwo nachgelassen, das Sy-

2 „Im März 1949 wurden unter den Bewohnern der Spezialsiedlungen 7659 KPdSU-Mitglieder gezählt, die bei den *örtlichen Parteiorganen* registriert waren, darunter 2869 Deutsche, 2128 Personen, die 1943/44 aus dem Nordkaukasus deportiert wurden (1103 Tschetschenen), 776 Personen, die 1944 aus der Krim deportiert wurden [...], 535 die 1944 aus Grusinien ausgesiedelt wurden [...], 42 Polen und 8 aus dem Kontingent der ‚ehemaligen Kulaken'."
Dugin, A.N.: Specposelenija. In: Policija i milicija Rossii. Očerki istorii. Moskva: Vysšaja juridičeskaja zaočnaja škola 1993, S. 177 (Hervorhebung - *L.I.*).

stem eine undichte Stelle gehabt, dann war das eine Verletzung des Kanons; die Schuldigen wurden bestraft, die beschädigte Stelle repariert.

Das dritte Prinzip war das der *Zielgerichtetheit.* Das politische System war ausgerichtet auf die Zukunft. Der Grund seiner Rechtfertigung lag in der Zukunft. So paradox es klingt, eine Legitimation durch die Gegenwart hatte es nicht. Es verstand sich als eine Art Baustelle, an der das Haus errichtet wird, in dem zukünftige Generationen leben werden. Der Philosoph Alexej Losev hat diesen Zusammenhang schon 1930 thematisiert, als er über die Mythologie des Nihilismus schrieb, die „spezifische neueuropäische Lehre vom *endlosen Fortschritt in Kultur und Gesellschaft*".[3] Diese Lehre, so Losev, geht davon aus, daß die jeweils gegenwärtige Epoche für sich keinen Sinn hat, sondern nur als Vorbereitung und Dünger für die nächste Epoche, diese ihre Sinngebung wiederum nur in der übernächsten Epoche hat, usw. „Daraus ergibt sich, daß keine Epoche irgendeinen eigenständigen Sinn hat und daß der Sinn der jeweils gegenwärtigen Epoche und gleichermaßen der aller möglichen Epochen immer weiter in die Zukunft, in die Unendlichkeit verlagert wird. Es ist klar, daß man einen solchen Unsinn als eine *Mythologie des sozialen Nihilismus* bezeichnen muß, mit welch ‚wissenschaftlichen' Argumenten sie auch immer ausgestattet wird. Hierzu muß man auch die Lehre vom *allgemeinen sozialen Ausgleich* zählen, die ebenfalls alle Merkmale des mythologisch-sozialen Nihilismus aufweist".[4] Es ist nicht zu übersehen, gegen wen bzw. was die letzte Bemerkung gerichtet war, wenngleich Losev auch die allgemeinen neueuropäischen Wurzeln dieser Lehre im Auge hatte.

Diese Indifferenz zur Gegenwart, die Irrealität des Systems gleichsam, hat den Führern und Erbauern sehr zu schaffen gemacht. Heute im Morgen zu leben, oder heute für morgen - das den Leuten klarzumachen, ist natürlich schwierig. Die verschiedenen Führer haben es auf unterschiedliche Weise versucht. Chruschtschow verkündete 1960, daß man nun nicht mehr lange warten muß - in zwanzig Jahren wird das Morgen zum Heute: „Die heutige Generation der Sowjetmenschen wird im Kommunismus leben." Als die zwanzig Jahre um waren und nichts Außergewöhnliches passiert war, entschied sich Breshnew, auf diese zweideutige Zukunft zu pfeifen, und er erklärte: „Wir leben im realen Sozialismus!" Das hatte die gleiche Wirkung, als hätte er gerufen: Seht her, hier ist sie, die lichte Zukunft! Von dieser Zukunft ging nur noch Langeweile aus; die „Periode der Stagnation" setzte ein, die Leute hörten auf, den Kommunismus errichten und begannen, jeder irgend etwas für sich selbst aufzubauen. Als der Kommunismus real vor der Tür stehen sollte, war das der Anfang vom Ende der kommunistischen Idee.

Der politische Kanon büßte eine seiner Hauptstützen ein, die Zielgerichtetheit. Daraufhin brachen auch die anderen beiden Stützpfeiler weg. Der Kanon zerfiel. Mit dem Beginn der Perestrojka setzte stilistische Vielfalt ein in der russischen

3 Losev, A.F.: Mif, čislo, suščnost'. Moskva: Mysl' 1993, S. 19.
4 Ebenda.

Politik. Viele, nicht nur prosowjetische, sondern auch neutrale Beobachter sahen darin das Ende der Kultur. Das erscheint zunächst als berechtigt, wenn man im Auge hat, wie die traditionellen soziokulturellen und administrativen Systeme zerfallen, und mit ihnen die über Jahrzehnte gewachsenen Traditionen, Überzeugungen, Ideologien, Weltanschauungen, Lebensstile und Lebensweisen.

Aber gleichzeitig entstehen neue ideologische Eliten, es bilden sich neue soziokulturelle Identitäten heraus. Auf den ersten Blick erscheint das alles chaotisch. Sieht man jedoch genauer hin, erkennt man in der scheinbaren Sinnlosigkeit ein „System". Ich möchte mich im folgenden der Logik dieses Systems zuwenden, einer Logik, die ich als Logik des Übergangs von einer monostilistischen zu einer polystilistischen Kultur verstehe. Ferner werde ich die wichtigsten Mechanismen dieses Übergangs sowie seine möglichen Ergebnisse und Folgen für die soziokulturelle Organisation der Gesellschaft untersuchen. Den Gesetzmäßigkeiten dieses Übergangs, die hier am Beispiel Rußlands analysiert werden, kommt m.E. universeller Charakter zu, sie sind in der Kulturgeschichte jeder Gesellschaft nachweisbar. Da die Wechselwirkung monostilistischer und polystilistischer Kultur-Systeme eine komplizierte Dynamik aufweist, ist die Analyse dieser Mechanismen ebenfalls für Gesellschaften mit stabiler und polystilistischer Kultur außerordentlich aktuell.

* * * * *

Monostilistisch ist eine - im Tenbruckschen Sinne[5] - repräsentative Kultur dann, wenn ihre Elemente einen inneren Zusammenhang aufweisen und darüberhinaus von allen Gesellschaftsmitgliedern aktiv geteilt oder zumindest passiv hingenommen werden.

Aus der Geschichte sind viele kulturelle Systeme bekannt, die ein universelles Interpretationsschema aller Phänomene, die in der Gesellschaft aktuell ablaufen bzw. potentiell möglich sind, darstellen. Diese kulturellen Systeme sind nicht nur ein Werkzeug zur Interpretation der Phänomene, vielmehr bestimmen sie die Art und Weise, in der diese in der Gesellschaft erscheinen: Sie schließen bestimmte Phänomene aus dem Gesichtskreis der Gesellschaftsmitglieder aus, als vom Standpunkt der gegebenen Kultur nichtauthentische. Im Hinblick auf andere, „fremde" Phänomene erfüllen sie die Funktion von deren Vereinfachung und „Adaption". Auf diese Weise werden letztere den Gesellschaftsmitgliedern verständlich. Das bezieht sich nicht nur auf Erscheinungen der Gegenwart, sondern auch auf solche einer möglichen Zukunft, der Vergangenheit sowie auf Erscheinungen, die andere Kulturen repräsentieren. Derartige universelle Interpretationsschemata dienen im allgemeinen auch als Mittel zur Legitimation der bestehenden sozialen Ordnung.

5 Vgl. die betreffenden Ausführungen und Anm. 6 des Beitrags „Das Schauspiel kultureller Formen" in diesem Band.

Von dieser Art waren nicht nur die repräsentativen Kulturen des Alten Ägypten, der östlichen Despotien und des mittelalterlichen Europa. Von dieser Art waren und sind die Kultursysteme aller theokratischen, darunter auch der zeitgenössischen fundamentalistischen Staaten.

Zu den Wesensmerkmalen monostilistischer Kultursysteme gehören:

(1) Die Existenz einer spezialisierten Gruppe von Schöpfern der Kultur oder Kulturexperten, die einen führenden Platz in der sozietären Hierarchie einnehmen. Tenbruck nennt sie die „Kulturexperten".[6] In „primitiven" oder alten Kulturen waren das die Schamanen oder Magier, an ihre Stelle traten alsbald die Priester, später die Ideologen. Im Zuge der Evolution der Kulturen und der Abfolge der dominierenden Weltanschauungen wandelte sich die Charakteristik der Gruppen, die an der Spitze der Kulturhierarchie standen und die die Schemata und Regeln der für die niederen Gruppen verbindlichen Kulturinterpretationen definierten, wobei die hierarchische Struktur selbst unveränderlich blieb. Besonders deutlich kam diese Kontinuität in der Sowjetunion zum Ausdruck, wo die Parteiideologen und Bürokraten aus dem Kulturministerium (die ebenfalls Parteiideologen waren) unter Zuhilfenahme staatlicher und gesellschaftlicher Organisationen das kulturelle Leben der Gesellschaft bis in die kleinsten alltäglichen Details regulierten und reglementierten.

(2) Die streng bestimmte Ordnung kultureller Aktivitäten in Raum und Zeit entsprechend den Normen der vorherrschenden Weltanschauung. Stets gab es besondere Tage und Plätze für Manifestationen und Demonstrationen. Kulturelle Alltagsaktivitäten waren ihrerseits an Tempel und andere Sakralbauten, später an Theater, Konzertsäle und andere öffentliche Stätten gebunden, die speziell für kulturelle Zwecke geschaffen worden waren. In der Sowjetunion spielten die Kulturhäuser und -paläste diese Rolle, die den Bürgern eine breite Palette von Möglichkeiten zur Befriedigung kultureller Bedürfnisse anboten.

(3) Die strenge Kanonisierung kultureller Genres und Stile. Es ist bekannt, wie streng sie in früheren Jahrhunderten befolgt wurden. In der Sowjetära wurden diese Anforderungen noch verschärft. Wenn z.B. eine Gruppe von Menschen beschloß, einen Zirkel zum Erlernen einer Fremdsprache ins Leben zu rufen, wurden die Zirkelmitglieder sofort Objekt der Beobachtung durch die Geheimpolizei. In ihren Kursen hatten sie nicht das Recht, philosophische oder religiöse Themen zu berühren. Dies wurde als Versuch gewertet, die Staatsideologie zu unterwandern. Ein derartiger Zirkel mußte im Kulturhaus organisiert werden; wenn sich die Mitglieder bei einem Zirkelteilnehmer zu Hause trafen, galt das schon als verdächtig. Den Marxismus z.B. konnte man an der Universität oder an irgendeiner der vielen Abendschulen studieren. Ein eigenständiges Studium des Marxismus in einer Gruppe wurde mit subversiver Tätigkeit gleichgesetzt. Auch die Reinheit des Genres

6 Tenbruck, Friedrich: Die kulturellen Grundlagen der Gesellschaft. Der Fall der Moderne. Opladen: Westdeutscher Verlag 1989, S. 53f.

wurde in offiziellen sowjetischen Kulturveranstaltungen strikt gewahrt. Natürlich gab es Beispiele für die Vermischung von Genres und Stilen. Das trifft insbesondere auf die ersten nachrevolutionären Jahre und einige Perioden in der Geschichte der Sowjetunion zu. So gab es von Massen veranstaltete Theaterinszenierungen auf den Straßen und Plätzen sowjetischer Städte. Sergej Eisenstein z.B. hatte 1927 mit Hilfe Tausender Statisten, meist waren es Arbeiter aus Leningrader Betrieben, den Sturm auf das Winterpalais „rekonstruiert". Die Maßnahme hing mit den Feierlichkeiten anläßlich des 10. Jahrestages der Oktoberrevolution zusammen. Anfang der 60er Jahre wurden Auftritte von Dichtern - Jewtuschenko, Wosnessenski u.a. - in Stadien und gigantischen Konzertsälen populär. Die Dichter trugen hier ihre Gedichte vor. Diese besonderen - synthetischen - Vorstellungen waren auf das engste mit dem Zeitgeist verbunden; die offizielle Ideologie war zeitweilig geschwächt. Im Falle von Eisenstein war es die Zeit der Neuen Ökonomischen Politik, im Falle der poetischen Konzerte die Zeit der Entlarvung der Verbrechen des Stalinschen Regimes durch Chruschtschow. In normalen Situationen hingegen, in stabilen Zeiten reglementierte die monostilistische Kultur sehr streng die Genres und Stile des künstlerischen Schaffens wie auch jeder kulturellen Tätigkeit überhaupt. Stükke wurden in Theatern gespielt. Die Stadien waren für sportliche Wettkämpfe da. Die Straßen, um auf ihnen zur Arbeit und nach Hause zu gehen - nicht aber, um an der Ecke vergessene Melodien auf der Flöte zu spielen. Die Museen dienten der Information über die Geschichte und der Würdigung unserer Vergangenheit.

Diese drei Merkmale genügen natürlich nicht zur erschöpfenden Kennzeichnung monostilistischer Kultur. Juri Lotman und Boris Uspenskij haben die Vorstellungen über zwei Kunststile - den reinen und den synkretistischen - systematisiert.[7] Die von ihnen erarbeitete Aufstellung spezifischer Wesenszüge des reinen Stils eignet sich - etwas modifiziert - auch zur Kennzeichnung monostilistischer Kulturen. Auch die von mir benannten Wesenszüge gehören in eine solche Aufstellung. Meine Interpretation ist nicht immer und nicht in allem mit der von Lotman und Uspenskij identisch.

*Die Hierarchie* ist das erste Merkmal des reinen Stils. Lotman und Uspenskij haben die Hierarchie von Stilelementen im Auge. Vom soziokulturellen Standpunkt hingegen ist sowohl die Hierarchie der Repräsentation der herrschenden Weltanschauung (ein Parteitag z.B. war bedeutender als ein im Geiste des sozialistischen Realismus geschriebener Roman) als auch die Hierarchie der Kulturschaffenden oder der Kulturexperten von Bedeutung.

*Die Kanonisierung.* Lotman und Uspenskij meinen die kanonischen Stilmerk-

---

7 Vgl.: Lotman, Ju./Uspenskij, B.: Die Rolle dualistischer Modelle in der Dynamik der russischen Kultur. In: Poetica, 9/1; Lachman, R.: Synkretismus als Provokation von Stil. In: Stil. Geschichten und Funktionen eines kulturwissenschaftlichen Diskurselements. Hrsg. von H. U. Gumbrecht und K. L. Peiffer, Frankfurt a.M.: Suhrkamp 1986.

male, ich spreche hier von der Kanonisierung der Formen kultureller Repräsentation.

*Die Regelung.* Hier ist die Rede von einer strengen Regulierung der kulturellen Tätigkeit in Raum und Zeit.

*Die Totalisierung.* Für Lotman und Uspenskij ist der totale Charakter des Stils entscheidend. Mich interessiert hingegen der totale (oder durch einen totalitären Anspruch gekennzeichnete) Charakter der monostilistischen Kultur, die danach strebt, zum universellen Interpretationsschema zu werden, das die ganze Vielfalt kultureller Phänomene erschöpfend zu erklären vermag.

*Der Ausschluß.* Die wichtigste Funktion der monostilistischen Kultur ist der „Ausschluß" fremder Kulturelemente.

*Die Simplifizierung.* Eine weitere wichtige Funktion ist die Vereinfachung durch die Interpretation komplizierter Kulturelemente mittels angestammter Termini; ihre Reduzierung auf das einfache und vertraute Kulturmaterial.

*Der offizielle Konsens.* Eine demonstrative und offiziell deklarierte Einheit von Wahrnehmungen und Interpretationsweisen von Kulturphänomenen.

*Positivität.* Darunter verstehe ich die Orientierung der monostilistischen Kultur auf den *status quo* und ihren funktionalen Bezug auf die Legitimationsbedürfnisse der jeweiligen sozialen Ordnung.

*Die Teleologie.* Praktisch sind alle monostilistischen Kulturen in der Geschichte teleologisch orientiert. Die sowjetische Kultur bildete hier keine Ausnahme. Die Vorgabe des Ziels soziokultureller Entwicklung diente der Konsolidierung des soziokulturellen Ganzen und ermöglichte die Transformation allgemeiner Ziele der Entwicklung in individuelle Lebensziele jedes einzelnen Menschen.

Dieses Kategoriensystem der monostilistischen Kultur ist nicht nur auf die Analyse der kulturellen Situation oder kultureller Aktivität im engeren Sinne des Wortes anwendbar. Diese Kategorien können und sollen der Beschreibung des soziokulturellen Systems als Ganzes dienen, der Beschreibung politischer, ökonomischer und anderer Tätigkeitsformen, die hier als Kulturformen betrachtet werden. So hatte z.B. die Planwirtschaft ihre Begründung nicht nur in der ökonomischen Rationalität, sondern auch in der Logik der monostilistischen Kultur. Solche Kategorien wie Hierarchie, Totalität, Teleologie u.a. fanden ihre Widerspiegelung und Verwirklichung in der Organisation der Planwirtschaft als einem Kulturphänomen. Die kulturellen Faktoren wirkten dabei stärker als die Logik rein wirtschaftlicher Zweckmäßigkeit. So hat man systematisch Wirtschaftsfunktionäre verfolgt, die - nicht um sich persönlich zu bereichern, sondern zugunsten ihres Betriebes - normative Vorschriften verletzt haben, die nur der monostilistischen Kultur geschuldet waren. Sie haben z.B. das Prinzip der zentralistischen Planung verletzt, oder die Hierarchie der wirtschaftlichen Entscheidungsbefugnis, oder irgendein anderes Prinzip. Verurteilt wurden sie wegen eines Wirtschaftsverbrechens, obgleich diese „Verbrechen" vor allem kulturellen Charakter hatten, Handlungen gegen Geist und Buchstaben des Monostilismus waren. Da die Logik der monostilistischen Kultur mehr und mehr in Konflikt mit der ökonomischen Rationalität geriet, die Priorität aber bei der monostylistischen Kultur lag, wurde die sowjetische Wirtschaft letztlich ein Opfer der sowjetischen Kultur.

Deutlicher noch als in der Wirtschaft manifestierte sich die Logik der monostilistischen Kultur in der Politik. Die Kategorien der monostilistischen Kultur waren unmittelbar und direkt mit der Organisation des politischen Systems der UdSSR verbunden und spielten eine bestimmende Rolle in der praktischen Politik und den politischen Verallgemeinerungen. Analog gestaltete sich dieses Verhältnis in der UdSSR in jedem Bereich des gesellschaftlichen Lebens. So können die politischen, ökonomischen, juristischen u.a. Kategorien, die die Tätigkeit in allen diesen Sphären regelten und organisierten, als Subkategorien „globaler" Kategorien der monostilistischen Kultur betrachtet werden. Letztere sind der Schlüssel zum Verständnis der Spezifik sozialer und kultureller Prozesse in der Sowjetunion. Ihre Entwicklung und Veränderung kann zur Erklärung der Richtung und der Perspektiven der soziokulturellen Veränderungen in Rußland und den anderen GUS-Staaten beitragen.

Der grundlegende Zusammenhang zwischen der Logik der Kultur und der Logik der einzelnen gesellschaftlichen Teilbereiche erscheint paradox: Ein außerordentlich rationalisiertes, seinem Wesen nach technokratisches, durch und durch bürokratisiertes System, das unaufhörlich seinen wissenschaftlichen Charakter betonte, verfiel ständig in Irrationalismus, der letztendlich zur Unterhöhlung der eigenen rationalen Grundlagen führte.

Wie konnte das geschehen? Schauen wir uns die angeblich objektiven Gesetzmäßigkeiten an, auf deren Grundlage diese oder jene Entscheidung der Führung getroffen wurde. Zwar hatte jeder Leitungsbereich seine eigenen Gesetzmäßigkeiten, aber die Ideologie als Ganzes fußte auf einigen allgemein zugelassenen Postulaten, die oft nicht einmal ausformuliert waren. Sie bestimmten den selbstzerstörerischen Charakter des Systems als ganzem.

Das erste offizielle Postulat war das Gesetz der harmonischen Übereinstimmung von allgemeinen und privaten Interessen im Sozialismus. Man war der Auffassung, daß Maßnahmen, die im Interesse der Gesellschaft durchgesetzt wurden, automatisch zur Befriedigung der Interessen jeder einzelnen sozialen Gruppe und damit eines jeden Individuums führen würden. Das zweite war das Gesetz des stetig steigenden Lebensniveaus der Bürger der sozialistischen Gesellschaft. Da dies ein objektives Gesetz war, konnte man selbst Preiserhöhungen als auf die Steigerung der Wohlfahrt gerichtete Aktion deklarieren - was auch gemacht wurde. Das dritte offizielle Postulat war das Gesetz der Unfehlbarkeit der oberen Leitungsorgane, die auf der Grundlage der objektiven Gesetze agierten und die zum Wohle der Gesellschaft erforderliche Entwicklung durchsetzten. All diese Gesetze waren nicht einfach objektiver Natur, sondern sie waren objektiv-optimistischen Charakters. Alles in allem basierten sie auf einer vulgären Vorstellung von den Vorzügen des Sozialismus, der zufolge jede gesellschaftliche Aktivität zugunsten dieser Gesellschaft erfolgen und Fortschritt nach sich ziehen sollte.

Kennzeichnend für die praktische Ideologie, die der Leitungs- und Verwaltungstätigkeit in der Sowjetunion über Jahrzehnte zugrunde lag, waren erstens das Prinzip einer *technokratischen Willkür*, das die Illusion erzeugt hat, daß für umgestaltende Tätigkeit aller Art praktisch keine Grenzen existieren, und zweitens das *sakrale Prinzip des Organischen*, das es erlaubte, dank der anerkannten „objektiven Vorzüge des Sozialismus" jede Maßnahme ungeachtet ihrer sozialen Folgen für gerecht und zweckmäßig zu erklären.

Der Widerspruch zwischen diesen Prinzipien ist augenfällig. So stellt sich die Frage: Wie und in welchem Maße war die Kombination und Wechselwirkung dieser beiden „syndromträchtigen" Prinzipien möglich?

Technokratismus setzt das Bekenntnis zur technischen Rationalität voraus - zur Wahl der optimalen Mittel für die schnellste und kostengünstigste Realisierung des betreffenden Ziels. Vom Standpunkt des Technokratismus erscheint die Wirklichkeit als analytisch zerlegbar, bis ins letzte Detail begreifbar und folglich auch regulierbar. Das Prinzip des Organischen hingegen verlangt eine ganz andere Denkweise, es hat eine andere Logik. Der Begriff des Organischen ist metaphysischer Natur; er verlangt die Anerkennung eines sakralen Seinsbereichs, eines nicht weiter hinterfragbaren Kerns, der die Grundlage jeglichen rationalen Urteilens und Handelns bildet.

Treten diese zwei Prinzipien in Wechselwirkung, werden die Merkmale des einen jeweils auf das andere projiziert. Die technokratische Rationalität wird „geheiligt", d.h. sie erfährt in ihrer ganzen, konkreten und historisch vorübergehenden Gestalt die Züge eines metaphysisch notwendigen und wesenhaften Phänomens von ewiger Dauer. Das Sakrale hingegen wird „rationalisiert" und verliert dabei scheinbar seinen religiösen Charakter. Eine „geheiligte Rationalität" auf der einen, eine „rational begründeten Heiligkeit" auf der anderen Seite - diese Kombination bildete den sakralen Kern der sowjetischen monostilistischen Kultur, „um den herum" sich alle anderen Lebensbereiche aufgebaut haben - Wirtschaft, Wissenschaft, Politik, Recht, usw.

Jedesmal, wenn weitreichende und für das Land folgenschwere politische Beschlüsse gefaßt wurden, erhielten sie eine sakrale Begründung. Das Fundament war die Überzeugung vom organischen Charakter der beschlossenen Maßnahme, die gleichsam automatisch, kraft ihrer objektiven Grundlagen, den Interessen aller Klassen, Schichten und Individuen diente und folglich *a priori* die Vorzüge des Sozialismus zum Ausdruck brachte. Hier ein Beispiel aus der Zeit kurz nach der Kollektivierung der Landwirtschaft:

„In den kapitalistischen Ländern können Riesengetreidefabriken nicht Fuß fassen. [...] Dort, bei den Kapitalisten, ist es unmöglich, eine große Getreidefabrik zu organisieren, ohne eine ganze Reihe von Ländereien anzukaufen oder absolute Grundrente zu zahlen, wodurch die Produktion notgedrungen mit kolossalen Ausgaben belastet wird, denn dort besteht das Privateigentum an Grund und Boden. Bei uns dagegen gibt es weder eine absolute Grundrente noch Kauf und Verkauf von Grund und Boden, wodurch günstige Bedingungen für die Entwicklung großer Getreidewirtschaften entstehen *müssen*, denn bei uns gibt es kein Privateigentum an Grund und Boden. Dort, bei den Kapitalisten, sehen die großen Getreidewirtschaften ihr Ziel darin, ein Maximum an Profit zu erhalten [...]. Bei uns dagegen brauchen die großen Getreidewirtschaften, die zugleich Staatswirtschaften sind, für ihre Entwicklung weder ein Maximum an Profit noch eine Durchschnittsprofitrate, sondern können sich mit einem Minimalprofit begnügen und kommen zuweilen auch ohne jeden Profit aus, wodurch wiederum günstige Bedingungen für die Entwicklung großer Getreidewirtschaften geschaffen werden".[8]

Insofern diese Vorzüge als objektiv und notwendig galten, war die bürokratische Führung, die auf der Erkenntnis dieser Vorzüge basierte, gleichsam zum Erfolg verdammt. Sie war *a priori* organischen Charakters und entfachte unter den Massen einen „disziplinierten Enthusiasmus".

„Jetzt sehen sogar Blinde: besteht irgend eine ernsthafte Unzufriedenheit unter den Hauptmassen der Bauernschaft, so betrifft diese nicht die kollektivwirtschaftliche Politik der Sowjetmacht, sondern den Umstand, daß die Sowjetmacht in der Belieferung der Bauern mit Maschinen und Traktoren mit dem Wachstum der kollektivwirtschaftlichen Bewegung nicht Schritt halten kann".[9]

Diese Sätze wurden 1929 im Eifer der Kollektivierung geschrieben. Es folgten mehrere Jahre der Hungersnot; die Landwirtschaft wurde so verheert, daß sie erst in den 50er Jahren und nach einer Reihe von Sondermaßnahmen das Produktionsniveau von 1928 wieder erreichen konnte.

Die zunehmende Heiligsprechung verlieh den sich herausbildenen Formen und Mechanismen der politischen Führung einen organischen Status und führte zur offenen Vergötterung der Person Stalins. Der Abglanz des „Heiligen" fiel auf alle Stufenleitern der bürokratischen Hierarchie, wodurch das ganze rationalistische bürokratische Verwaltungswesen einen sakralen Status erlangte.[10] Eine solche „Diagnose" läßt sich vermutlich auf alle monostilistischen Kulturen anwenden, in denen die Idee vom organischen Charakter politischer Führung, wenn auch auf unterschiedliche Weise begründet - mit den Vorzügen des Sozialismus, der Rasse, eines Führers, Monarchen oder Generalsekretärs - sich immer mit einer rationalen, entmenschten Bürokratie verbindet.

*****

8 Stalin, J.: Fragen des Leninismus. Moskau: Verlag für fremdsprachige Literatur 1947, S. 329f. (Hervorhebung: *L.I.*).

9 Ebenda, S. 330.

10 Vgl. auch: Ionin, L.G.: Konservativnij sindrom. In: Sociologičeskije issledovanija 6/1987.

In der Überschrift ist die Richtung der Veränderungen benannt: Von der monostilistischen zur polystilistischen Kultur. Bevor ich mich der Dynamik der gegenwärtigen Prozesse zuwende, möchte ich versuchen - abermals unter Rückgriff auf das von Lotman und Uspenskij entwickelte Modell -, eine Definition des polystilistischen Kulturtyps zu geben.

Lotman und Uspenskij bestimmen Kategorien von Stilen - den reinen und des synkretistischen Stil. Für den reinen Stil ist die Hierarchie von Ausdruckselementen, für den synkretistischen hingegen die „Aufhebung" der Hierarchie charakteristisch.

*Dehierarchisierung.* Für die hier behandelte Problematik ist die Dehierarchisierung in mehrfacher Hinsicht wichtig: Erstens als Fehlen einer Hierarchie expressiver Mittel der Kultur; zweitens als Nichtvorhandensein eines sakralen doktrinären Kerns, der einen wie auch immer beschaffenen heiligen, „unberührbaren" und der Kritik und Analyse unzugänglichen Bereich des Lebens bezeichnet; drittens bedeutet Dehierarchisierung den Funktionsverlust einer besonderen Gruppe von Bürokraten, Experten oder Kulturschaffenden, wie sie in einer monostilistischen Kultur an der Spitze der Kulturhierarchie zu finden sind. Die Hierarchie der Kultur kann als solche überhaupt verschwinden.

Mit einer derartigen Entwicklung, der Dehierarchisierung der Kultur, haben wir es heute in Rußland zu tun. In der Tat - zwar existiert ein Ministerium für Kultur, doch es hat weder die Kraft, Weisungen zu diktieren, noch überhaupt irgendeinen spürbaren Einfluß auf die kulturellen Prozesse auszuüben. Eine Reihe neuer kultureller Institutionen sind im Entstehen begriffen, darunter Stiftungen, Verbände, kommerzielle Organisationen. Neue, von der Kulturbürokratie völlig unabhängige Strukturen sind auf diese Weise entstanden. Jede von ihnen hat natürlich ihre eigene Hierarchie. Doch das ist schon ein anderes Thema. Eine universelle kulturelle Hierarchie gibt es hingegen nicht. Vergleichbare Situationen gibt es in Ideologie, Politik und Wirtschaft, in allen Bereichen des gesellschaftlichen Lebens.

*Dekanonisierung.* Für die polystilistische Kultur ist das Fehlen bzw. die Abschwächung von Genre- und stilistischen Normen, die Vermischung von Genres und Stilen typisch.

*Destrukturierung.* Hier ist von der Raum-Zeit-Anordnung kultureller Erscheinungen die Rede. In einer polystilistischen Kultur wird diese Ordnung gestört: Zuschauerraum und Bühne tauschen im Theater die Plätze, der Unterschied zwischen Wohnraum und Office schwindet im Alltag, Theatergruppen und Musiker gehen auf die Straße, werden als Theater unter freiem Himmel wahrgenommen und aufgesucht.

*Detotalisierung.* Die Kultur scheint bar jeglicher wahrnehmbaren Einheit zu sein.

*Einbindung.* Für die polystilistische Kultur ist die „Einbindung" ebenso typisch wie der „Ausschluß" für die monostilistische Kultur. Das erfordert ein Maximum an „kultureller Toleranz". Ein beliebiger Inhalt wird aktual bzw. potentiell in die Kultur einbezogen. Die unterschiedlichsten Zeichen- und Symbolsysteme treten zueinander in Beziehung. Einige Symbole wandern ständig von einem System zum anderen. Besonders deutlich wird das am Beispiel der „Sozart". Traditionelle Symbolik findet in einem neuen, nicht kanonisierten Kontext Verwendung. Die moderne russische *Pop-Art*, *Rock-Art* und andere zeitgenössische Richtungen entleihen sich ebenso wie Ideologie und Politik ihre Symbolik aus den unterschiedlichsten, miteinander scheinbar unvereinbaren Traditionen.

*Diversifikation*. Verkomplizierung anstelle von Vereinfachung. Es bilden sich immer kompliziertere Systeme der Wechselwirkung von miteinander nicht zusammenhängenden Traditionen, Kulturstilen und Lebensweisen.

*Esoterik*. Die Tendenz zur Esoterik tritt an die Stelle des für die monostilistische Kultur typischen offiziellen Konsenses. Es bilden sich esoterische Gruppen mit eigenem sakralen Bewußtsein, eigener Symbolik, Hierarchie usw. heraus.

*Negativität*. Eine ablehnende oder indifferente Haltung gegenüber der bestehenden soziokulturellen Ordnung tritt an die Stelle der einst, für die monostilistische Kultur typischen affirmativen Einstellung zu ihr.

*Ateleologie*. Das Auftreten neuer kultureller Formen und Stile wird oft von der Ablehnung jeglichen Zieles der Entwicklung von Kultur, Gesellschaft, Leben, menschlicher Existenz überhaupt, begleitet.

Diese Auflistung von Kategorien gestattet es, die Situation in ihren typischen Merkmalen einzufangen; es ist eine idealtypische Konstruktion der polystilistischen Kultur. Die Wirklichkeit ist natürlich komlizierter als die ideelle Konstruktion. In der Realität gibt es Elemente der polystilistischen und der monostlistischen Kultur. Alte Strukturen und Symbolsysteme bestehen fort, doch kommt ihnen keine Monopolstellung mehr zu; sie bilden eine Variante unter vielen möglichen Kulturstilen. Gleichzeitig gelangen Dutzende und Hunderte neuer oder einfach vergessener Traditionen, Lebensformen und Kulturstile wieder an die Oberfläche des Lebens. Alles in allem läßt sich diese Situation als Übergang von der monostilistischen zur stabilen polystilistischen Kulturorganisation beschreiben.

Natürlich stellt sich die Frage nach den Mechanismen eines derartigen Übergangs und nach den Begriffen, die es gestatten würden, die neuentstandenen Kulturstile und Kulturformen *in statu nascendi* und den Prozeß als ganzen in seiner Dynamik zu fassen. In diesem Zusammenhang möchte ich zu zwei Fragen Stellung nehmen: 1) Woher stammen diese für das heutige Rußland neuen Kulturformen? 2) Welches sind die Mechanismen ihrer Entstehung und Stabilisierung?

Was die Beantwortung der ersten Frage betrifft, so läßt sich natürlich nicht eine für alle gemeinsame Quelle benennen. Die neuen Stile und Formen kommen von überall her: aus dem Westen und aus dem Osten, aus der jüngsten und aus der weiter zurückliegenden Vergangenheit, aus unterschiedlichen Zeiten und Schichten der Geschichte Rußlands. Viele Traditionen werden aus der Kultur der westlichen industriellen bzw. postindustriellen Welt entliehen, die der *Hippies* und *Punks* beispielsweise. Das trifft auch auf die *Yuppies* zu, die korrekten Jungunternehmer mit ihren Computern, Handies und ihrem spezifischen Verhaltenskodex, der ihnen gestattet, zu Traditionen und Gewohnheiten des „normalen" Alltagslebens Distanz zu wahren. Westlicher Herkunft sind auch viele der heute aktuellen Ideologien - von der Sozialdemokratie und liberalen Demokratie bis hin zur Ideologie der „sexuellen Minderheiten". Das gleiche gilt für die ökonomische Ideologie, wo unterschiedlichste Konzeptionen der Marktwirtschaft diskutiert werden und ihren Weg in die Praxis finden.

Eine weitere wichtige Quelle neuer Formen und Stile ist die russische Vergangenheit selbst: die orthodoxe Kirche mit ihrem reichen Kulturerbe erfährt eine Wiedergeburt; oft genug wird das mit der russischen Geschichte schlechthin identifiziert. Auch die Monarchie macht von sich reden, wenn auch nicht sehr nachdrücklich: aber sie ist präsent. Die Liberalen und Sozialdemokraten sehen ihre Wurzeln nicht nur im Westen, sondern auch in der Vorgeschichte der Oktoberrevolution. Die nationalistische Bewegung „Pamjat" greift auf Traditionen und Ideologie der Schwarzhunderter zurück. Diese Aufzählung ließe sich fortsetzen.

Eine nicht minder wichtige Rolle spielen die Traditionen, die sich in der jüngsten Vergangenheit in Rußland herausgebildet haben. Hierzu zählt der politische Stil der bolschewistischen Partei in der Periode ihres Kampfes um die Staatsmacht, der von zahlreichen neuentstandenen kommunistischen Gruppierungen, Parteien und Bewegungen aufgegriffen wird. Überhaupt übt der Bolschewismus - nicht als explizite politische Ideologie, sondern eher als Politik- und Denkstil - einen beachtlichen Einfluß auf das Leben in der Gegenwart aus. Das trifft auf die konservativen Kommunisten ebenso zu wie auf die radikalen Demokraten.

Eine weitere, ebenfalls wichtige Quelle ist der Osten. Yoga, Buddhismus, Hinduismus, Krishna-Bewegung, Kampfsportschulen mit dem ihnen eigenen doktrinären Gehalt - alles das wird, oft genug über den Westen vermittelt, zu einem integralen Bestandteil der modernen russischen Kultur. Im Unterschied zum Westen sind asiatische politische Lehren von deutlich geringerem Einfluß. Der Maoismus hat in Rußland nie Fuß fassen können. Interessant ist allerdings das gewachsene Interesse gegenüber dem „Dshudshe", der politischen und Morallehre Kim Ir Sens.

Wenden wir uns nun dem „Mechanismus" der Herausbildung neuer Kulturformen zu. Zuerst werde ich der Frage nachgehen, was die „neuen" Kulturformen eigentlich darstellen. Keine von ihnen ist für Rußland wirklich neu. Es gab verschiedene Gruppen, die im Untergrund wirkten, unterschiedliche russische und ausländische Traditionen wurden in wissenschaftlichen Abhandlungen kommentiert. Neu sind sie in dem Sinne, daß es früher, zu Sowjetzeiten, keine Möglichkeit öffentlicher Präsentation für sie gab. Die offizielle monostilistische Kultur schloß diese Kulturformen aus ideologischen Motiven als nicht authentische aus. Deshalb ist die Möglichkeit ihrer öffentlichen Darstellung so neu. Genau darauf richtet sich die Aufmerksamkeit der breiten Öffentlichkeit sowie der Vertreter dieser Kulturformen selbst.

So kam es dazu, daß die äußere Seite, der Aspekt der Selbstdarstellung, wichtiger wurde als die „immanente", theoretische oder doktrinäre Komponente. Auch unter dem Aspekt der Werbung neuer Mitglieder schien sie geeigneter. Der Zustrom zur Krishna-Bewegung erklärt sich weniger aus der Tiefe und Vollkommenheit der moralischen Doktrin, sondern ist vielmehr auf die theatralischen Umzüge der Krishna-Anhänger in ihren rosafarbenen Gewändern, mit ihren Fahnen und hymnischen Gesängen in den Moskauer Straßen zurückzuführen. Auf analoge Weise erhöhen auch die Monarchisten die Zahl ihrer Anhänger; die Erklärung liegt auch in diesem Falle nicht in der Anziehungskraft der politischen Theorie, die es - wenngleich in primitiver Form - natürlich gibt, sondern in den feierlichen Gottesdiensten und in den betont korrekt getragenen Offiziersuniformen der zaristischen Armee.

Der Zerfall der monostilistischen Kultur hat zur Zerstörung der traditionellen Bezugssysteme persönlicher Identität geführt. Vielfältige neue Formen und Traditionen bieten alternative Möglichkeiten für die Identitätsfindung. Die äußerliche Seite, die der Präsentation, spielt dabei eine außerordentlich wichtige Rolle. Äußerliche Zeichen einer Identität sind für Menschen, die nach dem Wegbrechen der alten nach neuen Beziehungen zum Leben suchen, Anzeichen für einen schnellen und baldigen Ausweg aus der gegenwärtigen unsicheren Situation. So kleiden sie sich in die Gewänder der Krishna-Anhänger, tragen die Uniformen der zaristischen Armee oder schminken sich wie Punks. Dabei haben sie in den seltensten Fällen klare Vorstellungen von den Doktrinen dieser Bewegungen.

Im Ergebnis dessen erscheint die Inszenierung als erste und wichtigste Etappe der Herausbildung neuer kultureller Formen. Requisiten und Kostüme sind von erstrangiger Bedeutung. Die Rollen werden dem Erbe dieser oder jener Traditionslinie entnommen. Die Menschen führen sich wie Schauspieler auf einer Bühne auf und leben nicht ihr eigenes Leben. Ihr Alltag geht unterdessen weiter. Sie spielen ihre ihnen von der Tradition diktierte Rolle weiter - der Alltag wird stilisiert. Allmählich bilden sich differenzierte Lebens- und Kulturstile heraus.[11]

Besonders deutlich wird die Inszenierung moderner Kulturstile auf dem Gebiet der Politik. In Rußland gibt es heute mehr als fünfzig politische Parteien, viele pflegen einen eigenen politischen Stil: hierzu gehört der Stil der sogenannten direkten Aktion (Demokratische Union, Pamjat), der populistische Stil (Demokratisches Rußland, neue kommunistische Parteien und Bewegungen), der traditionell parlamentarische Stil (Sozialdemokratie) etc. Sie alle verstehen und präsentieren sich als Teil einer bestimmten politischen Tradition: der liberalen, sozialdemokratischen, kommunistischen, anarchistischen oder christlichen. Die Unterschiede zwischen den Parteien bleiben rein stilistischer Natur. Die Programme sehen in der Regel gleich aus. Sie sind demokratisch im direkten Wortsinn. Es fehlt die Verankerung in einer besonderen sozialen Schicht oder Gruppe. Die Parteien verfügen nicht über eine eigene, spezifische Wählerschaft. Die Parteimitglieder re-

11 Vgl. Anm. 6.

krutieren sich fast durchweg aus der Intelligenz. Mitglieder und Parteiführer ändern häufig und ausgesprochen willkürlich ihre politische und stilistische Identität. Alles das zeugt davon, daß das politische und das kulturelle Leben vorläufig inszeniert ist, noch keinen fundamentalen Charakter hat; und daß die kulturellen Stile noch nicht die für eine normale Funktion politischer Kultur erforderliche Stabilität gewonnen haben.

Was in der Politik vor sich geht, ist auch für die soziokulturelle Situation Rußlands typisch. Gegenwärtig gibt es in Rußland keine stabilen Beziehungen und Verhältnisse zwischen unterschiedlichen Kulturstilen und Persönlichkeiten, zwischen Gruppenstilen und Gruppeninteressen, zwischen Grundüberzeugungen von Individuen und Gruppen und ihrem Ausdruck in Kulturstilen. Ich würde das in Anlehnung an Renate Lachmann, die von semantischer Promiskuität sprach, stilistische Promiskuität nennen. Das ist in erster Linie ein Merkmal der Übergangsperiode, die das Land derzeit durchlebt. Angesichts dieses Zustands stellt sich die Frage: Was steht uns bevor? Welches sind die Chancen und Hoffnungen für die Herausbildung einer stabilen polystilistischen Kultur in Rußland?

* * * * *

Um existieren zu können, bedarf die pluralistische Demokratie - ebenso wie die polystilistische Kultur - zweier Voraussetzungen. Erstens der Toleranz der Bürger gegenüber den neuen und fremden Kulturstilen und -formen, der Bereitschaft, in einem komplizierten polystilistischen kulturellen Milieu zu leben. Zweitens der Existenz von formalen (darunter auch gesetzlich verankerten) Regeln der Wechselwirkung unterschiedlicher Stile und Formen von Kulturen, Traditionen im Alltag.

Der Grad an Toleranz und Bereitschaft der gesamten Bevölkerung der ehemaligen UdSSR zur friedlichen kulturellen Koexistenz ist nur sehr schwer einzuschätzen. Einerseits gibt es die über siebzigjährige Erfahrung der Koexistenz in einem multinationalen Staat, in dem es zwischen den Nationen keine Grenzen gab, wo über ein Viertel der Bevölkerung jenseits „ihrer“ nationalen Regionen lebte, wo sich reale Traditionen kulturellen Nebeneinanders entwickelten und festigten. Andererseits läßt sich diese Nachbarschaft auch als zufällige Erscheinung erklären, oder als erzwungenes Zusammenrücken gegenüber einem allgemeinen Übel - dem kommunistischen Regime. Die ungeahnte Zunahme nationaler Konflikte, von Isolationismus, Intoleranz und Separatismus nach dem Zerfall der UdSSR spricht für die zweite These. Es bleiben dennoch Hoffnungen, daß nach einer kurzen Periode nationaler Euphorie, ausgelöst durch die Herausbildung selbständiger Nationalstaaten, die bisherigen kulturellen, wirtschaftlichen und einfach Verwandtschaftsbeziehungen wiedererstehen und ein multikulturelles Zusammenleben wieder zur Norm wird. Die heutigen Konflikte tragen in der Regel politischen Charakter und sind im Prinzip überwindbar.

Ebenso kompliziert verhält es sich mit der Erarbeitung formaler demokratischer

Rechte, die die Wechselwirkung nicht nur in der politischen, sondern auch in der kulturellen Sphäre gewährleisten. Die frühere die Kultur betreffende Gesetzgebung wurde ausgehend von den Bedürfnissen der offiziellen monostilistischen Kultur geschaffen. Deshalb kollidiert die heutige kulturelle Vielfalt entweder mit den alten Normen und Vorschriften oder entfaltet sich in einem rechtsfreien Raum. Im letzten Fall wird sie zum Spielball der Bürokraten. Im ersten Fall entscheidet das Geld. Bedürfnisse und Gesetzmäßigkeiten der Kulturentwicklung selbst sind in diesem Falle sekundär.

Doch auch die Entwicklung beim Übergang von der monostilistischen zur polystilistischen Kultur birgt in der Periode stilistischer Promiskuität die Gefahr des Kultur-Fundamentalismus in sich.

Welche Chancen bestimmte fundamentalistische Strömungen haben werden, läßt sich heute schwer vorhersagen. Die Voraussetzungen für ihre erfolgreiche Entwicklung in Rußland sind jedoch nicht zu übersehen. Die Geschichte beweist, daß ein schnelles Wachstum fundamentalistischer Positionen und ihre erfolgreiche Verwirklichung im staatlichen Maßstab mit sozialen Massenbewegungen einhergehen. Solche totalitären, auf einer monostilistischen Kultur fußenden Regimes, wie das Stalinsche Rußland und Nazideutschland, sind auf einer Welle sozialer Bewegungen kulturfundamentalistischer Art entstanden. Solche Bewegungen gibt es auch heute in Rußland. Ihre Aktivität hat in letzter Zeit zugenommen. Zu beobachten ist auch die enge Wechselwirkung zwischen verschiedenen kommunistischen und nationalistischen Bewegungen.

Bekanntlich erstarkten fundamentalistische Bewegungen gerade in Übergangsperioden - in Zeiten, als monostilistische Kulturen zerfielen und polystilistische sich herausbildeten. In für die Menschen schweren Zeiten, wenn Orientierungen verlorengehen, bieten sie einfache Identifikationsmuster und gewissermaßen Boden unter den Füßen an. Dies ist auch heute in Rußland der Fall. Berücksichtigt man ferner die nicht ausgearbeitete Rechtsgrundlage für die Wechselwirkung von Kulturen, das Fehlen stabiler Traditionen kultureller Toleranz in der ehemaligen UdSSR, kommt man zu der Schlußfolgerung, daß die Chancen für fundamentalistische Kulturbewegungen in Rußland ausgesprochen günstig sind.

*Aus dem Russischen von Wladislaw Hedeler*

# Kulturelle Inszenierungen - Modi des sozialen Wandels[1]

## Einführung. Paradoxien der Transformationstheorie

Die Transformationstheorien, in deren Rahmen die russischen und osteuropäischen Übergangsprozesse zu marktwirtschaftlich organisierten Wirtschaftssystemen und zu demokratischen politischen Institutionen heute analysiert und beschrieben werden, basieren zumeist auf einigen nicht immer explizit formulierten, aber als universell unterstellten Annahmen. Die erste und grundlegende bezieht sich auf die universelle Natur der Transformation: Die institutionelle Ordnung, die als Resultat der Übergangsprozesse entstehen soll, reproduziert im großen und ganzen die institutionelle Ordnung der modernen demokratischen Gesellschaften des Westens. Das heißt, die Formierung eines Systems repräsentativer Demokratie und der Gewaltenteilung, die Reorganisation der Justiz, die Bildung von Organen der Verfassungsaufsicht sowie die Herausbildung intermediärer Systeme der Interessenrepräsentation, welche die Basis der sich formierenden bürgerlichen Gesellschaft bilden sollen, werden als Ziele der Transformation vorausgesetzt. Entsprechende Veränderungen sieht man auch in der ökonomischen Sphäre: Unter der Vermittlung des Staates vollziehen sich Entstaatlichung und Privatisierung der Unternehmen, Dezentralisierung und die Entmonopolisierung der Wirtschaftsregulation sowie die Einführung eines neuen Steuerrechts. Zugleich sollen die zusammengebrochenen staatlichen durch neue soziale Sicherungssysteme ersetzt werden, die auf privater Vorsorge basieren, aber durch den Staat reguliert und unterstützt werden. Das betrifft in erster Linie das Gesundheitswesen, das Bildungswesen, das Rentensystem und die soziale Absicherung für Arbeitslose. Parallel dazu formiert sich der rechtliche Rahmen für diese Veränderungen. Das Gesellschaftssystem wird gänzlich umgebaut, praktisch bleibt kein Lebensbereich übrig, der nicht von den Veränderungen erfaßt, oder besser gesagt, auf prinzipiell neuen Grundlagen fundamental reorganisiert wird.[2]

---

1 Dieser Text wurde im Herbst 1993 im Auftrag des Wissenschaftszentrums Berlin für Sozialforschung (WZB) verfaßt.

2 Zu den allgemeinen Prinzipien der Transformationstheorie vgl. Zapf, Wolfgang: Modernisierung und Modernisierungstheorien. In: Ders. (Hg.): Die Modernisierung moderner Gesellschaften. Verhandlungen des 25. Deutschen Soziologentages in Frankfurt am Main 1990. Frankfurt a. M., New York: Campus 1991.

Die zweite nicht explizierte, aber allgemein unterstellte Annahme besteht darin, daß alle hier angesprochenen Prozesse gleichzeitig ablaufen. Dieser Annahme liegt eine für die Soziologie traditionelle Vorstellung vom Systemcharakter gesellschaftlicher Organisation zugrunde, wonach Veränderungen in einem Teilsystem unvermeidlich bestimmte, systemisch orientierte Veränderungen in anderen Teilsystemen hervorrufen.

Beide Annahmen erzeugen eine Reihe von Paradoxien, die für die derzeitige Transformationsforschung typisch sind. Zwei davon sollen hier angesprochen werden.

Erstens die Ziel-Mittel-Paradoxie. Am schärfsten trat und tritt diese in Rußland in Erscheinung, wo eine - ungeachtet begangener Fehler und Inkonsistenzen - durchaus entschlossene Reformierung der ökonomischen Institutionen begleitet wird von einer Verhärtung des politischen Regimes, welche sich auf die Herausbildung einer demokratischen Ordnung hemmend auswirkt. Als Beleg sei hier nur auf einige Fakten verwiesen: die Zerschlagung des Parlaments im Oktober 1993 und die faktische Beseitigung des Verfassungsgerichts, d.h. derjenigen Institutionen, die als einzige ein Gegengewicht zu dem sich formierenden autokratischen Regime bilden könnten; die Drosselung und partielle Rücknahme der gerade begonnenen politischen Dezentralisierung sowie der Entstehung kommunaler und regionaler Selbstverwaltung; die Verzögerung (im besten Falle: unterbliebene Förderung) der Formierung eines Mehrparteiensystems sowie intermediärer Strukturen der Interessenvertretung; eine verschärfte Kontrolle derjenigen Massenmedien, die sich in finanzieller Abhängigkeit von der Regierung befinden. Die - inzwischen angenommene - neue Verfassung soll das schon entstandene autoritäre Regime stärken und stabilisieren, welches in mehrfacher Hinsicht an die politische Struktur der Selbstherrschaft im vorrevolutionären Rußland erinnert. Die Anhänger dieser Entwicklung behaupten, daß es auf andere Weise nicht möglich wäre, den Übergang zu marktwirtschaftlichen Strukturen durchzusetzen. Wenn das aber der Fall ist, dann geht der Transformationsprozeß im Zuge der Schaffung einer Marktwirtschaft seines demokratischen Wesens verlustig. Und je stärker dieser Übergang forciert wird, desto mehr verliert er seinen politischen und sozialen Sinn, wird er im wesentlichen auf einen Prozeß kardinaler ökonomischer Modernisierung reduziert.

Zweitens die Paradoxie, die Claus Offe als das „Dilemma der Gleichzeitigkeit" beschrieben hat.[3] Nach Offe können sich politischer und ökonomischer Wandel nicht gleichzeitig vollziehen, da der ökonomische Wandel den politischen voraussetzt und *vice versa*.

Beide Paradoxien hängen eng miteinander zusammen. Aber beide erweisen sich nur dann als Paradoxien, wenn sie im Rahmen einer Transformationstheorie figurieren, die sich auf die oben erwähnten Voraussetzungen stützt - den Totalitäts-

---

3 Offe, Claus: Das Dilemma der Gleichzeitigkeit. Demokratisierung und Marktwirtschaft in Osteuropa. In: Merkur 505 (4/1992), S. 279-292.

charakter und die Gleichzeitigkeit der Wandlungsprozesse. Man muß nur diese Voraussetzungen aufgeben oder sie zumindest als bedingte anerkennen, und die Paradoxien hören auf, Paradoxien zu sein. Dann aber verliert auch die Transformationstheorie ihre ursprünglichen Merkmale. Die reale gesellschaftliche Transformation erscheint nicht mehr als relativ alternativloser Prozeß mit zuvor festgelegten Endparametern, sondern als Prozeß mit offenem Ausgang, in dem die Handlungsbedingungen und die erwünschten Resultate ständig neu bestimmt und umdefiniert werden. Sie erweist sich dann als ein sich selbst regulierender und korrigierender Prozeß, der frei ist von konzeptionellen Vorgaben, aber auch von Paradoxien, die im rationalistischen Paradigma keine Lösung finden und die Reformer ständig zu technokratischer Gewalt veranlassen.

## Transformation als Prozeß kultureller Reorganisation

Der Verzicht auf die Annahmen des Totalitätscharakters und der Gleichzeitigkeit der Transformationsprozesse, als gleichsam im evoluierenden System angelegt, führt umgehend zur Analyse der Mechanismen und Voraussetzungen für die Entstehung neuer Strukturen und Institutionen.

Die Voraussetzungen lassen sich in zwei Gruppen unterscheiden: diejenigen, die im Hinblick auf die soziale Integration eine negative, und diejenigen, die diesbezüglich eine positive Rolle spielen. Erstere bringen die Tendenz der Anomie zum Ausdruck, letztere gewährleisten ein Minimum an sozialer Ordnung und den Fortgang einer organisierten Entwicklung. Erstere sind ein Produkt der Desintegration, des spontanen Zerfalls oder der bewußten Zerstörung alter Strukturen, letztere bilden zum einen den prinzipiell unzerstörbaren gesellschaftlichen „Rest“, den kleinsten gemeinsamen Nenner des alten und des entstehenden neuen Systems, zum anderen die Grundlage der künftigen Entwicklung neuer Systeme und Institutionen.

### *Zerstörung der alten Strukturen*

In der Regel ist die Zerstörung alter Strukturen ein Resultat politischer Entscheidungen, denen eine spontane Umorientierung der an den alten Strukturen beteiligten Akteure auf neue normative Modelle vorhergeht. Beispiele dafür wären etwa das Verbot der Tätigkeit der KPdSU in Rußland, die Auflösung des Staatlichen Plankomitees (Gosplan) und der Branchenministerien oder - im Hinblick auf den Zerfall der UdSSR - die Auflösung des Unionsparlaments. Diese Institutionen bildeten das ideologische, ökonomische und politische Fundament der alten Gesellschaft. Ihre spontane Erosion begann lange vor ihrer definitiven politischen und organisatorischen Liquidation (massenhafte Austritte aus der KPdSU; Wirtschaftsreformen, die die Allmacht der Ministerien begrenzten und immer mehr Kompetenzen an die Unternehmen abgaben; die parlamentarische Opposition, die die Auflösung der Union anstrebte und gleichzeitig im Parlament der Russischen Föderation einen „Notlandeplatz" hatte). Dennoch führten diese spontanen Tendenzen nicht zwangsläufig zum Zerfall der genannten Institutionen; vielmehr brachten sie Veränderungen ihres ideologischen Gehalts, ihrer inneren normativen Organisation und ihrer sozialen Funktionen zum Ausdruck. So hatte die KPdSU schon schrittweise Züge einer Reformpartei angenommen: Auf der 19. Parteikonferenz Anfang 1991 wurde ein neues Parteiprogramm erörtert und dem nächsten Parteitag zur Annahme vorgelegt, welches offen und direkt sozialdemokratischen Orientierungen folgte, die Einführung eines Mehrparteiensystems und grundlegende Reformen des politischen Systems vorschlug. Zur gleichen Zeit gab es massenhafte Parteiaustritte, wie sie in klassischen sowjetischen Zeiten undenkbar gewesen wären. Noch vor der rechtsgültigen Ausgestaltung eines neuen politischen Systems entstanden de facto eine ganze Reihe „ideologisch fremder" Parteien und Organisationen, vollzogen sich innerhalb der KPdSU Prozesse der Regionalisierung und Dezentralisierung, der Formierung innerparteilicher alternativer demokratischer Fraktionen und Gruppierungen. All dies stellte die KPdSU in eine für sie völlig neue Situation des politischen Pluralismus. Die Veränderung des ideologischen Gehalts und der organisatorischen Struktur der Partei wurde begleitet von einem Wandel ihrer gesellschaftlichen Funktion, d.h. von einem Wandel des gesamten politischen Systems.

Die kommunistische Partei bildete den grundlegenden Integrationsmechanismus der alten Ordnung. Die soziale, politische und wirtschaftliche Organisation der ganzen Gesellschaft wurde durch die Parteiorganisation diktiert, reguliert und kontrolliert. Parallel dazu bestanden potentiell unabhängige Machtstrukturen: Justiz, Exekutive, Legislative. In sowjetischer Zeit existierten diese nur formell, real waren sie spezialisierte Teile des Parteiapparates. Der Wandel innerhalb der KPdSU, ihr Bestreben, Funktionen direkter staatlicher Verwaltung, die einer Partei als politischer Organisation nicht gemäß sind, abzugeben, führte zur Befreiung dieser drei Zweige der Macht und hat ihr bedeutendes Reformpotential offengelegt.

Parallel zur Reformierung des politischen und des ökonomischen Systems vollzog sich eine Reorganisation der staatlichen Struktur des sowjetischen „Imperiums". Unter dem Druck nationaler Bewegungen verkündete die Mehrheit der Sowjetrepubliken ihre staatliche Souveränität. Die Zentralmacht, bestrebt, die staatliche Einheit zu erhalten, reagierte mit der Idee eines neuen „Unionsvertrages", in dessen Resultat anstelle der früheren UdSSR ein neuer föderativer Staat mit praktisch dem gleichen Mitgliederbestand treten sollte. Wie bekannt, wurde kurz vor der für den 22. August 1991 angesetzten Unterzeichnung des „Unionsvertrages" M. Gorbatschow in Foros, seinem Urlaubsort am Schwarzen Meer, unter Arrest gestellt, und Truppenteile der Armee wurden nach Moskau verlagert. Nach dem Putschversuch erklärte eine Republik nach der anderen ihren Austritt aus der UdSSR. Es begann der lawinenartige, unkontrollierbare Zerfall des Staates, der in der Unabhängigkeitserklärung Rußlands, der Auflösung der UdSSR und der Gründung der GUS als einer zwischenstaatlichen Vereinigung im Januar 1992 seine logische Vollendung fand.

Das Ende der UdSSR war zugleich das Ende der evolutionär-reformistischen Etappe der Transformation in Rußland. War das Reformpotential endgültig ausgeschöpft? Hätte das sowjetische System eine konsequente demokratische Transformation überhaupt ermöglicht? Wäre die kommunistische Partei imstande gewesen, sich selbst soweit zu wandeln, um sich von ihrer früheren Rolle im sowjetischen System lossagen und eine unter vielen gleichberechtigten Organisationen im System der parlamentarischen Demokratie werden zu können? Auf alle diese und viele ähnliche Fragen gibt es keine abschließende Antwort. Die traditionellen Theorien, die bis zum Beginn der Perestrojka verbreitet waren, haben die Möglichkeit endogener Veränderungen innerhalb der sowjetischen Ordnung generell verworfen. Die Version der Totalitarismustheorie, die auf die Arbeiten von Hannah Arendt zurückgeht, sah Möglichkeiten zur Veränderung der totalitären Gesellschaft eigentlich nur in Einwirkungen von außen, auf kriegerischem Wege.[4] Nur wenige Prophezeiungen eines baldigen Zerfalls der UdSSR sahen dessen Grund in ethnischen und nationalen Konflikten.[5] Letztere spielten natürlich eine Rolle, aber erst in der Schlußphase dieses Prozesses.

Die Perestrojka begann innerhalb des Systems und wurde mit den für das System traditionellen Mitteln betrieben. Für die Transformationstheoretiker war dies völlig unerwartet. Hätte die Perestrojka fortgesetzt und im Sinne der Schaffung einer demokratischen politischen und ökonomischen Ordnung erfolgreich vollendet werden können? Diese Frage konnte weder theoretisch noch praktisch geklärt werden, inzwischen hat sie ihre Aktualität verloren. Die spezifische Konstellation der Umstände und die Peripetie des Machtkampfes haben zum Zerfall des Staates und zum Abbruch des Gorbatschowschen Experiments geführt. Der Urheber des Experiments ist bis heute der Überzeugung, daß das Ziel erreichbar gewesen wäre und die Methoden richtig waren, aber die Sache am Zufall gescheitert ist. Leider ist diese Behauptung nicht mehr verifizierbar.

Wie auch immer - der evolutionär-reformistische Weg der Transformation ging von der Möglichkeit aus, ohne soziale und kulturelle Revolution die politischen und ökonomischen Institutionen umzugestalten, eine demokratische Ordnung zu schaffen und zugleich die gewachsene Identität des Staates, der Gesellschaft und der Individuen erhalten zu können. Die sowjetische monostilistische Kultur, die für die ganze Gesellschaft einheitliche und spezifische Verhaltensnormen diktierte, wäre dabei mit der Herausforderung konfrontiert worden, sich einem immer breiteren Spektrum alternativer kultureller Muster zu öffnen und sich in eine poly-

4 Vgl. Arendt, Hannah: Elemente und Ursprünge totaler Herrschaft. München: Piper 1995.

5 Vgl. Carrere d'Encausse, Helene: Decline of an Empire: the Soviet Socialist Republics in Revolt. New York: Newsweek Books 1979.

stilistische Kultur mit einer entsprechend pluralistischen politischen und wirtschaftlichen Organisation zu verwandeln.[6]

Nach der Auflösung der UdSSR erlangten die Umgestaltungsprozesse revolutionären Charakter. Man begann, die alten politischen und ökonomischen Institutionen systematisch zu liquidieren. Mit einem der ersten Dekrete des Präsidenten Rußlands wurde die KPdSU verboten. Die zentralisierte Organisation der Wirtschaft wurde zerstört. Nach weniger als einem Jahr - im Oktober 1993 - war im Ergebnis militärischer Gewaltanwendung das aus der sowjetischen Zeit überkommene politische System zerschlagen - die Hierarchie der Sowjets unterschiedlicher Ebenen, vom Obersten Sowjet über die Regional-, Bezirks-, Stadt- bis zu den lokalen Sowjets. All dies hatte den Anschein einer Grundreinigung für die Schaffung einer neuen institutionellen Ordnung.

### *Kultureller Bruch*

Die Liquidation der traditionellen sowjetischen Institutionen bezeichnete einen tiefgreifenden kulturellen Bruch. Im Unterschied zu den Ländern Mittel- und Osteuropas, die eine ähnliche soziale Transformation durchleben, existierte das sowjetische Regime in Rußland bedeutend länger. Nach dem gravierenden kulturellen Umbruch als Folge der Revolution von 1917 wuchsen fast drei Generationen in einer kulturellen Umwelt auf, die sich ungeachtet der Veränderungen des politischen Regimes, bedeutender technologischer und sozialstruktureller Wandlungsprozesse durch außerordentliche Beständigkeit und Konservatismus auszeichnete.

Diese Beständigkeit und der Konservatismus erklären sich durch die Unveränderlichkeit und den universellen Charakter des in den letzten siebzig Jahren in Rußland vorherrschenden kulturellen Modells. Diesem lag die sowjetische Version des Marxismus mit ihrer spezifischen Sicht auf die Natur der Gesellschaft, des Menschen und der sozialen Institutionen, die Richtungen und Formen sozialer Entwicklung zugrunde. Der Marxismus erhob Anspruch auf eine globale Erklärung der Welt, wobei er zugleich über einen Begriffsapparat verfügte, der es ihm ermöglichte, allgemeine Begriffe und Ideen in die Sprache des praktisch-politischen wie des außerpolitischen Alltags zu „übersetzen". Auf diese Weise vollzog sich eine „Vermarxisierung" und Politisierung des Alltäglichen. Ohne den Status einer politischen Ideologie zu verlieren, wurde der sowjetische Marxismus allmählich zu einem universellen Interprationsschema, mit dem man buchstäblich alle Lebensinhalte und -aktivitäten deuten und normativ regulieren konnte.

Die ursprünglich dialektische Veranlagung des Marxismus war in seiner sowjetischen Variante zu einer vulgären und zugleich spitzfindigen Fähigkeit verkommen, beliebige, ja sich gegenseitig ausschließende Fakten zum Nutzen der Machthaber, d.h. deren eigenen Zielen und Absichten gemäß zu deuten. Geradezu mu-

6 Vgl. den Beitrag „Von der monostilistischen zur polystilistischen Kultur" in diesem Band.

stergültig dafür waren die „dialektischen" Analysen Stalins, mit denen er die 180-Grad-Wendungen seiner eigenen Politik erklärte. Auf die „marxistische" dialektische Methodologie und ihre eigenen „dialektischen" Fähigkeiten waren kommunistische Führer daher immer besonders stolz.

Ein praktisches Resultat der Anwendung dieser Art skeptischer Verkehrungs-Dialektik war die Erhaltung der Selbstidentität der Gesellschaft, ungeachtet vieler wichtiger Veränderungen des politischen Regimes. Die sowjetische Gesellschaft des Jahres 1979 identifizierte sich selbst mit dem Rußland von 1919, aber sie sah eine unüberbrückbare Kluft zwischen sich und dem Rußland von 1909, obwohl eine Strukturanalyse erheblich mehr Ähnlichkeiten zwischen der Sowjetunion und dem Russischen Zarenreich als zwischen der Sowjetunion und dem nachrevolutionären Rußland aufweist.

Gerade diese Merkmale - der im Verlauf des Lebens mehrerer Generationen unveränderte und scheinbar überzeitliche Charakter der marxistischen Ideologie sowie ihr universeller Charakter als normatives und Interpretationsschema - machten den sowjetischen Marxismus gewissermaßen zu einer Kultur. Er fungierte nicht nur und auch nicht vorrangig als politische Ideologie, sondern in erster Linie als normales alltägliches Weltbild, an dem sich das praktische Verhalten orientierte. In diesem Sinne war der sowjetische Marxismus eine „repräsentative Kultur" im Tenbruckschen Verständnis.[7]

Es ist daher nicht verwunderlich, daß der Zerfall der sowjetischen Ideologie und ihrer institutionellen Basis, die in den Begriffen dieser Ideologie als die objektive Grundlage der Weltordnung verstanden wurde, für Rußland mehr bedeutet als den bloßen Wechsel einer Ideologie oder eines politischen Regimes. Im Vergleich zu anderen mittelosteuropäischen Ländern, die bedeutend weniger Zeit unter dem Marxismus verbracht haben und in denen das marxistische Weltbild immer etwas relativiert war, weil „nichtsozialistische" Wirtschaftsformen, alternative Ideologien und bürgerliche Lebensstile partiell erhalten geblieben waren, wird die Zerstörung des Sowjetregimes in Rußland von vielen als besonders schmerzhaft empfunden. Denn sie ist gleichbedeutend mit dem Untergang einer Kultur, der subjektiv unvermeidlich als eine Art Ende der Welt wahrgenommen wird, und zwar der - aus der Sicht dieser Kultur - einzig möglichen Welt.

Der Untergang einer Kultur unterstellt - geht man von unserer Analyse aus - zweierlei Folgen:

1. Der Zerfall des gewohnten Weltbildes zieht massenhaft Desorientierung und Identitätsverluste auf individueller, kollektiver und gesamtgesellschaftlicher Ebene nach sich. Die Welt hört auf, für den Menschen durchschaubar, verständlich, vertraut zu sein.

---

7 Vgl. Tenbruck, Friedrich: Die kulturellen Grundlagen der Gesellschaft. Opladen: Westdeutscher Verlag 1992.

2. Es beginnt unverzüglich die Suche nach neuen kulturellen Modellen, mit deren Hilfe die Welt wiederhergestellt wird - anders als früher, aber als ein gleichermaßen verständliches und geordnetes Ganzes.

***Massenhafter Identitätsverlust***

In phänomenologischer Perspektive erscheint Identitätsverlust als Verlust der Fähigkeit eines Subjekts, sich so zu verhalten, daß die Reaktionen der Außenwelt den eigenen Absichten und Erwartungen entsprechen. Der Mensch sieht und begreift, daß die Welt nicht mehr adäquat auf sein Verhalten reagiert. Die Interaktionspartner, die früher kein Problem bereiteten und wie von selbst da waren, „erkennen" ihn jetzt nicht mehr. Er wird für die Welt unerkennbar, ebenso wie sein Verhalten; die elementarsten und gewöhnlichsten Verhaltensweisen rufen keine entsprechenden, ebenso elementaren und gewohnten Reaktionen hervor. Der Mensch hört gewissermaßen auf, sich im Spiegel der sozialen Welt wiederzuerkennen. Demzufolge wird er für sich selbst unerkennbar. Wie Harold Garfinkel zeigte, erzeugt ein solcher Zustand Gefühle von Unsicherheit und Beängstigung, psychosomatische Syndrome, schwere Depressionen und Psychosen.[8]

Aus strukturanalytischer Sicht erscheint Identitätsverlust als inadäquates Verhalten des Subjekts gegenüber den normativen Anforderungen der sozialen Umwelt. Identität bildet sich im Prozeß der Sozialisation heraus und kann im wesentlichen aus zwei Gründen verloren gehen: Im Ergebnis gravierender psychischer Veränderungen, oder als Resultat rasanter und bedeutender Veränderungen der sozialen Umwelt. Identitäten sind in der Regel institutionalisiert. D.h., sie sind verbunden mit grundlegenden Institutionen wie Familie, Staat, Wirtschaft, Bildung usw. und erscheinen in der Übereinstimmung des Verhaltens mit den institutionellen Anforderungen sowie in adäquaten Reaktionen der Institutionen. Zerstörung oder gravierende inhaltliche Veränderungen der Institutionen, in denen die Individuen sozialisiert wurden, rufen daher massenhaft Identitätsverluste in gesamtgesellschaftlichem Maßstab hervor.

Auflösung von Identitäten bedeutet vor allem auch Verlust von Biographien. Die Biographie des menschlichen Individuums ist formal gesehen durch eine Wechselbeziehung zwischen Vergangenheit und Zukunft gekennzeichnet, genauer - durch eine Wechselbeziehung zwischen dem vergangenen Lebensweg und Plänen für die künftige Lebensperspektive. Aber nicht die Vergangenheit, sondern gerade die planbare, zu erwartende und vorhersehbare Zukunft gewährleistet in der subjektiven Wahrnehmung des Individuums die Einheit und Ganzheitlichkeit seiner Biographie und folglich die Beständigkeit und Langfristigkeit seiner Identität. Die Vergangenheit - das ist der Schatten, den die Zukunft wirft. In diesem Sinne führen einschneidende institutionelle Veränderungen, die die Lebenspläne zerstören oder

8 Vgl. Garfinkel, Harold: Studies in Ethnomethodology. Englewood Cliffs, N.J., 1968.

ihre schnelle und grundlegende Überprüfung resp. Korrektur erfordern, in der Regel zur Zerstörung der Biographie.

Es verschwindet die Zukunft, weil die in der Kultur verankerte und in den entsprechenden Institutionen fixierte Grundlage ihrer Kalkulierbarkeit verschwunden ist. Es verschwindet die Vergangenheit im Sinne eines Geschehens, in dem Entwicklung stattgefunden hat, weil die Zukunft als Kriterium ihrer Bewertung und Interpretation verschwunden ist. Die Vergangenheit verwandelt sich so in ein ungeordnetes Sammelsurium von Ereignissen und Fakten ohne inneren Zusammenhang.

Eine solche Zerstörung findet in der Regel bei Leuten statt, die karriereorientiert und bestrebt sind, ihren Lebenslauf aktiv zu gestalten. Je stärker die Erfolgsmotivation, desto größeres Gewicht erlangt jedes Ereignis, desto schwerer wiegt es in der Biographie. Umso schmerzlicher und verheerender erweisen sich folglich kulturelle und institutionelle Veränderungen, die den Erfolgsbegriff radikal umdefinieren. In diesem Sinne hat der Untergang der sowjetischen Kultur gerade jene am härtesten getroffen, die den aktivsten Teil der Gesellschaft bildeten, sich auf Erfolg im Rahmen der gegebenen Institutionen orientiert hatten, d.h. auf Erfolg, der von gesellschaftlicher Anerkennung begleitet war. Derart erfolgreiche Biographien bilden in jeder Gesellschaft kulturelle Muster und dienen als Mittel kultureller und sozialer Integration. Umgekehrt führt die Zerstörung solcher Biographien zu fortschreitender Desintegration der Gesellschaft.

Weniger leiden in dieser Situation sowohl Menschen mit geringem Anspruchsniveau und ohne derartige Erfolgsorientierung, als auch Abenteurer, die über keine so beständige und ausdauernde Motivation verfügen. Das Abenteuer erfordert, wie schon Georg Simmel zeigte, eine äußerst hohe Intensität des Erlebens und der Aktivität in einem bestimmten Zeitausschnitt, der gewissermaßen vom allgemeinen Lebensverlauf isoliert und abgekoppelt ist.[9] Für den Abenteurer besteht das Leben gerade aus solchen Zeitabschnitten, die in sich einmalig und hoch verdichtet sind, aber untereinander nicht unbedingt in einem Zusammenhang stehen müssen. Wie spannend sich die Lebensläufe von Abenteurern auch immer lesen mögen, im strengen Sinne des Wortes haben Abenteurer keine Biographie. Ihr Leben beginnt mit jedem Erlebnis aufs neue und endet auch mit ihm. Daher haben sie in Revolutionen nichts zu verlieren, im Gegenteil - stürmische soziale Veränderungen stacheln ihre Motivation an. Der Abenteurer als sozialer Typ ist eine auch für das derzeitige Rußland charakteristische Figur.

In der Zeit der Perestrojka war die Erwartung weit verbreitet, die Reformen würden durch die Beseitigung der vom Parteiapparat ausgehenden Zwänge die schöpferischen Kräfte der Menschen freisetzen, die bis dahin einfach keine Möglichkeit zu ihrer Entfaltung hatten. Wären die Reformen unter Bedingungen kul-

9 Vgl. Simmel, Georg: Das Abenteuer. In: Ders.: Gesammelte Essays. Leipzig: W. Klinkhardt 1911.

tureller und institutioneller Kontinuität verlaufen, so hätten Individuen mit einer starken Motivation zu gesellschaftlich anerkanntem beruflichem Erfolg womöglich auch verbesserte Chancen gehabt, ihre Ansprüche zu realisieren. In der Tat deutete sich eine solche Entwicklung zunächst an. Die Perestrojka wurde in bedeutendem Maße von Schriftstellern, Wissenschaftlern, Regisseuren, Journalisten vorangetrieben - also von Leuten, die man in der UdSSR, da es den Begriff „freie Berufe“ faktisch nicht gab, gemeinhin zur „schöpferischen Intelligenz“ zählte. Das sind in der Regel Menschen mit äußerst hohem Anspruchsniveau; gesellschaftliche Anerkennung ist die *conditio sine qua non* ihrer beruflichen und auch außerberuflichen Tätigkeit. Ihre aktive Beteiligung an der Politik der Perestrojka bedeutete keinen biographischen Bruch, sondern war eine logische Fortführung und Entwicklung ihrer bisherigen Biographien. In der russischen Tradition, die auch in der UdSSR nicht unterbrochen war, unterstellte die Zugehörigkeit zur „schöpferischen Intelligenz“ immer auch schon ein bestimmtes Maß sozialen und politische Engagements.

Ähnliche biographische Prozesse sind auch in anderen sozialen Schichten und Gruppen zu beobachten. Die Aufhebung der Kontrolle und der Restriktionen seitens des Apparats, als Folge der Veränderungen in der KPdSU, hat vielen die Möglichkeit freier beruflicher Entwicklung unter Bedingungen von Kontinuität, d.h. der Erhaltung der Einheit ihrer Biographie, eröffnet. Die massenhaften Austritte aus der KPdSU in dieser Zeit spielten biographisch kaum eine bedeutende Rolle. Parteimitgliedschaft und ein bestimmtes Maß an formalem politischem Engagement (Parteiarbeit) galten in der späten sowjetischen Zeit - und zumeist war es auch faktisch so - als notwendige Karrierebedingungen in jedem Berufszweig. Auf beruflichen Erfolg orientierte Individuen hatten zur KPdSU-Mitgliedschaft in der Regel ein instrumentelles Verhältnis. Deshalb war der Parteiaustritt für sie auch kein biographischer Wendepunkt - im Gegenteil, es war ein symbolischer Akt, der die ursprüngliche Authentizität ihrer beruflichen Biographie bekräftigte.

Nichtsdestoweniger spielte die bloße Existenz der KPdSU als Institution, unabhängig von der Mitgliedschaft in und der Einstellung zur Partei, für das Bewußtwerden individueller Identität eine gewichtige Rolle. Analog zur oben angesprochenen Metamorphose des sowjetischen Marxismus von einer politischen Ideologie zu einer Kultur hatte sich die KPdSU in den letzten Jahrzehnten aus einer politischen zu einer kulturellen Institution gewandelt. Das Bild von der Partei und ihrer Rolle in der Welt bestimmte die Sozialisation der Individuen. Die Entwicklung des Menschen vom Kind zum Erwachsenen - das war auch sein Weg zur Partei. Jeder durchlief den gleichen Weg: Zuerst wurde er im Alter von fünf oder sieben Jahren in die Organisation der „Oktoberkinder“ aufgenommen (die erste Identifikation mit der Partei), dann im Alter von elf bis dreizehn Jahren in die „Pionierorganisation“ (die kommunistische Variante der Pfadfinder), mit fünfzehn oder siebzehn Jahren in den „Komsomol“ (Leninscher Kommunistischer Jugendverband), schließlich sollte logischerweise der Eintritt in die Partei folgen. Der Übergang von einer zur nächsten Stufe der Sozialisation war von rituellem Charakter, begleitet von Prüfungen und Kontrollen. Bei weitem nicht alle kamen auch am Ende an, d.h. wurden Mitglied der Partei. Aber wenn, war das gleichbedeutend mit einer Initiation: Das Individuum verwandelte sich gleichsam in ein vollwertiges, erwachsenes Mitglied der Gesellschaft. Es muß nicht besonders betont werden, wie tiefgreifend solche Rituale das Bewußtsein eines jungen Menschen prägten und welch bedeutende Rolle sie für die Ausprägung seiner individuellen Identität spielen konnten.

Die Existenz der Partei als Institution war daher ungeachtet der individuellen Einstellung zu ihr von äußerster Relevanz für die biographische Einheit und Kontinuität der Entwicklung der Individuen. Für die einen bildete sie eine Art Distanzfolie, indem sie dem Individuum allein durch ihre Existenz demonstrierte, wie weit es sich von seinem ursprünglichen Zustand bereits fortentwickelt hat und sich dennoch gleich geblieben ist. Für viele andere, selbst wenn sie keine überzeugten Marxisten und Kommunisten waren, spielte die Partei die Rolle einer Identifikationsdominante, eines „roten Fadens", der ihre Biographie zusammenhielt. Das Verbot der KPdSU durch Präsident Jelzin, das das Ende der evolutionären Perestrojka markierte und mit dem die systematische Beseitigung der Institutionen der Sowjetgesellschaft begann, spielte daher für Millionen menschlicher Schicksale in der Tat eine verhängnisvolle Rolle. Die Partei existierte nicht mehr; das bedeutete für viele den vollständigen oder partiellen Verlust der eigenen Biographie, der eigenen Identität.

Das, was bisher auf der individuellen Ebene verfolgt wurde, vollzog und vollzieht sich auch auf der Ebene sozialer Schichten sowie auf gesamtgesellschaftlicher Ebene. Der Zusammenbruch der sowjetischen Kultur bezeichnet zugleich den Zerfall zahlreicher traditionell gewordener Gruppen- und Klassenidentitäten. Das bezieht sich vor allem auf die Arbeiterklasse, die gleichsam über Nacht aufhörte, der „Hegemon" zu sein. Das betrifft die „schöpferische Intelligenz", die im Handumdrehen frühere, im kommunistischen Regime bestehende Privilegien verloren hat und praktisch aus dem Fokus öffentlicher Aufmerksamkeit verschwunden ist. Und nicht zuletzt betrifft es die „Nomenklatura", die schlichtweg aufgehört hat, als solche zu existieren. Praktisch hat keine Schicht bzw. sozialstrukturelle Gruppe der sowjetischen Gesellschaft ihren früheren Status aufrechterhalten. Der Zerfall dieser kollektiven Identitäten fand seine Widerspiegelung im Statusverlust konkreter individueller Repräsentanten dieser Schichten bzw. Gruppen.

Letzten Endes fehlt der russischen Gesellschaft insgesamt derzeit eine stabile Identität. Rußland hat aufgehört, sowjetisch zu sein, aber es ist keine parlamentarische Demokratie westlichen Typs geworden. Es ist nicht mehr „sozialistisch", aber es ist nicht „kapitalistisch" geworden. Rußland will sich nicht mit der Sowjetunion identifizieren, aber es kann sich nicht mit dem Rußland vor 1917 identifizieren, denn dies wäre eine Identifikation mit dem Imperium der zaristischen Selbstherrschaft. Von daher kommen die Schwankungen und Inkonsequenzen in der russischen Politik - eine Art Syndrom des Identitätsverlustes auf gesamtstaatlicher Ebene. Dies ist der Preis für den Bruch der Kontinuität und die Zerstörung der Kultur.

### *Neue kulturelle Muster*

Identitätsverlust erfordert Wiederaufbauarbeit - die Wiederherstellung eines ganzheitlichen und geordneten Weltbildes, auch wenn es ein anderes ist als das frühere. Unter den Bedingungen der russischen Transformation konnte eine solche „Rekonstruktion" nicht durch den Anschluß an schon bestehende kulturelle Formen erfolgen. Dies war unmöglich, weil die sowjetische Kultur totalitär war und trotz ihrer monostilistischen Uniformität praktisch alle relevanten Bereiche des sozialen und individuellen Lebens normiert hatte. Zudem hatte sie hinreichend subtile und differenzierte Mechanismen zur Identifikation und Eliminierung kultureller Erscheinungen herausgebildet, die als Elemente alternativer Weltbilder eine aktuelle oder potentielle Gefahr bildeten. In der UdSSR hat faktisch jahrzehntelang kein anderes kulturelles Modell existiert, das in entsprechenden Institutionen repräsentiert und einigermaßen verbreitet bzw. einflußreich gewesen wäre. Daher hat der Zerfall der sowjetischen Kultur und ihrer Institutionen das Land im Zustand kultureller Verheerung hinterlassen. Allerdings waren zahlreiche alternative Kulturformen latent, d.h. in einem „unentfalteten" Zustand vorhanden - sie existierten als Konstrukte von Ideen und Verhaltensvorschriften, ohne sich aber in praktisches Verhalten umsetzen zu können.

In der Sowjetunion, wie in jedem Land mit entwickelter Wissenschaftslandschaft, wurden etliche Kulturformen, die irgendwann einmal irgendwo existiert hatten, untersucht, beschrieben und kommentiert. Es gab Spezialisten für Hinduismus, für alle Arten Buddhismus, für Schamanentum, für russische heidnische Kulte usw. usf., die imstande waren, auch kleinste Details der Bräuche und Doktrinen der betreffenden Kulturen zu rekonstruieren und zu interpretieren. Es gab Journalisten, Soziologen, Kunstwissenschaftler, die sich intensiv mit dem Studium der modernen Kulturlandschaften des Westens befaßten. Es gab Orientalisten und Spezialisten für Subkulturen jeglicher Couleur. Für manchen war es der Beruf, für andere ein Hobby. Doch was sie alle gemeinsam hatten, war die Unmöglichkeit, selbst bei aufrichtigstem Wunsch und Interesse ein entsprechendes Modell praktisch leben zu können. Natürlich konnten einige Elemente ins persönliche Leben aufgenommen werden. Aber das ist nicht hinreichend. Die Mehrzahl kultureller Modelle erfordert bestimmte Rituale, spezifische Interaktionsformen, eine besondere Art von Kollektivität. Es gab halblegale subkulturelle Gruppen, die alternative Kulturmodelle kollektiv praktizierten. Aber auch das ermöglichte es den betreffenden kulturellen Modellen nicht, prinzipiell über den Latenzzustand hinauszugelangen.

Die meisten kulturellen Modelle erzeugen bei ihrer authentischen Realisation ein ganzheitliches Weltbild und eine ganzheitliche Lebensweise, sie lassen keine

Fragmentierung des Lebens in einen echten und einen unechten Teil zu. Sie fordern das ganze Leben. Zudem benötigen sie die öffentliche Repräsentation zur Selbstbestätigung. Unter der Herrschaft der sowjetischen Kultur war weder das eine noch das andere möglich.

Deshalb existierten, wie schon gesagt, zahlreiche und vielfältige kulturelle Modelle, die für Rußland durchaus nicht absolut neu waren, nur in latenter Form. Das betraf auch solche, die in Rußland eine reiche und jahrhundertealte Tradition hatten, aber in der sowjetischen Ära unterdrückt und in einen rudimentären Zustand gedrängt worden waren. Mit dem Zerfall der sowjetischen Kultur erhielten sie die Möglichkeit, sich erneut zu entfalten und wiederaufzuleben.

Die kulturellen Modelle, die sich in Rußland in den letzten Jahren zu entfalten begannen, lassen sich nach folgenden Kriterien klassifizieren: Erstens nach dem Ausmaß ihrer Verbreitung und zweitens nach dem Grad ihrer Universalität.

1. Es gibt Ideologien, Lebensformen und Kulturstile, die regionalen oder sogar nur lokalen Charakter haben. Sie spielen eine wichtige Rolle als ideologische und kulturelle Grundlage der gegenwärtigen Dezentralisierung und Atomisierung der Regionen. Dabei handelt es sich entweder um ganzheitliche Kulturen oder um Kulturstile, die jeweils für historisch gewachsene Regionen kennzeichnend sind.

Im ersten Fall kann man von der Kultur z.B. der Jakuten, der Kalmücken oder der Tataren sprechen - Völker, die innerhalb der Russischen Föderation über autonome staatliche Gebilde verfügen. Das sind sehr verschiedene Kulturen, wovon schon ihre unterschiedlichen traditionellen Religionen zeugen: das Schamanentum bei den Jakuten, der Buddhismus bei den Kalmücken, der Islam bei den Tataren. Gerade der kulturelle Faktor dient hier zur Begründung von Bestrebungen zu politischer und ökonomischer Verselbständigung bzw. sogar zum Austritt aus der Russischen Föderation.

Im zweiten Fall kann man von Kulturstilen sprechen, wie sie beispielsweise Sibirien oder dem Fernen Osten eigen sind, die ebenfalls Anspruch auf deutlich größere politische und ökonomische Autonomie erheben, als sie heute haben.

Obwohl die administrativ-territoriale Gliederung Rußlands im großen und ganzen aus sowjetischen Zeiten stammt und die nationalen und regionalen Kulturen über jahrhundertealte Traditionen verfügen, existierten die betreffenden Kulturmodelle in der sowjetischen Ära nur latent, und in diesem Sinne sind sie heute neu.

Die Problematik der kulturellen Regionen ist ein besonderer Gegenstand. Größeres Interesse verdienen Kulturmodelle, die in Rußland universelle, d.h. landesweite Verbreitung finden. Diese lassen sich nach ihrer Herkunft in drei große Gruppen unterscheiden: orientalische Modelle, westliche Modelle und Modelle, die in der russischen Tradition wurzeln. Orientalische Modelle, wie beispielsweise das Krishnatum, sind in der Regel nicht auf Öffentlichkeit orientiert und spielen daher gesellschaftlich keine große Rolle. Dagegen rücken die Beziehungen und der Kampf zwischen russischen und westlichen Modellen immer stärker in den Vordergrund der Politik und des öffentlichen Lebens. Praktisch auf der Linie „Westen - Rußland" standen sich die Kräfte des Präsidenten und der Regierung (vor den Wahlen vom Dezember 1993 - *d. Üb.*) einerseits und der Opposition andererseits gegenüber. Beide Seiten appellierten dabei an das russische Erbe, allerdings jeweils eigentümlich inkonsequent. Die Opposition, obgleich im Wesen antikommunistisch, schloß das sowjetische Imperium in das russische Erbe ein. Die Regierung dagegen war bestrebt, die politische Tradition Rußlands mit dem Parlamentarismus und dem ökonomischen Neoliberalismus des Westens zu verknüpfen.

2. Neue Kulturmodelle lassen sich ferner danach unterscheiden, ob sie sich auf bestimmte Aspekte des Lebens beschränken oder Anspruch darauf erheben, das menschliche und soziale Leben im ganzen zu erfassen. Beispiele für partikulare Modelle wären etwa die „Yuppy"-Kultur (der spezifische Lebensstil von Jungunternehmern, der sog. „neuen Russen"), die Hippie-Kultur und einige politische Ideologien. Universellen Anspruch dagegen erheben kulturelle Modelle der Weltreligionen oder auch die kommunistische sowjetische Kultur.

An der kulturellen Reorganisation Rußlands sind all diese verschiedenartigen Modelle beteiligt. In der kulturellen Wüste, die der Zerfall der universalistischen sowjetischen Kultur hinterlassen hat, hatten sie alle relativ gleiche Startbedingungungen. Unabhängig davon, ob sie in Rußland erstmals in Erscheinung traten oder über eine lange Tradition verfügten - sie beginnen ihre Entfaltung gleichermaßen aus einem latenten Zustand heraus. Zum grundlegenden Mechanismus ihrer Entfaltung wurde die in der postsowjetischen Zeit erstmals gegebene Möglichkeit ihrer öffentlichen Präsentation.

## Kulturelle Inszenierung als Mechanismus sozialen Wandels

Nach traditioneller soziologischer Vorstellung müßte die Herausbildung und Entfaltung einer neuen kulturellen Form etwa nach folgendem Schema verlaufen: Zuerst formiert sich ein kollektives soziales Interesse. Dieses kommt zu Bewußtsein und wird anschließend - spontan oder zielstrebig, als Gruppenfolklore oder durch die Arbeiten von Schriftstellern, Philosophen etc. - doktrinär ausgestaltet. Die Doktrin dient dann als Fundament der sachlichen und habituellen Manifestation in den verschiedenen Lebensbereichen - in der Politik, im Recht, im Alltag - , d.h. der gegenständlichen und räumlichen Präsentation des betreffenden Kollektivinteresses.

Aber offensichtlich muß die Herausbildung und Entfaltung kultureller Formen anders verlaufen, wenn der überwiegenden Mehrheit der Gesellschaftsmitglieder mit dem Verlust ihrer Identität auch das Bewußtsein der eigenen Interessen verlorengegangen ist. Wenn der Mensch nicht mehr weiß, wer er ist, dann hat er natürlich auch keine klare Vorstellung davon, worin seine Interessen bestehen. Analog verhält es sich mit Gruppen. Artikulierte soziale und politische Interessen fehlen hier wie da. Die Interessen sind reduziert (a) auf elementare Überlebensbedürfnisse und (b) auf das Bedürfnis nach einem neuen Weltbild, das eine stabile Identität gewährleistet.

Auf der anderen Seite ist eine Vielzahl „startbereiter" kultureller Formen vorhanden, die gleichsam verschiedene fertige Identifikationsmuster anbieten. Noch existieren sie nur latent; aber in dieser Form enthalten sie alles, was für ihre Entfaltung zu einer vollwertigen kulturellen Form erforderlich ist: eine Theorie und eine Morallehre, Verhaltensvorschriften, sogar implizite politische Strategien (soweit es sich um Formen handelt, die Aktivitäten in der politischen Szene erfordern). Es fehlt nur eines: das unmittelbare soziale Interesse, auf dessen Grundlage die betreffende Form einmal entstanden war, bevor sie in den latenten Zustand überging. Mit anderen Worten, es handelt sich um „freischwebende" Formen, die in ihrem gegenwärtigen Zustand nicht mit sozialen Interessen bestimmter Schichten oder Gruppen verbunden sind. Vom Verbot der öffentlichen Präsentation befreit, bieten sie sich jedem an, der sich auf der Suche nach einer neuen Identität mit einem neuen ganzheitlichen Weltbild befindet, in welchem sein eigener Platz klar fixiert ist.

Allerdings vollzieht sich die Identitätsfindung der Individuen in einer neuen kulturellen Form (dies ist zugleich der Entfaltungsprozeß dieser Form) nicht nach der oben skizzierten Logik. Sie beginnt nicht, sondern wird vollendet mit der Formierung sozialer Interessen; sie endet nicht, sondern beginnt mit der gegenständlichen und habituellen Präsentation. Dieser Prozeß, der gleichsam umgekehrt zur Entstehung kultureller Formen verläuft, wird hier als kulturelle Inszenierung definiert.

### *Die Struktur kultureller Inszenierungen*

Für Individuen, die einen schnellen Ausweg aus ihrer gegenwärtigen unbestimmten und instabilen Lage suchen, ist der Erwerb *äußerer* Identitätsmerkmale ein Signal dafür, daß die Vergangenheit überwunden ist. Doch das ist eher ein Wunsch-, denn ein Realzustand.

Zu den äußeren Zeugnissen der Identität, die in der Anfangsphase kultureller Inszenierung anzueignen sind, zählen:

a) der Verhaltenskodex und die Symbolik der Kleidung;
b) linguistische Kompetenz;
c) die Räume, in denen die Präsentation der gewählten kulturellen Form abläuft.

In der Sprache des Theaters ließe sich das auch beschreiben als Erlernen der Bewegung auf der Bühne und Anfertigung der Requisiten, Kennenlernen des Textes und Meisterung der *Mise en scène*.

Formal ist es bedeutungslos, um welche kulturelle Form es sich dabei handelt. Die Phasen der Inszenierung und ihre Elemente sind praktisch immer ein und dieselben. Dies läßt sich anhand der Erfahrungen mit der Präsentation neuer kultureller Formen in Rußland während und nach der Perestrojka gut beobachten. Gleich ob „Monarchisten“, „Hippies“, „Krishna-Anhänger“, „Pazifisten“, „Punks“, „sexuelle Minderheiten“, „Yuppies“, „Kommunisten“ oder „Faschisten“ - in allen Fällen treten in der Anfangsphase die äußeren Identitätsmerkmale in den Vordergrund: die Uniform, Saris oder Lederjacken, ein spezifischer Jargon, bestimmte Begrüßungsformen, ein spezifischer Stil der Bewegung und der Gangart. (Man muß nur darauf achten, wie unterschiedlich z.B. „Faschisten“ oder „Krishna-Anhänger“, „Hippies“ oder „Punks“ *gehen*; Ihre Gangart ist ein Erkennungszeichen, wie besonders gut auf Massendemonstrationen zu beobachten ist, die speziell der Präsentation dienen.)

Ein ebensolches Zeichen ist die Anwesenheit zu bestimmten Zeiten an bestimmten Plätzen der Präsentation. Im allgemeinen sind das zentrale Straßen und Plätze in Großstädten vor allem bei politisch orientierten Gruppen und Bewegungen, Fußgängerzonen bei nicht politisierten kulturellen Formen. Es sind auch Bauten, Straßen oder Orte, die für die betreffende Gruppe von historischem oder kultischem Wert sind. Sie bilden die gebührende Dekoration für die Aufführung des „kulturellen Schauspiels“. In einem Fall kann dies ein theatralischer Umzug von „Krishna-Anhängern“ mit Fahnen, Tänzen und hymnischen Gesängen sein, im anderen Fall eine Prozession von Rechtgläubigen, die mit dem Kreuz um die Kirche ziehen, in einem dritten die Demonstration von Kommunisten, die auf gewaltsame Zusammenstöße mit der Polizei aus sind.

In Moskau beispielsweise hat sich in den letzten Jahren eine spontane Aufteilung der Zonen von Massendemonstrationen nach politischen Strömungen vollzogen. Entsprechend ihren politischen Sympathien treffen sich die Demonstranten an bestimmten Plätzen, um dann bestimmte Marschrouten entlangzuziehen, welche auf diese Weise inzwischen traditionell geworden sind. An sich waren diese Straßen und Plätze zunächst politisch neutral, ihre Wahl war ursprünglich rein zufällig. Unterdessen hat die politische Geschichte der letzten Jahre einige „sakrale“ Orte geschaffen, an denen die Treffen und die Aufführungen der Anhänger jeweils bestimmter politischer Strömungen inzwischen rituellen Charakter tragen. Diese Plätze sind mit den bewaffneten Zusammenstößen während der beiden sogenannten Putschversuche von 1991 und 1993 verbunden. Das ist zum einen der Straßentunnel, in dem 1991 drei junge Menschen bei dem Versuch, die Panzer zu stoppen, ums Leben gekommen waren. Dies ist ein sakraler Ort für die Anhänger der Regierung Jelzin/Gajdar und einer prowestlichen Orientierung. Zum anderen ist dies das frühere Parlamentsgebäude, das legendäre Weiße Haus, das nach der Zerschlagung des Putsches von 1991 vorübergehend zum Symbol für die „siegreiche Demokratie“ und nach den Straßenkämpfen von 1993 zum Symbol der Trauer und der Rachegelüste der Anhänger der Opposition wurde. Nach ihrem Sieg über das Parlament hat die Regierung das Weiße Haus umzäunt und verwehrt mit dem Verweis auf die Reparatur den Leuten den Zugang, die dort das Andenken ihrer ums Leben gekommenen Verwandten, Freunde oder Gesinnungsgenossen ehren möchten, was entsprechende Emotionen auf deren Seite nur noch schürt.

Phänomene dieser Art sind schon mehrfach unter der Rubrik „kulturelle Semantik" beschrieben worden. Der Anlaß, ihnen hier erneut Aufmerksamkeit zu widmen, ist ihr - im Falle Rußlands - ursprünglich „nicht-doktrinärer" Charakter. Zu der Zeit, als auf den Ruinen der sowjetischen Kultur die massenhafte Aneignung all der oben aufgezählten und vieler anderer kultureller Formen begann, war deren doktrinärer Gehalt für die Mehrheit überhaupt nicht zugänglich. Die betreffenden Bücher mußten erst in Russische übersetzt und gelesen werden, was Zeit und Geld kostet. Auch die mündliche Übermittlung und Aneignung der entsprechenden Traditionen geschieht nicht von heute auf morgen. Wenn Theorie und Morallehre nicht zugänglich sind, treten die äußeren Identitätsmerkmale in den Vordergrund. Ihre Aneignung bleibt für bestimmte Zeit das einzige Mittel, Anschluß an die eine oder andere kulturelle Form zu finden. Deshalb hatte die kulturelle Entwicklung in Rußland zunächst rein äußerlichen, spielerischen Charakter. Spielerisch in dem Sinne, daß die Spielregeln der jeweiligen kulturellen Form, auch wenn sie vom Individuum durchaus als bestimmtes System wahrgenommen wurden, nicht mit den Regeln des eigentlichen Lebens gleichgesetzt worden sind. Das Spiel konnte interessant oder uninteressant sein, aber es war nicht verbindlich. Man konnte daran teilnehmen oder auch nicht - solange das dazugehörige Weltbild und die Moraldoktrin nicht übernommen waren, solange die Bekanntschaft sich auf die Aneignung der äußeren Merkmale beschränkte und im Spiel selbst keine Hinweise auf seine Verbindlichkeit zu erkennen waren. Die Folge war der äußerst instabile Charakter vieler solcher kultureller Formen, der schnelle Zerfall zahlreicher Gruppierungen und Gebilde. Die Versuche der Individuen, sich mit der ein oder anderen Kulturform zu identifizieren, verliefen zumeist nach der *trial-and-error*-Methode. Häufig wechselte man von einer Gruppe in die andere. Ebenso verhielt es sich in der Politik: Zahlreiche sogenannte politische Parteien, die in dieser Zeit entstanden, hatten in Wirklichkeit kaum politischen, sondern eher kulturellen Charakter. Sie reproduzierten die äußerlichen Attribute demokratischer Parteipolitik: das Image der Führer, den politischen Jargon, Beratungen der Präsidien und Fraktionen, Auftritte auf Kundgebungen, Treffen mit ausländischen Politikern etc. Die programmatischen Dokumente dieser Parteien, die sich Namen wie „sozialdemokratisch", „christdemokratisch" oder „liberaldemokratisch" zugelegt hatten, unterschieden sich in der Mehrheit kaum voneinander, sie waren alle wenig präzise, allgemein-demokratisch gehalten. Diese Parteien repräsentierten überhaupt keine Interessen; im Gegenteil, sie waren Vereinigungen von Leuten, die sich dort versammelt hatten auf der Suche nach einer Identität, d.h. - *mutatis mutandis* - auf der Suche nach den eigenen Interessen. Die fehlende Aneignung der ideologischen Doktrin, die Identifikation nur auf der Ebene des äußeren Erscheinungsbildes der jeweiligen politischen Form ermöglichten die häufige Umorientierung der Führer, den Wechsel ihres politischen Kurses oder überhaupt den Wechsel der Partei. Auch hier verlief die Suche weitgehend nach der *trial-and-error*-Methode.

Äußerst symptomatisch in diesem Sinne war ein Interview, das im Frühjahr 1991 im Moskauer Rundfunk gesendet wurde. Anlaß war ein *sit in* einer Gruppe von Studenten vor der Staatlichen Gemäldegalerie im Zentrum Moskaus. Die Studenten, in weißen Kleidern und mit weißen Stirnbändern, saßen auf der Wiese und hielten Plakate in den Händen mit der Forderung nach Freiheit für politische Gefangene. Der Reporter fragte einen Anführer der Gruppe, ob die Demonstranten wüßten, wie viele politische Gefangene es in der Sowjetunion gebe und ob es überhaupt welche gebe, hatte doch Gorbatschow versichert, daß alle politischen Gefangenen freigelassen worden seien. Der Studentenführer antwortete, sie würden die genaue Zahl nicht kennen; aber in der Sowjetunion habe es immer politische Gefangene gegeben, folglich müsse es auch jetzt welche geben, und alle sollten freigelassen werden. Einer solchen These war nichts entgegenzusetzen, und der Reporter fragte den Studenten, wie denn das Publikum auf die Demonstration reagiere. Der Student berichtete, daß die Leute von der Demonstration erstaunlicherweise kaum Notiz nehmen. Man ziehe daher schon in Erwägung, die Losungen auszuwechseln und morgen mit anderen Forderungen zu demonstrieren.

Dieses kuriose Interview bot ein geradezu paradigmatisches Beispiel kultureller Inszenierung. Die Aneignung kultureller Formen (hier der des demokratischen Protestes) beginnt mit der Aneignung ihrer äußerlichen Attribute (hier der Kleidung, der Sprache der Losungen, der *Mise en scène*). Der Inhalt spielt dabei eine sekundäre Rolle. Er ist unverbindlich und leicht austauschbar. Die Demonstration selbst hat den Charakter einer Präsentation, eines Scheins eigentlich. Ihr Erfolg bemißt sich in der Aufmerksamkeit, die ihr das Publikum entgegenbringt. Der Erfolg der Demonstration ist auch der Erfolg auf der Suche nach Identität. Und erfolgreiche Identifikation besteht letztlich darin, daß die Welt das Individuum erkennt und anerkennt, indem sie auf seine Handlungen so reagiert, wie es das Individuum erwartet.

Der zweite und entscheidende Schritt der kulturellen Inszenierung ist die Aneignung eines gewissen theoretischen Kerns und die Entwicklung eines entsprechenden Gefüges moralischer Orientierungen und emotionaler Bindungen. Mit der Aneignung der Theorie stabilisiert sich die Identität auf der rationalen Ebene. Das Individuum erwirbt sich ein neues Verständnis von seinem Platz in der Welt und seiner dementsprechenden Interessen und lernt, diese rational zu begründen. Mit der Ausbildung emotionaler Bindungen und moralischer Normen, die der kulturellen Form, mit der es sich identifiziert hat, gemäß sind, ist der Prozeß der Inszenierung im wesentlichen abgeschlossen. Alles weitere ist schon nicht mehr Inszenierung, nicht mehr Suche nach sich selbst und der eigenen Welt, sondern normales Leben in seiner objektiven Realität und Zwangsläufigkeit.

„Theorie" ist hier allerdings nicht im Sinne wissenschaftlicher Theorie zu verstehen, wenngleich sie mitunter auch eine solche sein kann oder Anspruch auf den Status einer solchen erhebt. Gewöhnlich handelt es sich um eine gewisse Gesamtheit von Aussagen oder einfach nur Vorurteilen über den Menschen, die Welt bzw. irgendwelche Aspekte der Welt, die mitunter nicht einmal in systematischer Form artikuliert werden. In der Sozialphänomenologie nennt man diese „Theorien“ Alltagstheorien. Sie haben empirische Bezüge und können - auf je eigene Weise - verifiziert werden. Die Auswahl der empirischen Fakten ist selektiv, die Theorie gilt als wahr, wenn es ihr entsprechende Fakten gibt. Eine falsifizierte Theorie wird nicht eliminiert, sie wird weiter für wahr gehalten, ja nicht einmal relativiert. Nehmen wir zum Beispiel die „Theorie“ des russischen Antisemitismus. Diese besteht aus einigen Leitsätzen, die angebliche Merkmale der besonderen Kohäsion der Juden als nationale Gruppe betreffen - eine besondere Neigung zu Handel und Geldgeschäft, eine hochentwickelte Tradition gruppeninterner wechselseitiger Hilfe, völlige Amoralität in Beziehung zu allen anderen, d.h. Nicht-Juden, und - in der Hauptsache - einen ursprünglichen Haß auf die Russen sowie das Bestreben, Rußland und das russische Volk zu vernichten. Die Auswahl der Fakten, auf die sich diese „Theorie“ stützt, ist selektiv: Die Tatsache, daß die erste sowjetische Regierung zu 80 Prozent aus Juden bestand, wird als Beweis für die „Theorie“ angeführt und muß dafür herhalten, die Oktoberrevolution von 1917 als jüdisches Komplott gegen Rußland zu deklarieren. Die übrigen 20 Prozent der Regierungsmitglieder werden ignoriert. Der offenkundige Fakt, daß es Juden gibt, die über keine einzige der ihnen zugeschriebenen Eigenschaften verfügen (d.h. der Fakt, der die „Theorie“ prinzipiell falsifiziert), wird nicht bestritten. Jeder Antisemit gibt zu, daß es „gute Juden“ gebe; aber das erschüttert seine „theoretische“ Überzeugung keineswegs.

Eine solche Konstruktion ist nicht nur für die „Theorie“ des russischen Antisemitismus oder des Antisemitismus im allgemeinen charakteristisch. Die gleichen formalen Merkmale kennzeichnen auch Theorien anderer kultureller Formen, selbst diejenigen, die Anspruch auf einen wissenschaftlichen Ursprung erheben. Dazu gehören beispielsweise die Theorie, die die Grundlage für die traditionelle sowjetische Kultur bildete, sowie Theorien kultureller Formen, die keine so unheilvolle Rolle spielen wie der Antisemitismus, sondern ideologisch eher neutral sind, wie etwa die Hippietheorie über die ursprüngliche Brüderschaft zwischen allen Menschen oder die Theorie der russischen Nationalisten über die messianische Rolle Rußlands. Die Theorie einer beliebigen kulturellen Form kann als ein Konstrukt von Vorurteilen in dem Sinne begriffen werden, daß ihre Urteile weder im einzelnen noch in ihrer Gesamtheit den Anforderungen an wissenschaftliche Thesen und wissenschaftliche Theorien gerecht werden.

Alltagstheorien sind keine in sich geschlossenen Gebilde; sie gestatten es, die Welt zu erkennen, den für das Individuum, das die betreffende Theorie praktiziert, zugänglichen Ausschnitt der Welt zu erweitern. Zu diesem Zweck verfügen sie über spezifische Erkenntnisverfahren, wie sie für den Bereich des Alltagsdenkens charakteristisch sind.

Aneignung von Theorie im Rahmen der kulturellen Form, mit der sich das Individuum identifiziert, ist natürlich nicht gleichbedeutend mit einem rein theoretischen Arbeitsstil. Sie beginnt schon in der praktischen Annäherung an die äußeren Anforderungen der kulturellen Form und vollzieht sich über schrittweises Erklären, Verstehen und Präzisieren des Sinns symbolischer Verhaltensaspekte. Auf dieser Ebene vollzieht sich die Aneignung der Theorie spontan und unsystematisch. Zugleich wirkt sie tief auf das Bewußtsein ein; solcherart erworbene Kenntnisse besitzen eine besonders motivierende Kraft und spielen eine erstrangige Rolle für die Ausbildung der neuen Identität. Das liegt erstens daran, daß sie von Anfang an mit klaren und anschaulichen empirischen Gebilden verbunden sind. Zweitens, und das ist noch wichtiger, wird die theoretische Kenntnis der gegenständlichen und habituellen Symbolik durch die Reaktion des Publikums gewissermaßen gefestigt. Das Publikum bedenkt exotische Kleidung und exotisches Verhalten mit Aufmerksamkeit. Für diejenigen, die sich mit der betreffenden Kulturform identifizieren, ist die Reaktion auf die Gegenstände identisch mit der Reaktion auf die Ideen. Im Resultat festigt sich die Idee, und die Identifikation schreitet fort. Nicht zufällig wurde im Rahmen der sowjetischen Kultur der Prozeß der kulturellen Sozialisation immer als „Einheit von Theorie und Praxis" betrieben. Von einem Menschen, der darauf vorbereitet wurde, Parteimitglied zu werden, wurde nicht nur theoretisches Wissen darüber abgefordert, wie die Welt eingerichtet ist und was in ihr passiert. Unumgängliche Bedingung war auch, „gesellschaftliche Arbeit" zu leisten, d.h. die Theorie im Verhalten zu realisieren und damit die theoretische Einsicht zu festigen.

Formen der nicht mehr spontanen, sondern schon organisierteren, wenngleich nur durch Verhaltensäußerungen vermittelten Aneigung der Theorie sind Kundgebungen politischer Parteien und Bewegungen (Auftritte von Rednern - eigentümliche nichtakademische Vorlesungen), Prozessionen jeglicher Art, Gesänge und Gottesdienste. Darüberhinaus werden im Rahmen der meisten kulturellen Formen spezielle theoretische Veranstaltungen organisiert, wo die betreffenden Theorien in systematischer, wissenschaftsähnlicher Form dargeboten werden.

Selbstverständlich haben solche Veranstaltungen, gleich in welcher äußeren Form sie abgehalten werden, keinen wirklich akademischen Charakter. Neben der theoretischen Ausbildung wird hier auch eine bestimmte moralisch-emotionale Disposition suggeriert. Bestimmte moralische Einstellungen sind schon im Inhalt der Theorie selbst unterstellt. Fast jede Alltagstheorie zeichnet ein schwarz-weißes Weltbild, wobei sie die Menschen in „Unsere" und „Fremde" unterteilt. Der oben erwähnte Antisemitismus bildet in dieser Hinsicht keine Ausnahme. Dennoch sind die Verhaltensnormen in bezug auf „Unsere" und die „Fremde" in jedem Fall verschieden. Sie werden von der Theorie diktiert und hängen davon ab, in welchem Maße die Theorie „unsere" Interessen und die der „Fremden" als konfligierende, unvereinbare und gegensätzliche oder aber als ähnliche und potentiell allgemeine darstellt. Die Unterrichtung in der Theorie ist zugleich Unterrichtung in diesen Normen und Moralerziehung. Für Faschisten, Antisemiten und teilweise für Kommunisten ist das eine Erziehung im Geiste des Zorns, der edelmütigen Entrüstung oder einfach des Hasses. Dieser Haß folgt logisch aus der Theorie über den Aufbau der Welt und wird deshalb auch nicht als eine negative Emotion empfunden. Im Gegenteil, er spielt eine höchst positive Rolle sowohl für die Identität des Individuums, als auch - in dessen persönlicher und theoretisch begründeter Sicht - für die Ausrottung des Bösen auf der Welt. Für Hippies, Buddhisten, Krishna-Anhänger dagegen ist es eine Erziehung zum Altruismus, zu wohlwollender oder manchmal auch skeptischer Toleranz.

Die Aneignung der Theorie und der moralisch-emotionalen Disposition führt allmählich zu einer Transformation des individuellen Lebens. In der ersten Phase der Identitätsfindung, als sich das Individuum hauptsächlich von den äußeren Merkmalen der kulturellen Form (Kleidung, Sprachzeichen, *Mise en scène*) angezogen fühlte, war sein Leben gleichsam zweigeteilt: der eine Teil wurde vom eigenen kulturellen Engagement absorbiert, der andere Teil verlief im traditionellen, sinnlosen Alltag. In der zweiten Phase erwirbt das Individuum, soweit es die Theorie beherrscht und sich entsprechend emotionell eingestellt hat, die Fähigkeit, das Alltagsleben zu erfassen und zu interpretieren, von denen jetzt jedes Detail bedeutsam wird. Das Individuum ist nun imstande, die Menschen in „Unsere“ und „Fremde“ zu unterscheiden, ihre Motive und Interessen zu erkennen, die Dinge in nützliche und unnütze zu scheiden, Taten in lobenswerte und unwürdige. Ihrerseits reagieren andere Menschen auf seine Taten und sein Verhalten ihnen gegenüber so, wie er es selbst erwartet, was die neu erworbenen Ansichten festigt. Versuchte das Individuum früher, während der Aneigung der äußeren Merkmale der kulturellen Form, gleichsam ein fremdes Leben zu leben, fremde Erfahrungen über ihre äußeren Zeichen in sich aufzunehmen, so werden dieses Leben und diese Erfahrungen jetzt zu seinen eigenen. Nun geht es schon nicht mehr um die Suche nach neuen Losungen (wie bei den erwähnten Studenten), neuen Experimenten, neuen alternativen Kulturformen. Im Gegenteil, jetzt ruft allein der Gedanke an eine derartige Umorientierung emotionale Empörung und moralischen Protest hervor. All dies bedeutet, daß die Identitätsfindung im Rahmen der erwählten kulturellen Form abgeschlossen ist.

Gleichzeitig und parallel zu den Prozessen der Identitätsfindung der Individuen vollzieht sich die Entfaltung der zunächst nur latenten, in den Köpfen von Experten „aufgehobenen“ Kulturform zu einem vollwertigen sozialen Gebilde. Eigentlich sind das nicht zwei parallele Prozesse, sondern zwei Seiten ein und desselben Prozesses, in dessen Verlauf sich eine Gruppe formiert, die alle erforderlichen Merkmale einer Institution aufweist. Sie verfügt über eine *normative Umwelt*, zu welcher gehören:

- Normen für die Beziehungen der „Unseren“ untereinander;
- Normen für die Beziehungen zu Menschen, die nicht der Gruppe angehören;
- Normen der gruppeninternen Hierarchie;
- Normen für das Verhältnis zu Staat und Macht.

Sie verfügt über ihre besondere *Ideologie*. Dazu gehören:

- ein mehr oder weniger ganzheitliches und allumfassendes Weltbild;
- eine Vorstellung von der Weltdynamik;
- Regeln zur Interpretation von Fakten und Erscheinungen aus der Sicht dieses Weltbildes;
- Regeln zur Bewertung von Erscheinungen;
- Regeln zur Eliminierung durch Erklärung der Fakten, die nicht in das Weltbild passen.

Sie verfügt über eine eigene, spezifische *gegenständliche Umwelt*, die nicht nur symbolische Gegenstände einschließt. Im Abschnitt über die erste Phase kultureller Inszenierungen war die Rede von äußeren - gegenständlichen und habituellen - Merkmalen, die für Menschen, die ihrer Identität verlustig gegangen sind und sich dieser kulturellen Form angeschlossen haben, symbolische Bedeutung haben. Innerhalb dieser Kulturform jedoch können die gleichen Gegenstände und Verhaltensformen ohne jegliche symbolische Bedeutung sein. Hier haben sie in der Regel rein instrumentelle Funktionen, und zwar in zweierlei Hinsicht: zum einen für die Reproduktion des Gruppenlebens, zum anderen für die Produktion von Sachen und Leistungen, die auf die äußere Umwelt der Gruppe orientiert sind. Beide Aspekte sind nur bedingt voneinander zu unterscheiden. Die nach außen gerichtete Produktion von Sachen und Leistungen ist Element und notwendige Bedingung der Reproduktion des Gruppenlebens, und diese wiederum setzt selbst für äußerst esoterische Gruppen eine bestimmte Reaktion der äußeren Umwelt voraus. Dank des instrumentellen Charakters ihrer gegenständlichen Umwelt tritt die Gruppe (als realisierte, entfaltete kulturelle Form) in funktionale und strukturelle Interdependenz zu anderen Gruppen und Institutionen.

Darüber hinaus hat jede Gruppe ihre *Interessen*. Die Kollektivinteressen sind von Anfang an, d.h. schon im latenten Zustand der kulturellen Form implizit enthalten. Sie sind angelegt in der Theorie, die mit ihrer Unterteilung der Menschen die Interessen der „Fremden“ postuliert und im Zusammenhang damit die eigenen definiert. Aber das sind noch keine Interessen im eigentlichen Sinne des Wortes, eher handelt es sich noch um Vorstellungen dieser Interessen. Kollektive Interessen existieren auch noch nicht in der ersten Phase, in der die Inszenierung von Individuen betrieben wird, die ihre Identität verloren und folglich keine ausgeprägten, d.h. im buchstäblichen Sinne keine eigenen Interessen haben. Die Inszenierung einer kulturellen Form als Versuch der Identitätsfindung ist somit auch ein Prozeß, in dem die Menschen eigene Interessen als Individuen und als Gruppenmitglieder entdecken bzw. sich ihrer bewußt werden.

Dieses Verständnis der Formierung von Interessen unterscheidet sich von traditionellen Vorstellungen der Transformationstheorie. In vielen Untersuchungen zu den derzeitigen Prozessen in Osteuropa und insbesondere in Rußland kommt hinter vielfältigen analytischen Feinheiten ein ziemlich einfaches und der Sache nach mechanistisches Schema zum Vorschein; etwa folgendermaßen: In der alten, staatssozialistischen Ordnung existierten vielfältige gesellschaftliche Interessen, die durch das Regime unterdrückt wurden und daher nicht artikuliert und realisiert werden konnten. Der Untergang des Regimes hat ihnen Räume eröffnet. Entsprechend diesen Interessen bilden sich politische Parteien und Gruppierungen, die in gemeinsamer Anstrengung eine neue institutionelle Ordnung schaffen.

Eine solche Vorstellung trifft nicht ganz die Wirklichkeit, vor allem nicht die russische. Wie bereits erwähnt, konnten sich in anderen Ländern Osteuropas Überreste alter, vorsozialistischer Institutionen erhalten. Die entsprechenden kulturellen Formen waren nicht gänzlich in den Latenzzustand zurückgefallen, sondern sie existierten, wenngleich eingeschränkt, weiter als Institutionen. Dies ermöglichte einen mehr oder weniger kontinuierlichen und vergleichsweise schmerzarmen Verlauf der Transformation. Der Schock, den die Bevölkerung im Zuge der sogenannten Schocktherapie erfuhr, war kein allumfassend kultureller, sondern nur ein ökonomischer, hervorgerufen durch den Niedergang des Lebensstandards.

In Rußland verhielt es sich anders. Nach mehr als siebzig Jahren waren die dem Paradigma der sowjetischen Kultur widersprechenden Institutionen liquidiert, in einen rudimentären Zustand zurückgedrängt. Zugleich wurden die betreffenden Interessen reduziert auf bloße Ideen, welche bekanntlich zwar eine Logik der Entfaltung besitzen, aber nicht über innere Stimuli zu ihrer Entfaltung verfügen. Der Zusammenbruch des sowjetischen Regimes bedeutete deshalb auch einen totalen kulturellen Kollaps. Überleben konnte nichts - mit Ausnahme von Überresten eben dieser sowjetischen Kultur mit den für sie (und gerade nicht für die mutmaßliche neue Zukunft) charakteristischen Interessen. Ob die sowjetische Kultur einen kontinuierlichen Übergang zu neuen kulturellen Formen hätte ermöglichen können, ist heute nicht mehr entscheidbar. Theoretisch und praktischer aktuell ist hingegen die Frage, wie aus dem Zustand der Gleichheit, Gleichgültigkeit und Desinteressiertheit, der durch die massenhaften Identitätsverluste eingetreten ist, neue Interessen hervorgehen: neue soziale und politische Akteure, neue Eliten und schließlich neue Strukturen und Institutionen. Ein Versuch, deren Herausbildung unter Bedingungen fehlender Kontinuität zu erklären, ist die hier dargelegte Konzeption der kulturellen Inszenierung. Folgt man dieser Konzeption, so erscheint der gewöhnliche Zusammenhang von Interessenformierung und -repräsentation als „verkehrt“. In der Perspektive der Inszenierung erfolgt zuerst die Präsentation, aus der heraus die Interessen geboren werden, die anschließend zu objektiver politischer Kraft „gerinnen“.

***Fallbeispiel: Die Kosaken***

Ein überaus anschauliches Beispiel für eine derartige „verkehrte“ Entwicklung ist die Restauration des traditionellen russischen Kosakentums in der Zeit während und nach der Perestrojka.

Das Kosakentum war im 17. Jahrhundert entstanden. In der Ära Katharinas formierte es sich zu einem besonderen Stand. Ursprünglich waren die Kosaken ein aus Freiwilligen bestehendes Expeditionskorps. Sie wurden im Zentrum des Reiches formiert und dann an seine Peripherie entsandt, mit der Zielstellung, die Grenzen zu sichern und dort, wo es keine festen Grenzen gab, neue Gebiete zu kolonisieren und dem Zarenreich anzugliedern. Zu den Kosaken gingen Bauern (die auf diese Weise von der Leibeigenschaft freikamen), Städter, Adlige - faktisch Leute aller Arten, die mit ihren bisherigen Existenzbedingungen nicht zurechtkamen oder abenteuerliche Neigungen hatten. Später, schon in den Einsatzgebieten, stießen entlaufene Bauern dazu, alle möglichen Landstreicher und Abenteurer. Die Kosaken besiedelten die Randgebiete des Imperiums, sie sicherten seine Grenzen und unternahmen Feldzüge. Sibirien, Teile Kasachstans und Nordkaukasiens wurden von ihnen für Rußland erobert und kolonisiert.

Die Kosaken waren keine gewöhnlichen, regulären Truppen. Sie mußten sich selbst versorgen und arbeiteten als Bauern, wobei sie sich jederzeit kampfbereit halten mußten. Sie wählten ihre Führer und regelten ihre Belange in einer spezifischen Form direkter Demokratie. Sie waren in bestimmtem Maße von der Zentralregierung unabhängig, verkehrten weniger mit den eigenen Landsleuten denn mit der angestammten Bevölkerung der unterworfenen Gebiete. So entwickelten sie mit der Zeit eine eigensinnige, freiheitsliebende Mentalität, ein besonderes Selbstbewußtsein, machten Erfahrungen von Autonomie sowie der Trennung von der ganzen übrigen russischen Bevölkerung. Sie dienten dem Zaren, aber nicht der Regierung oder den Gouverneuren. Nachdem per Ukas des Zaren den Kosakenverbänden staatliche Ländereien übergeben worden waren, begann ein Teil der Kosaken, sich für ein *Volk* innerhalb des Russischen Reiches zu halten, d.h. sich eine eigenständige nationale Identität zuzuschreiben.

Obwohl der Sieg der Sowjets im Bürgerkrieg von 1918-1921 in bedeutendem Maße den Kosaken zu verdanken war, die die kampfstärksten Teile der Roten Armee gestellt hatten, konnte und wollte die neue Macht ihre Freiheit und Autonomie nicht dulden. Die Kosakendemokratie wurde liquidiert, ihr Land in der üblichen Weise der Administration unterstellt. Zahlreiche Aufstände wurden erbarmungslos niedergeworfen, die Anführer erschossen und die Bevölkerung mehrheitlich in die Verbannung geschickt. Die Territorien wurden mit Menschen besiedelt, denen das Kosakentum fremd war. Schon Anfang der 30er Jahre existierte das Kosakentum als soziale Gruppe, als Institution und als kulturelle Form nicht mehr. Erhalten blieb es nur noch in Folklore-Ensembles sowie im „Stillen Don", dem berühmten Roman des Nobelpreisträgers Michail Scholochow.

Umso unerwarter kam seine ungestüme Wiedergeburt Ende der 80er Jahre. Diese hatte zunächst rein repräsentativen Charakter. Auf den Straßen vor allem der Städte in den früheren Kosakengebieten zeigten sich die Leute in der bis dato verbotenen Kosakenuniform, den Säbel eingeschlossen. Auch die administrativen Führungskader dieser Regionen begannen, sich wie Kosaken zu kleiden. Alle empfanden das als Karneval, und dem Wesen nach war es auch ein Karneval.

Das massenweise Auftreten von Symbolen des Kosakentums war von keiner Notwendigkeit diktiert oder durch irgendwelche Gruppeninteressen bedingt. Denn die Bevölkerung war weder ihrer Herkunft noch ihrer Tradition nach Kosakenvolk. In sozialer Hinsicht war sie (zumindest ursprünglich) dem Kosakentum eher fremd - es waren Arbeiter, Angestellte, überwiegend Städter, nur zum geringen Teil Bauern. Schließlich war das Auftreten des Kosakentums auch in keiner Weise funktionell bedingt - etwa durch die Notwendigkeit der Grenzsicherung oder Kolonisierungsbestrebungen.

Seine Fortsetzung fand der Karneval in der Theoretisierung und Institutionalisierung des Wirkens der neuerstandenen Kosaken. Die Theoretisierung bestand im Studium und in der Anwendung der patriarchalischen Kosakengesetze. So war beispielsweise in der Presse zu lesen, wie in einer der Kosakenstädte ein Hippie festgenommen und auf Beschluß des dort versammelten Kosakenrats gezüchtigt wurde, da er in einer Weise gekleidet war, die eines Kosaken nicht würdig sei. Derartige fundamentalistische Züge wirkten noch einigermaßen komisch, ebenso wie die Institutionalisierung, die vor allem in der Wahl der Kosakenführer, der „Atamane" bestand. Denn zu „Atamanen" wurden entweder die bisherigen Vorsitzenden der örtlichen Sowjets oder die von Moskau ernannten Verwaltungschefs gewählt.

Die Analogie zum Karneval fand allerdings ihre Grenze, als die neuen Kosaken begannen, Ansprüche auf besondere regionale Autonomie geltend zu machen, die sie mit dem traditionellen Kosakentum begründeten, und als sie ein traditionelles Tätigkeitsfeld für sich wiederentdeckten - den Krieg. An fast allen bewaffneten Konflikten auf dem Territorium der GUS, in denen russische Interessen auch nur indirekt berührt werden, sind auf der prorussischen Seite freiwillige Kosakenverbände beteiligt. Zwar geschieht dies gegen den ausdrücklichen Willen der Regierung Rußlands. Aber in vielen Regionen - im Nordkaukasus, in Moldowa, in Abchasien, im Südural (an der Grenze zu Kasachstan) - sind die Kosaken zu einem gewichtigen politischen Faktor geworden, auch wenn sie von der Mehrheit der Russen nach wie vor als karnevalistische Personage betrachtet werden.

Der Übergang des Kosakentums von einer latenten zu einer entfalteten kulturellen Form ist noch nicht vollendet. Aber schon jetzt illustriert er ausgezeichnet die kulturelle Inszenierung als einen Prozeß der Entstehung sozialer und Gruppenidentitäten bei gleichzeitiger Institutionaliserung sowie Formierung politischer Interessen.

***Fallbeispiel: Alexander Ruzkoj***

Am Beispiel des früheren Vizepräsidenten der Russischen Föderation, A. Ruzkoj, eines der Führer des Widerstands gegen Präsident Jelzins verfassungswidrige und zum bewaffneten Konflikt eskalierten Aktionen im Oktober 1993, läßt sich die typische Karriere eines Politikers demonstrieren, der auf dem Weg kultureller Inszenierungen zu eigener politischer Identität findet.

Psychologisch gesehen gehört Ruzkoj zu dem abenteuerlichen Persönlichkeitstyp, wie er charakteristisch ist für Zeiten, in denen historische Kontinuität zerstört wird und massenhaft Identitätsverluste einsetzen. Seine politische Karriere wurde gewissermaßen zur Fortsetzung seiner militärischen Laufbahn. Ruzkoj war Jagdflieger im Afghanistankrieg. Zweimal wurde er abgeschossen, geriet er in die Gefangenschaft der Mudjaheddin, beide Male ist er geflohen und wieder geflogen. Nach Beendigung des Krieges wurde der „Held der Sowjetunion" Hörer an der Shukow-Akademie der Luftstreitkräfte, einer privilegierten Schule für das höhere Offizierskorps, deren Abschluß - auch angesichts seiner Kriegsverdienste - eine steile und ungetrübte militärische Karriere verhieß. In der Akademie wurde Ruzkoj zum Sekretär der dortigen Parteiorganisation gewählt; auch dies zeugte von dem Vertrauen, das die Führung in ihn setzte, und versprach eine glänzende Zukunft. Im Vorfeld der Wahlen zum Obersten Sowjet der Russischen Föderation im Jahr 1989 gab der Parteisekretär für alle überraschend sein Bekenntnis zu den Positionen der *Demokratischen Plattform* bekannt, einer der Fraktionen innerhalb der KPdSU, deren Zerfall zu dieser Zeit bereits eingesetzt hatte. Infolgedessen wurde Ruzkoj aus der Partei ausgeschlossen und aus der Akademie entlassen, was normalerweise einem totalen beruflichen und politischen Desaster gleichgekommen wäre. Doch die Zeiten hatten sich schon geändert. Ungeachtet (oder eher dank) Ausschluß und Entlassung wurde er in das russische Parlament gewählt, wo er die Fraktion „Kommunisten für die Demokratie" anführte. Es näherten sich die Präsidentschaftswahlen, und Boris Jelzin, der unaufhaltsam nach oben strebte, machte Ruzkoj zu seinem Kandidaten für das Amt des Vizepräsidenten. Zu zweit haben sie den Wahlkampf bestritten und gesiegt.

Zu dieser Zeit unterstützte Ruzkoj voll und ganz die Position Jelzins. Aber bald begannen sich Divergenzen zu zeigen. Ruzkoj ging immer mehr auf die Seite der Opposition über, indem er die Liquidation der UdSSR verurteilte, die Schockmethoden der Wirtschaftsreform, die zu einer drastischen Senkung des Lebensstandards und zum Niedergang der Industrie führten, sowie auch diktatorische Tendenzen in Jelzins Führungsstil kritisierte. Die Verschärfung der Konflikte erfuhr ihren Höhepunkt im Oktober 1993, als sich das von Jelzin verfassungswidrig aufgelöste Parlament weigerte, sich zu fügen, Jelzins Absetzung als Präsident beschloß und Ruzkoj sozusagen zum Gegenpräsidenten wählte.

Wie die Geschichte endete, ist bekannt. Es war der bislang höchste Flug und womöglich der letzte Absturz des Jagdfliegers.

In vier Jahren politischer Tätigkeit hat Ruzkoj mehrmals seine politische Identität gewechselt. Anfangs war er Kommunist im traditionellen Sinne der Partei, dann „demokratischer Kommunist", anschließend Liberaldemokrat pro-Jelzinscher Couleur und schließlich Nationaldemokrat - Gegner des kosmopolitischen Liberalismus. Ruzkoj hat sich dem Publikum mit Vergnügen als Politiker präsentiert, wobei er schließlich die „Losung“ (d.h. die Theorie und Moral) entdeckte, mit der er den größten Erfolg erzielen konnte. Er fand sie in der Idee von Rußlands staatlicher Würde und vom Primat der Interessen des „einfachen Volkes“. In dieser Rolle war Ruzkoj in der Tat erfolgreich. Und möglicherweise hätte er sich zu einem seriösen Politiker der „nationalen“ Strömung entwickelt, hätte er nicht diesen fundamentalistischen Zug gehabt, der ihn im Moment des Widerstands gegen Jelzin zur Vereinigung mit den Gruppen extremer Nationalisten und Kommunisten verführte. Man kann sagen, die Katastrophe hat ihn in dem Moment ereilt, als er die gesuchte Identität erworben, die Theorie und Moral einer für ihn neuen kulturellen Form angeeignet hatte. In solchen Momenten ist die Gefahr des Fundamentalismus besonders akut.

***Kultureller Fundamentalismus***

Die Bezeichnung „Fundamentalismus“ entstand im Kontext des Ende des 19. Jahrhunderts in den USA erschienenen Traktats „The Fundamentals of Christian Faith“, der von der Mehrheit der Mitglieder christlicher Sekten als direkte Anleitung zur privaten und öffentlichen Lebensführung aufgenommen wurde. Seitdem wird der Begriff des Fundamentalismus in erster Linie im Sinne des religiösen Fundamentaalismus verwendet. Das derzeit bekannteste Beispiel ist der islamische Fundamentalismus im Iran und einer Reihe weiterer moslemischer Länder - eine religiös-politische und moralische Bewegung, deren Ziel in der Errichtung eines theokratischen islamischen Staates besteht. Ein derartiger Staat existierte nach dem Sieg der Islamischen Revolution von 1978 eine Zeitlang im Iran. Die Doktrin, die Moralprinzipien und Verhaltensnormen des Islam bestimmten und regulierten fast vollständig das Verhalten in sämtlichen öffentlichen und privaten Lebensbereichen.

Der Sieg des Fundamentalismus im Iran war nicht zufällig mit einer Revolution verbunden. Die Gefahr des Fundamentalismus ist besonders groß in Zeiten massenhafter Identitätsverluste und aktiver Prozesse kultureller Inszenierung. Im normalen Prozeß der Inszenierung in der Phase, in der sich die Aneigung der Theorie und der moralisch-emotionalen Disposition vollzieht, wird die Welt vereinfacht, simplifiziert. Das Individuum, das seine Identität verloren hat, wird mit einer aufregenden und erdrückenden Vielfalt kultureller Formen konfrontiert. Beginnt es, sich mit einer bestimmten Form zu identifizieren, so lernt es, „fremde“ Menschen und „fremde“ kulturelle Formen aus seiner Umwelt auszuschließen. Es gelangt zu einer signifikanten Vereinfachung seiner Weltanschauung und seines eigenen Lebens, welches es immer zielbewußter und konsequenter gestaltet. Die logische Grenze dieses Prozesses sind die völlige und absolute Kanonisierung des Lebens und die Totalisierung eines derart reduzierten Weltbildes.

Dies ist der typische Verlauf der Herausbildung dessen, was als kultureller Fundamentalismus bezeichnet werden kann. Kultureller Fundamentalismus ist die Verabsolutierung einer kulturellen Form mit ihren spezifischen Doktrinen, Normen, Erfahrungen, Emotionen. Religiöser oder politischer Fundamentalismus ist ein Sonderfall des kulturellen Fundamentalismus.

Im Prinzip kann jede kulturelle Form fundamentalisiert werden. So fand sich in einem Moskauer Anzeigenblatt z.B folgendes Inserat: „Suche einen Satz Türklinken für den Chrysler Royal, Jahrgang 1935“. Dies ist ein Beispiel für eine fundamentalistische Einstellung in der Inszenierung einer kulturellen Form, die man als „nostalgischen Stil“ definieren kann, wo im Prozeß der Totalisierung die Authentizität aller Elemente der Lebensumwelt um jeden Preis erreicht werden soll (vom Standpunkt der Rationalität oder Zweckmäßigkeit erscheint die Suche nach echten Türklinken aus dem Jahre 1935 eher fragwürdig). Im Falle des kulturellen Fundamentalismus gestaltet das Individuum auf der Grundlage der angeeigneten kulturellen Form seine eigene, personelle monostilistische Kultur. Dabei erscheint aus rein formaler Sicht der Inhalt der der betreffenden Kulturform zugrundeliegenden Theorie und Moral für den Prozeß der Fundamentalisierung als bedeutungslos. Islamischer und nationalistischer Fundamentalismus, der Kosaken-Fundamentalismus oder der der Autonarren - sie alle sind ihrer Entstehung nach Erscheinungen gleicher Ordnung. Sie gehören einem Typ an und sind Resultat der Totalisierung einer kulturellen Form im Zuge ihrer Inszenierung.

Wenn es um die sozialen Folgen eines solchen Fundamentalismus geht, ist der Gehalt der Doktrin allerdings von enormer Bedeutung. Vergleicht man etwa den Fundamentalismus der Autonarren mit nationalistischen Fundamentalismen, so fällt der Unterschied in den Normen ins Auge, sowohl was die Beziehungen zu „Fremden“ und das Verhältnis zur Macht betrifft, als auch das durch die Ideologie diktierte unterschiedliche Maß der Toleranz. Darüber hinaus setzt die authentische Restauration einer nationalen Kultur ihre Expansion voraus. Der Fundamentalismus der Autonarren hingegen ist nicht expansionistisch. Seine Vertreter streben nur nach der Totalisierung ihres eigenen Lebens, ihrer eigenen Erfahrung, und nur deshalb gehören sie dieser Gruppe, dieser Gemeinschaft an. Für den Nationalisten dagegen erfordert die Totalisierung die homogene Denkweise der gesamten, schon zuvor existenten Gemeinschaft. Die Gemeinschaft der Russen oder der Deutschen, das sind der Definition nach alle Russen bzw. alle Deutschen. Solange sie nicht alle nationalistisch denken, ist die Totalisierung der Kulturform nicht vollendet, und der nationalistische Fundamentalist leidet am Bewußtsein einer unvollständigen Authentizität seiner Existenz.

Gleiches gilt für den religiösen oder den ideologischen Fundamentalismus. Die Gemeinschaft der Rechtgläubigen sind per Definition alle Russen, das „rechtgläubige Volk“. Die Gemeinschaft der Kommunisten ist potentiell die gesamte Menschheit. Die rein logische Grenze der Totalisierung wird sozusagen von innen heraus gesetzt, sie ist im Gehalt der jeweiligen theoretischen und moralischen Doktrin selbst angelegt. Jede kulturelle Form strebt im Prozeß ihrer Inszenierung dieser Grenze zu, d.h. sie tendiert zur Fundamentalisierung. Aber nur einige davon verfügen über ein gefährliches, antidemokratisches und expansionistisches Potential.

Was konkret die fundamentalistischen Strömungen in Rußland, insbesondere die kommunistischen, betrifft - deren gegenwärtiges Erstarken seltsam erscheint für eine Gesellschaft, die unter dem kommunistischen Joch gelitten hat -, so ist dies bei weitem nicht durch eine fatale Liebe der Russen zum Despotismus zu erklären. Es ist ein Resultat der Logik der Inszenierung kultureller Formen, die sich unter Bedingungen, wo es praktisch keine oder nur sehr dürftige Erfahrungen pluralistischer, polykultureller Koexistenz gibt, unvermeidlich radikalisieren.

## Schlußbemerkung: Zum universellen Charakter kultureller Inszenierungen

Die hier dargelegte Konzeption der Transformation als eines vornehmlich kulturell bedingten Prozesses stützt sich vor allem auf die russische Erfahrung. Das, was zur Zeit in Rußland vor sich geht, hat vieles mit den Erscheinungen der Zeit während der Revolution von 1917 und der ersten Jahre danach gemeinsam. Für die damalige Situation war gleichfalls ein massenhafter Identitätsverlust charakteristisch; auch damals war eine ungehemmte Entfaltung vielfältiger kultureller Formen zu beobachten, die wie die heutigen eine fundamentalistische Tendenz demonstrierten. Jede von ihnen erhob Anspruch auf totale Maßstäbe und eine totale Umgestaltung des Lebens. Das Resultat des nachrevolutionärten Pluralismus waren der Sieg und die Fundamentalisierung einer ihrem Geist nach futuristischen Form (des Stalinismus)[10], was in der Folge zur konservativen Revolution der dreißiger Jahre und zu einer Konservierung des Regimes für viele Jahrzehnte führte. Eine ähnliche Gefahr besteht in Rußland auch heute.

Prozesse der Transformation über den kulturellen Bereich werden in Zeiten gewaltiger revolutionärer Veränderungen offensichtlich. In relativ stabilen Epochen ist das kulturelle Wesen langsam vor sich gehender Wandlungsprozesse weniger augenscheinlich, ihr Inszenierungscharakter nicht so offenbar, und in soziologischen Analysen reduziert es sich gewöhnlich auf institutionelle Veränderungen. Als Ergebnis dessen entstehen die Paradoxien der Transformationstheorie, wie sie in der Einleitung skizziert worden sind.

Zur gleichen Zeit gibt es eine ganze Tradition soziologischen Denkens, die für die Analyse der Transformationsprozesse bislang kaum genutzt wird, obgleich sie dafür einen reichen Apparat zur Verfügung stellen könnte. Ich meine die Tradition des symbolischen Interaktionismus von George Herbert Mead (seine Konzeption des „taking role of the other“ kann man als mikrosoziologische Behandlung der

10 Vgl. Groys, Boris: Gesamtkunstwerk Stalin. Frankfurt a.M. 1990.

Inszenierungsprozesse betrachten) bis zu Anselm Strauss und der Konzeption der Sozialphänomenologie. Darüber hinaus gibt es eine Reihe von Tendenzen in der Kultursoziologie, die sich in die gleiche Richtung entwickeln.[11]

Auf sozialphilosophischer Ebene wird der Inszenierungscharakter der zeitgenössischen Kultur in den verschiedenen Konzeptionen der „Postmoderne" beschrieben. Lohnend wäre der Versuch, ein vermittelndes, soziologisches Glied zwischen mikrosoziologischen und sozialphilosophischen Ansätzen zu finden. Die derzeitige Transformation in Rußland liefert dazu reichhaltiges Material.

*Aus dem Russischen von Jan Wielgohs*

11 Vgl. Schulze, Gerhard: Die Erlebnisgesellschaft. Kultursoziologie der Gegenwart. Frankfurt a.M., New York: Campus 1992.

# Kultur und Sozialstruktur

## Sozialstruktur und soziale Ungleichheit

Vergleicht man die einschlägigen Handbücher hinsichtlich der in ihnen enthaltenen Definitionen des Begriffs *Sozialstruktur*, so wird man keine wesentlichen Unterschiede finden. Im Handbuch „Grundbegriffe der Soziologie" heißt es: „Unter sozialen Strukturen versteht man die (relativ) stabilen Regelmäßigkeiten des sozialen Lebens, z.B. Rollenverhalten, Organisationsmuster und soziale Schichtung"[1].

Auf vergleichbare Weise definiert das amerikanische „Wörterbuch der modernen Soziologie" die Sozialstruktur. Sozialstruktur bezeichnet dort „a) die relativ stabilen Beziehungen, die normalerweise unter den Aspekten eines sozialen Systems bestehen und b) ein Arrangement von gruppenspezifischen oder individuellen Positionen, die durch unterschiedlichen Status gekennzeichnet sind".[2]

Die allgemeinste Bestimmung, die die vielfältigen hier angedeuteten Definitionen resümiert und bekräftigt, findet sich im „Lexikon zur Soziologie"[3].

Was gibt es hierzu in der russischen Literatur? Natürlich muß man zwischen der sowjetischen und der postsowjetischen Periode unterscheiden. Die sowjetische Herangehensweise widerspiegelt sich in der „Philosophischen Enzyklopädie": „Sozialstruktur - eine der Grundkategorien der soziologischen Gesellschaftsanalyse; sie bezeichnet ein Netz geordneter und wechselseitig bedingter Beziehungen zwischen den Elementen des sozialen Systems. In der Sozialstruktur werden die einer gegebenen Gesellschaft eigene Arbeitsteilung, die Wechselbeziehungen der Klassen u.a. sozialen Gruppen, der Charakter der Funktionsweise der sozialen Institutionen, die Formen der sozialen Organisation und der sozialen Aktionen fixiert".[4]

---

1 Zapf W. Sozialstruktur. In: Schäfers, B. (Hg.): Grundbegriffe der Soziologie. Opladen: Leske & Budrich 1986, S. 365.

2 Hoult, Thomas Ford: Dictionary of Modern Sociology. Totowa, N.J.: Littlefield, Adams 1974, S. 304. Zit. nach: Endruweit, G./Trommsdorf, G. (Hg.): Wörterbuch der Soziologie. Stuttgart: Enke 1989, S. 648.

3 Lexikon zur Soziologie. Hrsg. von W. Fuchs u.a. Opladen: Westdeutscher Verlag 1978, S. 716. [„Sozialstruktur, [1] die Struktur einer Gesellschaft oder allgemeiner: eines sozialen Systems, [2] Arrangement von Akteuren in institutionell geregelten Beziehungen, deren wichtigste Strukturvariablen Position, Rolle und Status sind".]

4 Levada, Ju. A.: Struktura social'naja. In: Filosofskaja ėnciklopedija, t. 5, Moskva: Sovets-

Eine vorzügliche Definition, keinen Deut schlechter als die oben zitierten.

In den neuesten russischen Definitionen findet man nichts prinzipiell Neues im Vergleich zu den westlichen, aber auch nichts prinzipiell Neues im Vergleich zu den durchdachtesten und strengsten Definitionen aus sowjetischen Veröffentlichungen. „Sozialstruktur - bezeichnet im weiten Sinne des Wortes die Gesamtheit der Beziehungen zwischen verschiedenen sozialen Gruppen (Klassen, Gemeinschaften, Organisationen) und sozialen Institutionen, die die Stabilität der Gesellschaft gewährleisten. Im engeren Sinne bedeutet sie die wechselseitig verbundene Menge sozialer Positionen (Status), von denen jede über bestimmte Rechte und Pflichten verfügt, die für die Erfüllung der sozialen Rollen notwendig sind. Die Sozialstruktur garantiert die Stabilität des sozialen Systems, seine normale Reproduktion."[5]

„Sozialstruktur - der innere Aufbau einer Gesellschaft oder einer sozialen Gruppe, er besteht aus auf bestimmte Weise angeordneten und zugeordneten Teilen, die in einem bestimmtem Rahmen miteinander in Wechselwirkung stehen".[6]

Beim Versuch, alle diese Definitionen zu verallgemeinern, stellt sich heraus, daß sie in der Regel zwei grundlegende Momente enthalten: das systemisch-organisatorische und das stratifikatorische. Sozialstruktur ist zum einen ein System von Beziehungen, die die Gesellschaft zu einem einheitlichen Ganzen organisieren; das, was die Gesellschaft zusammenhält und verhindert, daß sie in einzelne Elemente (Gruppen/Aggregate oder einzelne Individuen) zerfällt. Zum anderen ist Sozialstruktur die in einer hierarchischen Ordnung organisierte Gesamtheit der Gruppen, Schichten oder Klassen, die also nicht gleichberechtigt sind im Hinblick auf den Zugang zu den Ressourcen, über die das soziale System verfügt. Wird dieses zweite Moment - das Moment der hierarchischen Organisation der Sozialstruktur - nicht berücksichtigt, ist die Definition unvollständig, da sie das Moment der *sozialen Ungleichheit* nicht in Betracht zieht.

Generell wird die Tatsache, daß jede Sozialstruktur immer auch soziale Ungleichheit zum Ausdruck bringt, in allen hier zitierten Beispielen praktisch nicht berücksichtigt. Wenn man die Definitionen liest, hat man den Eindruck, der Begriff Sozialstruktur sei ein rein technischer und beschreibender soziologischer Terminus, der mit den sozialen Kämpfen um Gleichheit und soziale Gerechtigkeit, die in Europa schon jahrhundertelang geführt werden, nichts zu tun hat. Denn jede Analyse oder Beschreibung sozialer Strukturen war und blieb immer eine Beschreibung von Systemen sozialer Ungleichheit.

Ich betone dieses Moment aus dem Grunde, weil die Ungleichheit von Individuen und Gruppen das ursprüngliche Merkmal der Sozialstruktur ist, das ihre Existenz in Systemqualität überhaupt erst möglich macht. Im entgegengesetzten Fall

kaja ėnciklopedija 1970, S. 142.

5 Komarov, M.S.: Vvedenie v sociologiju. Moskva: Nauka 1994, S. 300.

6 Frolov, S.S.: Sociologija. Moskva: Nauka 1994, S. 248.

- der Gleichheit oder gar der Identität der das System bildenden Elemente - wäre es sinnlos, von gesellschaftlicher Organisation, von System oder von Struktur zu reden; es würde sich lediglich um eine abstrakte Vielfalt von Elementen handeln. Daher kommt dem Begriff der sozialen Ungleichheit in den Überlegungen zur Sozialstruktur nicht nur eine ideologische, sondern auch eine wichtige analytische Funktion zu. Außerdem bedingt gerade das Moment der Ungleichheit, wie die Erfahrung zeigt, die Entwicklung und Veränderung von Sozialstrukturen.

## Die vertikale Klassifikation

Die Ungleichheit der Menschen untereinander ist eine empirische Tatsache. Die Menschen unterscheiden sich im Hinblick auf Haarfarbe, Einkommen, Wissen, Bildung, Körperkraft, sexuelle Potenz oder Beruf voneinander, im Hinblick darauf, ob sie über Immobilien, Grundbesitz oder Produktionsmittel verfügen, usw. Aber nicht alle Unterschiede sind sozial relevant. Von sozialer Ungleichheit kann man nur dann reden, wenn die Wichtigkeit der Unterschiede zwischen den Menschen nach einem der aufgezählten (oder in der Aufzählung nicht enthaltenen) Parameter menschlicher Ungleichheit institutionell fixiert und zu einem grundlegenden Klassifikationsprinzip der Menschen gemacht worden ist.

Nach K. Eder[7] muß man, um die Möglichkeit zu haben, von sozialer Ungleichheit zu sprechen, vorab zwei Erkenntnisoperationen durchführen: erstens die soziale Welt einer vertikalen Klassifikation unterziehen, und zweitens diese vertikal klassifizierte Welt, die aus in Klassen geteilten Individuen besteht, zu einer Abweichung vom Ideal der Gleichheit erklären. Nur dann wird die Ungleichheit bewußt erfahren, wird sie zum Gegenstand eines wissenschaftlichen und gesellschaftlichen *Diskurses*. Man kann sogar sagen, daß die Ungleichheit erst dann *zu existieren beginnt.*

Diese dem Anschein nach einfache Beschreibung des Ursprungs der Ungleichheit findet ihre Bestätigung in der Analyse der einfachen (jener, die man früher „primitive" nannte) und traditionalen Gesellschaften. Die *vertikale Klassifikation* als solche ist universell und in praktisch allen Kulturen anzutreffen.[8] Aber in verschiedenen Kulturen und in unterschiedlichen historischen Epochen wird sie auf unterschiedliche Weise gehandelt, erklärt und interpretiert.

In einfachen Gesellschaften sind die Zugehörigkeit zu einer bestimmten Sippe, das Geschlecht und das Alter von sozialer Relevanz. In Abhängigkeit von diesen Kriterien erfolgt die Einordnung in eine entsprechende Hierarchie von Verwandtschafts-, Alters- und Geschlechtergruppen. Der soziale Status hat in diesem

7 Eder, K.: Gleichheitsdiskurs und soziale Ungleichheit. In: Haferkamp, H. (Hg.): Sozialstruktur und Kultur. Frankfurt a.M.: Suhrkamp 1990, S. 178.

8 Schwarz, B.: Vertical classification. A study in structuralism and in the sociology of knowledge. Chicago: University of Chicago Press 1981.

Fall askriptiven Charakter.

Eder führt das folgende Beispiel an: In einem australischen Stamm hatten die alten Männer das Recht, so viele Mädchen zur Frau zu nehmen, wie sie es sich leisten konnten. Um einen privilegierten Platz im „System der Verteilung der Frauen“ zu erhalten, mußten die jungen Männer warten, bis die alten starben. In der Praxis bedeutete das, daß die Männer vierzig und mehr Jahre warten mußten, bis sie an die Reihe kamen. In diesem Falle war die Zugehörigkeit zu einer Altersgruppe die Grundlage des Systems der Klassenbildung. Der außenstehende Beobachter (der moderne Ethnograph) könnte sagen, daß eine derartige Praxis soziale Ungleichheit zwischen Altersgruppen erzeugt. Die Stammesmitglieder sahen in dieser Festlegung aber keine Ungleichheit, sondern empfanden sie einfach als Teil der *natürlichen* Weltordnung.

Es taucht die Frage auf, ob in diesem Falle wirklich soziale Ungleichheit existiert. Man kann nicht sagen, daß es überhaupt keine Ungleichheit gibt. Eder gelangt zu der paradoxen Schlußfolgerung, daß hier soziale Klassen von Menschen existieren und es folglich auch objektive Ungleichheit gibt. Diese wird jedoch nicht als soziale Ungleichheit interpretiert, sondern als eine der Natur immanente Ordnung.[9] Mit anderen Worten, ungeachtet der Existenz *objektiver* Ungleichheit (im gegebenen Fall Altersungleichheit) und sozialer Klassen, die auf der Grundlage der vertikalen Klassifikation entstanden sind, entsteht *soziale* Ungleichheit nicht, solange sie nicht als solche begriffen und interpretiert wird. So kann auch nicht entstehen, was Gleichheitsdiskurs genannt wird. Von den beiden oben erwähnten kognitiven Operationen ist also nur die erste, nicht aber die zweite vollzogen worden.

Wenden wir uns nun der traditionalen Gesellschaft zu. Hier nimmt die Zahl der Merkmale zu, die die Herausbildung der Klassen beeinflussen. Neben Alter und Geschlecht entstehen Klassifikationslinien, die auf der Arbeitsteilung basieren. Darüberhinaus entsteht eine Ständestruktur. Doch auch hier tritt soziale Ungleichheit nicht als Problem auf, denn die objektive Ungleichheit wird in diesen Gesellschaften als Teil der *göttlichen Ordnung* empfunden. Das Prinzip der vertikalen Klassifikation wird als besonderer Ausdruck einer speziellen Theorie der Weltordnung verstanden - der Theorie der göttlichen Hierarchie, die sich in der sozialen Sphäre in einer Hierarchie der Stände und Kasten manifestiert. Eine derartige (oder vergleichbare) Theorie ist für alle traditionalen Gesellschaften typisch; besonders deutlich trat sie im europäischen Mittelalter hervor, wo die Theorie der allgemeinen Welthierarchie auch zur Erklärung der Stände-Klassifikation herangezogen wurde.

In der *modernen* Gesellschaft ändert sich die Situation (im Vergleich zur einfachen und traditionalen) wesentlich. Die Zahl der Klassifikationskriterien nimmt in bisher nicht gekanntem Maße zu. Dabei verflechten sich die Klassifikationen, treten in Wechselwirkung, bilden komplizierte Strukturen (Cluster). Aber die

9 Eder, K.: Gleichheitsdiskurs und soziale Ungleichheit. A.a.O., S. 179.

Hauptsache ist, daß die mannigfachen objektiven Ungleichheiten nicht nur als solche erkannt, sondern auch vom Gleichheitsideal aus interpretiert werden. Daher werden sie als Tatsachen sozialer Ungleichheit wahrgenommen und werden sowohl zu Gegenständen des gesellschaftlichen Diskurses als auch zur Ursache vieler Klassen- und anderer Konflikte.

Im Gegensatz zu den früheren Theorien der göttlichen Hierarchie oder der naturgegebenen Ordnung bilden sich zahlreiche Theorien der Sozialstruktur, der Klassen- oder Ständestratifikation heraus, denen ein und dieselben vertikalen Klassifikationen zugrundeliegen. Hier kommt zu den Aufgaben des Forschers die Analyse der sozialen Ungleichheit (für Wissenschaftler vergangener Zeiten - Schamanen, Magier und Mönche - einfach kein Thema) und der Wege zu ihrer Überwindung hinzu. Ausgehend von Eders Idee der beiden kognitiven Operationen, die für die Herausbildung des Diskurses der Ungleichheit erforderlich sind, kann man sagen, daß hier die zweite vollzogen wurde: Eine (schon in den einfachen und traditionalen Gesellschaften) vertikal klassifizierte, aus Klassen bestehende Welt wurde zur Abweichung vom Ideal der Gleichheit erklärt; oder, wenn man das berühmte Theorem von William Thomas aufgreift: eine kardinale *Umbewertung der Situation* der sozialen Existenz des Menschen hat sich vollzogen.

## Das Projekt der Moderne

Mit dem Aufschwung der Bourgeoisie erfolgte im 18. Jahrhundert eine Umbewertung der Situation. Es hatte den Anschein, als sei in dieser Periode die soziale Ungleichheit sozusagen entdeckt worden, als *Realität*, die sich bis dahin geschickt vor den neugierigen Augen der Menschen und ihrem forschenden Verstand verborgen hatte.

„Der Mensch wird frei geboren, und überall liegt er in Ketten“[10] - dieser Aphorismus von J. J. Rousseau ist der Schlüssel zum Verständnis der in der Epoche der Aufklärung entstandenen Theorie der sozialen Ungleichheit. Rousseau unterteilte alle vertikalen Klassifikationen in zwei Gruppen: In Klassifikationen, deren Basis die natürliche Ungleichheit ist, und in Klassifikationen, deren Basis - wie er sich ausdrückte - „politischen“, wir würden sagen, kulturellen Charakter trägt. „Ich nehme zwei Arten der Ungleichheit unter den Menschen an: Die eine nenne ich die natürliche oder physische Ungleichheit, weil sie von der Natur eingeführt worden ist. Sie besteht in der Unterschiedlichkeit des Alters, der Gesundheit, der Körperkräfte und der geistigen und seelischen Eigenschaften. Die andere kann man die moralische oder politische Ungleichheit nennen, weil sie von einer Art Übereinkunft abhängt und durch Zustimmung der Menschen eingeführt oder wenigstens

10 Rousseau, J.-J.: Der Gesellschaftsvertrag. Leipzig: Reclam 1981, S. 39.

gebilligt worden ist. Sie besteht in verschiedenen Vorrechten, die einige zum Schaden der anderen genießen. Solche Vorrechte sind: reicher, angesehener, mächtiger zu sein als die anderen oder sich sogar von ihnen Gehorsam leisten zu lassen".[11]

Weil diese Ungleichheit bedingten Charakter trägt, d.h. auf gesellschaftlichen Konventionen beruht, kann und muß sie im Namen der Gleichheit aufgehoben werden. Aufgehoben werden müssen religiös und naturalistisch-primitiv begründete Privilegien, deren Begründung der Kritik der Vernunft nicht standhält. Damit entstand der *Gleichheitsdiskurs.*

In der zweiten Hälfte des 19. Jahrhunderts wurde die Entdeckung der sozialen Ungleichheit und die Forderung nach Gleichheit als Teil der grandiosen geistigen Umwälzung jener Zeit gedacht, die eine neue Kulturepoche, die Epoche der Moderne, einleitete. Im 20. Jahrhundert erhielt das Programm der Kritik der Dogmen und des Aberglaubens sowie der Selbstverwirklichung des Geistes, das von den Theoretikern der Aufklärung vorgedacht und dessen praktische Umsetzung von der Französischen Revolution begonnen worden war, den hochtrabenden Namen *Projekt der Moderne.*

Was bedeutet „Epoche der Moderne"? Was ist ein Moderne-Projekt? Welche Beziehungen existieren zwischen Moderne und Aufklärung? Generation um Generation von Denkern interpretieren *post factum* den Sinn der Moderne, die auf diese Weise einen immer reicheren Gehalt gewinnt.

Max Weber hat den *sozialen* Sinn der Moderne damit erklärt, daß die soziale Welt immer „durchsichtiger" wird, d.h. klarer, verständlicher, für Erkenntnis und Veränderung zugänglicher - und zwar dank ihrer Entzauberung infolge der Rationalisierung des Lebens: der Befreiung von Magie und Aberglaube, dem Vertrauen in Vernunft und Wissenschaft, einem rationalen Procedere in allen Lebenssphären. Diese Entzauberung hat Weber nicht als momentanen Akt verstanden, sondern als Tendenz, die der gesamten Epoche der Moderne Einheit und Sinn verleiht.. „Die zunehmende Intellektualisierung und Rationalisierung bedeutet ... nicht eine zunehmende allgemeine Kenntnis der Lebensbedingungen, unter denen man steht. Sondern sie bedeutet etwas anderes: das Wissen davon oder das Glauben daran, daß man, wenn man nur wollte, es jederzeit erfahren könnte, daß es also prinzipiell keine geheimnisvollen unberechenbaren Mächte gäbe, die da hineinspielen, daß man vielmehr alle Dinge - im Prinzip - durch Berechnen beherrschen könne. Das aber bedeutet: die Entzauberung der Welt."[12]

Die moderne europäische Zivilisation ist ein Produkt der Verwirklichung des Moderne-Projektes. Praktisch ist sie in all ihren Merkmalen dem „Projekt Moderne" verpflichtet. Wissenschaft, Kunst, Moral, Industrie, Freiheit, Demokratie,

---

11 Rousseau, J.-J.: Abhandlung über folgende von der Akademie zu Dijon gestellte Frage: Was ist der Ursprung der Ungleichheit unter den Menschen und ist sie durch das Naturgesetz gerechtfertigt? In: Ders.: Frühe Schriften, Leipzig: Reclam 1970, S. 120.

12 Weber, M.: Gesammelte Aufsätze zur Wissenschaftslehre. Tübingen: Mohr 1968, S. 594.

Fortschritt - diese und andere Bestandteile des heutigen Lebens sind ein Produkt der Moderne, ebenso wie die errungene Gleichheit, die rationelle gesellschaftliche Organisation, der außergewöhnlich hohe Lebensstandard und die anderen Errungenschaften der Zivilisation.

Moderne - das bedeutet aber auch andere, weniger angenehme Dinge: Arbeitslosigkeit, ökologische Probleme, ein bürokratisiertes und durchorganisiertes soziales Leben. Man sollte auch nicht die Lehren der langen Geschichte der Moderne-Epoche vergessen, vor allem die Geschichte des 20. Jahrhunderts, als Europa die zwei schrecklichsten Kriege der Menschheitsgeschichte auslöste und zwei totalitäre Regime hervorbrachte. Viele (darunter die Vertreter der Frankfurter Schule) sehen die Keime dieser Entwicklung in den weltanschaulichen Voraussetzungen der Aufklärung.[13]

Der Optimismus der Moderne hat sich inzwischen schon weitgehend abgekühlt. Das Moderne-Projekt demonstriert einerseits seine Entartung, andererseits wird es zur Waffe einer eurozentristischen Politik, zum Instrument einer haltlosen und oft ungehemmten Expansion des Westens. Die Entartung äußert sich in der allmählichen Ersetzung seines wesentlichen Gehalts. An die Stelle des „rational Erkannten" und des „rational Begründeten" tritt immer häufiger das „Neue". Das Neue um seiner selbst willen hat (wie bereits verschiedentlich bemerkt wurde) mit dem aufklärerischen Ideal der Rationalität, das später zum Ideal der Moderne wurde, nichts gemein.

Als Mittel eurozentristischer Politik tritt die Moderne in Gestalt der Modernisierungstheorie auf, einer angewandten Variante der universellen Theorien sozialer Evolution. Sieht man von Feinheiten ab, erscheint die Moderne in ihnen als Gipfelpunkt, wenn nicht gar als Endpunkt der sozialen Evolution. Die Merkmale der westlichen Gesellschaften, vor allem ihrer ökonomischen und politischen Organisation (z.B. die Marktwirtschaft), werden als Universalien der Evolution deklariert. Infolgedessen nehmen das Moderne-Projekt und die Theorie der Moderne *normativen* Charakter an. Im Vergleich mit allem Traditionellen sind sie „neu", und damit unausweichlich und zwingend auf andere Staaten und Gesellschaften zu übertragen. Das Neue wird zum Normativ. Das ist keine Entwicklung des Moderne-Projektes, sondern dessen politische Entartung.

Daher wird das Moderne-Projekt in Zweifel gezogen. Die einen behaupten, es habe nicht nur ein, sondern mehrere Projekte von jeweils unterschiedlichem Gehalt gegeben, die alle in der Ideologie der Aufklärung als gemeinsamem Fundament begründet waren. Andere, wie z.B. Jürgen Habermas, erklären das Moderne-Projekt für „unvollendet" und bleiben im Hinblick auf dessen Zukunft optimistisch. Dritte wiederum (Walter Benjamin und die Frankfurter Schule) sehen in der Mo-

---

13 Siehe Adorno, T./Horkheimer, M.: Dialektik der Aufklärung. Frankfurt a.M.: S. Fischer 1986.

derne ein falsches, phantasmagorisches Abbild der bürgerlichen Welt, das die Klassenherrschaft durch neue Mythologien maskiere. Hier gibt es nichts Gemeinsames mit der Idee Webers von der Entzauberung und Rationalisierung des Lebens. Eine vierte Gruppe schließlich hält die Epoche und die Kultur der Moderne für durchschritten und erklärt die „Postmoderne“ zur neuen kulturellen und sozialen Epoche der Menschheit. Die postmoderne Sicht stützt sich insbesondere auf neue soziale Tendenzen, darunter auch auf Veränderungen in der Sozialstruktur.

## Marxismus und Moderne

Untersuchungen der Sozialstruktur im allgemeinen und der sozialen Ungleichheit im besonderen gehören zu den Ergebnissen der Verwirklichung des Moderne-Projektes. Es war bereits die Rede von Rousseau, der die Existenz der sozialen Ungleichheit begründet hat. Genuin soziologischen Charakter erhielt die Untersuchung der Ungleichheit in der marxistischen Sozialstrukturanalyse der kapitalistischen Gesellschaft, die ausgehend vom jeweiligen Verhältnis zu den Produktionsmitteln, zwei soziale Grundklassen heraushob: Bourgeoisie und Proletariat, die Klasse der Eigentümer an Produktionsmitteln und die Klasse der Lohnarbeiter. Kraft ihrer objektiven Lage im sozialen System beutet die erste Klasse die zweite aus. Das Wesen der sozialistischen Revolution muß in der Beseitigung dieser Ungleichheit bestehen, d.h. in der Überführung der Produktionsmittel in gesamtgesellschaftliches Eigentum und später, in der kommunistischen Zukunft, zur Aufhebung der Klassenunterschiede und zur Bildung einer klassenlosen Gesellschaft, in der die Unterschiede lediglich demographischen Charakter tragen. Aus der soziologischen Analyse wurden in diesem Falle unmittelbare Schlußfolgerungen hinsichtlich der Mittel und Methoden zur Beseitigung der sozialen Ungleichheit gezogen.

In der soziologischen Literatur hält der Streit darüber an, ob man die Begründer des Marxismus den Ideologen der Moderne zurechnen kann, ob sie Befürworter und Vertreter des Moderne-Projektes waren. Wehling zitiert Habermas, der der Meinung war, Marx wäre ein antimodernistischer Romantiker[14], und Berman[15], der behauptete, Marx sei einer der ersten und bedeutendsten Moderne-Theoretiker gewesen. Er selbst meint, Marx sei weder das eine noch das andere; er habe lediglich versucht, die quälenden Widersprüche seiner Zeit auf ihre gesellschaftli-

14 Habermas, J.: Der philosophische Diskurs der Moderne. Frankfurt a.M.: Suhrkamp 1985, S. 75ff.

15 Berman, M.: All that is solid melts into air. The experience of modernity. New York 1982, S. 87.

che Grundlage zurückzuführen.[16] Die berühmte Passage aus dem „Manifest der Kommunistischen Partei" klingt wie ein Manifest der Moderne, wie eine Präambel zum Moderne-Projekt, wenn dieses einen formalen Ausdruck gefunden hätte: „Die Bourgeoisie kann nicht existieren, ohne die Produktionsinstrumente, also die Produktionsverhältnisse, also sämtliche gesellschaftlichen Verhältnisse fortwährend zu revolutionieren. Unveränderte Beibehaltung der alten Produktionsweise war dagegen die erste Existenzbedingung aller früheren industriellen Klassen. Die fortwährende Umwälzung der Produktion, die ununterbrochene Erschütterung aller gesellschaftlichen Zustände, die ewige Unsicherheit und Bewegung zeichnet die Bourgeoisepoche vor allen früheren aus. Alle festen eingerosteten Verhältnisse mit ihrem Gefolge von altehrwürdigen Vorstellungen und Anschauungen werden aufgelöst, alle neugebildeten veralten, ehe sie verknöchern können. Alles Ständische und Stehende verdampft, alles Heilige wird entweiht, und die Menschen sind endlich gezwungen, ihre Lebensstellung, ihre gegenseitigen Beziehungen mit nüchternen Augen anzusehen."[17]

Dieser Auszug handelt genau von dem, was Max Weber fünfzig Jahre später Rationalisierung und Entzauberung der Welt, bzw. die alle Traditionen überwindende Kraft des Kapitalismus genannt hat.

Die praktische Entwicklung des Kapitalismus hat Marx gelehrt, daß es den Menschen nicht gelungen ist, die Welt mit nüchternen Augen zu betrachten. Seiner Auffassung nach wurde die Welt nicht entzaubert, die realen Verhältnisse nahmen eine immer mystifiziertere Form an.

Jede wirkliche oder proklamierte Errungenschaft der Moderne, auf die wir im vorhergehenden Abschnitt eingegangen sind, war auch ein Ziel des Marxismus. Insbesondere betrifft das die Veränderungen in der sozialen Sphäre - die Überwindung der sozialen Ungleichheit und die Durchsetzung der Gleichheit. Das trifft auch auf die Mittel zur Herbeiführung eines derartigen Gesellschaftszustandes zu - die rationale Organisation der Wirtschaft und der Gesellschaft insgesamt. Selbstverständlich wählte Marx spezifische Mittel zur Durchsetzung dieses Ziels. Aber ich denke, man kann ihn zu den Moderne-Anhängern zählen; er war ein Sohn der Epoche der Aufklärung (wenn auch ein verlorener Sohn).

Die marxistischen Soziologen in der UdSSR haben fortwährend ihre nichtmarxistischen Kollegen beschuldigt, Apologeten der bürgerlichen Gesellschaft und bestrebt zu sein, die sozialen Unterschiede und die soziale Ungleichheit für alle Ewigkeit festzuschreiben. Das aber entsprach nicht den Tatsachen. Was zur Sowjetzeit bürgerliche Soziologie genannt wurde, war ebenso wie die marxistische Soziologie - selbst in der verzerrten Gestalt, die sie in der Sowjetunion annahm - nur ein Teil

16 Wehling, P.: Die Moderne als Sozialmythos. Frankfurt a.M., New York: Campus 1992, S. 68.

17 Marx, K./Engels, F.: Manifest der Kommunistischen Partei. In: MEW Bd. 4. Berlin: Dietz 1972, S. 465.

der für die europäische Ideologie der Neuzeit gemeinsamen Bewegung zur Gleichheit - wenn auch der Weg, den die Marxisten zur Gleichheit einschlugen, ein anderer war.

Ein *völlig* anderer war er aber nicht. Für die Marxisten führte der Weg aus der Vergangenheit in die Zukunft über die soziale Revolution, für die Evolutionisten aus dem Westen war die Brücke von der „Rückständigkeit" in die „Gegenwart" die Modernisierung. Sieht man genauer hin, kann man nur staunen, wie wenig sich beide voneinander unterscheiden. S. Huntington nennt neun Hauptmerkmale der Modernisierung, die er offen oder verdeckt bei allen Autoren findet, die zum Gegenstand publizieren[18]:

1. Modernisierung als *revolutionärer* Prozeß, der eine radikale und totale Änderung aller Institutionen, Systeme und Strukturen der Gesellschaft und des menschlichen Lebens vorsieht.
2. Modernisierung als *komplexer* Prozeß, der die Gesellschaft als Ganzes erfaßt, nicht auf nur einen Aspekt, eine Seite oder partielle Veränderung reduzierbar ist.
3. Modernisierung als *System*prozeß, denn die Veränderung eines Faktors, eines Systemfragments initiiert und determiniert Veränderungen in anderen Faktoren und Fragmenten. Infolgedessen kommt es zu einer Umwälzung des gesamten Systems.
4. Modernisierung als *globaler* Prozeß. Einst in Europa entstanden, nimmt sie globale Maßstäbe an. Alle Länder waren irgendwann traditionale Gesellschaften; sie sind heute entweder moderne Gesellschaften oder entwickeln sich dazu.
5. Modernisierung als *dauerhafter* Prozeß. Obwohl dem Maßstab der Veränderungen nach ein revolutionärer Prozeß, bedarf die Modernisierung der Zeit mehrerer Generationen (wenngleich sie an Tempo gewinnt).
6. Modernisierung als *stufenförmiger* Prozeß. Alle Gesellschaften müssen während der Modernisierung dieselben Stadien durchlaufen. Wie viele das sind, hängt davon ab, auf welchem Stadium sie sich zum Beginn des Modernisierungsprozesses befunden haben.
7. Modernisierung als *homogenisierender* Prozeß. Es gibt zahlreiche traditionale Gesellschaften, die sehr verschieden sind; gemeinsam ist ihnen nur, keine modernen Gesellschaften zu sein. Die modernen Gesellschaften hingegen sind in ihren Grundstrukturen und deren Erscheinungsformen gleich.
8. Modernisierung als *unumkehrbarer* Prozeß. Es kann Verzögerungen und Rückschritte geben; das Tempo kann nachlassen, usw. Doch die Modernisierung, einmal begonnen, muß erfolgreich sein.
9. Modernisierung als *progressiver* Prozeß. Er kann zu Übeln und Leiden führen;

18 Huntington, S.P.: The change to change. In: Comparative politics in the post-behavioral era. Ed. by L. Cantory and A. Ziegler. Boulder, Colorado: Lynne Rienner 1988, S. 360ff.

aber letzten Endes wird alles aufgewogen, denn in der modernen Gesellschaft sind kultureller und materieller Wohlstand unvergleichlich höher.

Das ist das Vaterunser der Modernisatoren. Bis auf einige Bestandteile ähnelt es dem Marxismus auffallend. Das Wichtigste ist die Unabänderlichkeit des Fortschritts, die Überzeugung, seinem Glück nicht entgehen zu können. Obwohl Triebkräfte, Endziel und Inhalt der Entwicklung (teilweise) anders konzeptualisiert werden, sind die formalen Denkstrukturen der marxistischen und der liberalen Modernisatoren beinahe identisch.

## Die Moderne in der Analyse der Sozialstruktur

Für die sozialwissenschaftliche Erkenntnis und die konkrete soziale Tätigkeit bot die Moderne gewissermaßen den Maßstab, nach dem sich kulturelle und technologische Modernisierung, Säkularisierung, Entfaltung neuer und Reorganisation alter sozialer Sphären vollziehen müssen. Kulturelle, ökonomische und politische Modernisierung müssen sich auf grundlegende Institutionen der Konkurrenzdemokratie, auf die soziale Marktwirtschaft und die sich auf ihrer Basis ständig entwikkelnde Wohlfahrtsgesellschaft stützen. Auf der Ebene der Individuen und Kleingruppen wurde die Entwicklung dieses Moderne-Projektes als eine in der Geschichte nie dagewesene Freisetzung von Lebenschancen und -möglichkeiten, sowie Herausbildung neuer gesellschaftlicher Beziehungen verstanden, die die Modernisierung der Gesellschaft gewährleisten.

Theorien der Sozialstruktur spielten in dieser Bewegung zur Gleichheit eine ausgesprochen wichtige Rolle. Das Studium der Sozialstruktur erfüllte sozusagen diagnostische Funktionen, untersuchte die Diskrepanzen zwischen Ideal und Wirklichkeit, zwischen der Utopie der Gleichheit und der faktischen Ungleichheit in der Gesellschaft.

Die Forschungen zur Klassenteilung der Gesellschaft, zur sozialen Schichtung und Mobilität hatten drei Aufgaben zu lösen: (1) Die Ungleichheit in den *Verteilungsverhältnissen* (von Einkünften, Bildung, Macht und Prestige) nachzuweisen und zu beschreiben, (2) die auf der ungleichen Verteilung basierenden *Statusgruppen* zu ermitteln und (3) zu untersuchen, inwieweit die Bildung von Statusgruppen zur Herausbildung von *sozialen Schichten* führt.[19]

Die Analyse dieser drei miteinander zusammenhängenden Prozesse mündete in die Beschreibung des *sozialen Aufbaus* der Gesellschaft. Die Analyse der sozialen Mobilitätsprozesse, sowohl innerhalb der Generationen als auch zwischen ihnen, die Erforschung dessen, in welchem Maße traditionelle Institutionen wie

19 Ausführlicher siehe dazu: Müller, H.-P.: Sozialstruktur und Lebensstile. Der neuere theoretische Diskurs über soziale Ungleichheit. Frankfurt a.M.: Suhrkamp 1992, S. 19ff.

Familie, Bildung, Beschäftigung an ihnen teilhatten, führten zur Herausbildung des Bildes eines *sozialen Systems*. Hinzu kamen Untersuchungen über ideologische Interpretationen, Kultursemantik, Formierungsprozesse von Klassifikationen und kulturellen Codes, über all das, was ich in den vorherigen Aufsätzen mit Tenbruck *repräsentative Kultur* genannt habe.

Alles zusammen - die Beschreibung der sozialen Strukturen, ihres Systemcharakters sowie der kulturellen Sinngebung dieser Phänomene, *plus Erklärung* der Ursachen dieser Ungleichheit - war als soziologische Diagnose der sozialen Situation, oder als Diagnose der Zeit, gedacht. Diese unterstützte die Gleichheitsansprüche der gesellschaftlichen Gruppen, die in der sozialen Konkurrenz die Verliererseite darstellten, und diente gleichzeitig als Begründung der Notwendigkeit und der Richtung von Reformen, d.h. sie lag den geplanten sozialen Veränderungen zugrunde.

In diesem Sinne war die Sozialstrukturforschung durch und durch ideologisiert. Sie war erstens ideologisch motiviert und diente zweitens zur Begründung der normativ (d.h. auf das „moderne" Ideal von Gleichheit und Gerechtigkeit) orientierten Veränderungen. Sieht man von rein theoretischen Besonderheiten und von wissenschaftlich-organisatorischen Prinzipien ab, so ist es manchmal sehr schwierig, Unterschiede der ideologischen Funktionen der marxistisch-leninistischen und der sogenannten bürgerlichen Sozialstrukturforschung zu benennen. Hier wie dort war der Ansatz normativ, galten Gleichheit und Gerechtigkeit als höchste Werte, entsprangen das Bild des Idealzustandes und die höchsten Werte ein und derselben Quelle - dem Geist der Aufklärung und der Französischen Revolution.

## Exkurs: Die russische Reideologisierung

Man könnte annehmen, daß die grandiosen gesellschaftlichen Transformationen in der UdSSR und in den Staaten Osteuropas zur Aufhebung der ideologischen Unterschiede zwischen den Soziologien aus dem Osten und dem Westen führen müßten, umso mehr, als diese Meinungsverschiedenheiten, wie ich zu zeigen versucht habe, sekundär waren; es handelte sich im wesentlichen um konkurrierende Versionen eines und desselben Moderne-Projekts zur Herbeiführung von Gerechtigkeit und Gleichheit.

Die soziologische Entwicklung in den sich transformierenden Gesellschaften bewegt sich zur Aufhebung der Unterschiede hin; dem Wesen nach wird die westliche Variante des Projekts übernommen. Davon zeugt die Veröffentlichung von im Westen erschienen Soziologie-Lehrbüchern der letzten Jahrzehnte ebenso wie die Reproduktion konkreter Theorien und Definitionen sowie ganzer Denksysteme in den Lehrbüchern russischer Autoren.

Es hat den Anschein, als seien die sich transformierenden osteuropäischen Gesellschaften (uns interessiert hier vor allem Rußland) imstande, sich adäquat zu beschreiben und zu erklären - mit Hilfe von Standardlehrbüchern und -schemata, die im Westen in den sechziger und siebziger Jahren erarbeitet worden waren, um die westliche Gesellschaft jener Zeit zu beschreiben.

Diese Vorstellung ist falsch und birgt zudem viele Gefahren in sich. Dabei handelt es sich erstens um die Konservierung der soziologischen Methodologien der Sowjetzeit. Die zeitgenössische russische Soziologie kann, wie die Erfahrungen der letzten Jahre beweisen, praktisch die Terminologie und das ideologische Pathos beibehalten, die für die sowjetische Soziologie vor zwanzig bis dreißig Jahren typisch waren. Es müssen lediglich einige anrüchige Namen und Termini vermieden werden. Das resultiert nicht daraus, daß die Soziologen ihre Ideologie „umfärben", im Gegenteil: Selbst wenn sie sich vom Marxismus verabschieden und auf Positionen des Strukturalismus oder anderer Theorien übergehen, bewahren sie ihre ideologische Identität. Sie bleiben dem Moderne-Projekt der Verwirklichung von Gleichheit und Gerechtigkeit treu, auch wenn sie dieses Projekt in ihrer Jugendzeit als Projekt des Aufbaus von Sozialismus und Kommunismus thematisiert haben.

Die zweite Gefahr besteht in der Konservierung der soziologischen Erkenntnis auf dem Niveau der westlichen Theorien und Methodologien, die 20-30 Jahre alt sind. Es versteht sich, daß diese ideologisch und theoretisch bestens bekannten Theorien für unsere Soziologen bequem und verständlich sind. Der Marxismus und westliche System- oder Strukturtheorien der Gesellschaft sind ideologisch und auch theoretisch miteinander verwandt. Sie basieren auf gemeinsamen objektivistischen und naturalistischen Voraussetzungen, die ihre schnelle und erfolgreiche Rezeption im postsowjetischen soziologischen Milieu ermöglichen.

Diese Gefahr der Konservierung konkreter Ideen und Ideologien und damit der Rückständigkeit der russischen Soziologie erklärt sich in erster Linie daraus, daß die westliche Gesellschaft allmählich sowohl auf veraltete Diagnoseinstrumentarien wie auch auf normative Definitionen einer gesunden Gesellschaft, d.h. auf traditionelle Vorstellungen vom gesellschaftlichen Ideal verzichtet.

Die alten Theorien und Lehrbücher taugen nicht für die Beschreibung des heutigen Zustandes der Gesellschaft, die sie irgendwann einmal beschrieben haben. Ebenso untauglich sind sie für die Beschreibung des gegenwärtigen Zustandes unserer Gesellschaft, denn es ist mehr als naiv, die russischen Realitäten an das alte Gesellschaftsideal des Westens anzupassen.

Sowohl die westliche als auch die russische Gesellschaft haben sich verändert, nicht zuletzt unter dem Einfluß des Moderne-Projektes. Beide sind fast gleichzeitig mit der Notwendigkeit einer grundlegenden kognitiven Neuorientierung konfrontiert worden. Bei uns ging diese mit den zerstörerischen Reformen und der totalen Absage an das zuvor gesammelte Wissen einher. Deshalb hat diese Neuorientierung praktisch nicht stattgefunden. Wir leben jetzt nicht von unserem Wissen, sondern von der mehr als 30 Jahre alten Ideologie der Moderne. Außer dieser Ideologie werden auch soziologische Theorien und Methodologien angeeignet, die auf einen fruchtbaren, vom moderne-orientierten Marxismus sorgsam vorbereiteten „Boden“ fallen.

Daher beschreiben die Lehrbücher der Soziologie, die heute übersetzt und herausgegeben werden, nicht die Gesellschaft, mit der es der Student zu tun hat. Mit den gesellschaftlichen Veränderungen muß sich auch die Soziologie ändern, insbesondere die Vorstellungen von der Sozialstruktur und von den Zielen und Aufgaben der Sozialstrukturforschung.

## Kritik der modernistischen Analyse der Ungleichheit

Die Wichtigkeit und Aktualität der oben beschriebenen Definitionen und Vorstellungen von Sozialstruktur, sozialer Gleichheit und Ungleichheit, Gerechtigkeit und Ungerechtigkeit in der Ressourcenverteilung, sowie die Projektierung künftiger Reformen und wünschenswerter sozialer Veränderungen hängen von der normativen Vorstellung über den gewünschten Zustand der Dinge ab. Doch gerade dieser herbeigesehnte Zustand, das Ideal der Moderne, wurde in den letzten Jahrzehnten heftig kritisiert.

Eine nicht so wichtige, aber klangvolle Kritik am Moderne-Projekt repräsentiert die Richtung, die den Anbruch der Epoche der Postmoderne propagiert und alle im Verlauf der Realisierung des Moderne-Projekts entstandenen Probleme verwirft, weil sie sie für unnötig und nicht aktuell hält. Andere Strömungen erklären das Moderne-Projekt zur Utopie; für sie ist die Diskussion um seine Verwirklichung eine vergebliche Beschäftigung. Doch viele Autoren beschäftigen sich mit den realen Problemen, die in den letzten Jahrzehnten im Zuge der Verwirklichung des Moderne-Projektes entstanden. Hierzu gehören die praktischen Probleme der Entwicklung des Sozialstaates, die Gewährleistung von Gleichheit und Gerechtigkeit bei der Lösung konkreter sozialer Probleme, das Bewußtwerden der Grenzen des Sozialstaates bei der Lösung des Problems der Arbeitslosigkeit und der Eingliederung von Problemgruppen, die auf dem Arbeitsmarkt praktisch chancenlos sind. Ein noch wesentlich ernsteres Problem ist die Unfähigkeit des modernen Staates, eine effektive Funktionsweise der sozialen Dienste zu gewährleisten, wobei Probleme eben in den Bereichen entstehen, wo die Errungenschaften am deutlichsten und gewichtigsten scheinen. Immer häufiger tritt die Unfähigkeit des Staates zutage, mit ökologischen Problemen fertigzuwerden und die technologischen Risiken zu minimieren.

Noch einmal: alle diese Probleme entstehen in eben denjenigen Entwicklungsbereichen, in denen das Moderne-Projekt anscheinend die beeindruckendsten Erfolge erzielt hat: im Bereich der Großtechnologien, der sozialen Dienste, der Arbeitswelt. Diese Tatsache stellt nach Meinung vieler Wissenschaftler die Richtung der weiteren Entwicklung in Frage. Der Sozialstaat ist gewissermaßen in der Krise. Jürgen Habermas schreibt in diesem Zusammenhang von der „neuen Unübersichtlichkeit" - der paradoxen Situation, daß „eine immer noch von der arbeitsgesellschaftlichen Utopie zehrende Sozialstaatsprogrammatik die Kraft verliert, künftige Möglichkeiten eines kollektiv besseren und weniger gefährdeten Lebens zu erschließen".[20] Diese neue Unübersichtlichkeit stellt die vom Standpunkt Max Webers grundlegende Tendenz der Moderne in Frage - die Tendenz der Entzauberung der Welt. Das kann sowohl die Erschöpfung des Moderne-Projekts - zweihundert Jahre nach seiner praktischen Begründung - bedeuten (H.-P. Müller schreibt von der „Erschöpfung utopischer Energien"[21] ), aber auch eine vorübergehende Schwierigkeit.

## Neue Differenzierungen

Wichtiger als die Probleme, die aus den Mängeln des Sozialstaates resultieren, sind die Probleme, die aus seinen wirklichen Vorzügen herrühren. Sie machen es notwendig, den Begriff der sozialen Ungleichheit, und damit auch die zentralen Begriffe der Sozialstrukturforschung, neu zu bestimmen.

Ungleichheit hört dabei auf, ein negativ besetzter Wert zu sein; sie gilt zunehmend als Anderssein, und letzten Endes als Pluralisierung und Individualisierung der Lebens- und Kulturstile. Kennzeichnend für diese Tendenz ist:

(1) Die *Organisation individueller Biographien*.[22] Die Lebenspläne werden für einen weitaus längeren Zeitabschnitt als früher festgelegt; es werden Lebenspläne entworfen, die auf die Selbstverwirklichung der Persönlichkeit in den verschiedensten Lebensbereichen gerichtet sind. Die Erweiterung der Möglichkeiten zur Selbstrealisation korrespondiert sogar mit den formalen Veränderungen des Standard-Lebenszyklus. Es erscheinen *neue Alters-Statusgruppen* neben den traditionellen (Kindheit, Jugend, Erwachsensein und Alter) - das „nachjugendliche Stadium", das die Möglichkeit voraussetzt, die Ausbildungszeit im Vergleich zu den älteren Kohorten wesentlich auszudehnen; ein „empty nest-" oder auch „nach-Eltern-Stadium" genanntes, das den Frauen ermöglicht, sich neuen Tätigkeiten zuzuwenden, ein „neues Leben" zu beginnen, nachdem die erwachsenen Kinder die Familie verlassen haben; und schließlich ein viel längeres Pensionärsstadium, dessen Dauer, wenn man so sagen kann, von zwei Enden her wächst - durch die Vorverlegung des Rentenalters und die Erhöhung der mittleren Lebenserwartung. Auch die *Pluralisierung der Formen des Familienlebens* gehört in diesen Kontext. Alle diese

20 Habermas, J.: Die neue Unübersichtlichkeit. Frankfurt a.M.: Suhrkamp 1985, S. 147.

21 Müller, H.-P.: Sozialstruktur..., a.a.O., S. 23.

22 Vgl. Kohli, M.: Normalbiographie und Individualität. Zur institutionellen Dynamik der gegenwärtigen Lebenslaufregimes. In: Brose, H.-G./Hildebrand, B. (Hg.): Vom Ende des Individuums zur Individualität ohne Ende. Opladen: Leske & Budrich 1988.

pluralistischen und individualisierten Lebensstile haben den beschleunigten Zerfall der traditionellen kollektiven Lebensformen zur Folge.

Kann man in dieser Veränderlichkeit etwas eher Stabiles erkennen, oder handelt es sich nur um eine Gegenüberstellung zu den vorherigen stabilen Formen? Die meisten theoretischen Konzeptionen im Westen geben auf diese Frage keine direkte Antwort. Es wird lediglich konstatiert, daß die wachsende Individualisierung und Pluralisierung, die Befreiung vom Einfluß des traditionellen sozialen Umfeldes und die Wahlfreiheit individueller Lebensstile, das Ende der sozialen Schichtung bedeutet.[23] Ulrich Beck hat in seinem Buch „Risikogesellschaft"[24] die vielfältigen Spekulationen zu diesem Thema gewissermaßen in vier Thesen resümiert. Erstens: die starke Verbesserung der materiellen Lage des überwiegenden Teils der Bevölkerung führt zur Enttradionalisierung der Klassenlagen, so daß z.B. Arbeiter Zugang und die Möglichkeit zur Realisierung einer für die Bourgeoisie charakteristischen Lebensführung erhalten.

(2) Der materielle Wohlstand erscheint im Bewußtsein derer, die über ihn verfügen, als *individuelle* Errungenschaft, selbst dann, wenn dieser nicht ihr Verdienst, sondern Ausdruck der Veränderungen in der Gesellschaft ist. In dem Maße, in dem sich das gesellschaftliche Bewußtsein individualisiert, nimmt die klassenkulturelle Identifikation ab.

(3) Die parallel erfolgende Diversifikation und Individualisierung der Lebenslagen und Lebensläufe, die vor allem einer spürbaren Verstärkung der sozialen Mobilität Ende der siebziger, Anfang der achtziger Jahre geschuldet ist.

(4) Im Zusammenwirken der drei genannten Prozesse kommt es zur Auflösung der sozialen Klassen und Schichten, die den früheren hierarchischen Sozialstruktur-Modellen entsprechen. An die Stelle der Klassen- und Schichten-Lebenswelt treten voneinander verschiedene, individualisierte Lebenswelten.

Hinsichtlich der Perspektiven der künftigen Entwicklung zählt Beck kurz die Merkmale der sich entwickelnden „Postklassengesellschaft" auf. Erstens tritt die soziale Ungleichheit hier ausschließlich statistisch auf, ohne in den Äußerungen der Normen und Lebensweisen unmittelbar in Erscheinung zu treten; wo der Versuch unternommen wird, die alten Klassen- und Schichtloyalitäten wiederherzustellen, führt dies zu künstlichen Gliederungen ohne reale Grundlage. Zweitens verliert die soziale Mobilität ihre stimulierende Kraft, das Individuum neigt dazu, sein Leben selbst zu ändern, ohne auf die systembedingten Realitäten und Ganzheiten zurückzugreifen; es übernimmt die Verantwortung für alle Veränderungen, ohne sie auf das System abzuwälzen. Drittens strukturiert sich das politische Leben zunehmend nach *Issues*; es wird von situativen Themen dominiert und ist immer

23 Vgl. Berger, P./Hradil, St. (Hg.): Lebenslagen, Lebensläufe, Lebensstile. Göttingen: Schwarz 1990.

24 Beck, U.: Risikogesellschaft. Auf dem Weg in eine andere Moderne. Frankfurt/Main: Suhrkamp 1986.

weniger durch quasi-ontologischen Bindungen an objektive Klassenlagen geprägt. Viertens gewinnen neue Ungleichheiten eine neue Bedeutung und Wichtigkeit, die auf askriptiven Merkmalen basieren.

## Neue Differenzierungen und differenzierende Faktoren in Rußland

Was Beck u.a. im Hinblick auf Deutschland und andere entwickelte Industrieländer formuliert haben, steht auf den ersten Blick in keinerlei Zusammenhang mit der heutigen russischen Realität. Die rein strukturellen Momente der gegenwärtigen Veränderungen in Rußland entsprechen überhaupt nicht dem, was sich in den westlichen Ländern vollzogen und letzten Endes zur oben erwähnten Individualisierung und Pluralisierung der Lebensformen geführt hat. Statt der unerhörten Steigerung des Lebensstandards vor dem Hintergrund eines kontinuierlichen ökonomischen Wachstums (wie es im Westen der Fall war) vollzieht sich in Rußland ein entgegengesetzter Prozeß - das Lebensniveau der Mehrheit der Bevölkerung verschlechtert sich rapide. Anstatt ihre Lebenspläne zu „biographisieren", was nur unter der Voraussetzung der Freiheit von ökonomischen Nöten möglich wäre, müssen sich die russischen Bürger ausschließlich um das Überleben kümmern, womit sich langfristige Lebenspläne erübrigen. Der ständige Wohnungsmangel steht der Möglichkeit im Wege, alternative Familienstrukturen zu pflegen und „ergänzende" Lebensstadien herauszubilden. Auch die Verlängerung des „Pensionärsdaseins" ist mit Blick auf die Höhe der in Rußland gezahlten Renten irreal. Die durchschnittliche Lebenserwartung sinkt, und man muß ständig hinzuverdienen, um die eigene Existenz zu sichern. Das alles schließt die Pluralisierung und Individualisierung der Lebensformen anscheinend aus und begünstigt im Gegenteil die Herausbildung archaischer Formen sozialer Differenzierung - vom heutigen Niveau soziokultureller Entwicklung und den Formen sozialer Stratifikation aus betrachtet.[25]

Die Beobachtung der russischen Realität führt aber auch zu ganz anderen Ergebnissen:

(1) Zu verzeichnen ist ein sprunghaftes *Ansteigen der* mannigfaltiger *Lebensformen und -stile*, die nicht auf Klassen, Schichten oder Ständezugehörigkeit zurückführen, sondern ausschließlich kulturellen Ursprungs sind. Alle diese Stile, die in Rußland während der letzten fünf bis zehn Jahre entstanden sind, korrespondieren weder mit den Kategorien der demographischen, beruflichen oder ökonomischen Struktur der UdSSR, noch mit denen des heutigen, „kapitalistischen" Rußland.

---

25 Daher ist es nicht verwunderlich, daß die russische Soziologie bei der Beschreibung der gegenwärtigen russischen Gesellschaft überwiegend mit diesen archaischen Modellen arbeitet bzw. mit modifizierten Versionen des marxistischen Verständnisses der Sozialstruktur der kapitalistischen Gesellschaft.

(2) Eine außerordentliche *Mobilität der Berufsstruktur* in Rußland. Der Kampf ums Überleben bereichert paradoxerweise das Lebensstil-Repertoire der Individuen. Die Notwendigkeit zuzuverdienen, um die Familie über Wasser zu halten, zwingt das Individuum zur Aneignung von Lebensformen und -stilen, die unter stabilen und günstigen Bedingungen nie erfolgt wäre. So ist es nicht eben selten, daß ein Wissenschaftler als Taxifahrer arbeitet (entweder mit dem eigenen oder einem fremden Auto). Arbeiter und Angestellte nutzen die Freizeit, um Handel zu treiben; sie gehen auf „Shop-Tour", vermitteln Geschäfte u.ä. Den Einfluß eines derartigen Berufswechsels (und damit zugleich des Wechsels beruflicher Lebensstile) sollte man nicht unterschätzen. Die Lebensstile des Individuums werden relativiert, die tradierten stabilen Identifikationen zerstört, auch wenn soziale und ökonomische Stabilität wiederkehren, kann das nicht mehr rückgängig gemacht werden. Es ist gleichsam der Verlust der „stilistischen Unschuld".

(3) *Askriptive Merkmale und entsprechende Verhaltensformen gewinnen an Bedeutung.* Das hat zwei Gründe. Erstens erhöht die Härte des Überlebenskampfes die Bedeutung naturgegebener Persönlichkeitsmerkmale (Geschlecht, Alter, biologische und natürliche Eigenschaften). Diese spielen natürlich in jeder Gesellschaft eine große Rolle; ihre Bedeutung schwankt je nach der ökonomischen Situation. Wichtiger aber sind andere Ursachen der wachsenden Rolle askriptiver Merkmale: die Entwertung individueller Biographien sowie der massenhafter Identitätsverlust, die Begriffe wie Errungenschaft und Erfolg absurd erscheinen lassen und in deren Folge präsentatives, inszeniertes Verhalten an Bedeutung gewinnen. Die zunehmende Rolle askriptiver Merkmale hat in Rußland andere Ursachen als in den entwickelten Ländern des Westens; dort resultieren Pluralisierung und Individualisierung der Lebensformen und -stile aus dem Überfluß an Ressourcen verschiedenster Art. In Rußland sind sie gleichsam erzwungen; sie werden einerseits motiviert durch die Überlebensbedürfnissen und andererseits durch die Notwendigkeit, nach neuen Identitäten zu suchen. Aber das Ergebnis ist letztlich dasselbe - die Pluralisierung und Individualisierung der praktizierten Lebensformen.

(4) Ein neuer differenzierender Faktor ist die im Vergleich zur Sowjetzeit ungewöhnliche *Breite des Bildungsangebots.* Jeder Beruf und jede Lebensform kann sowohl im Lande als auch im Ausland erlernt und gelebt werden. Diese Tatsache führt jedoch zur Ausprägung nicht nur der vertikalen, sondern auch der horizontalen Differenzierung: die Lernenden werden nach Lebensformen und -stilen unterschieden. Neben ihren früheren Funktionen wird die Bildung zum Mittel der Aneignung neuer Stile. Die hohen Kosten und die scheinbare Unzugänglichkeit vieler Bildungseinrichtungen sind allerdings in der Regel kein Hindernis für Individuen, die sich die für sie neue Lebensform aneignen wollen.

(5) Die *motivierende Kraft sozialer Mobilität geht verloren*, ebenso, wie Beck das für den Westen beschrieben hat. Bildung ist in der Regel kein Ausdruck für den Aufstieg auf der sozialen Stufenleiter. Diese interessante Tatsache ist ein Merkmal der Übergangsperiode, sie erklärt sich daraus, daß es keine stabile und eindeutige

Prestige-Skala der Berufe gibt. Einerseits (genauer: für bestimmte Vertreter der Bevölkerung[26]) sind intellektuelle Berufe prestigeträchtig, die eine lange und sorgfältige Ausbildung erfordern - wie Historiker, Philosoph oder Naturwissenschaftler - und die auch zur Sowjetzeit ein hohes Prestige besaßen. Für andere sind Berufe erstrebenswert, die schnellen Erfolg und Reichtum versprechen - Geschäftsmann, Manager, Jurist - und im Zuge der ökonomischen Transformation populär geworden sind. Wieder andere streben Berufe an, die überhaupt keine systematische Ausbildung erfordern, wie Personenschützer, Striptease-Tänzerin oder Händler. Gerade die Relativierung des Prestiges der Berufe und Tätigkeitsarten verringert die Bedeutung sozialer Mobilität. Mobilität wird nur in einem stabilen Prestige-System geschätzt. Wo dieses fehlt, kann das Prestige eines Berufs resp. einer Tätigkeitsart nur und ausschließlich individuell bewertet werden. Bildung verliert daher in Rußland ihren früheren sozialen Sinn. Sie wird zum Mittel für wirtschaftlichen Erfolg und für den Zugang zu neuen Lebensformen und -stilen.

6) Eine *spezifische Organisation der Politik*, so wie sie Beck beschrieben hat. Das politische Leben in Rußland ist heute weit entfernt von traditionellen westlichen Modellen, kommt aber modernen westlichen Modellen sehr nahe. Das herausragende Merkmal der gegenwärtigen russischen Politik ist die Tatsache, daß es keinerlei soziale Verankerung der politischen Parteien keine an soziale Gruppen gebundene Parteienidentität gibt. Die vielfältigen Versuche einzelner Parteien und Parteiführer, eine „Prinzipialkoordination" zwischen ihrer Doktrin und einer entsprechenden sozialen Schicht herzustellen, sind immer wieder gescheitert. Die Arbeiter folgen nicht der Sozialdemokratie, die Industriellen unterstützen nicht jene Organisationen, die speziell für sie und die Unternehmer gegründet worden sind. Es gibt keine Parteien der Arbeiter und keine Parteien der Bauern, keine Parteien der Armen und keine Parteien der Reichen. Die Bildung von Blöcken und Bewegungen wird nicht durch die soziale Nähe der beteiligten Parteien bestimmt, sondern sie hängt von aktuellen politischen Themen und Situationen ab, im Hinblick auf die vorübergehend gemeinsame politische Interessen bestehen. Eine sozial bedingte Idiosynkrasie entsteht nicht: Gajdar kann sich, wenn es notwendig ist, mit den Kommunisten einigen, und Shirinowski mit den Gajdar-Leuten. Das hat nichts mit Indifferenz und Prinzipienlosigkeit zu tun, sondern ist Ausdruck einer grundlegend gewandelten Politik. „Links" und „Rechts" sind für das russische politische Spektrum keine strukturbildenden Orientierungslinien mehr. So beweglich die Parteien sind, so beweglich und wankelmütig ist auch der Wähler; er sucht nicht mehr nach einer Partei, die seiner Klassen- resp. Schichtspezifik entspricht und die er ständig wählen würde, sondern er ändert andauernd seine Präferenzen, orientiert sich an konkreten politischen Themen und Situationen. Sollte es Gesetzmäßigkeiten im

26 Dieser nicht sehr schöne Terminus wird hier verwendet, um den Ausdruck „Bevölkerungsgruppe" zu vermeiden, denn die (Status-)Gruppe ist diejenige Kategorie einer mehr oder weniger stabilen Sozialstruktur, die im heutigen Rußland praktisch fehlt.

Verhalten solcher „Wechsel-Wähler" geben, müßten sie untersucht werden; wobei man sich wahrscheinlich auf die Begriffe der Lebens- und Kulturstile stützen müßte, die auch die Spezifik des Wählerverhaltens zum Ausdruck bringen.

All diese Tatsachen (oder Interpretationen, falls sie jemand bestreiten möchte) sollen lediglich zeigen, daß Rußland im Ergebnis der Reformen, die 1985 langsam und quälend begonnen haben und danach in (nach Maßstäben und Stilen) revolutionäre Veränderungen übergingen, durchaus nicht zu seiner eigenen vorsowjetischen oder bürgerlichen Vergangenheit zurückgekehrt ist, sondern auf natürliche Weise zu einem für die westlichen Länder gegenwärtig charakteristischen „Nachklassen-"Zustand gefunden hat.

Dieser Übergang ist längst nicht abgeschlossen. Im Land gibt es Elemente und Tendenzen, die für eine Nachklassengesellschaft typisch sind. Sie können und werden als Matrize dienen, auf der sich bei Verbesserung und Stabilisierung der wirtschaftlichen Lage soziale Verhältnisse einer „reifen" Nachklassengesellschaft herausbilden werden.

## Paradigmenwechsel in der Sozialstrukturtheorie

Zu den Innovationen innerhalb der Sozialstrukturforschung der letzten Jahrzehnte gehört das sogenannte Lebensstil-Konzept.

Unter den Aspekten, die im Rahmen dieses Konzepts untersucht werden, hebt H.-P. Müller u.a. folgende hervor[27]:

(1) Die *Verteilung der Chancen zur Stilbildung.* Die in einer konkreten Gesellschaft vorhandenen Möglichkeiten zur Stilbildung hängen von verschiedenen Faktoren ab, in erster Linie vom Werte- und Normensystem, aber auch vom Wohlstands- bzw. Lebensniveau der Bürger. Je geringer die Geltungskraft der sozietären, institutionellen und situationsspezifischen Normen und Regularien ist, desto schneller und offenkundiger treten (um die Wahl der Individuen konkurrierende) Lebensstile an die Stelle traditioneller Rollen und ritueller Verhaltensmuster. Ein hohes Wohlstandsniveau und Gleichheit der Bildungschancen wiederum sind Bedingungen für eine Vielzahl von alternativen Möglichkeiten der Wahl des Lebensstils. „Ein pluralistisches Wert- und Normensystem und gesellschaftlicher Reichtum", schreibt H.-P. Müller, „sind notwendige Bedingungen zur Steigerung individueller Wahlfreiheit und zur Vervielfältigung von Lebensstilen".[28]

(2) Die *Verteilung von Ambitionen zur Stilbildung.* Ebenso wie die Chancen, sind auch die Ambitionen unterschiedlich verteilt. Die Verteilung der Stilisierungsbestrebungen kann man sowohl auf gesamtgesellschaftlicher als auch auf individueller Ebene betrachten. In sozialstruktureller Perspektive zeigt sich, daß Bestrebun-

27 Vgl. Müller, H.-P.: Sozialstruktur..., a.a.O., S. 374ff.
28 Ebenda, S. 375.

gen zur Ausbildung und Demonstration von Lebenstilen in der modernen Gesellschaft vor allem in den Mittelschichten anzutreffen sind. Angehörige der Oberschichten sind in dieser Hinsicht in der Regel kaum ambitioniert, da es für sie keine Notwendigkeit gibt, sich zu profilieren. Ihr Lebensstil demonstriert Freiheit und eine natürliche Unabhängigkeit gegenüber gesellschaftlichen Konventionen, weshalb sie unbelastet in ihrer eigenen Tradition leben können. Sie verfügen über unbegrenzte Möglichkeiten der Stilisierung, doch sie zeigen keine Ambitionen dazu; ihr Stil ist ihre Tradition. Auch die Lebensweise der Angehörigen der unteren Schichten ist eher stabil, wenn auch aus ganz anderen Gründen: Sie können nicht anders leben, da der beständige Druck ihrer materiellen Lebensumstände ihnen die Lebensweise vorschreibt und keine Möglichkeiten für Stilexperimente bietet. Auf der individuellen Ebene sind die Stilisierungschancen und -ambitionen in unterschiedlichem Maße auf die verschiedenen Lebensabschnitte verteilt. Die besten Chancen und stärksten Bestrebungen liegen im Jugend- und frühen Erwachsenenalter. Im Alter dagegen sind viele Lebensstile einfach physisch nicht mehr lebbar; das „Stilisierungstemperament" schwächt sich ab. Auch in der Kindheit sind die Stilisierungschancen noch sehr eingeschränkt; zum einen, weil ihr Horizont weitgehend auf Familie und Schule beschränkt ist, zum anderen, weil im Kindesalter die Anerziehung von Moralnormen der Ausbildung von Stilisierungsambitionen entgegensteht.

Allein die Möglichkeit, über eine Verteilung von Stilbildungschancen und -ambitionen zu reden, führt uns zum Ausgangspunkt der Überlegungen über soziale Stratifikation und soziale Ungleichheit zurück - zur Idee der vertikalen Klassifikation. Vertikale Klassifikationen, vor allem solche nach askriptiven Merkmalen - wie Geschlecht, Alter, Hautfarbe, aber auch weniger bedeutsame wie Haarfarbe, Körperbau, Relation zwischen Brust-, Taillen- oder Gesäßumfang - bleiben mehr oder weniger in allen Kulturen erhalten. Alle diese individuellen Faktoren spielen in der Verteilung der Stilbildungschancen eine wesentliche Rolle; mitunter entscheiden sie maßgeblich darüber, welcher konkrete Stil von den betreffenden Individuen angenommen, angeeignet werden kann.

Allerdings sind auch andere Faktoren für die Verteilung von Stilbildungschancen von Bedeutung - die Faktoren, welche die traditionelle Klassifikationsbasis darstellen, auf die sich die Interpretation sozialer Ungleichheit in der zeitgenössischen Soziologie stützt: Einkommenshöhe, Status und Prestige von Bildungsabschlüssen, Berufsprestige usw. Daher hat die Oberklasse, wie Müller mit Recht sagt, alle Möglichkeiten, aber geringe Ambitionen zur Ausbildung neuer kultureller Stile, während es sich bei den Unterklassen eher umgekehrt verhält. Und je höher die Bildung, die das Wissen um Lebensalternativen einschließt, desto höher ist die Möglichkeit und mitunter auch das Bestreben nach Stilbildung.

Hier entsteht ein Dilemma, mit dessen Lösung wir dem ganzen in diesem und den vorigen Aufsätzen dargelegten Material die theoretische Bestimmtheit geben: Sind die Kultur- und Lebensstile „freischwebende Formen", die sich vom sozialen

Substrat gelöst haben und von souveränen Subjekten mit dem Ziel der Identitätsbildung und einer geregelten Lebensführung frei und willkürlich gewählt werden können, *oder* sind die Stile von Anfang an mit bestimmten Positionen in der Sozialstruktur koordiniert, so daß die Wahl eines bestimmten Stils im wesentlichen die Identifikation mit einer bestimmten Position im traditionellen (oder leicht modifizierten) System der sozialen Stratifikation zum Ausdruck bringt?

Entscheiden wir uns für die zweite Antwort, dann ändert die ganze Erörterung der Stilproblematik - wenngleich sie an sich wichtig ist für die Analyse der kulturellen Vermittlung sozialer Prozesse - wenig am Wesen unserer Sicht auf die Sozialstruktur, die soziale Ungleichheit und den sozialen Wandel. Dann verkomplizieren wir nur das Bild, indem wir neue Details beschreiben, neue Personagen, neue Nuancen der Charaktere; doch weder an der Fabel noch an den handelnden Hauptpersonen ändert sich Wesentliches. Natürlich wäre es ein Zuwachs an soziologischem Wissen, eine detailliertere, tiefergreifende Analyse der derzeit ablaufenden Prozesse, und außerdem einfach ein zutreffenderes Bild der gegenwärtigen sozialen Realität. Im Prinzip ist dies der Ansatz Bourdieus, der Kultur als Gesamtheit der Instrumente von Identifikationsstrategien versteht und interpretiert.[29]. Nach diesem Ansatz verschwindet die Klassen- und Schichtgliederung der Gesellschaft nicht, sie löst sich nicht in der Kultur auf, sondern diese ist ein aktives Medium, das die Klassen- und Schichtidentitäten hervorbringt, sozusagen formt.
Wählen wir dagegen die erste Antwort, führt das zu erheblich radikaleren Schlüssen:

(1) Uns geht automatisch die Grundlage für die Erörterung der sozialen Ungleichheit als eines sozialen Problem verloren, denn die *universellen* vertikalen Klassifikationen, über die allgemeiner Konsens besteht, lösen sich auf. Soziale Ungleichheit bleibt bestehen, wird aber entproblematisiert, da sie dann auf askriptiven Merkmalen - der Zugehörigkeit zu bestimmten Lebens- oder Kulturformen - basiert. Die Ungleichheit, so könnte man sagen, wird pluralisiert. Jede Kulturform besitzt ihre eigene Klassifikation, die sich auf ein besonderes, für sie formspezifisches Merkmal gründet. Auf diese Weise führt die Pluralisierung der kulturellen Formen zu einer Pluralisierung der Ungleichheiten, aber *soziale Ungleichheit als solche*, deren Überwindung einst als eine der Hauptaufgaben des Moderne-Projekts angesehen wurde, *wird ausgeblendet.*

Ich möchte an einem Beispiel erläutern, was damit gemeint ist. Die siebziger und achtziger Jahre waren eine Periode, in der sich im Westen neben vielen anderen zwei gegensätzlich orientierte kulturelle Stile entfaltet haben: Hippies und Yuppies. Stilistisch sind das zwei vollkommen verschiedene Gruppen: Kleidung, Manieren, Lebensinszenierungen - alles unterscheidet sie. Aber es geht nicht nur um

29 Vgl. Bourdieu, P.: Die feinen Unterschiede. Kritik der gesellschaftlichen Urteilskraft. Frankfurt a.M.: Suhrkamp 1979; Ders.: Sozialer Sinn. Kritik der theoretischen Vernunft. Frankfurt a.M.: Suhrkamp 1987

die äußeren Erscheinungsformen; sie haben auch völlig unterschiedliche Wert- und Normensysteme.[30]

Hier interessieren nicht diese Gruppen an sich, sondern ihr Verhältnis zur Ungleichheit und das Verhältnis ihrer Ungleichheitskonzeptionen zueinander. Interessant ist, daß ihre Vorstellungen von Ungleichheit keine Berührungspunkte haben und sich praktisch nicht ineinander übersetzen lassen. Für die Hippies sind alle Menschen gleich, alle Menschen sind Brüder, das Ideal der Hippie-Gemeinschaft ist nicht hierarchisch. Die Yuppies dagegen halten sich praktisch an das traditionelle Klassifikationssystem (Einkommen, Bildung, Prestige) und lassen sich bei der Bewertung der Menschen von „Erfolgskriterien" leiten.

In den Vorstellungen der Hippies und Yuppies fehlt also ein beiden Gruppen gemeinsames System vertikaler Klassifikation, das ein wechselseitiges Verständnis in der Frage der sozialen Ungleichheit und eine wechselseitig akzeptierte Verortung der einen wie der anderen Gruppe im Stratifikationssystem begründen könnte. Dasselbe ist auch in bezug auf andere Lebensformen und kulturelle Stile zu beobachten. Jede(r) läßt sich von eigenen Klassifikationen leiten, die sich von denen der anderen unterscheiden. Letztlich läuft das auf die Pluralisierung von Ungleichheit und die Streichung des Problems der *Ungleichheit als solcher* von der Tagesordnung hinaus.

(2) Erkennt man die freie, sozial ungebundene Existenz der Formen und Stile an, dann muß man sich vom Begriff der *sozialen Stratifikation* verabschieden.

Hier besteht derselbe Zusammenhang wie hinsichtlich der Vorstellungen von der „globalen Stratifikation". Die Einteilung der Kulturen in primitive, traditionale und entwickelte hat nur einen Sinn, wenn es ein einheitliches Kriterium gibt; dieses Kriterium bietet, wie oben erwähnt, das universelle Evolutionsparadigma. Der Paradigmenwechsel, der Übergang zum Standpunkt des kulturellen Pluralismus, zerstört die Klassifikationsbasis und die ganze globale „Rangordnung". Es ist daher kein Zufall, daß das Moderne-Projekt (mit seiner Orientierung auf die Beseitigung der regionalen Ungleichheiten, das Heranführen der „Weltperipherie" - der Länder und Regionen Asiens, Afrikas, Lateinamerikas, und jetzt auch der GUS - an das Niveau der entwickelten Industriegesellschaften) untrennbar mit den Ideen der Evolution und des Fortschritts verbunden ist, die nach dem Tod des alten

30 Hippies gibt es viele, überall, und schon sehr lange. Der Yuppie-Stil ist nicht so verbreitet. Heute praktizieren ihn in Rußland immer mehr junge „Businessmen" . Die Züge vieler Vertreter der sog. „neuen Russen" sind denen der Yuppies sehr ähnlich: Auffassungen von Loyalität, Familie als hoher Wert, Aussehen, charakteristische Gebrauchsgegenstände. Es geht natürlich nicht um die folkloristischen „neuen Russen", die Aussehen und Manieren eines amerikanischen Mafioso und eines sibirischen Kaufmanns in sich vereinen, sondern um diejenigen Merkmale der „neuen Russen", die in soziologischen Untersuchungen ermittelt wurden, deren Resultate die Wochenzeitung „Kommersant" 1992/93 veröffentlicht hat. Von daher kommt übrigens auch der Terminus „new Russians".

kulturanthropologischen Evolutionismus im soziologischen Neoevolutionismus der strukturalistisch-funktionalistischen Schule ihre Wiedergeburt erleben. Ohne die Ideen des Fortschritts und der globalen Stratifikation würde das gesamte System der politischen und ökonomischen Organisation der Weltordnung zusammenbrechen.

Genauso würde der Verzicht auf die Ideen der vertikalen Stratifikation und der Überwindung der Ungleichheit - d.h. der Heranführung der Unterklassen an das Einkommens- und Bildungsniveau der Mittelklassen, die in den entwickelten kapitalistischen Ländern die Bevölkerungsmehrheit stellen - die gesamte politische und wirtschaftliche Organisation dieser Länder verändern. Zu erraten, wie diese neue, horizontal organisierte Gesellschaftsstruktur aussehen soll, macht keinen Sinn; das ist nicht Sache der Soziologen, sondern der Futurologen. Allerdings demonstrieren soziale Experimente in verschiedenen Ländern unterschiedliche Varianten einer möglichen Organisation der Koexistenz verschiedener Lebensformen und -stile.[31]

Eigentlich stellen diese beiden Antworten keine Alternative dar. Die Verteilung von Stilisierungschancen und -ambitionen je nach den verschiedenen Positionen im Stratifikationssystem zu beurteilen, wie H.-P. Müller dies tut, bedeutet überhaupt nicht, die Möglichkeit einer weiteren Re-Identifikation der Individuen und der Ausbildung entsprechender Lebensformen und -stile als eigenständiger Elemente der Sozialstruktur zu negieren, die sich nicht in das heute existierende Stratifikationssystem einordnen. In diesem Sinne steht die Auffassung Bourdieus, der die Klassenstruktur der Gesellschaft anerkennt und unsere Vorstellungen über diese Struktur verfeinert, nicht im Widerspruch zu den Positionen z.B. Bergers und Hradils, die „das Ende der sozialen Schichtung", „das Ende der Stratifikation" verkünden.[32] Im Gegenteil, der Ansatz Bourdieus, der untersucht, wie die Kultur, indem sie klassenspezifische Identitäten formt, eine immer größere Rolle in der Reproduktion der Sozialstruktur spielt[33], demonstriert, wie die Kultur unabhängig von der unterstellten sozioökonomischen Matrize die Rolle eines strukturierenden Agens annimmt. In dieser Perpektive betrachtet zielen Müllers Analyse der Verteilung von Stilbildungschancen und -ambitionen, die Konzeption Bourdieus und einige andere (hier nicht thematisierte Theorien) auf nicht anderes als die Frage, wie sich der Transformationsprozeß der Sozialstruktur moderner Industriegesellschaften in eine neu strukturierte Organisation vollzieht, deren Gliederung nicht vertikal, sondern horizontal fundiert ist.

---

31 Vgl. Robertson, J.: The same alternative. Signposts to a self-fulfilling future. London: Villiers 1978.

32 Vgl. Berger, P./ Hradil, St.: Lebenslagen, Lebensläufe, Lebensstile. Göttingen: Schwarz 1990.

33 Siehe dazu auch Eder, K.: Gleichheitsdiskurs und soziale Ungleichheit. A.a.O.

## Soziologie und Postmoderne

Eine derartige Entwicklung im Bereich der Sozialstruktur, mit der zugleich viele andere soziale und kulturelle Prozesse einhergehen - wie z.B. die Komplizierung der sozialen, ökonomischen und technologischen Systeme, die sie nicht nur für den sprichwörtlichen „Mann von der Straße", sondern auch für Spezialisten unbegreiflich und undurchschaubar machen -, lassen entweder auf einen Fehlschlag des Moderne-Projekts schließen oder darauf, daß es sich erschöpft hat. Deshalb ist schon seit geraumer Zeit der etwas zweideutige Terminus „Postmoderne" im Umlauf.

Spezielle Nachforschungen haben ergeben, daß dieser Terminus erstmals 1947 von Arnold Toynbee verwendet worden war, um eine neue Periode in der Entwicklung der westlichen Zivilisation zu bezeichnen.[34] Ohne tiefer in die philosophische, kunst- und kulturwissenschaftliche Interpretation der Postmoderne einzudringen, halten wir uns an ihre Erscheinungsformen in bezug auf die allgemeinen Prinzipien des Begreifens und der Organisation des Lebens.

Vor allem geht es um den Zerfall der für die Moderne charakteristischen „Meta-Erzählungen", d.h. um den Zerfall der großartigen idealen Ganzheiten, in deren Wechselwirkung sich die Moderne konstituierte; als da sind: Wissenschaft, Religion, Humanismus, Philosophie, Sozialismus usw. - ideelle Gebilde, die auf die vollständige und erschöpfende Interpretation der Welt Anspruch erhoben, oder zumindest die Perspektive der Ausbildung einer totalen Weltanschauung eröffneten. Am wichtigsten ist hier sicherlich der Verzicht auf die Metageschichte, d.h. auf eine universelle historische Konzeption, welche die gesamte Geschichte in ein harmonisches und folgerichtiges Schema einordnet. In diesem Sinne ist die Kritik am Evolutionismus, an der Modernisierung und gleichermaßen an der Moderne - die ja eben ein solches universelles Erklärungsschema darstellen -, gepaart mit der Herausbildung des pluralistischen Paradigmas in der Kulturanthropologie und jetzt auch in der Soziologie, auch zur Erscheinungsform der Antimoderne-Reaktion und zum Vorboten der Postmoderne geworden.

Des weiteren geht es um den Verzicht auf Versuche zur Entzauberung der Welt und auf die Entzauberung als Ziel. Ob dieser Verzicht freiwillig war oder erzwungen wurde, soll hier nicht interessieren. Die neue Unübersichtlichkeit, Sackgasse für die Moderne, ist ein Ausweg für die Postmoderne. Die unwahrscheinliche Kompliziertheit der semantischen, technologischen und sozialen Systeme, die Tatsache, daß ihnen im Verlauf ihrer Entwicklung ihre grundlegenden Organisationsprinzipien abhanden gekommen sind, die Vermischung verschiedenartiger Prinzipien und Stile im Rahmen eines und desselben Systems als Resultat von dessen Entwicklung - all dies schließt die Möglichkeit zur rationalen Erkenntnis vieler

34 Hassan, I.: The culture of postmodernism. In: Theory, Culture & Society 2-3/1985.

durch menschliche Tätigkeit entstandener Systeme aus. Die Tendenz vieler Systeme und Gruppen zur Abgeschlossenheit, die bewußt kultivierte Esoterik, bezeichnen schlicht den Unwillen zur Entzauberung; und das heißt, sie sind eine bewußte Herausforderung an den Geist der Moderne. Hierher gehören auch die Blüte und sprunghafte Vermehrung irrationalistischer Bewegungen und Sekten - am Ende des 20. Jahrhunderts, d.h. zu einer Zeit, da eigentlich der Rationalismus der Moderne hätte triumphieren sollen.

Auch der Gehalt der Kultur ändert sich. Die früher anscheinend so fest gefügte kulturelle Hierarchie verschwindet. Die ehemalige „Hochkultur" nimmt Subkultur-Status an. Kultur differenziert sich in wenig oder gar nicht voneinander abhängige kulturelle Stile, Formen und Lebensweisen. Die Kulturindustrie, früher als Erzeugerin „billiger" Massenkultur mit niedrigem Prestige eher verachtet, hat eine neue, früher kaum vorstellbare Funktion erworben - sie produziert und verbreitet nicht einfach „leichte Musik" und „Estraden-Liedchen", sondern Lebensformen und Lebensstile. In dieser Funktion vereinigt sie sich mit den Massenmedien. Es genügt, an Woodstock zu erinnern, um zu verstehen, wie Massenmedien und Kulturindustrie, die von der Moderne hervorgebracht worden sind, ihre eigenen Grundlagen untergraben und aushöhlen und so einer neuen Epoche den Weg frei machen. Auch wir in Rußland hatten unsere Woodstocks, wenn sie auch nicht so groß und so laut waren.

M. Fitherstone hat das gigantische Wachstum der Maßstäbe des Showbusiness in den letzten Jahrzehnten beschrieben, das im Westen in bezug auf seinen Umsatz einem Zweig der Großindustrie vergleichbar ist.[35] Ein analoges Wachstum ist auch in unserem Land zu verzeichnen, wenngleich es sich vor dem Hintergrund des industriellen Niedergangs vollzieht. So könnte man sagen: Der einzige wirklich prosperierende Produktionszweig bei uns ist die Produktion von Lebensformen und kulturellen Stilen, wobei die produzierten „Modelle" sich unaufhörlich ändern, je nach den wechselnden Idolen des Pop, Rock, Rap, Rave usw.

Für die Soziologie bezeugt die Tatsache, daß die Kultur in den Vordergrund des soziologischen Interesses gerückt ist, den Beginn einer neuen Epoche. Diese Feststellung kann, wenn es nötig ist, leicht dokumentiert werden, unter Verweis auf Bibliotheksklassifikationen und die ständig neu erscheinenden soziologischen und sozialwissenschaftlichen Zeitschriften, die sich auf Probleme der Kultur konzentrieren. Außerdem wird die Kultur für die Soziologen allmählich zum wichtigsten Instrument für die Erklärung der sozialen Wandlungsprozesse. Die bemerkenswertesten soziologischen Konzeptionen der letzten Jahrzehnte - ich nenne nur P. Bourdieu, N. Elias, J. Habermas - sind ihrem Wesen nach entfaltete Versionen von Kultursoziologie. Ich habe selbstverständlich nicht vor, einen der Autoren der

35 Fitherstone, M.: Auf dem Weg zu einer Soziologie der postmodernen Kultur. In: Haferkamp, H. (Hg.): Sozialstruktur und Kultur. A.a.O., S. 219ff.

Postmoderne zuzurechnen. Sie haben es lediglich unternommen, den Dreh- und Angelpunkt dieser gigantischen, schon einige Jahrzehnte andauernden und noch längst nicht abgeschlossenen Transformation zu lokalisieren und ihn auf verschiedene Weise, mit verschiedenen Zielen und Methodologien zu analysieren.

Die Postmoderne - oder das, was so genannt wird - realisiert sich namentlich in der Kultur und durch die Kultur. Deshalb wird die kulturell orientierte Soziologie unausweichlich zum grundlegenden Analyseinstrument dieser historischen Transformation. Letzten Endes ist es unwichtig, ob sie Kultursoziologie heißen wird oder anders - klar ist, daß die Erforschung der Kultur auf lange Zeit den Gegenstand der Soziologie ausmachen wird. Schwerlich wird dabei eine „postmoderne Soziologie" entstehen; eine solche ist wahrscheinlich unmöglich. Nach jemandes kluger Bemerkung ist die Postmoderne, wie sie von ihren Philosophen dargestellt wird, eher (nach Hermann Hesse) die Epoche des Feuilletons. Die heute verbreitete Soziologie kann man gleichfalls nicht als postmodern bezeichnen, denn auf die neuen Realien der Gesellschaft ist schwerlich ein Instrument anzuwenden, das seine Entstehung den sozialen Meta-Erzählungen der Moderne verdankt. Die Soziologie muß sich wandeln - im Maße der Veränderung der untersuchten gesellschaftlichen Realität, dabei diese (und sich selbst) verändernd. Das Wesen dieser Veränderungen hat H. Berking benannt - vielleicht etwas radikal, doch im wesentlichen richtig: „Wo früher ‚Gesellschaft' war, so könnte man überspitzt formulieren, ist nun ‚Kultur' geworden."[36]

*Aus dem Russischen von Wladislaw Hedeler und Gudrun Richter*

36 Berking, H.: Kultur-Soziologie: Mode und Methode. In: Berking, H./Faber, R. (Hg.): Kultursoziologie - Symptom des Zeitgeistes. Würzburg: Königshausen & Neumann 1989, S. 19.